陶行知 著
中国陶行知研究会 组编
总主编 周洪宇

陶行知全集（新编本）

第一卷 论文 演讲（1913–1922）

本卷主编 周洪宇
副主编 齐彦磊

华中师范大学出版社

陶行知全集（第一卷）

TAOXINGZHI QUANJI

图书在版编目（CIP）数据

陶行知全集：新编本. 第一卷 / 周洪宇 总主编；陶行知 著；周洪宇，齐彦磊 本卷主编. — 武汉：华中师范大学出版社，2021.12

ISBN 978-7-5622-9606-5

Ⅰ. ①陶…　Ⅱ. ①周…　②陶…　③齐…　Ⅲ. ①陶行知（1891—1946）—全集　Ⅳ. ①G4-52

中国版本图书馆 CIP 数据核字（2021）第 267256 号

责任编辑：魏耀武　　封面设计：罗明波

责任校对：肖　阳　　责任印制：刘　敏

编辑室：学术出版中心　　电话：027—67863280/7792

出版发行：华中师范大学出版社

地址：湖北省武汉市洪山区珞喻路 152 号

电话：027—67863426（发行部）

网址：http://press.ccnu.edu.cn

邮箱：press@mail.ccnu.edu.cn

印刷：湖北恒泰印务有限公司

开本：710mm×1000mm　1/16　　印张：31.25

字数：512 千字　　定价：156.00 元

版次：2022 年 11 月第 1 版　　印次：2022 年 11 月第 1 次印刷

青少年时期

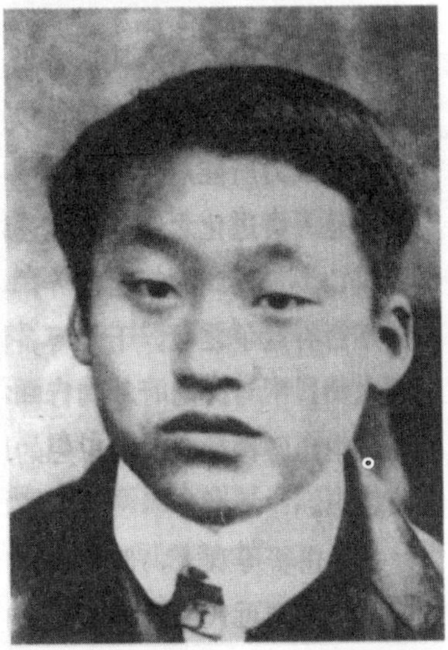

金陵大学时期

1914 年赴美途中与同学合影（前排左一为陶行知，后排右一为陈鹤琴）

1915年秋，转赴纽约哥伦比亚大学师范学院攻读教育学博士学位，在哥伦比亚大学本部校区侧门高台处与同学孙科等合影（中间为陶行知，左二为孙科，背后是哥伦比亚大学师范学院大楼）

与哥伦比亚大学同学合影（前排右一为陶行知，左二为胡适）

与哥伦比亚大学导师斯特雷耶合影

1915 年秋，获伊利诺伊大学政治学硕士学位（后排右二为陶行知）

与妻汪纯宜（右)、妹陶文渼（左）合影

1919 年 5 月，杜威应邀来华讲学，由史量才、陶行知等陪同
参观上海申报馆时的合影（前排右一为杜威，后排右二为陶行知)

1921 年，孟禄来华考察，陶行知陪同并任翻译（左三为孟禄，左四为陶行知）

1923 年，与长子陶宏和次子陶晓光合影

南京平民教育动员大会盛况

陶行知的妹妹陶文渼热心乡村教育，创设了晓庄农妇工学处

东南大学任教时期

中华教育改进社第一次董事会议，陶行知任主任干事（右一为陶行知）

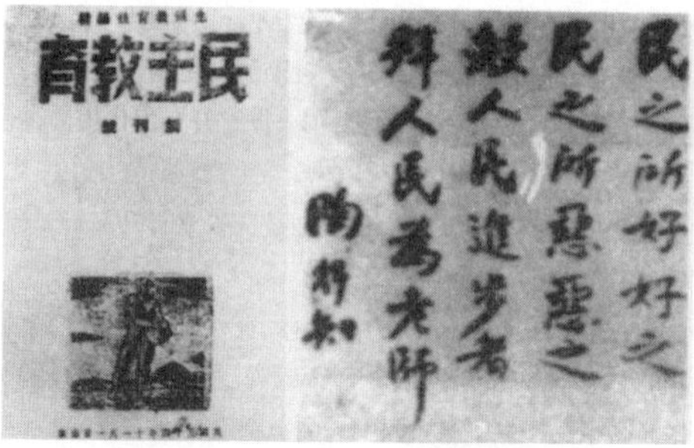

陶行知主编的《民主教育》

陶行知亲自设计的晓庄师范校旗

(100 颗星代表征集 100 万位同志，倡导 100 万所学校，改造 100 万个乡村)

陶行知在晓庄师范周年纪念会上讲话，讲话内容可概括为：主张教学合一，改造乡村教育

1928年秋，陶行知创办了第二所乡村师范——浙江湘湖师范，先后委派晓庄学生操震球、程本海、方与严、王琳、李楚材等赴湘湖师范办学

育才办学时期

出席世界和平大会期间与巴黎学生自治会代表合影（左三为陶行知）

1932 年 10 月 1 日，山海工学团在宝山县大场成立，

取名“山海”，志在唤醒民众，收复东北失地，要日寇还我河山

1933 年 4 月，山海工学团各儿童自动工学团联合举行儿童节纪念大会，陶行知在大会上讲话

1936 年 9 月，出席巴黎全欧华侨抗日救国联合会会议时，与钱俊瑞、陆璀合影（后排左一为陶行知，左三为钱俊瑞；前排中为陆璀）

1936年11月，在英国伦敦海德公园（海德公园是当时的自由论坛，陶行知曾写有《海德公园》一诗，赞扬这里的言论自由，讽刺、抨击当时国民党政权的独裁与专制）

1936年11月，回访母校哥伦比亚大学，并发表演讲

1937 年，孩子剧团人员合影，陶行知鼓励他们勇敢地为抗日救国而斗争

1937 年，在温哥华与华侨合影（居中者为陶行知）

1938年8月，陶行知回国途经香港，受到香港渔人协会平民学校师生的热烈欢迎，应邀在欢迎会上作《国际形势与中国抗战》的演说

1939年，与吴树琴在重庆

1945年10月，中国民主同盟举行第一次全国代表大会（三排右四为陶行知；二排右三为史良，右五为鲜特生，右六为张澜，右七为沈钧儒；前排右六为李公朴）

1945年10月11日，毛泽东到重庆谈判后返回延安时，陶行知等到机场欢送（右一为陶行知，右二为陈诚，右四为张治中）

普及教育

中華民國三十五年二月出版 第三號

社會大學開學

1946 年 1 月初，陶行知创办社会大学，在《普及教育》上刊登了《社会大学开学》一文

1946 年 6 月 23 日，陶行知在上海北站欢送人民代表赴南京请愿的大会上高呼："八天的和平太短了，我们需要永久的和平！伪装的民主太丑了，我们需要真正的民主！"

编辑说明

一、陶行知（1891—1946）是中国近现代著名的教育家、思想家、政治家和文学家，也是中国近现代原创力最强，真正形成教育学说体系，并具有世界影响的教育思想家。陶行知在国内外有着很高的地位，毛泽东称之为“伟大的人民教育家”，董必武誉之为“当今一圣人”，宋庆龄赞之为“万世师表”。习近平总书记也多次在不同场合提及陶行知，对陶行知思想、事业、人格与精神予以充分肯定。不仅在国内，陶行知在国际上也享有盛誉。日本知名教育史学家、中国研究所前所长、东京专修大学教授斋藤秋男指出：“陶行知不仅是属于中国的，也是属于世界的。”2007年，美国知名学者、哥伦比亚大学师范学院哲学、教育学教授戴维德·汉森（David T. Hansen）在他主编的《教育的伦理视野——实践中的教育哲学》一书中，介绍了世界最具影响力的十大教育思想家，其中唯一的一位中国教育思想家就是陶行知，他将陶行知与美国的杜威、意大利的蒙台梭利等世界著名教育思想家并列，足见陶行知在国际学术界的巨大影响以及被国际人士的高度认可。学习、研究和借鉴陶行知教育学说和人格精神在新时代仍然有重要的现实意义。

二、陶行知的著作，生前曾以各种形式出版过专辑，在其去世以后，有关方面和人士也多次提出编辑出版全集，但终因条件所限，一直未能实现。党的十一届三中全会以后，陶行知研究走上正轨。1982年，华中师范学院（后改名华中师范大学）在陶行知家属吴树琴、陶晓光、陶城和张健、戴自俺、楼化蓬、孙传华、苏辛涛等弟子们，以及一批国内陶行知研究专家的支持和指导下，由华中师范学院教育科学研究所所长杨葆焜和副所长董宝良两位教授分别担任正、副主编，与萧宗六、伍文教授一道，带领中青年教师夏德清、喻本伐、周洪宇、熊贤君、蔡靖方、李红梅等人编辑完成《陶行知全集》（8卷本），并由湖南教育出版社从1984年初开始陆续出版（简称湘教版）。湘教版全集出版后，陶行知弟子，时任国务委员的张劲夫在1986年4月24日的《人民日报》上发表书评《中国近代教育史上的一座宝库》，高度赞扬了华中师范大学湘教版《陶行知全集》的编辑出版工作。湘教版《陶行知全集》先后荣获1988年全国首届优秀教育图书特别奖、1994年第一届国家图书奖。这套全集出版后，为弥补遗漏缺失，成立不久的中国陶行知研究会就组成编辑委员会，邀请张劲夫、钱伟长、孙起孟担任顾问，方明担任主任委员，戴自俺任主编，胡晓风任特邀主编，由陶晓光全面协调，在此基础上利用当时收集的一批新资料，在陶行知家属吴树琴、陶晓光、陶城及刘季平、方明、张健、戴自俺、陆静山、楼化蓬、徐明清、吴瀚、苏辛涛、孙传华、金成林等弟子们指导和参与下，组织郭笙、聂大鹏、张邦民、温致义、洪桥、储朝晖、庞曾漱、王超英等同志整理、编辑《陶行知全集》(12卷本)，丁丁、李能寿、龚思雪担任审稿，并由四川教育出版社金成林、伍尧、浦家驹、吴纪真、王屏汉、周良玉、罗智超、文龙、邹青等人组成出版工作班子，于1990年开始陆续出版（简称川教版），2005年之后又出版修订版。川教版全集第一版出版后，时任中顾委常委的张劲夫再次在《人民日报》上发表书评予以肯定：华中师范大学、中国陶行知研究会都为保存中华民族优秀文化遗产，推动教育改革，建设中国特色社会主义教育理论体系作出了积极贡献，得到了社会各界佳评。

这次华中师范大学及出版社之所以要编辑出版《陶行知全集》（新编本），一是为了纪念陶行知先生诞辰130周年和逝世75周年；二是近30年来又陆续发现了一批重要佚文，是时候重新编辑一套内容更为丰富、资料更为齐全、考订更为精准、卷帙更为繁富的《陶行知全集》了。这有助于推动当下和未来中国教育改革、发展与创新，对建设高质量教育体系，打造教育强国具有重要价值和意义。

三、基于陶行知是20世纪集教育家、思想家、政治家和文学家四大家于一身的综合型文化巨人这一新的历史定位，《陶行知全集》（新编本）力图创新原有的编辑整理理念、思路和分类。

《陶行知全集》（新编本）的第一个明显改进是建立了全新的分类体系：第一卷至第五卷为论文演讲，收录陶行知于1913年至1946年发表的论文、演讲等文章以及与正文内容密切相关的附文，新增篇目是论文演讲卷的一大亮点，同时考证、修订了以往两套全集中的部分错误。第六卷为论著，收录陶行知撰写出版的《中国教育改造》《教学做合一讨论集》《普及教育》《普及教育续编》《普及教育三编》《怎样做小先生》《中国大众教育问题》《育才学校手册》八本论著。第七卷为教材，收录陶行知撰写出版的《平民千字课》《儿童天文学活页指导（函授教材）》《老少通千字课》《算术课本编辑手稿》四套教材及《儿童科学读物》。第八卷为英文，该卷特点在于集论著、书信、诗歌等多种体裁于一卷，按照英文著述与翻译作品对篇目初次分类，继而以体裁二次归类，同一体裁内以时间先后编排，同时考虑到学位论文（硕士）的特殊性与重要性，在编排中予以单列。第九卷为小说、杂文、散文、儿童故事、儿童剧，采取全新的分类方式，将陶行知文学著作中的小说、杂文、散文、儿童故事和儿童剧（如《古庙敲钟录》《斋夫自由谈》以及《创造宣言》等）从原来湘教版、川教版教育著作类中独立出来并加以细分，实现了分类理念的创新。第十卷为诗歌，该卷将《知行诗歌集》《知行诗歌续集》《知行诗歌别集》《知行诗歌三集》《知行诗歌集》5 本专集编排在前，然后将此之外的诗歌（包括中诗英译和英诗中译）依照时间先后编进集外诗歌，同时也将歌曲和对联细分，最终形成了由集内诗歌、集外诗歌、歌曲、对联四大类综合而成的诗歌卷。第十一卷为书信，收录陶行知以个人名义、职务名义以及作为集体一员所写的书信及相关来信或复信，同时该卷将呈文、电文等类似书信形式的通信也收录进来。第十二卷为日志，根据陶行知 55 本记事本的复印件整理而成，是陶行知著述的重要组成部分。第十三卷为自述，陶行知生前没有写过自传，只写过一批带有自传性质的自述。为了让读者对陶行知有更加全面的了解，参照目前市面类似自述的编辑方式，编者以陶行知本人所作《早期的经历和打算》《早期的人生信仰》两篇自述性文章为基础和线索，通过综合整理陶行知各种自述性质的资料编成此自述，给人们提供了一种了解他的新途径、新形式，这也是《陶行知全集》（新编本）编辑方式上的新探索。第十四卷为年谱，该卷内容均为原创，条目化呈现了陶行知的生活轨迹，客观公正地呈现了陶行知的人生，简单明了便于查阅。《陶行知全集》（新编本）14 卷重新细分类型，形成了比较科学合理的分类格局。

《陶行知全集》（新编本）的第二个明显改进是新增了一批重要佚文。特别需要指出的是，《陶行知全集》（新编本）新增了陶行知英文硕士学位论文的原文及译文，合 10 余万字，系首次公开发表，它是研究陶行知早期思想发展过程极为珍贵的史料。此外，新增百余篇新发现的佚文，包括演讲、诗歌、书信、日记等，合40余万字，再加上新整理的自述和年谱，使全集新编本总字数将近900万。这说明陶行知本人实际撰译字数远超前述两套全集。

《陶行知全集》（新编本）的第三个明显改进是努力对照原文，考证查实了收文的标题、内容、出处、日期，对以往两套全集中存在的错误进行了修订。例如，经考证修订了文章出处及日期错误60余处、其他各类文字脱漏和标点错误等数百处。

《陶行知全集》（新编本）的第四个明显改进是新增了各卷的本卷说明，介绍了各卷的编辑原则、编辑范围、编辑体例、新增篇目、修订内容以及各卷的特点与风格，做到了全集与各卷之间的兼顾与呼应。

四、《陶行知全集》（新编本）的编辑工作，以“求全”“求新”“求真”为基本原则。（一）求全：将已知的文献尽可能地全部收入，尽量不留遗憾。（二）求新：增补了新收集的资料，并做了认真的校勘和考订。（三）求真：《陶行知全集》新编本收文，尽量保持陶行知著作原貌，所收文稿，均作慎重核查考订。校勘、考订工作主要以手稿或最早的影印本为依据，并参考湘教版、川教版等，对照比较，在出现表述差异的情况下，以“求真”为原则进行选择。

五、《陶行知全集》（新编本）的编辑工作，努力把握和处理好主体与全体的关系、整体与局部的关系、继承与创新的关系。（一）主体与全体的关系：陶行知著述丰富，涉及领域广泛，不仅在教育方面，而且在哲学、政治和文学多方面都有许多论述。教育著述是陶行知著述的主体，但不是它的全体。因此，《陶行知全集》新编本不仅在分类和内容上重点编辑教育著述，还努力将诗歌、小说、杂文、散文、儿童故事、儿童剧、歌曲、对联等文学作品与教材、书信、日志、自述等各类著述分类呈现。（二）整体与局部的关系：体现在两个层面，一是分卷局部与14卷整体的关系，在编辑本卷时努力放在14卷整体中来考虑；二是编辑本卷时，努力把每篇文章放在本卷整体中来考虑，做到统筹兼顾，相互协调。（三）继承与创新的关系：《陶行知全集》（新编本）一方面努力继承湘教版和川教版两套全集的精华与优点，另一方面在分类与编辑过程中大胆创新与突破。

六、在华中师范大学校领导以及中国陶行知研究会新任会长朱永新等人的高度重视和大力支持下，《陶行知全集》（新编本）由华中师范大学陶行知国际研究中心发起组织并协调，中国陶行知研究会组编，华中师范大学出版社出版。编辑机构分为顾问委员会和编辑委员会。顾问委员会名誉主任为张劲夫、钱伟长、孙起孟、吴树琴；主任委员为方明、张健、戴自俺、胡晓风、刘若曾、章开沅、朱永新、杨葆焜、董宝良、赵凌云、韩邦彦，副主任委员为丁丁、丁右涵、王琳、王世杰、王承绪、邓宗琦、吕长春、吕景星、伍文、任钟印、孙传华、苏辛涛、李冰封、李能寿、李楚材、杨应彬、杨明远、肖宗六、吴瀚、余洁生、张一诚、张邦民、张达扬、陆维特、陆静山、陈树新、陈贻鑫、罗明、周正章、庞曾漱、洪桥、祝德顺、聂大朋、夏德清、徐明清、徐春轩、郭笙、陶城、陶晓光、曹先捷、龚思雪、蒋秋芝、温致义、楼化篷、操震球、戴本博；委员包括王仁雷、王旭明、王超英、卢志文、申国昌、吕德雄、刘大康、刘有声、刘贵华、江长风、汤翠英、许森、李冬、李红梅、李祚明、杨东平、杨立义、张颖、张惠元、张德生、陈华、陈思、陈洛、金堤、周国彪、周晓平、赵振铣、胡国枢、姚启安、聂圣哲、夏青峰、徐成钢、陶侃、陶铮、韩忠祥、喻本伐、程红兵、程晋升、程翊德、储朝晖、鲁风、童兆玲、童富勇、窦桂梅、蔡靖方、裴未如、熊贤君。编辑委员会名誉主任是中国陶行知研究会会长朱永新；编辑委员会主任为中国教育学会副会长、中国陶行知研究会原常务副会长、中国陶行知研究会学术委员会主任、华中师范大学陶行知国际研究中心主任周洪宇，华中师范大学校长郝芳华，副主任为华中师范大学副校长彭南生。编辑委员会成员按姓氏笔画排序，包括于洋、王会波、申国昌、申慧宁、冯会平、邢欢、刘大伟、刘从德、刘训华、刘来兵、齐彦磊、杜小双、杜京容、李宇阳、汪亮、张汉敏、陈诗、周娜、周挥辉、赵婧、柯文涛、侯雅蓉、贺鹏丽、夏豪杰、黄国华、覃琳、詹淑兰、操太圣。编辑人员包括陈海霞、郑媛、李楠、王燕、刘明源、操若璠、余江涛、陈港、侣娅琳、赵美君、陈冰、潘亚东、产夏洪、安智诚、邓宇星、杨妮、刘利敏、王亭力、冯雯、唐仁凤、吴梦洁、胡晓涵、郑王怡、徐聪聪、励琳、方楹、金小骞、张好、李佳新、樊竣菲、韩旭帆、曾嘉怡。编辑委员会成员是这次编辑工作的主干，秘书长为周挥辉、刘从德、申国昌，副秘书长为刘来兵、齐彦磊、陈诗。

七、《陶行知全集》（新编本）总主编由周洪宇担任。第一卷分卷主编周洪宇，副主编齐彦磊；第二卷主编周洪宇，副主编王会波；第三卷主编周洪宇，副主编詹淑兰、李宇阳；第四卷主编申国昌，副主编夏豪杰、申慧宁；第五卷主编操太圣；第六卷主编刘来兵，副主编贺鹏丽；第七卷主编刘来兵，副主编贺鹏丽；第八卷主编周娜、杜小双，副主编侯雅蓉、张汉敏；第九卷主编于洋；第十卷主编汪亮、覃琳；第十一卷主编邢欢，副主编陈诗；第十二卷主编刘训华，副主编柯文涛；第十三卷主编周洪宇；第十四卷主编杜京容、刘大伟。

八、《陶行知全集》（新编本）的编辑工作，得到了中国陶行知研究会、湖北省图书馆、华中师范大学图书馆、南京晓庄学院图书馆、南京大学图书馆、南京晓庄学院陶行知纪念馆、伊利诺伊大学档案馆、中国第二历史档案馆以及各相关省市图书馆、博物馆、档案馆、陶行知纪念馆、出版社以及陶行知先生后人、生前友人和学生的热心赞助与大力支持，特别是喻本伐教授、何荣汉博士提供了一批重要佚文及信息，谨此致谢！

九、限于水平和时间，《陶行知全集》（新编本）中错漏之处在所难免，敬希读者教正。

《陶行知全集》（新编本）编辑委员会

2021 年 9 月

编辑凡例

一、《陶行知全集》新编本采取体裁加编年的形式作为编辑体例。按照体裁分类分卷，再于各分卷下以编年的原则编排。《全集》新编本分编为十四卷：第一至五卷为论文演讲；第六卷为论著；第七卷为教材；第八卷为英文；第九卷为小说、杂文、散文、儿童故事和儿童剧等；第十卷为诗歌；第十一卷为书信；第十二卷为日志；第十三卷为自述；第十四卷为年谱。

二、《全集》新编本的编年原则为：（一）文章写作、演讲时间与发表时间皆备者，以写作与演讲时间为据。（二）无写作与演讲时间而有发表时间者，以发表时间为据。（三）报刊上连载的文章，以第一部分的发表时间为据。

三、《全集》新编本的收文原则为：（一）收文以首次发表者为准。（二）专著以陶行知生前出版者为据。（三）未刊发者以底本为据。

四、《全集》新编本的注释原则为：（一）一律采用尾注形式。（二）注释从简。同一条目，在同一卷中，原则上只在首次出现时加注，在后卷出现时酌注。（三）注释序号，原注照旧。今注用①②③④等。（四）人物注释，只做介绍，不做评价，力求客观真实。（五）文章标题尽量使用原文发表时期的标题，对于部分原文没有标题的篇目由编者拟定，并以注释形式说明。原则上从原文中直接摘取代表性文字构成文章标题，必要情况下对原文文字稍加增减。（六）对于作者在原著重新发表时有所增删者，其增删部分用注释加以说明，或将修改文字以附录形式置于原著正文之后，以便对照。（七）注释中须说明写作或发表时间以及原著来源。

五、《全集》新编本的文字处理原则为：（一）按国家公布的《简化字总表》（1986 年 10 月），将原件的繁体字一律改为简化字。（二）按《现代汉语词典》，将原件中的异体字、通假字等一律改为规范字。（三）原稿及印本中有明显的漏字、衍字和错字，由整理者慎重校勘后斟酌订正；无从判断正误者，或发现数据有误者以注释存疑。（四）原著中因直排而出现“如左”字样，均改为“如下”。

《陶行知全集》（新编本）编辑委员会

2021 年 9 月

本卷说明

本卷收录了陶行知于1913年至1922年发表的论文、演讲等文章144篇，总计约37万字。其中包括正文135篇，与正文内容密切相关的附文7篇，另有2篇与陶行知密切相关的文章作为本卷附录。陶行知的英文硕士学位论文、学术论文、演讲等收录于英文卷，本卷只收录1913年至1922年与之相关英文篇目的中文译文。

新增篇目是本卷的一大亮点。本卷新增了陶行知的数篇论文、演讲，其中陶行知的中译硕士学位论文《中国之租借地》为首次收录。部分篇目系首次发表，还有部分篇目虽已在其他相关出版物上发表，但此前尚未被湘教版、川教版两套全集收录，此次也一并收录到本卷。经过细致搜集和严格考证，本卷新增陶行知文章18篇，新增字数约10万字。分别是：《赠同学李晓宇入都序》《中国之租借地》《游林肯故宅及陵寝记》《报告讲习会举办经过——在江苏视学讲习会闭幕式上的发言》《国耻纪念之二种观念——在南京国民大会上的演讲大要》《有关高师办学目的和国文特班生的意见——在南高、东大第二十三次校务会议上的发言》《反对基督教教育的四种原因——在中国基督教教育会谈话会上的发言》《有关参观意见的答问》《普及教育之实施方法及困难》《赎还胶济铁路的决议——在东大、南高赎还胶济铁路办法讨论会上的归纳》《中华教育改进社十一年度至十三年度计画概要》《在〈县市乡教育行政机关组织大纲案〉讨论会上的发言》《教育行政四要素》《教员之机会与责任》《学生的责任》《教育问题与自治之真义》以及《别陶知行至美国》《知行同学足下：红梅》两篇附录。

本卷修正了部分以往版本全集中的错误。例如：湘教版与川教版谓原载于1913年2月《金陵光》第4卷第1期的《〈金陵光〉出版之宣言》，经考证查实为1913年3月《金陵光》第4卷第1期；湘教版与川教版谓原载于1913年2月《金陵光》第4卷第1期的《增刊中文报之缘起》，经考证查实为1913年3月《金陵光》第4卷第1期；湘教版与川教版谓原载于1913年2月《金陵光》第4卷第1期及1913年4月《金陵光》第4卷第3期的《一夫多妻之恶果》，经考证查实为1913年3月《金陵光》第4卷第1期及1913年5月《金陵光》第4卷第3期；湘教版与川教版谓原载于1913年4月《金陵光》第4卷第3期的《因循篇》，经考证查实为1913年5月《金陵光》第4卷第3期；湘教版与川教版谓原载于1913年4月《金陵光》第4卷第3期的《导引新生之倡议》，经考证查实为1913年5月《金陵光》第4卷第3期；湘教版与川教版谓原载于1913年5月《金陵光》第4卷第4期的《为考试事敬告全国学子》，经考证查实为1913年6月《金陵光》第4卷第4期；湘教版与川教版谓原载于1913年11月《金陵光》第4卷第6期及1913年12月《金陵光》第4卷第7期的《伪君子篇》，经考证查实为1913年11月《金陵光》第5卷第6期及1913年12月《金陵光》第5卷第7期；湘教版与川教版谓原载于1913年12月《金陵光》第4卷第7期的《杀机天然之淘汰》，经考证查实为1913年12月《金陵光》第5卷第7期；湘教版与川教版谓原载于1914年1月《金陵光》第4卷第8期的《民国三年之希望》，经考证查实为1914年1月《金陵光》第5卷第8期；湘教版与川教版谓原载于1914年1月《金陵光》第4卷第8期的《呜呼某校》，经考证查实为1914年1月《金陵光》第5卷第8期；湘教版与川教版谓原载于1914年4月《金陵光》第6卷第2期的《陶行知启事》，经考证查实为1914年4月《金陵光》第6卷第3期；湘教版与川教版谓原载于1919年2至4月间《金陵光》第10卷第2期的《就任金陵大学同学会本部会长时的演说》，经考证查实为1917年12月《金陵光》第9卷第2期；湘教版与川教版谓原载于1919年3至6月间《金陵光》第10卷第3期的《在金陵大学同学会下关支部成立会上的讲话》，经考证查实为1918年2月《金陵光》第9卷第3期；湘教版与川教版谓原载于1919年3至6月间《金陵光》第10卷第3期的《在金陵大学同学恳亲会上的讲话》，经考证查实为1918年2月《金陵光》第9卷第3期；川教版谓原载于

1918年10月《金陵光》第10卷第1期的《将来复多薰育》，经考证查实该期无此文；湘教版谓原载于1923年1月15日《民国日报》的《教育与科学方法》，经考证查实原载1922年12月30日《北京大学日刊》。此外，本卷还改正了以往版本中的多处文字错误。

本卷分工：主编周洪宇，副主编齐彦磊，编辑助理陈海霞。

编者

2021年9月

目　录

一九一三年

《金陵光》出版之宣言[①]

学报奚以光名乎？曰：天地之大，万物之繁，吾人所恃以别上下、高低、大小、方圆、正斜、黑白、动静、美恶者，光而已矣！无光，则虽有天地万物，奚由辨别乎？学校之宏，学生之众，吾人所赖以知兴衰、进退、勇怯、智愚、贤不肖者，报而已矣！无报，则虽有学生学校，奚由表见乎？故光所以别天地万物之形，报所以彰学生学校之迹。报与光之功用既同，则名报为光，不亦宜乎？且吾人学业，必求进步；吾人进步，必期速捷。万物流行之速，孰有过于光者乎？风卷不足概，电溜莫能喻，瞬息万里，莫可纪极。吾愿以光流行之速率，为吾同学进步之速率；复以同学进步之速率，而为金陵大学[②]进步之速率。光乎，进步乎？吾愿一言以祝之曰：学校与学生进步如流光。

或问曰：光之为物亦繁矣！日，光也；月，光也；电，光也；磷，光也；塔灯，光也；爱斯[③]，光也。下至萤雪爝火之细，莫不有光。天然之光，光也；人造之光，亦光也。《金陵光》，安居乎？曰："太阳信深仁，衰气欻有托。"此杜少陵元冬登飞阁之诗也。可见光由热生，热随光至，可以御寒振衰。世有厌世之流，悲观之派，昧爱人之宗旨，忘牺牲之大道，谓热心为好事，谓力行为有求。彼既寒心而凉血，吾《金陵光》则以随来之热力，曝其心，温其血，祛其寒，振其衰，使共跻于热忱乐为之学子。如是，则冬日之效收，而光之用神矣。

曹子建曰："月临席上，绮文依而愈妍。"吾同学之造业，虽不必待《金陵光》而进步，而同学之成绩，必待《金陵光》而彰明。游子负笈他乡，或千里跋涉，或重洋骇渡，谁无父母，独不一念及吾辈之学业、交游与夫学校之现象乎？家函不过道其大略，《金陵光》则特详之。吾知青嶂月出，白首之老无愁矣。

当夫黑云蔽天，两大昏晦，月未出而日遮蒙，霹雳一声，使生物得复明辨彼我者，电之光也。倘不幸而有人焉，惑于外物，狎于弗义，大道不明，天良澌灭，必不得已，欲《金陵光》一闪其雷鞭，则亦直闪之耳。

《金陵光》，吾同学之公共日记也。同学既有公共之日记，则固有之精神可以保存，已具之精华有所托属。其中之一举一止，一言一行，咸足以备他年之考据，以作来者之前鉴。虽事已陈，迹已藐，而此公共日记，直能闪烁其彩色，以至于无穷。

吾辈青年为学，正如日暮浮舟险峡，邪说淆听，瓦裂之怪石也；跛行冒善，云翻之豪湍也。是非莫别，安危一发。吾《金陵光》则作船工之塔灯，明其径途，所以佐迷津者之造业焉！

世之金玉其外，而败絮其内者，岂鲜也哉？心疾不治，大丧随之。《金陵光》于此则射其爱斯之光，察其肺腑，烛其心肝。病原既得，而后可施针砭也。

吾辈青年非能为左丘明、弥尔通④之徒，谁能入门墙、登堂奥而无所用其光哉？是故囊萤，借萤之光也；映雪，借雪之光也；凿壁，借爝之光也。人之习业，至于囊萤、映雪、凿壁，亦可谓无奈之至矣。然三贤必出于囊萤、映雪、凿壁之计者何哉？无光即无以造其业耳！吾《金陵光》既以佐同学造业自任，则谓之为萤，为雪，为爝，皆无所不可也。

曰日，曰月，曰电（限于行所言），曰磷，曰雪，曰萤，天然之光也；曰爱斯（X），曰爝火，曰灯塔，人造之光也。兼天然人造而有之者，《金陵光》也。《金陵光》随学生天演⑤之进步自然发生，是之谓天然之说。天下本无《金陵光》，有《金陵光》，自金陵大学学生始，是之谓人造之说。《金陵光》之为天然、为人造姑无论，而其目的则一。目的为何？曰："李杜文章在，光焰万丈长。"此光，《金陵光》之目的也。曰：然则《金陵光》之作为，可得闻乎？曰："青华易过，韶光不再。"此光字，《金陵光》用以勉励同学及时努力，勿使徒伤老大也。"利剑光耿耿，佩之我无邪心。"此光字，《金陵光》用以警醒同学，避不善如蛇蝎，勿以恶小而为之也。一勉一警，莫非欲吾同学就早切磋，蔚为国器。对于《金陵光》，便怀有盛世黎民嬉游于光天化日之感。由感立志，由志生奋，由奋而捍国，而御侮，戮力同心，使中华放大光明于世界，则《金陵光》之责尽，始无愧于光之名矣。嘻！"白帝更声尽，阳台曙色分。"《金陵光》之第一号，即旭日东升之晓光，今出矣，吾同学曷速兴起耶！

原载《金陵光》第4卷第1期，1913年3月

【注释】

①本篇系《金陵光》中文报发刊词，署名陶知行，原无标点。

《金陵光》是金陵大学学生办的学报。于1909年12月创刊，始为英文报，从第四卷第一期起增设中文报，陶行知任编辑。

②金陵大学，美国基督教教会在南京办的大学。陶行知于1910年至1914年在该校文学系学习。

③爱斯，爱克斯光，即X射线。

④左丘明，我国春秋时史学家。弥尔通，通译弥尔顿（John Milton，1608—1674），英国诗人、政论家，著名长诗《失乐园》的作者。弥尔通与左丘明，都是盲人。

⑤天演，指达尔文首创的生物进化学说。“天演”一词，首见于我国学者严复译著《天演论》。

增刊中文报之缘起[①]

（甲）推广规模 世间事物不能无进步，即规模不能无推广。本校自有英文报，迄今已阅四载。而此四载之内，三公会联合，三书院统一，学校有进步，学生有进步，成绩日多，精神日旺，安可不有规模更大之学报与学校学生平行进步，以宣导其磅礴，记载其成绩，而鼓舞其精神哉？

（乙）保存国粹 自西学中输，新学派之醉心欧化，蔑视国文也，久矣。殊不知腐儒鄙弃西学，固属偏见；而新进蔑视国文，尤为忘本。夫国文之用，所以表示一国人之思想，记载一国人之行动，以互相传达，而特异于外人者也。故国界一日不消除，则国文一日必留存，未有有国而可弃其国文者也。国文有缺点，吾当补缀之；国文有窒塞，吾当贯通之；国文衰暗，则当改良之，光明之。其事实难，然吾辈青年学子所不可放释之责任也。同人有志于此。爰增刊中文报，以磨炼作国文之才，而唤起爱国文之心。能作能爱而后可言保存；能保能存而后可言光明。

（丙）灌输学术 诗云："他山之石，可以攻玉。"泰西学术，实高出吾人之上。何妨借人之长，以济己之短。然徒有英文学报，不过将我之所长彰之外人，而对于国内学子反不能尽其介绍之职，殊为憾事，故加入中文以承其乏。凡关于学校、学生，足为吾辈学子研究之助，本报即译之。虽才有未足，力有未逮，然泰山不让细尘也。

原载《金陵光》第 4 卷第 1 期，1913 年 3 月

【注释】

①此文原无标点。

一夫多妻之恶果[①]

风俗因之颓敝，道德因之衰微。

贫弱之大原，富强之劲敌[②]。

人第知则百斯男[③]，多婚可以广嗣；三千佳丽，多婚可以纵欲，而不知其害乃至大且繁也。凡多婚之结果，实罪恶之丛生。

（一）伤平等 男女同赋人权，本无尊卑贵贱可言。奈多婚之风行既久，重男轻女成为习俗。故桑间濮上[④]，但讥女子之不贞；妃嫱宫嫔，未言男子之多欲。褒姒、骊姬，仅充赎罪之锾；戎女、齐姜，空守白头之约。天下最不平等之事，莫甚于此矣。夫职司衾裯者，既卑如仆役。即弃若糟糠者，亦莫不仰望颜色。故以陈皇后之贵，犹有长门之贬；周泽妻之贤，犹有诏狱之送。盖夫妻之情，为妾所疏。妻恐伤夫之情，事夫愈谨。夫别有所钟情，凌妻愈甚。是妻与妾，而皆不得与夫平等也。且夫百两之将，千金之掷，所冀者粉白黛绿，翠袖长裙，悦目而已；歌喉宛转，瑟琴杂奏，适耳而已。洎乎色衰反目，则鞭挞交加，重则有性命之忧，轻则有陌路之哭。夫之于妻妾，爱之则如玩物，恶之则如牛马。爱贱之，恶亦贱之也。男之于女无论矣。即女子之中，尤有不平等者在焉。同是女子，虽有贫富之不均，亦无轻重之可言，而共事一夫，妾与妻不能享同一之权利。妾奉妻为主母，而妻待妾如奴婢。幸而遇大量者，犹可稍事优容；不幸而遇悍妇，一触其怒，体无完肤。虽主人之宠，亦难抗也。不惟妻与妾有尊卑之分，即妻之子女与妾之子女，亦各有嫡庶之别。嫡出者于财产之接受，社会之交际，以及荫袭之大，起居之细，莫不占有优先之地位，是并弟兄姊妹而不平等矣。若多婚之习除，则何由有此三种不平等哉？吾知其必不能容于共和时代也。

（二）损亲爱 一国和而后国治，一家和而后家齐。亲爱则和，交恶则不能和。娣姒交恶，所妒者财，而兄弟不和；妻妾交恶，所妒者色，而夫妇嫡庶不和。兄弟不和，析居犹可也；至于夫妇嫡庶不和，则家不可为矣。盖姬妾众多，则虽兼爱家如墨子，亦不能均其爱力。必有色艺较佳而宠较专者，必有不安于室者，于是妻与妾争名分，妾与妾争嬖幸。而子女之中，又各袒其母，各逞其气，各争其权。有如人彘之祸，皇孙之啄，五公子之争立[⑤]，皆多婚阶之厉也。

（三）侵自由 自由之权，人所自有；而自由之乐，人每不克自享者，罪恶侵之也。一人之情钟于一人，则同心同德互相赞助，处则合力以治家，出则合力以谋国。英雄侠骨，儿女柔情，可谓兼之矣！自由之乐为何如乎？不然，情之所钟，不得其正，以一人之情愫，分系于数人之身。朝注于彼，夕专于此，五光十色，视眩目迷。儿女情长，英雄气短，心已不克自由矣。而为妻妾者，无同舟共济之心，有同室操戈之患。恶感既深，诟谇屡见。邹鲁交哄于萧墙，燕齐相持于帷闼。为夫者既见株连，难守中立，欲加干涉，不易左袒，阃内之鲁仲连[⑥]岂易为哉？况乎食指浩繁，家累愈重，身更不克自由矣。其不克自由，非人侵之，自侵之耳！

（四）旷夫怨女 男之生也，宜有室；女之生也，宜有家。男子无室者，谓之旷夫；女子有家若无家者，亦可谓怨女。中国承专制之余，富贵者挟其多金，以一人而娶数十人之多，少者亦四五人、二三人不等。夫如是，则必使中华国民生男少，生女多，而后可给多婚者之求，可免无室之嗟。不然，多一人之多婚，即多数人或数十人之不婚。况富人争购女子，女子之身价愈高。纳妾者，卖女者，皆视女子为奇货。贫寒之徒，以无力出聘金，则斑白不婚者有之矣！至女子适人，原思有倡随之乐，今乃与人共事一夫。家庭权利，幸则与人分享，不幸则尽为人所攘。固不仅卧榻之侧，任他人鼾睡已也。当至宠衰见弃，度日如年。春花似锦，伤雨露之不时；秋月如珪，念风云之难际。粉黛泣红颜之命，花落增悲；曼声度白头之吟，鸟啼如诉。有若秦皇之终身不见，明妃之仰天太息。怨女之怨，实难胜矣！

（五）反动罪恶 宇宙间，无论何事，有原动力，必有反动力。原动力大，反动力必大。男子之多婚，既以最大之压力使女子不得平等矣。其愚而懦者，固抱恨终身，赍志以没；其强而黠者，必大施其奸狡之计，非礼之行，以求达其平等之目的。是故男子既可逾墙而搂处子，女子也可登垣而阚宋玉[⑦]；男子既可以列金钗，女子也可以置面首。古今之由多婚而辱门楣、污宫庭者，比比然也。

（六）滋生罪恶 多婚之罪恶，岂仅渔色一端而已哉？渔色者，罪之魁而恶之胎也。赵媛吴女，纤歌妙舞，非此不足以侑觞，而对此乐境，能不为之浮白乎？色不足以尽其乐，则牛饮以继之，而嗜酒之害生焉。当夫炎天挥扇，冬日围炉，清谈非消闲之品，声歌有聒耳之时，团聚无以为欢，何以消此永昼？乃作猪奴之戏，姑为麻雀之义，喝雉呼卢，兴高采烈，而赌之害生焉。且精神有限，娱乐无穷。一旦意倦神疲，神懒心动，借阿芙蓉君[8]以振刷精神者，实繁有徒也。酒也，博也，鸦片也，皆道德家所谓之罪恶也。世之犯此三者，未必尽由多婚，而既犯多婚，则染此更易矣。

（七）戕身弱种 苏子瞻[9]曰："好色者必死。"斯言也，犹有病。夫人未有不死者，果如是，好色何惧哉？盖所谓必死者，必自速其死也。天下事物，足以速人之死者，惟兵、鸩与色耳。兵、鸩之死人，其理昭然，人咸畏之；色之死人，虽习实隐，人咸昵之。今夫佳木葱茏，人孰信其速形枯槁哉？然斧斤旦旦而伐之，生机之能久存者鲜矣。人值青年，身体健全，亦何至旦暮夭折？奈色迷不悟，多娶以餍其欲，是无异操群斧而自戕也。迨痨瘵已形，犹谓参苓可治，岂不悲哉？而市井无赖，迎合社会心理，因之造伪药以渔利。自来血、补脑汁等壮剂，果克收生死肉骨之效乎？观二者畅销，亦可觇国民体质之弱矣。矧将萎之木，枝叶必不茂；将涸之源，支流必不长；衰弱之父，生子必不强。中国人民虽庶，而患虚证者实繁。良以先天既弱，即无嗜好，多病已如李密，况更染颓风乎？华种之弱，有由来矣。

（八）塞智蔽聪 语云：酒能汩性，利令智昏，色尤甚焉。人之聪明，全恃脑力。姬妾众多，色欲过度，脑力受无形之斫丧，运用不灵；良知良能，有时而泯。故夫差明君也，以纳西施而封甬；玄宗英主也，以纳太真[10]而幸蜀；吴三桂豪杰也，以陈圆圆之故，而召清兵。故欲保身体之健全，脑力之活泼，不可蹈多婚之恶习。

（九）废时失业 人之最宝贵者，莫如光阴；所亟图者，莫如事业。是以大禹有寸阴之惜，孔子有逝水之叹。盖以人生寄蜉蝣于天地，不过数十寒暑。而于此数十寒暑之中，志学以前，草昧初启；耳顺而后，精力日衰。是学士之探赜钩玄，政客之励精图治，农工商贾之操奇计赢，所经营者如此其巨，而可乘之时机如此其促也。彼多婚者，销磨驹隙于征求美色，运动婚娶；趋承妻妾之意旨，调和阃内之诟谇。值年富力强之时代，作追欢买笑之生涯，自以为人生乐境，无逾于斯。斯人也，在官必偾其职，为工必荒其艺，经商必失其资，读书必废其学。盖人之经营缔造，全赖一心。心专于此，则力懈于彼。韩文公[11]曰："业精于勤，荒于嬉。"多婚乃嬉之尤者也。

（十）伤财破产 节用之风渺，理财之道衰。风俗流于奢靡，浮竞有违矩则。琼台玉宇，大兴阿房之工；绣闼雕甍，姑作藏娇之所。妾之于主人也，或索珠玉以为饰，或裂锦绣以为衣。夸富斗靡，争妍博宠，冶容诲淫，纵欲败度，伤财更无论矣。世之娶季家姬者，不过以一人养一人耳，犹疲于奔命，况以一人养数人乎？吾恐群姬之欲壑未盈，而主人之家资已竭。在中人以下之产者，废时失业，已无以开财之源；而任意挥霍，又无以节财之流。即使富如石崇，金夸郭氏[12]，终为有限之资财，难作长久之征逐。无法以生财者，既倾家而荡产；而稍有权势者，则大开方便之门，权济燃眉之急。于是收暮夜之金，贿赂公行；假催科之名，横征暴敛；国帑库款，侵吞无余；军饷吏俸，扣蚀有差。宦囊不足以支持，则阳假外债之名，阴充妻妾之奉。小则破家荡产，大则蠹国殃民。多婚之害，至此极矣。

（十一）多婚与社会之关系 多婚既具有传染之性质，经长久之变迁，始创之于个人，继遍行于社会。捷如影响，迅若雷电。由是服用日华，旷怨日多，人民之无德育也，而社会成奢淫之俗；塞智蔽聪，铄灵灰慧，人民之无智育也，而社会长昏惰之俗；戕身贼体，流毒子孙，人民之无体育也，而社会有萎靡之习。至于共和之世，人道大昌，待己则自由，待人则亲爱；立于宪法之下，则人我平等。平等、自由、亲爱，社会中之三大要素也，而皆为多婚所破坏，甚可慨已。

（十二）多婚与国家之关系 政治之良否，视乎社会之风俗。风俗之厚薄，视乎人民之道德。多婚盛而民德衰，民德衰而风俗漓，风俗漓而政治敝。盖善政难挽颓风，薄俗易妨政治，故奢淫之风，贫国之渐；萎靡之风，弱国之原。贫矣，弱矣，朝野上下，更昏惰性成，不求振作，何怪贫而愈贫，弱而愈弱？苟在上者，无多婚之好，则廉俸所入，足以供其挥霍；公费有余，不敢私其涓滴；毁家纾难，不期廉而自廉；鞠躬尽瘁，不期勤而自勤。在下者，无多婚之好，而后家有余蓄，人有余力，应国债之募，则踊跃输将；办公益之事，则黾勉应付；举人人日富之资，以为国家岁入之助；易人人渔色之心，以为国家干城之谋，则司农何至有仰屋之嗟，海疆何至有烽烟之警哉？惜乎，数千年来，多婚之积弊太深。虽英雄豪杰，犹不能去此嗜好，则今之当局诸公，海内志士，虽欲亟起挽救，犹非数十年之功，可以绝其根株。而况失此时机，任其滋蔓，则中国前途尚堪问耶！

原载《金陵光》第4卷第1期，1913年3月，
及《金陵光》第4卷第3期，1913年5月

【注释】

①本篇分为两部分先后发表。第一部分署名为刘佩宜、陶知行；第二部分署名为陶知行意、刘钟璐（即刘佩宜）。此文原无标点。

②四句题词为王正廷所写。

③则百斯男，代指多子。

④桑间濮上，代指男女幽会的地方。

⑤五公子之争立，指春秋楚共王无嫡子，以“拜璧”请神的方式从庶出五子中选择王位继承人。

⑥鲁仲连，战国时齐国人，善谋划，为排难解纷而周游列国。

⑦宋玉，战国时楚国辞赋家。著有《登徒子好色赋》等作品。

⑧阿芙蓉君，指鸦片。

⑨苏子瞻，即苏轼（1037—1101），字子瞻，号东坡居士，四川眉山人，宋代文学家。著有《东坡全集》。

⑩太真，即杨玉环（719—756），号太真。唐朝时期后妃。

⑪韩文公，即韩愈（768—824），字退之，世称韩文公。河阳（今河南孟州市）人，唐代文学家。著有《韩昌黎集》。

⑫郭氏，即郭况（9—59），东汉外戚大臣。

因 循 篇[①]

披阅英儒培根[②]所著之《因循论》(*Essay on Delays*)，兴起无穷感触。盖以生乎今之世，列强既具有进取之特性，其学术工商复高出吾人之上，以强佐强，进步一日千里。吾人欲与并驾齐驱，其进取当有列强什百倍之猛勇。即欲在世界求一生存，犹当夙兴夜寐，不容稍事蹉跎。苟仍委靡不振，习于因循，则保守已无余地，大局何堪设想？爰引申培氏之说，撰著因循之篇，究因循之原因，揭因循之结果，俾国人晓然于因循之害，不独妨一己之发展，实足以障人群之进化焉！

（一）释名 趑趄其行，应前不前，是为因循。因循之人，除退化无收效，除敷衍无方法。对于事言，是为放弛责任；对于己言，是为自暴自弃。阳膺职守，其实滥竽也。

（二）辟因循者之图说 因循者，每自饰其说曰："'欲速则不达'，'其进锐者其退速'。与其不达何如迟？与其退速何如藏其锋？"曰：孔孟之为此言，盖以警夫世之暴躁者，深恐有如宋人之揠苗，非徒无益，而又害之。然揠苗诚过矣，而圃人迁就其培植，延迟其灌溉，以致禾苗日即于枯槁，则又何说耶？不及犹过也！因循与欲速，皆背中庸之正道。则彼因循者之图说欺人，适以彰其偏耳！

（三）因循之原因

（甲）原于畏 处此物竞之世界，与器间有竞争，与物诱有竞争，即下至饮食起居之细，亦莫不含有竞争之义。于是筹备竞争也，宜任劳；实行竞争也，宜耐苦。竞争而不能胜，则难生矣！竞争而败北，则痛生矣！彼畏怯者，心既懦弱，气安能壮？于是见劳而畏焉，见苦而畏焉，见难而畏焉，见痛而畏焉。畏则虽知其应进而不敢进，虽知其应行而不敢行。不敢进，不敢行，而因循之念萌矣。

（乙）原于惰 存诸念者，谓之惰；惰之见于事实者，谓之因循。"今日不学，曰有明日；今年不学，曰有明年。"因循自误，实惰为之原动力也。

（丙）原于自满　自满则目空一切。凡事举不足介其意，以为即稍自暇逸，先鞭亦莫我着。于是朝夕因循，放心不求。推求其故，则皆自满一念，有以致之耳！（泰西寓言有所谓龟兔竞走者。一日，兔与龟订竞走之约。兔见龟行笨滞，以为莫能为，偷息中途，卒以延时太久，龟得先登。斯兔之所以失败，由于因循。而所以致兔之因循者，则自满耳！此言虽小，可以喻大。）

（丁）原于自私　人自私之念太过，则所为莫非扩张一己之利益。有益于我则求之，惟恐不力；利益少杀，则泄沓从之。甚或今日慕其利，明日见利之更大于此者，复移其爱慕之心于彼。既得所欲，而向昔之职守，或碍于势而未能遽卸；或尚有利益可渔，则其结果必为因循敷衍无疑。今日官僚界、社会界中，以一人而兼数差者，不可更仆数[③]，而所事皆鲜有成效可睹。问其何以致此？曰：惟因循故；问其何以因循？曰：惟自私而不量力故。

（戊）原于宴安　管子[④]曰："宴安鸩毒，不可怀也。"吕东莱[⑤]又从而说明之，谓为隳心丧志之所由来。盖形为物役，形已不克自主；心志又为形役，而复由形而役于物。则心安得不丧？志安得不隳？心丧志隳，而能不因循者几何哉？是故国事虽艰，先之以妻妾之奉，耳目之乐。宴安既不可须臾离，则敷衍国事，以循情欲，势所必然也。

以上五者，乃因循之大原。间有因大事牵连，势不得不迁延小事者，其情可原，故不列论。

（四）因循之结果　因循之原既明，则吾人所急当研究者，即因循于个人果具何等之结果，于社会果有何等之影响。

（甲）失机宜　培根氏对于此点，论之最详。其言曰："机会之去，如射弹空中，霎时即没。"培氏又以为，机会既难得而易失，则乘迎必期敏捷，断不容稍事徘徊。故其章末曰："吾人处事，当察之以阿耳嘎斯[⑥]（Argus）之百目，行之以白流辽斯[⑦]（Briareus）之百臂。"若舍此不务，专事狐疑，则由狐疑而观望，由观望而因循，忽此大好机会，偷逝于无声无臭之间。迨至四十五十，始嗟一事无成，悔之无及矣，岂不悲哉！

（乙）长惰　人能习于勤，亦能习于惰。人之有惰念，不难芟除之。所可惧者，既由惰而因循，复由因循而长惰。习与性成，斯惰之根，牢不可拔矣。

（丙）伤名誉　因循者，鲜不陨职。迨至事无成，或成而不良，人必訾议之曰："此某责任之不尽也，此某因循之贻误也。"人相诽，家相谤，名誉隳落矣。吾雅不欲以名誉勉人为善，然此实因循必然之结果，无可讳者也。

（丁）妨他人之进步　人非皆鲁滨孙[8]，谁能处世而可离其群者哉？不能离群，则我与群有相互之关系。故名誉不独我伤，全体受其玷辱；机宜不独我失，全群滞其进步。我既因循，群亦难于有为，理势然也。懦弱如余，宁随勇为者之疾趋，虽力竭声嘶，犹觉愉快；一与因循者遇，则如逢逆风，如拉千钧。吾心焦，吾首疾，吾额蹙，吾不可以一朝居，吾无可如何。况彼忧时如焚之士，吾知其与因循者同群，其苦楚当有更甚于余者矣。

（戊）引他人之因循　因循之人，不独妨他人之进步，且足以引他人之因循。盖勇行之士，固可努力前进，曾不因人之因循而稍存退步。而懦弱之徒，其始亦未尝不以因循为非是，然浸假而灰心矣，浸假而效尤矣，浸假而随浪浮沉矣。观乎吾国在野各会之委蛇不进，参议院、政府之敷衍溺职，何一非由于一二人之因循，而牵及全局之因循者哉？

（五）结论　由上论观之，则因循之害，既足以自误，复足以误人，更足以误国。吾人果自爱，则不当因循；吾人果爱人爱国，尤不当因循。然世人之因循，相习既久，脑印已深，一旦除之，自非易事。于此则吾人所当垂择者，有二事焉：（一）不问他人因循与否，吾惟努力前进，勇行其是；（二）因循既由畏、惰、自满、自私、宴安诸念所致，则欲远离因循，自非排去畏、惰、自满、自私、宴安五念不可。自警警人，务期易怯为勇，易惰为勤，易自满为不足，易自私为利人，易宴安为忧劳，使国人共跻于勇为之士，则吾辈所不可放释之责任也。由（一）说，则己不致陷于因循；由（二）说，则可勉人力行。果能如是，则吾国虽弱且贫，其前途必有光荣之希望。不然，社会因循而民气不张，政府因循而国魂不振。吾国行将由贫弱而渐臻于沦丧，岂不甚可畏乎？勉哉国人！

原载《金陵光》第4卷第3期，1913年5月

【注释】

①此文原无标点。

②培根（Francis Bacon，1561—1626），英国哲学家。马克思称他是"英国唯物主义和整个现代实验科学的真正始祖"。他主张打破偶像，摒除

各种幻想和偏见；强调发展自然科学，提出“知识就是力量”；认为学校应该传授百科全书式的知识。

③不可更仆数，即更仆难数。形容事物繁多，数不胜数。

④管子，即管仲（？—前645），名夷吾，字仲，颍上（颍水之滨）人，春秋初期政治家。

⑤吕东莱，即吕祖谦（1137—1181），字伯恭，学者称东莱先生。婺州（州治今浙江金华）人。南宋哲学家、文学家。

⑥阿耳嘎斯，希腊神话故事中的百眼巨人。

⑦白流辽斯，希腊神话故事中的百手巨人。

⑧鲁滨孙，通译鲁滨逊，英人笛福所著《鲁滨逊漂流记》中的主人公。

导引新生之倡议[1]

入校不苦，初入校则苦。初入校不苦，初入校而无人导引斯真苦。王君湘山曰："今吾在校中，不过起居饮食，稍有不便，乃思亲之念切耳。惟初进学校之苦，则难以言语形容也。"此过来人阅历之语，闻者疑其言乎？请得毕论初进校之苦。

游人入意大利圣彼得教堂，莫不怃然自藐。本校墙宇华丽虽不足，而雄壮则有余。初进，罕不一望气夺（多人之言如此）。既入校，四觅始得缴费处。券既购，诣监学室派书。监学室中，学生如云。自日升至于中昃，书有不得派者。问之，则新生耳。何则？彼新生心存畏怯，行用趑趄，不敢趋前，斯为捷足所先登矣。俟见监学，则未惯见外人者，望其颜貌，益增悚惶。口将言而嗫嚅，甚至言语不通，则愈觉其困难矣。课派毕，购书上所派班，时刻已过，而未觅得上班处者，恒事也。且忽而鸣大钟，忽而鸣小钟（本校有大小二钟各有所司），其义未解，罔知所适。他若饮食起居诸事，未娴规则，动蹈愆咎。彼善于交游者，固不难于每事问，而颜薄之徒，唇未启而面已赧，无惑乎其摸索不已也。甚有恶少，专以欺侮戏弄新生为事。向之或不答，答则指鹿为马。与彼同室，则颐指气使，如主人之待奴仆。其黠者，固能暂受胯下之辱；而弱者，不吞声饮泣而愈形抑郁乎？及夜登榻，历溯日间种之苦境，追思家中种种之乐趣，苦时忆乐，益觉凄凉，辗转不寐，泪由耳堕。学子初入校之苦，盖难堪矣！

吾之为此言，非故为骇人听闻之论。实欲吾先进诸同学，痛定思痛，推己及人，群膺引导之贵，力图照料之方，务使后来者视入校如归乐境焉。李敏甫先生演说美国学生精神，曾云及先生赴美之年，未到校而该校青年会即派招待员，为之照料起居饮食，莫不周密尽致。夫美人之于先生，白黄异种，美亚异洲，其相遇且有如是之隆，况吾人之于后来同学，虽新旧有别，而都属同胞，安可坐睹彼辈初入之困苦而不一援手乎？吾青年会对于新来同学，素存爱敬，故每学期开学后，必集茶会，以笃新旧交谊。行[2]已钦佩无似，苟能赞同敝议，出而提倡实行其导引新生之计画，则新生更蒙福靡极。行[3]亦无不乐随诸君子之后，而效其区区之力焉！

原载《金陵光》第4卷第3期，1913年5月

【注释】

①此文原无标点。

②③行，作者自称。

为考试事敬告全国学子[①]

口诵心惟，日就月将。一学期之韶光，行且风驰电掣过去矣！今者暑假伊迩，吾人对于此将至未至之考期，其观念果何如乎？大概勤生多主乐观，惰生多主悲观。彼勤生兢兢业业，一日读一日之书，一时学一时之业。平日不虚度分阴，至考则不待楮墨，已有左券之操。更逆计前列之荣，师友之鉴赏，父母之宠幸，怡然意满，安得不乐乎？惰者则异是，平日惟宴安是娱，逸豫是耽。光阴宜宝贵也，而等于闲度；学业宜精思也，而苟于涉猎。至考则有落第之虞，更逆知点额之辱，师友之藐视，父母之责备，溯往自伤，而往者不可追，嗒然若失，又安得不悲乎？

然此二者，不足以尽将考时学子之态度也。夫畏辱思荣，荣益求荣，人之情也。彼惰者之自悲，吾无间焉。所惧者，彼既以惰而荒业，复不愿自居下风，谓美名可以幸邀，令誉可以幸取。因畏辱心而生侥幸心，复因侥幸心而生谲诈心者，比比然也。彼勤者之有荣，吾之悦也。所惧者，溺于虚名，不自满足，自量才智不如人，犹殚思竭虑，求有以达其冠军之目的。始于一念之贪，终于欺诈之行，此又学子考试时通常之态度也。

噫！两军对垒而阴谋用，五洲互市而狡计生，考试之时有试探焉！试探维何？夹带也，枪替也。稍敛形迹者，则剽窃焉，耳语焉。其为名虽繁，其为欺则一。而所以陷溺之者，则不出畏、贪之二念。试言其害：

(一)欺亲师 事亲莫大于孝，事师莫大于敬。不孝不敬，莫大于欺。考以舞弊而前列，终非庐山真面目。师不及察，给以优分，是师见欺矣。考卷寄家，亲不及辨，以为是真吾儿之英隽，是亲见欺矣。欺师不敬，欺亲不孝，不孝不敬，是为败德。败德之人，不得志害身家，得志害天下。自来滔天罪恶，盖有始于此者矣。

(二)自欺 彼舞弊者，果得售其术耶？吾以为能欺父母，能欺师傅，而不能欺同学。彼不肖之流，固相与朋比为奸，而自洁之士，必贱其行，必耻与伍。常见弄术者，考试未完，人言已藉藉而不堪入耳。彼固欲假此以邀前列，不知及因此而遭同学之鄙弃，召同学之藐视。将以求荣，适以受辱；将以欺人，适以欺己：其愚亦已甚矣。

（三）违校章 行欺禁令，载在章程。学校之章程，学校之法律也。违背学校章程而行欺，是藐视学校之法律也，是违背学校之法律也，是以学生而为犯人也。学生将以正人者也，己不自正而欲正人，可乎？学生将以治人者也，己不自治而欲治人，可乎？学生将以引人服从法律者也，己不服从而令人服从，可乎？学生之位置，最高贵之位置也；学生之前程，最远大之前程也。以尊荣之学生，而行同偷窃，甘以身试法，不独行为不轨，亦且太自轻其身分矣。

（四）辱国体 其任专门大学中，教员有外人，学生有外人。吾华生之一举一止，一言一行，莫不为彼邦人士所注意。倘不慎而所安、所由、所以，皆未能出于诚，则彼外人行将以一斑而概全豹，慢谓吾"中华之大病在于不诚"。则诸君有何面目对于此大好山川乎？吾之为此言，非欲诸君之媚外也。吾辈既忝为共和之国民，则不可不有共和之精神。共和之精神维何？自由而已！西谚曰："惟真诚为能令国民自由。"言行真诚，以保守扩张此铁血换来之自由，使外人对于中华民国皆存爱敬心，不起轻慢心，则吾人所当黾勉者矣！不此之务，而惟欺诈是尚，则不徒召外人之藐视，亦且失其共和国民之精神矣。

（五）害子孙 舞弊者岂仅一己行欺而已哉？其影响且及于子孙矣。生人之一举一动，皆印于神经系内。浅者霎时即没，深者历世不移，遗传而成本能。故父母惯于行欺，其恶根性之于子女，与生俱传。及长，子女可以不学而能欺。且孩童最易受影响人者也，父母之言行举动，子女多于不知不觉中被其激触，效而尤之。今日之学子，即他年之父母也。为学子而行欺，是不啻引将来子女之行欺矣。可不惧哉？

曰欺亲师，曰自欺，曰违校章，曰辱国，曰害子孙：考试舞弊之五恶德也。文文山[②]曰："读圣贤书，所学何事？"学欺亲师耶？学自欺耶？学违校章耶？学辱国耶？学害子孙耶？毋亦不大背圣贤之道，而违其莘莘求学之初心也。闻之"道德为本，智勇为用"。欲载岳岳千仞之气概，必先具谡谡松风之德操；欲运落落雪鹤之精神，必先养皑皑冰雪之心志。德也者，所以使吾人身体揆于中道，智识不致偏倚者也。身体揆于正道，而后乃能行其学识，以造人我之幸福；学识不致偏倚，而后乃能指挥身体，以负天降之大任。道德不立，智勇乃乖。故有勇无德，楚项羽所以有垓下之围；有才无道，盆成括所以有杀身之祸；智勇兼备而无德，拿破仑所以有拘囚之恨。世顾有无德而能善其终者乎？吾辈学子可以深长思矣！

且吾人今日，盖莫不以爱国爱人自任矣。对于吞赃纳贿，则重斥之；对于任用私人，则訾议之；对于运动位置，则鄙弃之。吾嘉其志，吾佩其言，然爱国者必遵守法律。今日不服从学校之法律，安望其他日服从国家之法律乎？爱人者，必推亲及疏。今曰师傅之昵而欺之，父母之亲而欺之，己身之切而又欺之，安望其他日之能爱人乎？孔子曰："君子素其位而行。"（Perform your duty where you are.）今日之责不尽，安望其将来之尽责乎？况彼贪官污吏，其成也非一朝一夕之故。始于天性遗传之不良，继之以家庭教育之不良，继之以塾师教育之不良，终而入世，又复浮沉于不良之政府、社会中，习与性成，斯一举手而蠹国殃民。甚矣，始之不可不慎也！为学生而可求人枪替，为官亦可以金钱运动位置；为学生而为人枪替，为官亦可任用私人；为学生而夹带，而剽窃，而耳语，为官亦可吞赃纳贿。何则？履霜坚冰，其所由来也渐耳。故欲他日爱国爱人，必自今日不欺始。欺人欺己而自谓爱国爱人者，假爱也。亲且不爱，遑论乎疏？己且不自爱，遑论乎推己而爱人？

观彼行欺者流，鼠窃狗偷，畏首畏尾。未考之先，藏之惟恐不密；当考之时，袭之惟恐不速；既考之后，虑之惟恐不远。其用心殆可谓劳矣，而其结果乃如是之恶，则人亦何乐而为此？无如世道凌夷，俗尚欺诈，各校规则复未能严紧，加之教员多以得学生欢心，为保全位置计，见若不见，闻若不闻，弗敢穷究。驯致中人以下皆未免逐浪浮沉，习以为常，恬不为怪。不思其行为之鄙陋，反矜其运技之神速。噫！斯风不振，教育之前途何堪设想？敢以孔圣之言进告吾所敬爱之学子："过则勿惮改。"失之于前，改之于后，不失为颜回③，不失为周处④。若其徘徊歧路，不改前愆，则正邪不两立，清浊不同流。吾所敬爱之学子中，不乏洁身自好之士。所望毋惮权势，毋循私情，择善而行，见义而为。大声疾呼而忠告之，耳提面命而规谏之；忠告规谏之不从，割席与绝之；割席之不悛，鸣鼓而攻之：必达肃清之目的而后已。诸君，诸君！今日不能止同学之欺行，安望他日除国家之稗政，革社会之恶俗乎？挽狂澜而息颓风，是所望于诸君之力行。

原载《金陵光》第4卷第4期，1913年6月

【注释】

①此文原无标点。

②文文山，即文天祥（1236—1283），字履善，又字宋瑞，号文山。南宋大臣，文学家。

③颜回，即颜渊（前521—前490），春秋末鲁国人，孔子学生。贫居陋巷，箪食瓢饮，而不改其乐。孔子极称赞他的德行。

④周处（240—299），西晋义兴（今江苏宜兴）人，字子隐。相传少时横行乡里，父老将其与蛟、虎合称为“三害”。后发愤改过，斩蛟射虎，终成有用之人。

伪君子篇[①]

伪君子之居乡而假愿者，即孔子所谓之乡愿。人之为伪，不必居乡，凡率土之滨皆可居。人之行诈，不仅假愿，凡君子之德皆可假。然必假君子之德以行诈，始谓之伪。故总名之曰伪君子，从广义也。

伪君子曷由乎来？曰：非圣贤皆求名，惟其求名，故避毁邀誉。人之有誉，而己不能行，不敢行或不愿行，又欲邀其誉，则不得不假之。人之所毁而明由之，必损于名；又欲邀毁中之名，而避名中之毁，则不得不掩之。中人以下，莫不趋利，惟其趋利，故避祸邀福。由其道而可得福，而己不能行，不敢行或不愿行，又欲邀其福，则亦不得不假之。明由其道而祸从之，又欲趋祸中之利，避利中之祸，则亦不得不掩之。假人之所誉，掩人之所毁，与夫假其可得福，而掩其可得祸，皆伪也。为伪所以求名趋利也。天下之名，莫美于君子，而非分之利，则舍小人之道莫由趋。世人慕真君子，而真君子之墙数仞，不得其门而入。真小人则亡国败家，身死为天下笑，复凛然可惧。为真君子难，为真小人不易。舍难就易，于是相率而为似君子非君子、似小人非小人之伪君子。是故伪君子非趋利即求名，而趋利求名者，必是伪君子。伪君子之由来，名利为之也。

世衰道微，人欲横流。遇一名正言顺之词说，必群相假之以饰人之耳目，防人之攻击，而逞其心思之所欲。于是伪君子乃杂然应时而兴，随地而起。位高者为伪大，位卑者为伪小；时急则伪烈，时安则伪微。就总纲论之，有言是心非者，有行是心非者。其尤者，则心有杀人之心，行有杀人之行，而惟以语言文字为之涂饰。其险者，则造其近因，而收其远果，沫以小惠而攫以大利。就细目分之，争权则曰平等，逞志则曰自由，好事则曰热心，有求则曰力行，“任情则曰率性”〔丙〕，“矫饰则曰尽伦，拘迫则曰存心，粘缀则曰改过，比拟则曰取善”〔乙〕，“虚见则曰超悟”〔丙〕，“持位保禄则曰老成持重，躲闲避事则曰收敛定静，柔媚谐俗则曰谦和逊顺”〔丁〕，“意气用事则曰独立不惧”〔戊〕，漫然苟出则曰如苍生何，逐物意移则曰随事省察，心志不定则曰讼悔迁改，苟贱无耻则饰以忍耐。“随俗袭非则饰以中庸”〔戊〕，“不悖时情则饰以忠厚，不分黑白则饰以混融”〔己〕。“阳为孔颜无上乐，阴则不事检点”〔丙〕；“名为圣人无死地，实则临难苟安”〔戊〕。“以破戒为不好名者有之”〔丙〕，以冥顽为不动心者有之。放心不求，姑以恬淡无为为搪塞；枉寻直尺，直以舍身济世为解释。“有利于己，而欲嘱托公事，则称引万物一体之说；有害于己，而欲远怨避嫌，则称引明哲保身之说”〔己〕。假警惕以说滞，借自然以释荡。直而讦，辩而佞，恭而劳，慎而葸。“自谓宽裕温柔，焉知非优游怠忽？自谓发强刚毅，焉知非躁妄激作”〔甲〕？外似斋庄，中实忿戾；表似密察，里实琐细；貌似正而志在矫，容似和而神在流。仲尼②其面，阳货③其心；虞舜④其瞳，项羽⑤其行。睚眦必报，则借口于奋勇；鸡鸣狗盗，则借辞于用智；两毛不擒，则图说于施仁；狡兔三窟，则托称于示惠；逢亲之恶，所以显吾之孝；遂兄之过，所以著吾之悌；成国之暴，所以彰吾之忠；践诺之误，所以明吾之信；嫂溺不援，自谓执礼；率兽食人，自称义师；避兄离母，自号操廉；矜己傲物，自谓知耻。众矣哉！伪君子之类。杂矣哉！伪君子之途。

伪君子虽百出而莫穷，然自外言之，其所以为诱者则一。一者何？名利而已。伪君子与世浮沉，随祸福毁誉而变，其本色以博名利。故其出处、去就、进退、取与，不定于义理，而定于毁誉祸福，而义理亡。夫人之出处、去就、进退、取与，贵当其义理耳。出处、去就、进退、取与，而违乎义理，则非人之出处、去就、进退、取与矣。自内言之，人之所以受名利之诱，而演出千百之伪状者亦一。一者何？心伪而已。张甑山曰：“为人须为真人，毋为假人。”朱子⑥曰：“是真虎必有风。”真人必有四端之心：“心不在焉，视而不见，听而不闻，食而不知其味。”故人而心伪，则耳目口舌俨然人也，而实假人矣。孔子曰：“恶乎成名？”谓其无以成真人之名也。

天下非真小人之为患，伪君子之为患耳。真小人，人得而知之，人得而避之，并得而去之。伪君子服尧之服，诵尧之言，而处心积虑，设阱伏机，则桀纣也。桀纣，汤武得而诛之也。桀纣而尧，则虽善实恶，虽恶而难以罪之也；虽是实非，虽非而难以攻之也；真中藏假，虽假而难以察之也。博尧之名，而无尧之艰；享桀纣之利，而无桀纣之祸。无人非，无物议，伪君子以此自鸣，世人以此相隐慕。一家行之而家声伪，一国行之而国风伪，行之既久而世俗伪。嗟夫！真小人之为患，深之不过数世，浅则殃及其身而已；伪君子则直酿成伪家声、伪国风、伪世俗，灾及万世而不可穷。故曰："乡愿，德之贼也!"孔子恶似而非，恶乎此也。综天下而论，伪君子惟吾国为最多；统古今而论，伪君子惟今世为最盛。吾国之贫，贫于此也；吾国之弱，弱于此也；吾国多外患，患于此也；吾国多内乱，乱于此也。读者疑吾言之骇乎？他姑不论，使吾总统之神武大略，国会之济济多才，苟于公诚一端，稍加之意，同心同德，以戮力国事，则中国不其大有为乎？不以公诚使其才与势，此其宵旰忧劳，所以鲜补于国计民生也。诗云："君子如怒，乱庶遄已。"孟子曰："文王一怒而安天下之民。"吾政府对于年来内乱，亦既赫赫斯怒，然而平乱而乱不平，安民而民不安，毋亦能怒而不能真文王、真君子之怒乎？呜呼！真人不出，如苍生何？

著者曰：吾十八以前，只知恶人之为伪，不知恶己之有时亦为伪，且每以得行其伪为得计。呜呼，误矣！自入本校，渐知自加检点。然初一二年中，致力于文科之学，未暇在受用学问上加功。虽时有道学演说，心不在焉，故诚心终不伪心胜。入大学后，暇时辄取《新约》[7]展阅之，冀得半言片语以益于身心而涤其伪习。读至耶稣责法利赛人徒守旧俗假冒为善一节，恍然自失曰："吾从前所为得毋为法利赛人乎?"触想孔圣亦有"恶似而非"及"乡愿，德之贼也"之言；又痛自深恨曰："吾从前所为，得毋为贼乎?"自后乃痛恶己之为伪，视为伪之我如贼，如法利赛人。自呼为真我，呼为伪之我曰伪我，或曰贼，或曰法利赛人。吾圆颅不啻为真我与伪我之战场，真我驱伪我不遗余力。伪我虽有时退听，然我之大病根，在喜誉恶毁。名之所在，心即怦然动，伪言行即不时因之而起。事后辄痛悔不安，因思不立定宗旨，徒恃克治，终少进步。龙溪[8]先生曰："自信而是，断然必行，虽遁世不见，是而无闷；自信而非，断然必不行，虽行一不义而得天下，不为。"小子不敏，窃愿持此以为方针。历不破除名利之见，决无不为伪之理。率此行后，纵未能一时肃清伪魔，然较前颇有进步。孟子自言四十不动心，王子[9]自言南都以前尚有些乡愿意思。二贤岂欺我哉？阅历则然耳！夫二贤，一则善养浩然之气，一则善致良知。其立真去伪，尚且若是其难，何况吾辈小子。然其工夫虽困难万状，二贤终有成功之日。吾于是乎且喜将来真我之必胜，而伪我之必可败。其胜其败，是在及早努力，百折不回，在心中建立真主宰，以防闲伪魔。行出一真是一真，谢绝一伪是一伪。譬如淘金，期在沙尽金现，顾可因其难而忽之哉？暑假中，存养省察有得，辑之成篇，意在自勉而兼以勉人也。

【原注】

〔甲〕欧阳南野
〔乙〕罗念庵
〔丙〕王南塘
〔丁〕邹南皋
〔戊〕顾泾阳
〔己〕顾泾凡

原载《金陵光》第5卷第6期，1913年11月，
及《金陵光》第5卷第7期，1913年12月

【注释】

①此文原无标点。

②仲尼，即孔丘（前551—前479），字仲尼。春秋时期鲁国陬邑（今山东曲阜）人。思想家、政治家、教育家，儒家学派创始人。

③阳货，春秋鲁人，名虎字货，季孙氏家臣。挟持季桓子，权势很大。败德小人。

④虞舜，传说中父系社会后期部落联盟领袖，姚姓，有虞氏，名重华，史称舜。

⑤项羽，（前232—前202），秦末农民起义军领袖，自立为“西楚霸王”。后与刘邦争雄，兵败自杀。

⑥朱子，即朱熹（1130—1200），字元晦，又字仲晦，号晦庵，别称紫阳。徽州婺源（今属江西）人。南宋哲学家、教育家。

⑦《新约》，《圣经·新约全书》的简称。

⑧龙溪，即王畿（1498—1583），明代学者，字汝中，别号龙溪，浙江山阴（今绍兴）人，受业于王守仁，传播王学四十余年。

⑨王子，即王守仁（1472—1528），字伯安，世称“阳明先生”。明代哲学家、教育家。他主张“知行合一”和“知行并进”，认为“知是行之始，行是知之成”。他的学说以“反传统”的姿态出现，影响颇大。

⑩欧阳南野，即欧阳德（1496—1554），字崇一，号南野，江西泰和人。明代著名理学家。

⑪罗念庵，即罗洪先（1504—1564），字达夫，号念庵，江西吉安府

（今吉水县）人。明代地图学家。

⑫王塘南，即王时槐（1522—1605），字子直，号塘南，安福（今属江西）人。明代教育家。

⑬邹南皋，即邹元标（1551—1624），字尔瞻，号南皋，江西吉水人。明代东林党首领之一。

⑭顾泾阳，即顾宪成（1550—1612），字叔时，号泾阳，江苏无锡人。明代思想家，东林党领袖，因创办东林书院而被人尊称为“东林先生”。

⑮顾泾凡，即顾允成（1554—1607），字季时，号泾凡，江苏无锡人，顾宪成之弟。明代思想家，“东林八君子”之一。

杀机之天然淘汰[①]

或问曰：天道好杀乎？杀机其长此盘牙而不可解乎？胡为乎杀器之日利而战术之日工也？应之曰：杀也者，天演[②]必然之现象，人类必经之浩劫，有始之日，更有终之期。或者命益，用著兹篇以答之。

（一）杀机随统系之进化以渐减 原人无中坚之团体，流寓不定，散猎衣食住。凡衣食住之所在，即杀机之所在。故每战与战事之人虽少，然杀事实频繁莫伦。迨强有力之团体组成，或聚亲，或成家，或聚家成族，或聚族成部落、成国，则各团体之众人，有服从号令之义务，不得随己意肆杀。故每战杀人虽多，而战之次数反因以减少。故统系愈坚，杀事愈鲜。

（二）杀机随战斗团体之多寡以为差 原人涣散无纪，人各自为攻守，故杀事绝不可胜计。至亲戚相团结以成家，则个人之战斗权移于一家。此时系家与家相杀，而非个人相杀矣。进而为族，为部落，为国，其战斗团体愈大，则战斗团体愈少，而战事亦愈减。

（三）杀机随人道之昌明以渐减 原人仅知遂欲，凡可以遂欲者，不问亲疏，虽杀之莫惜。如印弟安人[③]之杀父宰子以充饥。父子且勿恤，遑问其他至亲！亲之义明，则护同类，残异类。个人相杀，移而为种族相杀，于是杀亲遂为社会所大禁。迨异类相处日久，习惯融洽，民胞物与之念以兴。昔之视杀外人为无上荣者，今已视为人道之大诟病矣。

（四）杀机与战斗力有相反之比例 自表面视之，则兵器愈利，战术愈精，战斗力愈大，而杀机亦随之愈益增长。殊不知事有大谬不然者：一、就财政方面观察，英、德诸国岁入大份用于军费，人民负荷不胜。各国政府因欲松人民仔肩之故，已有惮战之势。二、就利器方面观察，今日战器之利，不独较古远胜，即视拿破仑时，亦不可同日语。英儒某谓，今日五万兵，可敌拿破仑氏时十万。苟居今日，而欲如昔时之穷兵黩武，则幸而胜，其损失已不胜计矣。三、就均势方面观察，列强势均力敌，复有攻守同盟。一国兴兵，全球祸结。事非万不得已。谁甘冒此不韪而为祸首？有此三因，于是海牙[④]和平等会，应时而出，以解国际纷争。同时学者复群相主张国际公法，以范围国际行动。而比利时、孔哥[⑤]等国，亦相继邀列强承认其永久局外中立，以维均势而护和平。故战术愈精，兵器愈利，战斗力愈大，则杀机亦愈就衰微。

（五）杀机随政治之进化以渐减 人类初有政治机关时，鲜不残民以逞。然而穷兵黩武，必有一蹶。纣刳比干，为炮烙刑，杀戮无时，而亡于周。执政者渐明仁者无敌，轻兵致弱之道。于是无论对内对外，悉变其虐民政治，而为悦民政治。悦民政治之极，则有刑措。故悦民政治之兴起，即杀机消灭之萌芽也。

（六）杀机与文化之关系 由以上五点论之，则杀机随文化以为推移。故建筑文明之资料，即为止杀之资料。国内杀人之多寡，即其国文野之比例；国际杀人之多寡，即世界文野之比例。文明愈进，则杀机愈少；文明之极，则杀机永消于无形。彼时之一番泰和气象，实足令人津津生羡也。

虽然，天下之德，莫大于生生；世人之责，莫要于福后。杀机趋势虽日就衰微，然坐待其天然之淘汰，则不知更经若干浩劫，更历若干岁月，始臻郅治。故运用人力济天工之不足，以速其和祥之临，实吾辈对方来莫要之事业，安可因有天然淘汰而忽之哉！

原载《金陵光》第5卷第7期，1913年12月

【注释】

①此文原无标点。

②天演，指达尔文首创的生物进化学说。天演一词，首见于我国学者严复译著《天演论》。

③印弟安人（American Indians），美洲最古老的居民。

④海牙，荷兰城名。1899年和1907年两次在此召开“海牙和平会议”，通过了《海牙公约》（亦称《海牙法规》）。

⑤孔哥（Congo），通译刚果，国名，在非洲。

一九一四年

民国三年之希望[①]

爆竹声喧，桃符颂献，旗悬五色，乐奏八音。此非吾校庆祝民国三年元旦之盛景乎？我之好祥，奚不如人？然阅报章则荆棘满纸，游街衢则疮痍遍地。逢故旧欲致吉利语，而嗫嚅不能启口。视此国家，对兹社会，皆哀有余，而乐不足。噫！当此良辰美景，谁使我抱无涯之戚哉？虽然往者不咎，来者可追，去故取新之希望，时势或能许我乎？

第一，希望民国文官不贪财，不因循，不争门户，戮力以襄国事。

第二，希望民国武臣严纪律，重人道，不矜功，不嚣张，为义战，不为暴戾。

第三，希望内乱永平，寇贼绝迹，使农工商贾各安其业，共乐太平。而学子亦不为残贼影响所耽误，俾得从容，新其体健，新其学问，新其道德，早日蔚为国家栋梁材。

第四，希望人人洗心革面，一刷污俗。种种恶念、恶言、恶行，譬如昨日死；种种善念、善言、善行，譬如今日生。与日俱新，与月俱新，更与年俱新。俾民国精神形式，同从兹更始，永永留存，渐渐发育，直至万万载。

吾之希望，四端而已。有此四端，则外患不作，内乱不兴，百工乐业，人才辈出。民力足，民德进，可以富，可以强，可以比骋列国，可以雄视寰球，岂不熙然盛世乎？然天下非希望之为贵，能透达之而复能保持之为贵耳！民国元年元旦，全国之大希望，非所谓袁孙[②]交欢乎？民国二年元旦，全国之大希望，非所谓正式国会乎？当夫中山北上，两院开幕，全国人士，盖莫不弹冠以庆，希望之透达矣。曾几何时，而萁豆相煎，两贤交阨，国会亦专务自杀，如海市蜃楼，霎时没去。噫！吾又安知今年希望之不同于此也？故吾希望吾之希望得以透达，吾更希望透达之希望得以保持。不然，今年之希望，旋得而旋失；明年之希望，复旋得而旋失。则此无量热血、无量头颅换来之民国，更有何希望之可言？吾希望民国三年希望之不至于如此也！

原载《金陵光》第5卷第8期，1914年1月

【注释】

①此文原无标点。

②袁孙，指袁世凯、孙中山。

呜呼某校[①]

年考将届，某校学生某起谓某教员曰："请先生给我们些范围。"

众学生曰："这是要的，这班书顶难。"

某教员曰："上班了四个月，只念了十八面书，怎样叫难？"

既思欲保存饭碗，惟有取悦学生；欲取悦学生，唯有允其要求。乃继曰："那吗，照书面数，逢单的就考，逢双的就不考，好不好？"

众学生曰："好……好……好！"

考试届，某教员书考题毕，一生曰："先生，第二个题目在书上哪一面呢？"继又一生曰："先生，末了一个题目我忘记了，在哪一面吗？"

某教员始则支吾两语，终则一一俱应学生所问。考试始终，学生忽而交头耳语，忽而纸球四飞。抽屉之下，几成藏书楼。一时眼手交忙，大有偷儿之态度。教员则如知情之捕快，见若不见，闻若不闻。

记者曰：一学期而读十八面书，已属不成事体。考时复取其半，以为范围；范围之外，复有指点；指点不足，继以夹带；夹带不足，继以枪替、剽窃。学生以此欺教员，教员亦以此误学生，成何教员？成何学生？更成何学校？然就吾之目光所观察，正不止某校已也。呜呼，民国教育之前途！

原载《金陵光》第5卷第8期，1914年1月

【注释】

①此文原无标点。

医 德[①]

人无智愚贵贱，谁能越出道德范围，而不伤人害己者乎？惟其事弥大，其责弥重，斯其德亦弥要。人生至贵，惟兹寿命。岐黄操生杀之权，同于官吏，则医之德，视他人为尤要矣。故在周官有医师，掌医之政令，岁终稽其医事。泰西业刀圭者，必经过考试，乃得悬壶[②]。盖医以救人为旨，不设专官，则场成逐利。医以精术为贵，不严甄别，则拙或滥竽。贪医不救人，庸医欲救人而不能，则医何益于人？人亦何资乎医？非然者，专官设，则贪医有所忌惮；甄别严，则庸医不能倖进。祸源既塞，流弊自消。故审其结果，察其艺能，即所以振其医德，使无旷生死骨肉之天职也，其政善矣！然自巫、医并称，医道既见贱于世，医德亦视同弁髦，而无人过问。业是术者，或纯盗虚声，或无稽臆说。探宝止于一藏，尝鼎足于一脔。粗谙药谱，浅步方书，即辄尔出而问世。平时既俭腹，则临事势不得不敷衍。是故，切脉要事也，而备为索案；问症重务也，而专在口给。流弊不还，是以进不能救人，退不能救己，误尽苍生，害尽医德。犹复分门别户，簧鼓是肆。为师则以讹传讹，纵有一二宝贵心得，亦持“绣得鸳鸯从君看，不把金针度与人”之主义。至若阴险之流，则富者唆其利，贫者忽其苦。他人恫瘝，视同秦越，而利禄熏心，未克须臾离。故有利则立邀回春，无利则药毒于病。王良诡遇[③]，赵阉指鹿[④]，医界中岂鲜其人哉？而世间阴谋奸计，多假手于医生。医德不彰，盖贪之一念阶之厉也。间有一二慎术仁施之辈，然杯水车薪，欲其挽回颓风，势有不能者矣。世人见其然也，不曰“学医人费”，则斥为“小道不足以昌大门闾”。故子弟不至愚庸，不可造就，父母不令学医道也；士流不至贫极，无可聊生，不寄身医界也。谚云：“秀士学医，如菜作齑。”又曰：“儒家作医家，医家医家贫。”呜呼！医道为贪庸之逋逃薮也久矣，特生死骨肉之术，岂愚庸所得而厕身乎？魏敬中曰：“医道精微，非浅人所可意窥，非躁心所可尝试。又自度聪明才力，皆有所不给。”诚重之也，诚难之也。夫天下事业多，子孙愚，劳力之役皆可服也，何必劳心而日拙。况著述之家，书不尽言，言不尽意。子舆[⑤]氏云：“大匠诲人，能与人规矩，不能使人巧。”见几察隐，阐奥探源，全恃学者自悟，此可望诸愚庸乎？且古今医书浩瀚，真伪杂参，议论不一，疾病亦不一。以不一之议论，治不一之疾病，而不能运神骋智，折衷善择其间，则诚有如堪舆[⑥]家所言，错认半字罗经，便入蛇神牛鬼之域。此言虽近巫，可以喻真。盖绳墨贵乎变通，成法不可拘滞。治病当活泼泼地如珠之走盘，苟刻其舟而胶于柱，则官礼且或误苍生，矧技术之书哉？赵括不可恃以治兵，庸愚安可赖以治疾？迄乎医不对症，妄投汤药，则一医瘦人虏，再医腐人脏，二医戕人命。罪孽莫大于伤生，伤生莫众于庸医矣。故以他业言，则有德欠智，尚称忠厚。以医言，则智以德贵，德更由智立。盖脑力不灵，则病源不达，药性不悉，医理不明。婴病者不死于病，而死于药；不死于药，而死于医。是知技精，非医德之大全；然必精于技，而后可以言医德。不然，妄医伤人，罪戾已大，尚何德之可言？故子弟愚庸，父兄令其学医，是陷其子弟于不仁不义矣。自视愚庸，而犹昧然厕身医界，是自陷于不仁不义矣。至人生斯世，何莫不衣食？然用衣食以处生，非为衣食以害生也。士非为贫，而有时乎为贫。为贫则农工商贾、抱关击柝、委吏乘田，何莫非衣食之途？奚必滥竽医界，衣人皮而食人肉哉？盖既庸且贪，其结果必归暴戾残忍。欲求方药不变作杀人之介，岐黄不演成荼毒之媒，不可得之数也。彼其疾病罹身，命悬旦夕，势不得不赍百年之重器，持至贵之寿命，付诸孤注之一掷。而其所仰望再造之医生，操术不能精，怀抱不能正，错认病源，误下刀圭而不恤。至轻病变重，重病致死，则家人狃于运气之数，委之天之亡我，非医之罪。医更何惮，借以自解曰：“吾固医病不医命。”故曰：医愈众，药愈多，夭折死亡亦愈繁，殆非虚语也。嗟呼！哀我蒸民，何生不辰，既罹恶疾，复逢虐医。有医如此，何若无医之为愈也。故郝耳母氏[⑦]（O. W. Holmes）演说于哈弗德医科大学曰：“苟举医药而尽投之海底，则人食其利，鱼受其害。”痛哉言乎！救世物理论曰：“医者非仁爱不可托，非聪明理达不可任，非廉洁淳良不可信。”程氏国彭[⑧]曰：“医者之道，其操术不可不工，其处心不可不慈，其读书明理，不至于豁然大悟不可止。”故医之大德三：一曰操术精，二曰宅心仁，三曰持行廉。惟艺精乃可与言仁，惟心仁乃与言廉，亦惟艺精、心仁、行廉乃可与言医。然吾犹有进者，吾国素灵[⑨]，虽云虚理，亦有奥旨之存。银丸纵称幻术，奚无绝技之藏？泰西医学，自科学萌芽进化以来，已脱虚理幻术之习。而彼邦人士之业此道者，又皆兢兢业业，日有发明。其著作宏富，诚为活命仙法，济人宝筏。互市以来，译者亦未尝不众。然通于医者未必通于文，工于西者未必工于中。象胥既昧信达雅之旨，而对于中医数千年来之经验，复鲜能贯通而融会之。中医固远逊于欧美，然亦有其不朽。学者旁搜密采，取要删繁，含中西医药于一炉而冶之，以造诣于精微之域，亦未始非活人活国之大德业也。故艺精操廉，仰体天帝好生之德，实行民胞物与之念，复能译书著说，启迪后觉。俾医道日宏，医术日精，闾阎昌炽，比户安和，渐杜夭折之伤，早登仁寿之域，则良医之功，与良相等。范文正[11]公曰："不为良相，则为良医。"医之尊荣若此，则置身斯道者，宜如何奋发其德以副名实乎？苟其驽骀滥竽，素餐尸位，则在官为民蠹，在医为民蠹矣！为蠹医欤？为良医欤？择善而从，是所望于刀圭家。

原载《金陵光》第6卷第1期，1914年3月

【注释】

①此文原无标点。

②悬壶，行医的别称。

③王良诡遇，典故出自《孟子·滕文公下》，指以不守规矩的手段取得利益。

④赵阉指鹿，比喻故意颠倒黑白，混淆是非。

⑤子舆，即孟轲（约前327—前289），字子舆，邹（今山东邹县）人。战国时的思想家、政治家、教育家。其学说在儒家哲学中形成一个唯心主义理论体系。

⑥堪舆，即"风水"，迷信术中的一种，指相宅相墓之法。堪，为高处。舆，为低处。

⑦郝耳母氏，通译霍姆斯。

⑧程氏国彭，即程国彭（1680—1733），字钟龄，号恒阳子，新安歙县城邑（今属安徽）人。清代中医世家。

⑨素灵，素指《素问》，灵指《灵枢》，合称《内经》。

⑩范文正，即范仲淹（989—1052），字希文，谥文正，苏州吴县（今属江苏）人。北宋政治家、文学家。著有《范文正公集》。

视神经上血管影之观察法[①]

人身生理之构造，关系心理作用至切。血管影之于视觉，其一证也。吾人常见眼前有物，即疑之为鬼为怪，而不知往往目外本无物，徒因生理上之运用，遂呈为心理上之现象耳！爱呵瓦大学[②]心理学教授西少耳[③]先生（Prof. Seashore）察出一法，能令人自见其目中视神经（Retina）上之血管影。此法须试验者立暗室中，闭其一目，持烛或火柴，在睁开之一目傍近，上下前后而映之，则见目前有网形檀色之一物。略如下图，而形较大。此网形之物，即视神经之血管影也。

记者近亦察得一法，此法不用烛光，不用暗室。试验者熟睡透光室中，醒时向空中微开一目，所见亦同前，惟颜色稍异。盖日光之色与烛光之色固不同也。

此法记者每晨醒时曾试验多次，复请同学数人试验数次，皆历历不爽。其理由如下：

吾人目中之棍形神经（Rods）[④]、棱形神经（Cones）[⑤]俱在血管后。故光线从目入，血管之影即落在神经上，反射而呈象于目外。故所见之影，并非空中或墙上有何物件，不过目中生理之作用耳！血管影当目开时，固无处而不在也。然在暗室映烛则可见，光室睡后则可见，而平居日用独不见有所谓血管影者何耶？曰：吾人惯于视外而不惯于视内，志意倾向外物，已成天性。故虽有血管影而不之觉。立暗室之中，则他物之光，不足以夺目，故惟血管影为最显。酣睡后，则目未适应外来之光，复微睁之，故惟血管影能落神经上。有此原因，故二法均能观察之。

原载《金陵光》第6卷第2期，1914年4月

【注释】

①此文原无标点。

②爱呵瓦大学，通译衣阿华大学，在美国。

③西少耳，通译西肖尔。

④棍形神经，指视网膜中的视杆细胞。

⑤棱形神经，指视网膜中的视锥细胞。

赠同学李晓宇入都序[①]

李君以丁未秋入金陵大学，今春学成，将入都，更进而为经世之学。余于其行，赠一言以为别。夫京师国家菁华之所萃也，财力之雄，宫室之巨丽，人才之瑰玮，物情之变幻，皆于此见之。士之游其地而接其人者，辄有观至之叹。李君斯行，岂惟国光是观？盖将别具只眼，观察社会之所以，由得其真相，以印证其所学也。大哉观乎，惊涛拍岸，狂澜怒号，横走逆击，天震地摇，此非水之大观乎？峰临无地，壁峭干云，草木苍翠，烟霞晦明，此非山之大观乎？此皆自然界之现象，而非人间世之奇观也。浮云苍狗，牛鬼蛇神，人情叵测，世态难明，盖使人瞠目结舌，心悸魂惊，使人鄙，使人歌，使人泣，使人手舞足蹈，使人发指皆裂者，一一可于人间世见之，谓非奇观得乎？夫游名山大川，以观自然，游于京师以观人情世态。昔莎士比亚游于伦敦，交其人士，考其习俗，归而著剧曲，如铸鼎燃犀，社会无遁形，遂以名其家。雕虫小技，犹须练达人情，况欲有所贡献于社会者乎？虽然深于世故人情者，往往同流合污，自诩圆融，不能振拔，此岂所谓经世之学乎？李君必能明辨之也。李君去京师十载，中间国有大故者屡矣，人情风俗，有以异于昔乎？桑梓重归，得无感慨系之？

原载《金陵光》第6卷第2期，1914年4月

【注释】

①此文原无标点。

陶知行启事[①]

知行刻因要事，已辞去中文主笔一职[②]，当由职员公举张枝一[③]接充。嗣后凡关于中文编辑部一切事宜，统归张君主持。

此启。

原载《金陵光》第6卷第3期，1914年4月

【注释】

①陶知行，陶行知曾用名。

②1913年10月至1914年4月，陶行知曾任南京金陵大学学报《金陵光》（中文报）中文主笔。

③张枝一，安徽歙县人，陶行知在歙县崇一学堂和南京金陵大学求学时期的同学。

共和精义[①]

共和譬之金，国家譬之金矿。专制横威，民气雌伏。共和之道不昌明，犹金在矿，瓦石蔽之，榛莽障之。天府虽富，不可得而见也。及民智日开，意志无由宣泄，则必思所以解脱其捆缚，犹之财用不足，则思辟地利，以足生计也。故当民穷力敝之秋，有人告以某处有金矿，则闻之者莫不争先恐后以趋之；亦犹苦于虐政之民，一闻共和之三大信条，即视为全智全能之神，狂冲纷驰，不惜杀身流血以殉之。然而金矿深埋，或丈而见焉，或十丈而见焉，或百丈而见焉。即得金矣，或参以土，或参以石。为矿工者，或死于毒气，或死于塌泻，或死于过劳。恒人见丈，而金未见也；见金未得，而损失已大也，则莫不嗒然丧胆，悼然懊悔。昔日之讴歌金矿者，今日乃反唇相讥矣。共和为进化之结果，有必经之阶级，必施之培植，必运之心力。时机未到，共和不得成熟也。吾国民主告成，以迄于今，生民之涂炭，产业之凋敝，干戈之连结，经济之衰颓，外患之频临，不特无术防御，抑且视昔加甚。共和既不能作人民水深火热之救主，则其转讴歌而为吐弃，易希望而为失望者，亦物极必反之恒情耳！然金固犹是金也，共和固犹是共和也。金未获而捐弃者，非金之咎，而矿工之愚昧惰怯耳！共和未建而灰心者，非共和之罪，而人民之愚昧惰怯耳！民为邦本，本固邦宁。国本曷以固？曰：惟共则固，共而能和则固。故共和也者，国民全体同心同德，戮力以襄国事，以固国本，以宁国情，使进化于无穷之主义也。国本不固，国情不宁，有退化而无进化，患在共猜、共忌、共争而不能共和耳！共和岂有弊哉？今执途之人而问曰："子愿夫妻子女之与共乎？"吾知非抱极端来世主义者，必皆愿。又问之曰："子愿夫妻子女之能和乎？"吾知人非至丧心病狂，必皆愿。家如是，国何独不然？世安有对于恃以治内防外之国，而不愿其共且和乎？吾于以知今之厌恶共和，吐弃共和者，必非对于国体之本心，不过如受创之矿工，征于一时之劫难，遂并其理想之财源而亦弃之耳！吾恐其中道灰心，徒碍进步，故本革丁、百吞[②]二氏之旨，揭示共和之真相，以与国人共商榷也。

共和之三大信条

自由、平等、民胞，共和之三大信条也。共和之精神在是，共和之根本在是。谬解自由、平等、民胞三大信条，即为谬解共和之真相。不徒精神射入歧途，抑且动摇共和所与立之根本。危乎险哉！非正名何以挽狂澜于既倒？

（一）自由 法律之内有自由，道德之内有自由。逾越法律，侵犯道德，此自由之贼，而罗兰夫人[③]所以有“自由，自由，古今几多罪恶假汝之名以行”之言也。自由有正负，曰：不自由毋宁死；曰：不有代议士，不出租税；曰：非依法律，不得侵及人民之生命财产，此负面之自由也。此种自由，人民久已不惜蹈汤赴火以争之，其成绩已大有可观。然人民脱离强暴之羁绊，未必即能自由也。盖天下之至不可超脱者，有自奴焉！故真自由贵自克。天下之至不可侵越者，有他人焉！故真自由贵自制。天下之至不可忽略者，有公福焉！故真自由贵个人鞠躬尽瘁，以谋社会之进化。

（二）平等 天之生人，智愚、贤不肖不齐，实为无可韪之事实。平等主义亦不截长补短，以强其齐。在政治上、生计上、教育上，立平等之机会，俾各人得以自然发展其能力而为群用，平等主义所主张者此耳。况人虽万有不齐，然亦有其同焉！试问谁不欲衣食住之满意乎？谁不欲父母夫妻子女之安适乎？谁不欲发展其机能乎？谁在患难不欲人之拯救乎？谁逢恐悸而不欲人之解脱之乎？平等主义欲人一举一止，当思他人思安之心，固不减于我也。自由平等，不过达目的之手续，非可以目的视之也。人民争自由平等，冀得各尽其能以为社会耳！为自由平等而争自由平等，则大谬也。自由平等所在，即责任所在，天下无无责任之自由平等也。人欲求自由平等之乐，而不肯受责任之苦，多见其愈求愈远耳。

（三）民胞 胡越相处，尔猜我虞，行动能自由而机会能平等乎？故平等自由虽美名，必畛域铲除，博爱心生，国人以兄弟相视，始能得其实际。故自由平等，虽为共和三大信条之二，然共和之大本则在民胞焉！民胞之义昌，而后有共同目的、共同责任、共同义务；而后贵贱可除，平等可现；而后苛暴可蠲，自由可出。苟无民胞主义以植共和之基，则希望共和，犹之水中捞月耳！

共和主义对于个人之观念

（一）共和主义重视个人之价值 众人意志结合，以成社会邦国。共和主义曰个人者，社会邦国之主人翁也。主人翁可不自重乎？阳明子[4]人皆可以为圣贤之义，实隐符近世共和对于个人之希望。夫人皆可以为圣贤，则人安可不勉为圣贤乎？天生蒸民，有智愚强弱之不同；其见诸事也，复有成败利钝之不同：共和主义亦不能否认之。然分金，金也；两金，金也；即至亿金、万金，亦金也。轻重不同，其为金则一。人虽贵贱贫富不同，其柔能强，愚能明之，价值则一。共和主义则重视个人此种可能之主义也。西谚曰："蹄钉失，马鞋废；骅骝蹶，骑将亡。"夫蹄钉与骑将，其贵贱何啻霄壤别？然以失钉故，将也不能保其首领。则以各自有其价值，而不可相蒙也。贾子[5]曰："一夫不耕，或受其饥；一女不织，或受其寒。"此个人在经济界各具之价值，共和主义则充其类耳！

（二）共和主义唤醒个人之责任 顾子[6]曰："天下兴亡，匹夫有责。"共和主义即以此责任付之各分子。盖个人之有价值，以其对于社会有天职之当尽耳。其在帝制之下，仅君主与诸臣负之。共和主义则责之全体国民，群策群力，群运群智，群负群责，以求群之进化福利，此共和之目的也。且各人因担负此责之故，渐知成德以福人群。奉天命为归宿，而不敢止于独善。况工欲善其事，必先利其器。人民身负重担，自不得不修德养力以为之备。故共和主义之大利，即借责任以养成完善之国民。

（三）共和主义予个人以平等机会 共和主义既承认个人有尽天职之价值，复责个人担负进化之大任矣。然或阂于阶级，或压于强暴，不克尽其天职，负其责任。共和主义于此则削其阶级，铲其强暴，无贫富贵贱，俱予以自由发展智仁勇之机会，俾得各尽其能。为全群谋福利进化，机会愈平衡，能力愈发展，斯进化愈沛然莫之能御。拿破仑尝以"登庸众才"自诩，此英主之言，实惟共和能实行之也。

共和主义对于社会之观念

共和主义，视人民为社会之主权。群之良窳，惟民是视。民苟愚劣，社会绝对不能兴盛。社会欲求兴盛，必负改良个人之责。故在共和主义之下，社会之大任即为济弱扶倾，而教其愚不肖，社会一而已矣。强忽弱，则强者亦弱；强扶弱，则强者愈强。因社会集众人而成，多一分病子，即病一分。其健者苟不思所以治之，则蔓延之祸，可立而待，强者亦不能高枕卧矣！故共和主义以博爱为社会组织之大本，而以兄弟视其分子。既昆弟矣，斯平等。富贵者不特不许以财势骄人，且当用以扶其贫贱之兄弟。故灾害相恤，疾病相扶持，爱敬相交待，以日趋于进化，系社会惟一之天职，绝不容稍有放弃。个人为社会而生，社会为个人而立，实共和主义之两元也。

共和主义对于政治之观念

政府者，人民之政府。人民自治以谋人民之福利，此林肯⑦氏之概念，实共和政治之圭臬焉。

（一）共和政治图谋国民全体之福利　共和政治，观察施行舆论之政治也。舆论代表各界意志需求。共和政治予人民以言论、著述、集会之自由，俾各界意志需求，得以发为舆论，民隐得以上达，政府乃从而折衷之，开导之，择良而要者施行之。于是各界意志需求，多得圆满之效果。即各界对于政治，俱有迫切之希望，浓厚之趣味。欲人民之不爱国，不可得已。

（二）共和政治重视共和目的、共同责任　有理想而无实习理想之机会，则理想不得达。一国之中，不乏法家拂士，然在专制政体之下，贤智者对于社会改良，虽有伟谋硕画，苦不得施之矣。而负责人少，鲜能达其目的。然在共和国，苟有良策，人民共持其目的，共负其责任。朝发理想，夕生事实，阻碍既少，功效自富，稗政易除，善政易兴。国人见其然也，则其伟谋硕望之心亦愈切。故共和政治不特有透达既往目的之能力，且有发生将来目的为进步之母。故苟采取共和政治，则进化无穷期。

（三）共和政治能得最良之领袖　治国不能无首领，治共和国更不能无首领。共和主义承认人民为主权，非主张无首领，乃主张良首领也。君主嗣统，只问血胤，鲜问才德。共和首领由民举，必其人能亲民，新民，恤民，然后民乃推戴之。即有大奸巨滑，以媚民手段，占窃神器，然朝违民意，夕可弹劾也。

共和之险象

（一）国民程度不足　共和国政府既由人民治理，则人民能力之厚薄，其政府之良窳，即于焉定之。然国民程度之高下，不徒在识字读书已也。有读万卷书，卒业大学校，而不能为一圆满之国民者。故有政治智识、社会阅历，足当国民之名而无愧者，其为数盖少。况此少数良国民，或阻于人事之纷扰，或夺于来生之修证，或视官司为藏污之所而引身自洁；或惮案牍为劳神之魔而躲闲避事。有此诸因，于是良国民愈如凤毛麟角，而不可多见。噫！贤能不出，则共同责任何人担负，共同目的何人筹画乎？

（二）伪领袖　法家拂士不出，国事竟无人问乎？动物不能无脑腑，即人群不能无领袖。君子不出，小人斯出矣！人民之性，能导于正，亦能导于邪。尧舜率天下以仁，而民从之；桀纣率天下以暴，而民从之。欲小人之不暴其民，舍“乱亦进，治亦进”之君子出，其道末由。诗曰：“彼其之子，不称其服。”君子不出，则非其人而有居其位者矣。诗曰：“彼君子兮，不素食兮。”君子不出，则有居其位而不忠其职者矣。诗曰：“受爵不让，至于已斯亡。”君子不出，则有贪禄不止者矣。诗曰：“谁秉国成，不自为政，卒劳百姓。”君子不出，则有惮责重而不肯负荷者矣。诗曰：“彼月而微，此日而微，今此下民，亦孔之哀。”君子不出，则有居高明之位而有以流俗自况者矣。为政重领袖，为共和政尤重领袖。故谓共和政治为愚民政治者，大谬也。人民不以其愚治国，而以其所付托之领袖治国。领袖愚劣，斯政治愚劣；领袖仁智，斯政治仁智。此革丁氏所以谓共和国之成败利钝，在于领袖之智愚、仁暴也。共和政治之伪领袖有二：一为媚民政客。此辈不问国情，不顾进化，只施其和顺温柔之手段，取媚选举机关，以窃权势。二为选举理事。此辈乘国民无暇问政之隙，运其机械，约束选举，与媚民政客暗结，左右政局，以图安富。共和国有此二种伪领袖，则稗政难除，善政难兴；公共福利不能谋，公共进化不可期。虽然此亦程度不足，贤能独善，阶之厉也。

（三）党祸　国民对于政治有自觉心，则必发生政治问题。而各人对于此种问题之决判，有主急进者，有主保守者，议论纷纷，其同者必各合于一。故政党之为物，实共和国必然之现象。且国大民众，共同之意志易于发表，而力于施行，欲维持公安，必恃此强有力之政党。故在共和政体之下，政党实为必要之团体。然弊缘利生，政党之为祸于共和政体，盖亦未可忽也。

（甲）政党仅国家之一部分，而非其全体。党人往往以一党自画，而忘全体之福利。

（乙）缘此党见，实生偏忠。忠于一党，遂谓忠于全国，愈忠愈不忠。然急烈派热忱，本无限制，安能望其明此。

（丙）既具党见，复尽偏忠，则妒嫉倾轧之事，必然发现。一党当权，则反对党必尽其能以障碍其政策之施行，使失民心，而为将来夺权之地步。

（丁）党之意志，视同神圣，党人有违无赦，斯个人失自主之精神。

（四）多数之横暴 自服从多数之说行，而少数人失良心志愿之自由。多数之横暴，有视君主为加甚；多数之主张，可以定个人之命运。然多数人之主张，非可以尽合天理也。文底裴利比曰："国家对于强且众之部分，而不能护翼其至寡且弱之部分，是不啻为大盗之群。"盖人数之多寡，不能定理由之曲直，多数既占优胜，其大责任即为谋全体之福利。少数为全体之一部分，多数人苟不能均润其福利于少数，则多数政治已耳。共和云乎哉？多数横暴之最凶险者，是为乌合之众。伪领袖攘臂一呼，和者万人，其结合以脑感而不本于公理。征之历史，则法国恐怖时代，杀人如麻，流血成川，其彰明较著者也。

共和与教育

吾于共和之险象，既已详言之矣。然戒险防险，思所以避之，则可；因畏险而灰心，则大不可也。避之之道唯何？曰：人民贫，非教育莫与富之；人民愚，非教育莫与智之；党见，非教育不除，精忠，非教育不出。教育良，则伪领袖不期消而消，真领袖不期出而出。而多数之横暴，亦消于无形。况自由平等，恃民胞而立，恃正名而明。同心同德，必养成于教育；真义微言，必昌大于教育。爱尔吴曰："共和之要素有二：一曰教育；二曰生计。"然教育苟良，则人民生计必能渐臻满意。可见教育实建设共和最要之手续，舍教育则共和之险不可避，共和之国不可建，即建亦必终归于劣败。罗比尔曰："吾英人第一责任，即教育为国家主人翁之众庶是已。"故今日当局者第一要务，即视众庶程度，实有不足。但其为可教，施以相当之教育，而养成其为国家主人翁之资格焉。

共和与交通

吾国国大民众，种庞族杂，方言不一，习惯不齐，情势睽隔，博爱难生。欲沟通声气，养成共和大本，非便利交通，则肤功不克奏也。

共和与人文之进化

共和者，人文进化必然之产物也。使宇宙万物无进化，则共和可以无现；使进化论放诸邦国社会而不准，则共和犹可以无现，无如进化非人力所能御也。进化非人力所能御，即共和非人力所能避。

（一）民智日进，自觉心生　于是觉苦思甘，觉劳思逸，觉捆缚思解脱。人不能甘之，逸之，解脱之，则亦惟思所以自助自为而已。不自由无宁死，实感情必至之现象。人而至于不惜杀身以赴其目的，则何事不可成？况此种现象最易癉染，一夫作难，和者万人。不徒理想，诚事实也。强有力者，亦未尝不欲施愚民政策，以塞人之自觉、自治之源。无如万国交通，必群策群力，群运群智，然后方可以制胜。若恃一二人之智力，则鲜不受天然之淘汰。故不教育其群者，必受外侮，而臻于亡。况世多慈善之家，苟有不教育人民之国，则又安能阻受教人民之发生自觉心也？自觉心不可逃避，即共和不可逃避。

（二）人民相处日久，互爱心生　他人痛痒，视同切肤。民胞主义，渐以昌明。宗教家、伦理家复从而提倡之，躬行之，以为民表。耶教“天父以下皆兄弟”，孔教“四海之内皆兄弟”之义，不独深印人心，凡奉其教义者，抑且不惜披发缨冠，以趋人之急难也。故民胞主义愈膨胀，则专制荼毒愈衰微，共和主义益不能不应时而遍布于全球矣。此共和为人文进化不可逃避之结果者二。知共和之不可避，则吾人亦无容施其抵抗共和之拙计，以生建设共和之阻力，而耗国家之元气也。

共和与秩序

专制人民，不能一跃而至共和。其间有一定之顺序，不可强求，不可速长。否则，妄解自由，谬倡平等，秩序紊，伦常乱，公理昧，权利争，祸患所中，烈于洪水猛兽。吾国共和初建，人民莫不以为成功之速，超越全球。不及三载，福利未享，而纲纪瓦裂殆尽，民生日趋艰窘。非共和之不足救国，发动太过之咎耳！此太过之发动力，至今已成陈迹，而无讨论之价值。然因发动太过，故有今日之反动力。此反动力虽为必然之现象，然不谨之又谨，亦易太过，而起反动之反动。故吾国当发动太过之后，不能不利用开明专制，只可当作航海之舵。易言之，则开明专制，为当今护持纲纪之要具。然只可当作透达共和之一种手续，断不可视为政体之目的。盖恐其过度而邀成反动之反动也。痴虬氏⑧曰："为政不难，为政于共和之时难。"为政于共和之时，而不得不厉行专制为尤难。厉行专制，而实欲养成共和，则难之尤难。民知其难，而遵循法纪，乃可以为民；官知其难，而视民如伤，乃可以为官。能如是，则秩序能维，进化可期。非然者，民思革官命，官思革民命，官民多一度消长，则国步多一度艰难，即民主多一度憔悴，其结果不过产出一个贫与弱。多见其共争，而沦胥以亡也。共和云乎哉？国人其审诸！

原载《金陵光》第6卷第5期，1914年10月，
及《金陵光》第6卷第6期，1914年11月

【注释】

①本篇系作者在金陵大学的毕业论文，署名为"一九一四年毕业生陶文濬"。原无标点。

②革丁，通译戈登。百吞，通译博登。

③罗兰夫人（Jeanne Manon Philipon，Madame Roland，1754—1793），法国资产阶级革命时期吉伦特派核心人物之一，共和政府内政部长罗兰之妻。

④阳明子，即王守仁（1472—1528），字伯安，世称"阳明先生"。明代哲学家、教育家。

⑤贾子，即贾谊（前200—前168），西汉政论家、文学家。

⑥顾子，即顾炎武（1613—1682），明清之际思想家、学者。

⑦林肯（Abraham Lincoln，1809—1865），共和党人，曾任美国总统。主张维护联邦统一，废除了奴隶制度。

⑧痴虬氏，通译芝诺。

一九一五年

中国运入美国物产大宗之研究[①]

中国运入美国之物产，以生丝、毡料、茶叶、山羊皮为大宗。四者之中丝为最，毡次之，再次为茶叶，再次为山羊皮。茶叶原属吾国物产运入美国第二大宗，一千九百零六年以降，其运入总额即远下于毡料。此固因毡料之销场趋增。然其大根源，则由于吾国茶叶漫无进步，坐视大好市场为他人所攫去耳。除此四大宗外，其运入总额上百万（美币）者有香料；上五十万者有草席，有牛皮；上三十万者有裘，有丝制货；余如生铁、白豆之类，皆不上五万，琐碎不容长言。惟彼四大宗为中美商业命脉攸托，关系至巨。濬[②]有一得之愚，安忍默默，敢说平日所得，制图造表，加以说明，俾热心商务诸君有所考镜。至于如何对症下药，以振兴四大宗之销场，则现在尚未能有所贡献。此盖非实地详细观察不能奏效也。

下表并图，俱本美国商务司（Bureau of Foreign and Domestic Commerce）历年刊印之《国外通商月录》所制。年度俱用西历，每年始一月终十二月（亦有始七月终六月者）。价目一采美币。至于输入国图表中，只取其重要者一二国，与中国对举而比较之；其不甚重要者，则限于篇幅不能尽列。惟于说明中略及之。

美国生丝进口说明

丝为中国运入美国物产之最大宗。占一千九百十四年中国物产运入美国全额百分之三十。自一千九百年至一千九百十四年，美国生丝销场自三十二兆[③]余金洋增至八十九兆余。销场既勃兴，若此则吾国生丝入口宜乎继长增高，一日千丈。然十五年间，仅增五兆。以视日本丝之趋增五十六兆，六倍于其十五年前运入美国之数，三倍于美销场增加之速率，岂不瞠乎其后。吾辈须知，吾国今日运入美国生丝之总额，较日本十五年前尚少四十八万，或谓：犹贤乎意大利之退步。然反审吾国幅员之广，人工之廉，则又岂其然乎！除日本、意大利外，生丝入口与竞者，有法兰西、支利[④]诸国，然近来每年进口总额皆不上三十万。要之，美国每年能销九十兆金洋之丝，吾国只运入十二兆，日本独运六十八兆，占美国生丝进口九分之七，市场几为其所专据。吾国丝商苟仍此不振，则江河日下夫岂可免。

美国生丝进口表

输入国 年度	中国	日本	意大利	进口总额
1900	7 961 429	12 390 780	9 563 115	32 453 659
1901	7 432 889	21 171 188	8 942 541	40 267 786
1902	9 461 356	22 738 260	11 365 057	47 847 881
1903	7 671 465	23 449 845	10 316 844	44 384 916
1904	9 972 386	27 141 103	13 261 725	56 448 246
1905	9 500 589	27 529 731	15 144 613	56 239 380
1906	8 698 076	38 461 954	15 324 939	65 673 279
1907	11 437 585	40 844 344	16 663 134	83 097 581
1908	8 449 147	39 386 193	14 586 465	65 021 066
1909	11 041 578	42 305 934	17 837 048	75 512 401
1910	11 613 009	43 744 447	10 974 475	70 026 994
1911	12 056 949	45 799 609	7 504 580	69 304 548
1912	12 698 656	54 415 258	9 371 264	70 401 931
1913	15 523 856	63 316 257	9 535 326	89 770 070
1914	11 911 569	68 546 647	8 307 970	89 784 221

美国毡料进口说明

毡料为中国运美物产之次大宗。一千九百十四年占中国物产运入美国全额百分之十二。自一千九百年至一千九百十四年，美国毡料销场自八兆余增至十四兆余；吾国运入额则自一兆余跃至四兆余，四倍十五年前之数，可谓利市。同时，英国运入总额亦增一兆，惟不及吾国之速。次为俄国，亦有进步，一千九百九年以前，俄国运入总额月录未分列，故无可考。英、俄而外，与竞于美国毡料之市场者，有阿尔根廷⑤国、土耳其国、印度，皆上五十万金洋。

美国毡料进口表

年度＼输入国	中国	英国	俄国	进口总额
1900	1 373 341	2 678 723		8 476 738
1901	760 699	2 795 924		8 310 132
1902	1 599 253	3 873 553		10 252 845
1903	2 098 025	4 123 748		13 234 252
1904	2 531 859	3 375 091		13 119 459
1905	3 204 613	3 409 092		15 847 373
1906	4 154 540	3 204 774		15 777 047
1907	3 924 208	3 464 791		14 427 173
1908	1 754 279	2 526 695		6 738 451
1909	3 918 168	4 506 540	2 490 303	16 706 728
1910	3 674 093	2 897 940	1 775 569	10 483 033
1911	3 946 299	3 044 600	2 376 894	12 991 424
1912	3 402 011	4 817 296	4 152 475	17 582 326
1913	5 085 631	2 579 119	2 389 971	13 101 354
1914	4 382 914	3 682 272	3 626 719	14 398 981

美国茶叶进口表

年度＼输入国	中国	日本	印度	英国	进口总额
1900	5 837 217	4 688 307	415 908	447 189	11 783 317
1901	3 321 474	4 194 204	294 048	641 568	8 744 190
1902	7 187 320	5 391 871	712 460	883 437	14 570 285
1903	6 221 545	8 001 006	970 402	1 263 513	17 050 454
1904	6 161 530	7 402 554	1 157 133	1 527 874	16 857 279
1905	5 155 840	6 707 128	942 905	1 630 597	15 003 588
1906	4 335 536	5 974 634	1 146 490	1 853 060	14 047 046

续表

年度＼输入国	中国	日本	印度	英国	进口总额
1907	4 563 547	7 878 804	1 195 876	2 283 747	16 660 322
1908	3 379 251	7 451 850	1 119 793	2 133 203	14 892 961
1909	3 635 501	7 595 564	1 367 434	2 786 932	16 553 032
1910	2 890 495	8 670 682	1 536 676	2 701 180	16 631 486
1911	2 121 960	9 781 008	2 005 702	3 470 771	18 317 171
1912	3 741 184	7 799 453	2 145 652	3 261 358	17 944 284
1913	2 690 297	7 162 467	1 578 524	3 903 816	16 404 293
1914	3 127 732	7 822 315	3 064 932	3 613 115	17 775 979

美国茶叶进口说明

茶叶为中国运美物产第三大宗。一千九百十四年占中国物产运入美国全额百分之九而弱。自一千九百年至一千九百十四年，美国茶叶销场自十一兆增至十七兆余。吾国运入额数，则自六兆降至三兆余。同时，日本运入额数自四兆余增至八兆而弱，印度自四十一万增至二兆，英国自四十四万增至三兆余。以总额言之，日本运入最多，英次之，我国第三，印度第四。以十五年增加速率言之，日本倍其向数，印度五倍之，英国六倍之，吾国反减其半。此亦可见吾国茶叶不竞之一斑也。除日、英、印外，与竞于美国茶市者有加拿大，其一千九百十四年运入总额达九十万金洋。加、印皆为英属，合而计之，英、日茶叶运入总额几无上下床之分，我国则远下之。苟失今不治，则淘汰之祸近在眉睫。合群策群力以谋茶叶之开拓，是所望于业茶诸君。

美国山羊皮进口说明

除丝、毡、茶外，吾国运入美国物产以山羊皮为最大宗。一千九百十四年占中国运美物产全额百分之五。自一千九百零六年至一千九百十四年，美国山羊皮销场自三十二兆半减至二十兆。输入国不独吾国进口总额从而减少，即印度、墨西哥诸国亦因以缩小。印、墨而外，运山羊皮于美国者，有俄罗斯、英吉利、阿尔根廷、阿典⑥，皆上百万；法兰西、巴西、斐洲[7]亦上五十万。一千九百零六年以前，月录括山羊皮于皮货之内，未曾分析，故本图表只从一九零六年起。

美国山羊皮进口表

年度＼输入国	中国	印度	墨西哥	进口总额
1906	3 292 210	11 134 181	2 769 813	32 518 896
1907	3 613 914	8 200 505	2 443 187	26 565 334
1908	1 505 630	6 258 935	2 049 676	18 835 098
1909	2 408 511	10 701 111	2 513 185	29 771 061
1910	3 932 804	8 543 786	2 724 506	27 223 492
1911	2 590 929	7 141 111	1 941 512	21 762 359
1912	1 821 837	8 216 182	1 739 345	23 032 333
1913	2 538 504	7 562 753	1 731 623	23 402 609
1914	1 975 154	6 558 116	1 165 461	19 767 447

原载《安徽公报》第 40 期，1915 年 5 月

【注释】

①此文原无标点。

《安徽公报》在本篇文前刊有安徽巡按使公署所作按语称：“《中国运美物产大宗之研究》一篇阅悉。该生以平日调查所得，造图制表加以说明，具征留心商务，深堪嘉慰。应即采登本省公报，俾广流传，而资考镜。至送部备选一层，仍应查照前批，俟遇有官费缺额时，再行酌核办理，此批照片存。”原刊图片 4 幅，因印制模糊不能制版，本书从略。

②濬，陶行知原名“文濬”。

③兆，百万为兆。

④支利，通译智利。

⑤阿尔根廷，通译阿根廷。

⑥阿典，通译雅典。

⑦斐洲，通译非洲。

中国之租借地

第一章 引言

租借地者，为一国在规定时间内向另一国割让使用权[①]及管理权[②]之领土。租让国在“租借”期间放弃租借地上一应管理权；然约定之租借期满，租让国有权收回一应割让之权益及特许权力。

租借之方式并非源于中国。其实，此种将国家领土所有权及行政管理权分离之概念并不新颖，《罗马法》中对此早有详尽记载，然而此种记载直至近期才为人发现。中世纪时期，租借最初系以抵押方式出现。1294年，英格兰国王爱德华一世允许法国国王菲利普四世派遣驻军驻扎加斯科涅，以解决两国之间长期以来之领土纠纷[③]。1803 年，瑞典答应以 1 258 000泰勒租金将维斯玛镇租借给德国梅克伦堡-什未林大公国，租期 100 年；租借期满，瑞典有权收回维斯玛镇，条件是以 3%之年利率返还租金[④]。同样还有桑给巴尔苏丹于 1888 年和 1890 年分别“租借”给英国东非公司之“大陆自治领地”，租期 50 年，1891 年延长至“永租”[⑤]。类似案例还包括 1894 年 5 月 12 日英国和刚果签订之条约，据此条约，刚果国王承认 1890 年 7 月 1 日《英德协定》中规定之英国在刚果之势力范围，同时允诺大不列颠可从该势力范围中划分出部分领土作为租借地；而在刚果国王在位期间，该领土尚且包括法绍达镇，国王逊位之后租借地之范围才有所缩小[⑥]。此类案例形象诠释了所谓租借地之起源与发展。但是，直到“租借法则”强加至中国头上，我们才发现租借地是如此关系重大、影响深远，值得我们认真研究。

仅 1898 年一年间，中国就有总面积达 2 250 平方英里之 5 片领土租借给了外国，其中包括租借给德国之山东胶州湾[⑦]、租借给俄国之旅大港[⑧]、租借给英国之威海卫及九龙新界以及租借给法国之广州湾。各国达成租约之手段堪称霸道，租约签订之条件亦极为苛刻。凡此租约均体现该特殊国际关系历经发展之极致形态。

这五个租借地作为中国之门户，既为军事要塞亦为商贸中心，且为列强恶意在中国扩大其势力范围之肇始。各租借地于中国之地位皆举足轻重，而将其使用权及管理权割让予他国其危害可想而知。凡此门户之地遭强行租借之后，它们与中国内陆之关系如何？作为中国之商贸中心，其重要性又如何？作为中国之海军基地，其重要性几何？列强又是如何借此进一步扩大自身之势力范围？哪个租借地更重要？倘从法律层面看，此5处租借地之割让对中国主权形成何种之影响？中国应如何应对列强之蛮横行径？凡此种种皆为本文意欲探讨及解决之问题。

第二章 胶州湾

胶州湾乃德国在中国山东沿海地区攫取之租借地，总面积高达193平方英里，尚且不含200平方英里之海湾及2 500平方英里之中立区。1898年3月6日，中国将胶州湾租借给德国；自此直至1914年11月6日，德国一直行使胶州湾行政管理权。第一次世界大战爆发后，日本于1914年11月占领胶州湾。

从其所处地理位置来看，胶州湾之重要性仅次于关东。胶州湾距离上海390英里，距离威海卫仅270英里，距离天津334英里，距离旅顺港300英里[⑨]。从胶州湾到北里湾仅需7小时，到达白河（天津河）也只需25小时，到达仁川济物浦只需23小时，横渡朝鲜海峡直达日本中部海域也不过30小时[⑩]。因其地理位置之特殊性，德国旅行家、地理学家冯·李希霍芬强烈建议德国政府将山东省作为在中国拓展势力范围首选省份，而将胶州湾视作是绝佳据点[⑪]。亦即此冯·李希霍芬，还从地质学角度论及山东之优势——该省拥有丰富矿物资源；而胶州湾之优势则在于拥有足够支撑制霸中国北部海域之煤炭供应[⑫]。胶州湾因其地理位置重要早就享有中国第二旅大港之美誉；而就其经济增长之迅速程度而言，胶州湾则有可能成长为中国之旧金山[⑬]。正是因为胶州湾此种显而易见之地理优势，哈丁先生曾郑重指出："在环绕青岛之群山之中，有一把通往未知帝国之钥匙。"[⑭]就文化心理而言，山东乃中国儒家文化发源地，租借胶州湾乃德国入侵中国标志性一步，亦为列强入侵中国内陆之肇端。因此，1898年人称中国"败亡之年"，概因胶州湾成为租借地此一事件所致。故而但凡提及胶州湾及其它租借地，中国人难免悲愤难鸣，正如一提到［割让给德国的——译者注］阿尔萨斯·洛林地区法国人就不免心头刺痛一般。

加速殖民进程：德国之狼子野心

19世纪中期，对欧洲、特别是对德国而言，殖民地价值并不大。德国首相俾斯麦曾回忆说，当时德国国力强盛，维持现状即可，无意也无需对外扩张。直至19世纪末完成统一大业之后，为发展经济和稳定政治局势，德国才开始向弱小国家租借战略要地，扩张其势力范围[15]。

造成德国加速殖民进程之原因为人口膨胀及大量移民涌出。德国狂热沙文主义者崔托奇克之演讲中对此予以验证：他曾哀叹德意志帝国每年竟有25万人流散境外。崔托奇克希望在德国难以立足之国民去到国外以后依然能够生活在德国政府管理之下；他认为德国离散人口可以去往德国殖民地，于是帝国富余劳动力依然可为帝国资产负债表储值。因此，对于一个人口膨胀之国家而言，扩张殖民地自是较好之选择[16]。

此外，国外优质商品大量流入亦激发了德国青年之爱国热情，致其纷纷外出找寻能生产出同样品质商品之土地。德国工业化及商业化程度一年高过一年，远超英国以外其他西方国家；当时英德食物供给主要来自进口，而工业原材料大部分也无法由本国提供。德国经济发展之特殊性也促使其成为一个殖民主义国家[17]。

凡此种种，德国政府体会到殖民扩张之重要性，首相俾斯麦也一改初衷，呼吁国会支持个人对外殖民扩张。1880年，德意志帝国境内对殖民扩张之态度亦发生根本性转变，人人纷纷改弦更张；各地人众或发出“太迟了”之呐喊，或牢骚满腹，不断抱怨帝国先前之消极态度，亦有好战分子煽动对外发起战争。由于俾斯麦所采取之大胆而果断政治措施以及帝国境内民众及企业之积极响应，至1884年德国已成功占领6个殖民地，分别为多哥兰、南非、喀麦隆、凯撒·威廉兰、俾斯麦群岛以及德属东非。此后，德国再难轻易占领其它殖民地。彼时德国殖民地除南非位于亚热带气候区，其它均处于热带气候区内。野心勃勃之德国焉能满足于“受到限制之帝国”及条件有限之殖民地？德意志帝国能否实现其“一统世界”之野心关键在于能否在温带地区占领殖民地。1860年，英法联军入侵中国，暴露清政府之软弱无能；1894年中日甲午战争爆发，中华民族更是陷入空前之民族危机。然而于德国人而言，此时之中国恰为德国实现其殖民扩张之野心带来绝佳机会。

势力均衡论

西方列强纷纷在远东扩张势力范围是导致德国意图在中国扩张殖民地之重要原因。必须承认，在强租胶州湾之前，德国是列强中唯一对中国政治事务不具决定性影响之国家。德国总理冯·布埃洛曾在德国国会大厦演讲中讲道：“不容否认，倘若吾辈无法在远东建立军事基地，吾等就无法扩张帝国在远东之势力范围。吾辈需要一个进入中国市场之门户，就像东京［法属印度支那联邦之一——译者注］之于法国、香港之于英国、法国北部之于德国一样……吾辈应该［在远东——译者注］获取和其它国家一样之权益。倘无自身之领地，则德国之智慧、技术和经济实力均无从体现；此即如为他家花园施肥，断然无法结出属于自家之果实。吾辈要在中国获得一个海军前哨站之要求必然加以实现。”[18]德国认为胶州湾正是适合他们实施远东侵略计划之军事基地。

动因二：担心中国分裂

德国加速入侵中国另一个原因较为奇怪：德国害怕中国分裂，故而意欲迅速在中国站稳脚跟以便适时攫取利益。德国总理冯·布埃洛在国会讲话中提到：“中国已然四分五裂，原因与吾等毫不相干。但无论如何，吾等断不可空手而归。游客虽无权要求列车何时发车，但需确保发车时自己已然登车。来得早，不如来得巧！”[19]德国此等入侵战略貌似极具威胁，甚至可能助其长期占领中国之土地，但列强之间嫉妒之心理、我中华民族团结之意志最终令德国之企图未能得逞。而对德国人而言，霸占胶州湾是其入侵必由途径。自此，德国铺开了其入侵中国之战略规划。

霸占胶州湾之前奏

德国关于胶州湾之第一份记录源自1861年冯·李希霍芬之中国之行。但是，正如安德烈·谢拉达先生所言，直至1891年，侵占胶州湾之秘密计划才为德国所接受[20]。1894年中日甲午战争期间，数国战舰不时短暂停靠胶州湾，令胶州湾地理优势扬名列强，德俄尤甚。至此，德国对胶州湾兴趣愈发浓厚，德国政界对胶州湾势在必得。德国在与法俄合力迫使日本将辽东半岛归还清政府之过程中起到了主要作用，其目的恰是为了索取赔偿，而德国心仪之选正是胶州湾。李鸿章在出使德国时，德国政府表示德国愿意租借或者购买经两国协商之中国任一领土，实指山东胶州湾[21]。1896 年，《中俄密约》出台，进一步加速了德国占领胶州湾之进程[22]。《中俄密约》之真实内容无从考据，据称其中第九条提到中国同意将胶州湾租借给沙俄，允许沙俄在此驻扎空军或海军，租期为 15 年；但为避免引起其它列强不满，要求沙俄不可立刻派兵进驻胶州湾。因《中俄密约》内容外泄，德国人大怒。《青岛及周边指南》上记载，1897 年 1 月 8 日，应迪德里奇要求，柏林政府派遣一名港口建筑和工程专家赴中国考察，之后该专家提交了一份中国考察报告，在德国国内获得积极反响。随即德国政府向中国政府提出租借胶州湾之要求，遭到中国政府拒绝。但德国人并未就此放弃侵占胶州湾之野心，一方面是因为德国人有在中国建立殖民地之强烈愿望，另一方面是因为冯·李希霍芬等人非常看好胶州湾。德国人想要实现这个愿望，唯一办法就是找个借口，当然，此亦仅为时间问题而已。

德国占领胶州湾

1897 年 11 月 1 日，两名德国传教士尼尔和齐格勒在山东省曹州府巨野县身亡。据称，此二人长期以来热衷于帮助当地教众反抗不信教者之迫害，因而遭到“大刀会”报复，为 20 名匪徒残忍杀害。正如道格拉斯先生等人所言，“此一暴力行径绝非中国政府所为，概因当时之中国政府对外国传教士十分友好，断然不会加害外国友人”[23]。然而德国政府完全无视实情，竟而怀疑该事件为原山东巡抚李秉衡煽动策划。接到德国教会激进分子、德国政府死忠人士普特曼·韦勒的消息，安泽主教第一时间将事件告知德国驻华公使冯·海靖，后者随即向德皇弗雷德里希大帝汇报。隔天冯·海靖就得到指令，要求抓住机会扩大事态，一如政府电令所言：“索取极致之赔偿”，且“无轻言满意之条件”[24]。另一方面，满清政府迅速下令搜捕，并于三周后成功抓获四名凶徒。然而德方接到捕获嫌犯之消息数小时后，即由棣德利率德军分乘凯撒号、威廉王妃号和鸬鹚号三艘巡洋舰于 11 月 11 日从吴淞口出发，并于 14 日抵达胶州湾。棣德利给时任胶州湾守将章高元去电，称一支强大德军将要登陆胶州湾并“借地操练”。章高元随即遵北京［原文使用 Peking 字样。Peking 为威妥玛拼音，对应中文为“北京”二字。威妥玛拼音为先后担任过英国驻华公使馆汉文正使、驻华使馆参赞和驻华全权公使（1869—1882）的威妥玛（Thomas Francis Wade，

1818—1895）所创。在1860年签订的《中英北京条约》（Convention of Peking）和1909年修建的京张（北京—张家口）铁路在英文中都使用Peking对应中文“北京”二字，而当时的北京仍是清政府的“（京师）应天府”，至1914年陶文撰写和提交时北洋政府仍然依清制将北京称作“应天府”。本译文依惯例将陶文中的Peking一般仍译作“北京”，只有在涉及“驻Peking公使”时，才译作“驻华公使”。——译者注］政府敕令撤离胶州湾。随后，600名德国海军陆战队官兵入驻胶州湾军营。

德方所作所为自然有违国际公法。德军登陆胶州湾前未与中国政府交涉，然状若久已在两国间达成共识。和平时期派遣军兵登陆友国海岸，且试图征占其领土之一部分，断非19世纪文明之国家应有之行为。无疑，此一行径完全有损德意志帝国之国际形象。

德军登陆胶州湾当天，德国政府宣称[25]，德国一贯秉持与中国友好之原则，且无任何侵占中国领土之图谋[26]，然无意归还已借驻之胶州湾，除非中国就两位德国传教士意外身亡事件作出相应赔偿。仅数日后，德国驻华公使冯·海靖向中国外交部提出一长串赔偿要求，其中包括：（一）为此一事件中遭遇戕劫之德国传教士立碑纪念；（二）对遇害者家属予以赔偿；（三）因谋杀案发生在其辖境内，将山东巡抚李秉衡革职查办；（四）德国办结此案所费之银，由中国赔偿；（五）涉案嫌犯及一众地方官绅均需从严从重惩处；（六）山东如有开办铁路及于铁路就近开采煤矿事宜，中国应先准允德国商人及工程师承办。德国租借胶州湾之图谋已隐然待发[27]。

中国外交部虽同意上述要求，但作为交换条件，要求德军撤离胶州湾，不料遭到德方拒绝。德方称，在得到中方进一步保证前，德军需保护中国范围内德国侨民安全。以此为由，德国正式公开表达其租借胶州湾及其它中国内陆领土之意愿，此一表态无疑与德国先前的声明背道而驰。

与此同时，德意志帝国普鲁士王子、德皇胞弟亨利受命统领远征军前往中国。1897年12月15日远征军启航，德国皇帝在基尔城堡设宴为亨利王子饯行。德皇向亨利王子举杯敬酒，曰：“吾等神圣之祖父及其伟大之总理励精图治；吾等之父皇浴血沙场，封疆扩土。汝此次远征乃基于父辈伟业之必然结果；亦为我辈新近统一而崛起之德意志帝国跨洋殖民目标达成之首战。当此我国商贸勃兴之时，惟有置于帝国力量保护之下，方能平稳繁荣发展……帝国实力取决于远洋力量，远洋力量与帝国实力相互依存，缺一不可。要使移居海外之德国侨民放心，汝等无论身处何地均受帝国之保护；无论何人胆敢侵犯汝等正当权利或施加人身伤害，都将遭遇铁血还击。而今天降大任于吾弟，弟虽弱冠，面对磨难，淡定从容，具无上荣光，可顺应德国万众心意，加冕称王。”亨利王子巧妙回应道：“传播吾皇福音于四海系吾此行唯一之目的。无论得遇倾听与否，吾当竭尽全力，铭刻此福音于吾达到之每一地方。”[28]

此番基尔城堡对话听起来更像文明戏中英雄人物之对白，如非亵渎上帝，亦属不可理喻，委实滑稽可笑。然对话无疑清晰表明德国对远东地区之态度。虽无实质性内容，此番对话却足以加速德国强占胶州湾之步伐。越两月，时值1898年1月5日，胶州湾租借条约正式签订[29]；逾四月，光绪帝正式会晤亨利王子。

德国治下之租借地政府

胶州湾自租借后其行政管理交与德国海军处置，由一名德国海军军官出任“政府首脑”，名曰总督。租借地政府之政务委员会由所有行政部门负责人组成，受总督及其他四人监督。此四人选自平民，任期两年：其中一名经委员会同意由总督直接任命；另一名来自在华外企职员；再一人国籍不限，但需从纳税人中挑选，且此人至少应交付不低于50美元之地税；第四人选需来自商务委员会。此外，租借地政府部门还设有专为欧洲侨民服务之司法官员，必要时可向德国驻上海领事法院提交诉状；而当地中国居民只有在极特殊情况下才适用于此管理法条。

德占胶州湾后之政策

厘清德国侵占胶州湾之过程，自然不难推断其管理政策之基调。棣德利发表中文声明，从中亦可见一斑：“众所周知，吾奉德国君主命率部进抵胶州湾，本意即将此海湾及附属之海岛、领地纳入德皇治下。尔等不可有无谓之举，违抗当局命令。尔等既已身陷‘囚笼’，当知抵抗徒劳，不仅于当下处境无丝毫助益，惟加速尔等灭亡而已。”[30]

一如其它列强，德国亦是野心勃勃，欲将其天才民族烙印铭刻至世界每一角落。此种意愿与生俱来，属德意志民族之本性，深植于心。此亦德人久欲于中国实施之野心。于德人而言，于异国他乡可以听闻本族语言，抑或令异族认可德意志民族之习俗与制度，内心自是志得意满。此外，此举可令他国仰视德国之威严与国力，意义尤为重大。冯·布埃洛亦曾发言，虽略去其余两点，但却对最后一点加以充分阐释："在我辈眼中，德国战舰与军队驻扎胶州湾才是对未来发展最强有力之保证。为此，德意志帝国需不断向地方当局及中国人展现威压。"[31]

再次论及德国侵占胶州湾一事，冯·布埃洛大发厥词："吾等既已在胶州湾奠定自身之战略及政治地位，自可确保对远东未来发展产生决定性影响。处此有利地位，吾等自可信心满满看待国际事务发展。德国外交将在东方走出一条属于自身之从容、坚定、和平之道路。"

简而言之，德国在胶州湾建立永久性商业中心及海军基地之过程中，丝毫未曾顾及中方利益，对中国施以武力威胁，恣意提出条件，最终希望以胶州湾为据点建立自身势力及利益范围。为更好地理解德国实行之政策，有必要简要梳理中德之间制定之条约及公约，其一同界定了胶州湾事件涉及之范围。此外，还需对德国人此间所作所为做一概览，从中可见德国政策之实质。

条约及公约精要

首先，中国有权向德国政府收取租借胶州湾之租金。但是，德国人认为所谓租金只是一种形式。冯·布埃洛在国会讲话中提到："德国无需支付大额租金，概因此次租借并非等值支付租赁之土地，而仅为法律意义上一种认缴行为，无非从理论上承认中国皇帝对该地区之所有权。"[32]

根据1906年中德公约[33]，清政府帝国海关总署负责收取胶州湾关税，而该地区之海关关长需由德国驻华公使会同清政府帝国海关总署署长共同任命[34]。

简而言之，德国租借胶州湾193平方英里领土，在租借期内中国政府放弃行使主权，但可收取微薄租金并保有部分征收关税权利。除此之外，德国可以在该土地上随心所欲、恣意而为。

而在胶州湾高水位区方圆50公里中立区内，中国人基本保留一切行政管理权，惟以下两点例外：其一，中国虽有权在该区域内驻扎军队或采取其它军事行动，但前提为中方必须与德国政府达成一致意见，且必须保证德军可在中立区内自由通行；其二，未经德国政府事先同意，中国不得采取任何措施或颁布任何法令。至于涉及采矿及铁路特许权之四项条款，更是欲将中国置于绝望无助之境地。中国商人的确可能在德国在华商会中占有一定股份，而该商会之成立意在负责修建两条割让之铁路线[35]。此外，中德双方商人的确可能是以合资方式共同负责铁路沿线10英里范围内之煤炭开采。然而《胶澳租界条约》最后一项明确指出："如果中国在山东省境内筹划之事务需外国资金、援助或人员，中国同意首先求助德国商人，咨询其有否意愿负责该工程并提供所需材料。换言之，只有在无需借助外国资本且德国政府和资本家不愿参与之情况下，才允许中国在自己之领土上自主处理相关事宜。"[条款原文为："在山东省内如有开办各项事务，商定向外国招集帮助为理，或用外国人，或用外国资本，或用外国料物，中国应许先问该德国商人等愿否承办工程，售卖料物。如德商不愿承办此项工程及售卖料物，中国可任凭自便另办，以昭公允。"——译者注]总之，铁路建设权与煤矿开采权之割让实质上已预示着德国已开始尝试在中国内陆地区建立自己之势力范围。

最后，如德国在租借期满前有意将胶州湾归还给中国，则中国将陷入进退维谷之艰难境地。该项条款规定："在将来某一租期未满之时，德国（而非中国）意欲归还胶州湾，则中国需支付德国在胶州湾花费之一切费用；且需选择另一合适地区割让给德国。"[条款原文为："嗣后如德国租期未满之前，自愿将胶澳归还中国，德国所有在胶澳费项，中国应许赔还，另将较此相宜之处，让与德国。"——译者注]该条款尽显德国两大图谋：（一）彼时德国已在中国腹地建立自身势力范围，即便归还胶州湾，其不可避免仍将受到德国牵制，中国将无力控制该曾经割让之领土。但于德国而言，又可侵占另一心仪之地区，并利用所获赔偿新建商业及政治中心，从而启动另一在华势力范围。（二）必须牢记，德国租借胶州湾旨在保护德国在华利益不受损害，然德国此举确能保障胶州湾地区之安全乎？毫无疑问，德国已尽己所能在胶州湾建立坚固之堡垒。但若德国与其它列强，特别是与英国或日本突发意外冲突，德国能保障胶州湾地区之安全否？因此，一向谨慎之日耳曼民族可谓未雨绸缪，条款之规定系保障意外发生之时德国人可以从胶州湾全身而退。德国前一图谋也许无达成之可能，而后一图谋则充分体现出德国人之老谋深算。事实上，未等德国人表达其归还胶州湾之意愿，日本人已率先采取行动。

德国开发胶州湾资费总览

在德国租借之前，胶州湾仅有一500余人之小村庄。想要开发胶州湾，无疑困难重重，耗资极巨。然而德国在胶州湾之投入，类其于喀麦隆、多哥等地之举，充分展现其进取之态度，不懈之努力，以及敢冒风险之狮虎之心。

自 1899 年始至 1914 年止（时年胶州湾落入日本之手），德国人年均拨款约 1 000 万马克开发胶州湾，而胶州湾年均支出为 1 300 万马克。在德人管辖之下，胶州湾财政开销最大年度为 1904—1905 年，时年总支出为 1529.6 万马克，其中德国政府拨款高达 1 400 万马克。前后十五年间，德意志帝国政府总共下发拨款 1 亿 5 600 万马克，而 15 年间胶州湾总支出为 1 亿 8 500 万马克。下表详细开列有开发胶州湾所费之巨额资金：

	支出（马克）	德意志帝国拨款（马克）
1899-1900	8 500 000	8 500 000
1900-1901	9 780 000	9 780 000
1901-1902	12 528 000	12 168 000
1903-1903	12 876 000	12 421 000
1903-1904	13 088 000	12 583 000
1904-1905	15 296 000	14 000 000
1905-1906	13 273 000	11 735 000
1906-1907		
1907-1908		
1908-1909	12 327 000	10 601 600
1909-1910	12 352 597	
1910-1911	12 722 000	
1911-1912	13 540 000	7 704 000
1912-1913	16 640 000	8 298 000
1913-1914	16 783 625	9 560 000

根据上表可知，除 1902—1908 年间，德国提高拨款数额以资助港口和其它重大工程建设，其余年份德国政府拨款一直稳定在 700 万马克至 1 000 万马克之间，且收支成比例增加。开支巨大证明该地区发展繁荣，而财政收入同步增长则表明胶州湾正逐步发展成为自给自足之地。胶州湾很有可能如香港一般，每年财政收支相抵且有盈余。然而后来之事实证明，此间种种努力最终却为一直虎视眈眈之日本做了嫁衣。

如需了解财政支出明细以及财政收入来源，可从 1905—1906 年度预算中获悉一二。该年度胶州湾商贸蓬勃发展，具体数据如下：

胶州湾年度预算（1905 年 4 月 1 日—1906 年 3 月 31 日）

一、收入（单位：英镑）	
土地销售额	3 447
直接税收	4 406
其它收入	24 279
帝国资助	717 607
收入总计	748 739
二、支出（单位：英镑）	
经常性支出	
民政管理	53 928
海军管理	74 257
驻华派遣军	1 346
军粮	30 894
服装	10 655
大炮和防御工事	15 595
公共建筑维修	17 685
马鞍和马车	8 865
公众礼拜和教育	3 493
医院和医疗卫生服务	17 698
财政	5 586
各种事务	53 556
退休基金	441
经常性支出小计	293 999
临时支出	
港湾工程	170 004
建材及土地购置	96 138
工业住宅	4 895
林业和河流管理	3 916
军备	122 375
民意调查与测验	1 958
第五次浮船坞装置	53 845
意外费用	1 609
临时支出小计	453 640
支出总计	748 739

从上表可知，总支出748 739英镑中，有223 649英镑用于建造海港和浮动船坞，222 438英镑用于军事和海军工程，仅有53 928英镑用于民政管理。港口及码头与海军管理直接相关，因此，总开支有60%用于军事和海军事务；所涉防御工事、港口及码头需连续多年建设方能完工。

此外，山东铁路公司于1899年6月成立，资本为5 400万马克（约合270万英镑），用于修建铁路。两家著名的矿业公司——山东矿业公司和德国国外矿业协会——相继成立，专务煤矿开采；前者由一些权势滔天之德国银行家组建，资本为1 200万马克（约合60万英镑），而后者则由“殖民地商业联合会”——一家由德国联邦参议院授权之特许公司——成立之协会。

因此，自1898年“租借”该地直到日后为日本所侵占，德国政府及其所监管之铁路及矿业公司开发胶州湾共花费123 575 000美元，该笔款项约相当于1904年前俄罗斯在满洲投资（257 500 000美元）之五成。

德意志亚洲银行（资本达500万两白银）会同一些小型企业，如山东商会（资本24万马克）和胶州湾商会（资本20.4万克）等，也积极投身胶州湾之开发。

结果证明，于德国人而言租借胶州湾实属奢侈，但他们又似乎觉得物有所值，毕竟收入大幅度增长符合他们对“奢侈品消费”之期待。正如凯勒先生所言：“借此奢侈之举，德人顿觉于世界眼中，德意志帝国得以彰显显贵。”

除了将大量资本投入胶州湾开发外，德国还向胶州湾派出了一支由军官、士卒、工程师和淘金者组成之派遣军。来者自称德籍爱国人士，他们要在胶州湾播下种子，他们希望种子能茁壮成长，直至长成郁郁葱葱之德意志帝国大树，且具有“举世瞩目之东方特性”。

以上为德国租借胶州湾所费“心力”之情况总览。以下则是对其在胶州湾重大举动之详细介绍。

青岛口岸

胶州湾是整个租借地之总称，青岛则为其主要港口名称。1895年9月2日，青岛宣告成为自由港，清政府帝国海关在青岛火车站设关收取关税。1906年，一项新的公约生效，青岛失去自由港地位，如同在其它条约口岸一般，清政府帝国海关总署在青岛可收取关税；但该条约除其它不公平条款外，居然规定青岛海关收入之20%应交付德国政府。据1912年统计，青岛海关年入白银1 670 029两，其中竟有334 006两转交给德国人。中国租借胶州湾与德国人，所获租金微不足道，德国总理冯·布洛埃一言以蔽之，曰“确认付款”。[确认胶州湾为租借地而支付的款项。——译者注]如今，土地所有者在自身领地上设立海关收取关税竟然一年要向土地租借者支付334 006两白银，岂非滑天下之大稽？然而在洛克希尔先生口中，此一变革为特殊情形下有利双方之特惠政策；经此改良，青岛海关替代胶州湾海关，为所涉商人及海关官员带来了便利，也增加了收入[36]。凡此种种，再加上1909年青岛海关之新安排，的确为促进胶州湾商贸发展做出些许贡献。下表可见1900年至1912年胶州湾之贸易增长[37]：

日期	进口（关制白银　两）	出口（关制白银　两）
1900	158 598	32 282
1901	2 527 609	18 370
1902	3 678 690	105 272
1903	5 134 229	234 216
1904	3 437 897	845 302
1905	4 372 937	2 430 350
1906	7 019 263	3 540 123
1907	7 297 944	887 226
1908	8 266 562	2 707 707
1909	10 655 398	3 359 386
1910	25 409 209	17 171 415
1911	26 287 988	19 853 669
1912	29 742 731	24 999 360

从1900年到1912年，胶州湾商贸总额增长280倍，而其海关收入则增长了300倍。在最后五年中，其海关收入从中国口岸城市第22位上升至第6位，此一独特记录表明其进出口贸易能力仅排在上海、天津、汉口、广州和汕头等口岸之后，位列第六。时年旅大港海关收入达26万两白银，排在胶州湾之后，位列第七。当然，旅大港发展速度甚至要快过胶州湾。旅大港商贸总额1907年仅为140 738两，1912年增至1 407 926两；胶州

湾商贸总额 1907 年为 934 623 两，1912 年为 1 670 029 两白银。在此期间，胶州湾同比收入增幅仅为大连六分之一。此五年间，尽管旅大港贸易额增长可与胶州湾相提并论，但仍可肯定地说，中国除旅大港外，再无口岸城市贸易额增长可以超过胶州湾；且可以断言，除大连及上海外，中国再无口岸城市发展速度可与胶州湾比肩。

然而，必须注意到该口岸城市之商贸始终无法彻底摆脱其创建时人为添加之条件，其贸易繁荣始终或多或少依赖于德国政府及殖民者之投入。时有报道称，日本入主胶州湾后始终无力恢复其商贸繁荣，如此种报道属实，则可证明胶州湾先天底蕴之不足。

作为海军基地之胶州湾

胶州湾向来享有山东天然海洋门户美名，实可谓中国山东之海上枢纽；此乃德国多年来在中国海域觊觎之目标。既然“帝国霸权源自远洋实力”，如欲实现德皇之野心，能否夺取此一天然良港自是至关重要，嗣后在胶州湾兴建海军基地也早已纳入德人考虑之中。

果然，德人甫一接管胶州湾管理权，即从国内派遣一支由工程师及熟练工匠组成队伍开赴胶州湾兴建早已设计完成之庞大防御工事。德国工程队建造了一个由 12 个现代堡垒组成之环形工事，从北部高耸之多岩石崂山半岛，沿距离青岛港六英里之岛后方茂密山脊延伸，再沿灵山南部半岛铺开。德人又耗费 700 万美元疏通海港和海湾；所建造之浮船坞可起吊 1.6 万吨货物。德人又埋设了一座 2 000 米长花岗岩码头；并建造一现代化船坞，可停靠当今世界之最大商船和甲舰。十年间，德人于港口工程一事耗资逾 3 000 万美元。德人所设海军基地既可用于海军事务，亦可用于商业贸易，基地之内尚可造船：事实上，只需备足原材料，基地内有可能建造和装备多艘二等巡洋舰。1908 年建造之军营可容纳 5 000 名士卒。最初德国向胶州湾海军基地派驻 3 000 人，至欧战前，派遣军人数不断增加。负责日常防务之常规部队人数超过 6 000，另从在华德国侨民挑选出 2 500 名志愿者，整支部队由一个骑兵中队、两个机枪连、一个野炮连、五个海军炮兵连、一个包含四个飞行编组之航空队和一个本土预备役连构成[38]。赴胶州湾服役在德国广受欢迎，家世背景优良之年轻人纷纷报名入伍，其目的不仅是为国出力，亦可同时满足自身对于远东之好奇心矣。

直至本世纪第二个十年，租借地之军事目的才开始为工业需求让路，而原本工业目的一直属于德人租借并开发胶州湾之长远目标。确切地说，直至前年（1913 年），柏林帝国国库年均划拨给胶州湾 1 300 万马克预算款，其中约有 1 000 万马克用于军事之特别开支。据说，管理胶州湾之普鲁士官员每花费 1 美元于平民事务中则必投入 10 美元于军事工程之上。

如今，靠近青岛港之潍县及博山煤矿年均产量虽仅有 50 万吨，但足以令胶州湾成为甲舰与其它船只理想之燃料补给站。

此外，一家德国开发公司——山东铁路公司——决定斥资 1 200 万英镑在青岛建立一座大型钢铁厂。此一决定令德国人觉得自己制订之宏伟目标已日渐付诸实施，且已初见成效。在 1914 年 6 月 5 日召开之同次会议上，该开发公司决定除钢铁厂外再新建一座兵工厂。一旦建设完工，该项工程可进一步推动胶州湾成为远东最强大之海军基地及军事要塞。

连接胶州湾之铁路

德国经济学家弗雷德里克·李斯特早就提出了政治与商业发展互通之原则；此一原则在胶州湾展现得淋漓尽致。德国野心勃勃，意欲将胶州湾打造成第二个旧金山，并在山东省境内建立自身之势力范围，借此控制广袤之中国内陆。德国意图如何实现此一谋划？缺乏大面积覆盖之铁路网自难实现此一目标，须知帝国霸权不仅源自远洋实力，亦来自铁路线之控制权。于是乎胶州湾便呈现殊为诡谲之一幕：德意志帝国之霸权正沿着海陆两大交通线在中国蔓延。

除租借胶州湾外，德国亦胁迫中国允其在山东境内修建两条铁路线：一条铁路线自胶州湾始，经潍县、青州、博山、淄川、松坪再到济南和山东边境；另一条铁路线从胶州湾到沂州、再经莱芜到泰安。济南至山东边境铁路需等主干线完工且路线勘定后方能修建[39]。后沂州至济南铁路线计划遭搁置，取而代之者为英德集团资助并由中国政府管理之中国皇家津浦铁路[40]。“今对胶州湾至沂州铁路线加以勘测，决议放弃原拟修建之计划。”[41]至此，德国仅需考虑自胶州湾始，经潍县、博山至济南之铁路线。

该铁路线由总部位于德国柏林之山东铁路公司经营，总资本为 5 400 万马克。1904 年 6 月，此一从青岛通往济南、长 256 英里之主线路开始通车。1910 年，昌县—博山及赵川—泰川两条支线铁路相继通车。至此，连接胶州湾之铁路线总长达 310 英里[42]。

自主干线开通之日起，该铁路沿线商业逐渐繁荣。“这不足为奇。胶州湾自拥有一流之港口及铁路，交通线便连接起该地区和世界上人口最稠密国家之心脏地带，此乃前无古人之创举。因此，胶州湾之繁荣自有其道理。”[43]胶州湾年贸易额已在前一节讨论过，以下考察铁路主干线启用所带来之贸易份额：

日期	年客流量（单位：人）	年货流量（单位：吨）	年净利润（单位：马克）
1904	558 868	179 270	
1905	803 527	310 482	2 063 572
1906	846 000	381 000	3 642 000
1911	909 065	717 189	4 731 238
1912	1 230 043	852 001	7 050 000

从以上数据可知，1904 年—1912 年八年间，胶州湾铁路客运量增长一倍有余，货运量增长逾四倍，而净利润增长了三点五倍。客货流量逐步增长预示着胶州湾未来之商贸额必将更为可观。如 1912 年德国国库划拨胶州湾开发款项为 700 万马克，而该年度胶州湾商贸净利润高达 770.4 万马克［原文如此，与表格中数字不符——译者注］，净利润已足以补偿德国国库划拨之补助款。

该铁路干线通车也直接影响了中国通商口岸烟台之贸易，具体状况如下表所示[44]：

日期	进口贸易额（关制白银　两）	出口贸易额（关制白银　两）
1905	9 607 561	4 677 509
1906	7 906 839	4 806 654
1907	6 620 215	3 299 002
1908	6 182 640	3 524 592
1909	5 999 755	4 037 687
1910	15 464 159	14 731 624
1911	16 654 026	13 916 518
1912	15 872 719	12 863 731

从上表中可知，自胶州湾铁路通车以来，烟台进口贸易额从白银 9 607 561 两下降至 5 999 755 两，出口量则从 4 677 509 两降至 4 037 687 两。自 1910 年以来[45]，由于津浦铁路北段通车，烟台贸易额突然增加，但

自此之后，其贸易额几乎保持不变，而与此同时，胶州湾贸易额却增加了20%[46]。

从下表可以看出胶州湾之勃兴及烟台港之没落[47]：

日期	烟台海关收入（关制白银　两）	胶州湾海关收入（关制白银　两）
1905	871 607	545 150
1906	818 322	863 430
1907	633 243	934 623
1908	644 914	926 716
1909	748 338	1 120 243
1910	651 265	1 238 394
1911	595 914	1 251 001
1912	704 735	1 670 029

根据中国各海关贸易总额排名，1905—1912年间，在全部47个港口中，胶州湾港口贸易量排名从第16位上升至第6位，而烟台港则从第10位下降至第14位。

不惟烟台海关收入呈下降趋势，而与烟台海关相互依存之地方税收下降幅度尤为明显。1909年，其地方税收仅收入97 609两，到了1910年实际收入仅76 262两。1911年烟台地方税收略有上升，而到了1912年竟暴跌至68 823两。

同样情况亦出现在稻草编织品贸易行业。1903年，在山东两港出口之此类国产货品中，烟台港出口量占总量70%，胶州湾港口仅占30%。从此一显著变化中可以看出，在出口领域，胶州湾港口已然完全取代烟台港。从下表中可以更为清楚地看出此一现象[48]：

日期	胶州湾（单位：美担）	烟台（单位：美担）
1908	99 701	930
1909	125 315	388
1910	119 068	825
1911	104 764	5

[原文单位为 cwt，即“美担”，是美制质量单位，20 美担=2 000 磅=907.186 千克=1 美吨——译者注]

凭借铁路优势，青岛港抢走了烟台港几乎所有生丝及花生贸易。

德国在山东攫取之铁路特许权另一直接之重大影响体现在津浦铁路建设方案中。1897 年，容闳博士获得津镇铁路特许建设权，并准谋求外国资金援助。容闳博士原本与英美资本家谈判，达成一项估价 2 700 万美元之黄金贷款计划[49]。1898 年，容闳博士之宏大融资计划获批数月之后，德国强行介入，意欲凭刚刚获得之铁路特许权废除容闳博士之引资计划。德人所提要求显然有违条约，条约规定德国只有在条约签订后之涉外贷款项目中才拥有优先权。但最终，德国断绝了容闳博士及美国资本家之希望。1898 年，正式协议签字盖章，规定铁路之建设及管理权交由中国政府，由英德两国财团提供 500 万英镑贷款、部分物资以及工程技术人员。然而，英德两国首席工程师均应受中国项目总经理管控。

厘清青岛—天津铁路特许权之影响后，以下可分析铁路连接给青岛带来之显赫地位。

首先，通过津浦铁路北段（390.5 英里）、北平至沈阳铁路（527 英里）、京张铁路（124 英里）、中国东部铁路（1 081 英里）以及跨西伯利亚铁路等线路，津济铁路将青岛与天津、北平、沈阳、张家口、圣彼得堡、柏林和欧洲其它地方连接起来。通过绥远县、大同府和库伦之京张铁路扩建工程（600 英里）将青岛和跨西伯利亚铁路海拉尔地段紧密连接起来。津浦铁路南段（236.5 英里）连接青岛和中国古都南京；沪宁铁路（193 英里）和江浙铁路（241 英里）将青岛与上海、杭州和宁波连接起来。经南昌跨越长江至潮州之规划线路及潮汕线，可于汕头抵达福建海岸。1913 年底，德国政府宣布与中国签订协议修建其它铁路线路。首先，高密—汉川线会将更多的铁、煤、大豆和小麦运往青岛。其次，德国计划在济南和顺德之间修建一条铁路线（755 英里），连接津浦铁路和京汉铁路[50]。这将使青岛与汉口（所谓中国之芝加哥）直接连接，并通过规划中之汉粤铁路，与广州间接连接起来。宴城至开封铁路线计划尤为重要：晏城已通过津浦铁路与青岛连接，德国密谋连接晏城与开封，以便未来青岛可以通过规划中之西北大干线直接与河南、潼关、西安、兰州及伊犁等地相连。如此，便如哈丁先生所言：“终有一天，它会从突厥斯坦广袤而又鲜为人知之沙漠中穿过三千英里外俄罗斯里海前哨，刺穿亚洲大陆心脏，复从那里穿过中国之内陆地区，直达太平洋；另一方面，它将通过计划中之西安—重庆—云南—法国中印线与重庆、成都和法国中印线相连接。此番计划已得到中国政府同意并签署相关协议。早在1910年，德国人就已对作为津浦铁路德国段支线之晏城—开封线路加以勘察。目前该线路终点为青州，但规划之线路最终将抵达开封。一旦青岛拥有庞大之铁路交通网络，再加上其天然良港，自然会成为此一庞大交通系统之最终口岸。”

根据以上分析，可以得出结论，一旦此庞大铁路系统建成，青岛向北、向南、向西之铁路运输能力将十分强劲。一如［日本人——译者注］在满洲一样，德国人在青岛对每一件事都拟定了详细之计划，种种事实都表明德国人对青岛野心勃勃[51]。

德国在胶州湾之其它作为

前文已经指出，德国租借胶州湾之野心远非建设一个商业中心和海军基地而已，更是要在中国腹地建立其势力范围。前文已对德国之军务及铁路事业加以分析，以下将对德国租借胶州湾之其它作为加以探讨。

（一）煤矿开采。德人所获之铁路特许权通常附有铁路沿线之采矿权。《中德条约》规定德国可以在铁路沿线30公里范围内开采煤矿。但是，正如威尔先生所言，德人踏足之领域远超条约限制。至1912年，德国在华煤矿年产量逐年上升，时年增至50多万吨，占当年世界产煤总量之三百三十分之一。各年度具体产量如下表所示：

日期	范图兹矿（单位：吨）	恒山矿（单位：吨）	总量（单位：吨）
1907	145 000	34 200	179 200
1908	222 450	56 600	279 050
1909	272 000	160 000	432 000
1910	230 064	252 816	482 880
1911	184 233	302 300	486 533
1912			573 676

（二）拓荒与耕种。德国在胶州湾与其在其他殖民地一样，最有价值之科学考察与当地行政当局之拓荒耕种同步进行，突出体现在植树造林工作中。德人在胶州湾开垦有144英亩土地，每年向当地人出售100万棵树

木和植物。德人在胶州湾之拓荒与耕种卓有成效，每年可从其中获得约 10 万马克的收入[52]。

（三）邮局。德国邮政业务成功入侵中国内陆。德国铁路公司每列火车上，都留有一节车厢交由德国邮政公司使用。德国邮政通过降低邮费来保持对中国邮政之竞争优势。

（四）咨政。威尔先生就曾指出，德国人一直努力尝试让山东巡抚正式任命一名德国外交顾问。

（五）传教。“同在西非一样”，切拉达姆先生说，“德国传教士向来是德国势力渗透之先遣队。”[53]他甚至把传教士团体列入政府外派机构。事实上，山东天主教主教安泽宣称，能否占领胶州湾于德国传教士而言乃生死攸关之问题[54]。为了刺激德国民众对加入传教使团及前往殖民地之热情，德国教授米尔布公开宣称：“传教及殖民政治乃我辈之使命，吾等理当相信签订殖民地条约将有利德意志帝国之发展。”[55]

现今驻胶州湾之德国传教士使团包含 15 支普通使团和 3 支特遣使团。尽管笔者相信他们中部分人目的纯正、一心向教；但仍有部分人因为从政府接受财政援助而被迫一边为上帝服务，一边替帝国工作[56]。

（六）教育。如不能树立德国文化之主导地位，租借地则无法完成其德国化之进程。于是德人尝试通过建立德式学校完成此一进程。一位作家曾评论道：“青岛之学校与体育馆比任何同等规模城镇都多。”[57] “中国人和欧洲人严格分离。有九所学校由德国政府全资创立。殖民地之意志由学校支配。”梅尔伯特先生说：“世界各国人民都需要接受更好之教育，尤其需要学好德语。”[58]当然，不容否认，一些中国青年学子也在这些德式学校获得科学启蒙，激发了科研灵感。

（七）土地问题。如不能完全剥夺中国人之土地所有权，就不可能令胶州湾完全落入德国彀中。胶州湾之中国人若想出售土地，惟有卖与德国政府，再俟德国政府转售殖民地上之欧洲人——此间欧洲人士大部亦为德国人[59]。土地购买者须缴纳 33％之购置税。如拥有之土地 25 年内仍没有出售，则土地所有者必须发布通知，拟定土地销售计划。而政府可以优先购买即将出售之土地。每位地产拥有者每年须缴付地产资本价值 6％之税款。如果某地产为使用年限之前建造，则业主自然丧失产权，而德国政府只需要支付土地评估价值五成资金即可占有该地产。1903 年 12 月 31 日发布之法令改变了这种情况，该法令规定了土地拥有者支付累进之土地增值税，而不是丧失产权。总而言之，德国政府一直试图以25年为期，强行从中国人手中夺走对胶州湾土地之全部控制权[60]。显然，如同德国在波兰之行径，在胶州湾，德人以税收为手段，逐步占有所有土地控制权。有德国人甚至为此辩护称："如此一来，租借地内土地投机活动被禁，而租借地政府也掌握了土地政策的控制权。"[61]

德国治下胶州湾之主要特点

从上述胶州湾之各项描述中，可见德人在山东势力之强大，亦可见其固有缺陷。一方面，德国实际上已将胶州湾侵占，使之德国化。租借地政府一位工程师出身之委员曾绘声绘色地说："到处都是德国人。官员是德国人，语言是德国语，货币亦为德国币。此间货品[62]如非山东生产，则必从德国运来，从针头到电动起重机，无一例外。值得注意的是，此间并无洋泾浜德语。"[63]

然而，虽则德国在胶州湾极力推广德国民生之道，该租借地始终不过是一些德国官员和军卒旅居之所。据统计，1913年居于胶州湾之白人中有3 806名德国人，其中公务人员2 638名，占德国人口三分之二。该地区之文明繁荣多是刻意而为，繁文缛节颇多，行动受限。胶州湾各种规定与政策自是为了确保德意志帝国之直接利益。即便是德国商人亦发现德国官员对待本国商人，就像普鲁士军官对待手中新兵一般粗暴；此等军人大多不懂商务，且对商业利益不屑一顾。因此，胶州湾租借地在德国治下，其贸易发展与日本在大连和英国在香港之贸易相比望尘莫及。单看1910年德国在华贸易额及其在外国总贸易额占比即可得以证实[64]：

	德国贸易额	总贸易额	德国贸易占比
进口	109 000（英镑）	3 501 000（英镑）	2.9%
出口	17 000（英镑）	2 369 000（英镑）	0.8%

基于上述种种原因，科尔库恩先生得出如下结论：德国商人，无论其对殖民政策何其狂热，到目前为止，他们明显不愿在胶州湾定居或投资[65]。哈特先生更是一语中的：胶州湾之德国居民几乎都是军兵和官吏；真正的德国殖民者不会出于信仰来到青岛[66]。德国海外殖民有科学发展之传统，然殊为遗憾，德国之海外殖民却往往出于其它目的，以至于掩盖抵消其作为，令其科学之社会发展蒙羞。德意志帝国之专制思想当然是德国海外扩

张之先天缺陷。如果德国商人亦可在中国通商口岸享受到如德国军人及官吏同样程度之最充分自由及礼遇，胶州湾自会更加繁荣。德国作家几乎一致谴责此等官僚主义，然正如德皇所言：“吾辈欲在全球实现之丰功伟业，断无依仗笔墨实现之可能。”

第三章　关东

旅顺港、大连湾[67]和辽东半岛南部为俄罗斯租借地，并称关东地区，位于盛京省最南端。该租借地面积约 1 256 平方英里，不包括中立区[68]和租借地周围水域。1898 年 3 月 26 日，沙俄从中国租借该地，成为关东地区管理者。1905 年元旦，俄国将军斯托塞尔对日投降，日本人接管关东地区；1905 年 12 月 22 日，中国与日本签订条约，正式承认该租借地之转让。

关东租借地与胶州湾不同之处在于，关东有两个港口，其一专事海军军务，另一港口亦可用于商业贸易；前者为旅顺港，后者为大连湾。

作为海军基地，旅顺港之重要性在中国海域可谓无出其右者。日俄战争中，日军鏖战 156 天方才攻占旅顺港，其防御之坚固由此可见一斑。就防御能力而言，旅顺港仅次于塞瓦斯托波尔和普日茨密尔，塞瓦斯托波尔坚守 327 天始告陷落，而普日茨密尔坚守将近 200 天[69]。旅顺港是通往满洲之门户，正如 203 高地是通往胶州湾之门户一般。由于更靠近首都，旅顺港之地位更为重要。

至于大连湾，自日本占领以来，其商业贸易额之增长率超过中国所有其它港口，甚至包括胶州湾。故而朗霍姆先生所言非虚，理由充分，大连湾实可谓“东方之南安普顿”。

依托香港，九龙租借地之商业贸易额稳居中国各租借地之首；除此之外，关东各方面均为租借地翘楚。根据 1913 年统计数据，关东地区煤矿产量丰富，为胶州湾腹地煤矿产量四倍以上。关东地区境内铁路网全长 701 英里，长度为胶州湾德国铁路线总长 2.5 倍有余；整个关东铁路网由南满洲铁路株式会社直接控制，均与大连湾和旅顺港直接连接；与北京、汉城、张家口、营口、哈尔滨、符拉迪沃斯托克（海参崴）以及跨西伯利亚铁路线之连通远比胶济铁路线更为便捷。在关东，日本人对局势可谓一切尽在掌握，手段狠辣，令人咋舌。

旅顺口、大连湾与《中俄密约》

1896年秋，《中俄密约》[70]泄露，举世皆惊。该密约系沙俄驻华公使喀西尼提交中国政府之草案而已，然条款内容处处显露沙皇俄国染指我旅顺口及大连湾之企图。密约第十条竟然约定："位于辽东之旅顺、大连湾及其附属港湾乃重要之战略要地，中国有责任抓紧加强港口防御工事，修缮所有设施等，以防患于未然；如立此约，沙俄应提供一切必要援助以保护该地区不受任何外国势力侵占。中方应约束自己决不将其割让与他国；将来如遇要紧事，沙俄突然卷入战争，中国应允沙俄将陆海军暂时集结于上述港口以利沙俄坚守阵地、有效御敌。"[原文为："辽东之旅顺口以及大连湾等处地方，原系险要之处，中国极应速为整顿各事，以及修理各炮台等诸要务，以备不虞。既立此约，则俄国允准将此二处相为保护，不准他国侵犯。中国之允准，将来永不能让与他国占据。惟日后如俄国忽有军务，中国准将旅顺口及大连湾等处地方，暂行让与俄国水陆军营泊屯于此，以期俄军攻守之便。"——译者注]《密约》自公布以来，究竟其为协商性草案抑或已经议定之永久条约，众说纷纭。然中俄双方俱声称《密约》为无稽之谈，但密约内容与俄方现实图谋一致为不争之实，虽双方政府均否认有商议该密约之行为。

旅顺口、大连湾与德国占领胶州湾

本文上一章中指出，《中俄密约》加速了德国占领胶州湾；德国租借胶州湾亦加速沙俄对旅顺口及大连湾地区之操控。当德方突派先遣部队登陆胶州湾并升起德国国旗之时，俄国人愤怒之余亦感惊慌，为免起两国争端，无奈妥协。此时，德皇和沙皇之间举行了一次令人难忘之会晤。俄方何以为允协，自德国之视角简来云即："我方取得胶州湾，盖愿得偿，且须一给煤港。我方既知《中俄密约》为一协商性草案，而非已经议定之永久条约。自条约公布以来，已一年矣，而你方未曾采取措施以行其要。是故，我方不得不得出结论，你方已重新考虑了立场。宜如此，以我方不能亦不欲自胶州湾退；我方于远东有重利，须加固……沙俄之真正目标乃一不冻港，便即以铁路与沙俄领土相连接。你方势力源自人多势众，其力量必多于陆地施展，而非于海。以辽东半岛者尽为例：宜采用最直接之路线，将旅顺口及大连湾与横贯满洲之贝加尔—海参崴之铁路线相连接，以此方可取据胶州湾而永不可得之有利地位。”[71]因此，普特曼·韦勒有言："俄国租赁［租借旅大港——译者注］协议以强且明者言径直取代《中俄密约》中昧违之言，此必直归因于德国与德国模式［租借胶州湾模式］之功。”

沙俄进占旅大港

在双方达成相互谅解协议之后，1897 年 12 月 18 日，即德国占领胶州湾一月之后，三艘沙俄战舰进抵旅顺港。旋即，英国海军上将布勒率 7 艘舰艇抵达仁川济物浦，并派其中两艘舰艇前往旅顺港。然而，此一行动因遭遇俄方抗议被迫中止。四日后，莫拉维耶夫伯爵给出俄方解释，称其行动完全是为方便船只往来，与德国人占领胶州湾毫无关联。莫拉维耶夫伯爵进一步指出，虽然旅顺港条件得天独厚，有利于船只维修且冬季不结冰，但目前配备有强大破冰装置之海参崴仍将继续成为俄国在远东之中心口岸。适时，除中国外，以英国人对沙俄之行动怀疑为剧。英国揪住沙俄外交部长之声明，坚决要求开放大连湾，实施自由贸易[72]。在一片反对声中，此一要求意在阻止沙俄占领旅顺口及大连湾，可谓直击命门，着实令沙俄恼羞成怒。俄国驻伦敦大使照会英国政府，视英国政府坚持开放大连湾之要求为侵犯沙俄在华势力范围，乃有意剥夺沙俄未来使用旅顺港之正当权利。与此同时，沙俄代办处告知北平总理衙门，假使允准开放大连湾为自由贸易口岸，必致沙俄于敌对势力。于是，英国与中国签订之租借协议并未涵盖大连湾。然沙俄仍不满意，始终尝试废除中英有关协议。1898 年 3 月 6 日，中德双方签订《胶澳租借条约》；3 月 7 日，俄方以与德方享有平等权利为借口，大胆提出长期以来之图谋：租借旅顺口和大连湾，并获得从绥芬河横贯满洲里至旅大港之铁路特许经营权。英国再次提出外交照会，指出旅顺港并非商业中心；倘若沙俄租借与西伯利亚大铁路相连之不冻港，英国并无异议；但若沙俄获得北京附近一军事港口控制权，英国必然全力反对。然而，沙俄毫不在意此类空洞威胁，于 3 月 27 日签署租借条约[73]。

沙俄治下之管理机构

据 1899 年之规定，关东行政属沙俄陆军部管辖，其行政中心设在旅顺港。行政首脑为关东总督，由兼任黑龙江、旅顺港和海参崴陆海军总司令之沙皇直接任命罢免。

大连湾以对外贸易开放为主，其组织和管理独立于关东地区。1899年7月30日，沙皇颁布一项命令，要求在大连湾附近建立一座大连新城。根据同年8月20日之暂行条例，该项工程由中东铁路公司承建，受财政部直接督导，并交由中央政府任命之行政长官主理，然需听命于关东总督。然而，1903年8月，沙俄又新拟行政安排，将关东与黑龙江省合并为一特区，此一状况维系至日俄战争。

关东条约之规定

沙俄租借关东之条约规定与德国租借胶州湾之条约规定虽略有不同，然大体一致。有关租借地内之防务、海军事务、民政事务以及中立区内中俄关系等条约规定，实质上与中德签订之有关条约规定一致。然而，局部差异的确存在。首先，若租借地内发生任何刑事案件，中国嫌犯移交至最近之中国官员处置；而在胶州湾，德国行政管理人员会受理某些特殊案件。其次，与胶州湾不同，旅顺港仅用作军港，仅供沙俄及中国舰船使用；而大连湾之港口一部分同旅顺港一样仅保留给中俄舰船使用，其它部分留作自由贸易港口供世界各国商船自由往来。其三，有关关东租借之条约明确规定有铁路特许经营权事项，而胶州湾之铁路特许经营权则另有协议规定。除需遵守关于中东线至大连湾延长线之建设协议规定外，中国还需严格执行1896年9月8日与俄中银行签订之协议[74]。该协议具有商业及战略双重重大意义。除其它事项外，该协议还规定，经俄满铁路线由沙俄进口至中国或由中国出口至沙俄之货物，需分别缴纳进出口关税，税额较中国港口海关关税少三分之一。该协议初衷为发展中俄两国间贸易；应用于大连湾，也有利于沙俄在该港口之商业发展。然协议中最糟糕之规定来自第八条，规定俄满铁路及其附属设施之秩序及形象维护应交予俄军方指派之警务人员负责，并由俄方草拟及制订警察条例。此两项条约一旦实施，沙俄将成为租借地和铁路及其支线周围地区商业及军事主宰。其四，同年5月7日缔结之《中俄附加修正案（草案）》第五条规定，未经俄方同意，中国不得在中立区内铺设道路和开采矿产；而在胶州湾，其约束范围扩大至整个山东省。此外，协议规定未经俄方同意，中立区不得对其它势力作出让步；该规定并未出现在胶州湾相关条约中。最后一点不同之处在于，关东地区租期为25年，而非胶州湾之99年；关东租借协议并无租期届满前归还租借地之任何相关规定，仅规定在租期届满后经双方同意可延长租期。

沙俄治下之大连湾

正如前文所述，大连湾一部分按照条约规定仍用作自由贸易。沙俄虽更重视关东地区之军事及政治作用，但并没有忽视关东地区之商业重要性。维特先生计划把大连湾建成西伯利亚大铁路之商业终点口岸，并使其最终成为广袤俄罗斯帝国在太平洋上之商业出口地。日俄战争前，大连（大连湾）城市工程，包括其附属大型码头及普通码头，已耗资近 2 000 万卢布[75]。

因俄占时期大连湾只部分用作自由贸易港口，故而并无确切数据显示其商业增长。然而，俄国与满洲间贸易往来可以大致说明大连湾之贸易状况：

日期	交易额（卢布）
1900	56 000 000
1901	51 000 000
1903	38 000 000

仅凭以上数据，似乎沙俄与满洲贸易额在逐年减少；但实际上此一交易额下降系因沙俄从满洲裁减军用运输额所致，而非沙俄商业运作不当。俄方租借关东地区后，即将大连湾部分留作自由贸易港，其实已经尽全力促进大连湾之贸易发展。俄方更通过降低运输资费以及免征大连湾关税等措施，极力将以往属于牛庄（原来列强在满洲开展贸易之中心口岸）之贸易转移至俄国商人建立之港口。此外，俄方还采取措施增加本国对满洲各地之进口总额。每年，沙俄派遣 14 艘商船在欧洲、海参崴、旅顺港及大连湾之间投入运营，每艘船只政府补贴 309 000 美元[76]。由于俄中银行可向中国商人提供贷款，加之进口免关税及出口关税优惠等措施，美国领事米勒先生一再提醒沙俄有可能将主要由美国制造商掌控之满洲棉花大贸易揽入怀中[77]。有此商业顾虑，兼及其它政治因素，美国于 1903 年要求中国开放奉天及安东，以供国际友人居住和往来贸易；日本在英美支持下，出于同样目的，要求开放大东沟，以削弱沙俄影响力。

关于该时期美国与满洲之贸易，笔者尤有补充说明。此段时间，满洲从美国进口商品超过从其它任何国家进口之商品；而自 1900 年至 1904 年，美国每年从牛庄进口约 500 万美元货物[78]。1901 年，牛庄进口国内外商品总额为 24 813 692 美元，其中 14 660 000 美元为棉产品，其中约有 1/3 为美国布匹。1902 年，牛庄 35%进口货物来自美国，其中大部分是棉织品。1903 年，外国进口总额为 13 314 012 美元，其中美国占 5 562 255 美元，其中 4 873 960 美元是棉织品。上述数字足以说明，此前几年，在满洲最重要贸易品进口中，美国之地位举足轻重。尽管俄国人能生产出和美国商品几乎一样好之棉织品，但跨越西伯利亚 5 000 英里铁路线之运输费用两倍于跨越太平洋之运费。因此，截至目前，进口床单、针织品及牛仔裤大部分仍来自美国。然美国之优势仅限于棉织品。自沙俄租借关东以来，源自美国之煤油及小麦面粉交易额持续下降。牛庄进口美国煤油从 1901 年之 317.2万加仑下降至 1902 年的 603 180 加仑；而美国进口面粉也遭遇哈尔滨沙俄面粉工厂抵御，几致逐出市场。但此类物品仅占全部贸易一小部分，所以可以说，此一时期，尽管俄国人积极进取，大举挤占市场，美国人在满洲贸易状况依旧可观。

沙俄治下之旅顺港

有别于以贸易为主之大连湾，旅顺港纯系海军基地。沙俄加强了此港口之防御工事，令其成为重要之海军基地及军事要塞。从租借之初直至日俄战争，期间俄国在此共修建 59 座永久性要塞，包括著名之 203 高地以及尔灵山要塞与信号山要塞等；共安装大炮 546 门，其中包括 54 门大口径大炮；派驻大型战列舰 5 艘、炮艇 14 艘和小型船只 50 艘。由此可见，沙俄为建造旅顺港投入了巨大人力及物力。

条约规定之沙俄铁路经营特许权

条约规定，允许沙俄将中东铁路延伸至大连湾。为了理解此一延长线之重要性，不妨简要了解中东铁路之原貌。1896 年，俄中银行获得该铁路建设与开发权。东清铁路（中东铁路原称）主线全长 921 英里[79]，始于西伯利亚大铁路之满洲里，途经哈尔滨，终点为西伯利亚大铁路到海参崴之延伸点绥芬河。自哈尔滨开始之延伸工程全长 608 英里，其中包括长春至旅顺港 439 英里铁路线，后移交给日本，改称南满铁路。原条约规定，该铁路线归中东铁路公司所有，有效期为 80 年，期满后无偿归还中国。条约规定，在该线路投入运营36年后，中方方可以相当于线路成本加利息之价格赎回该线路。此规定亦适用于延长线。

中东铁路延长线建设进展迅速，至义和团运动爆发之时，除却几座桥梁外，几已全部竣工。义和团运动期间，大部分铁路线被毁，特别是从旅顺港到哈尔滨之延长线损毁尤为严重。即便如此，该项工程后来得以重启。1901年秋，中东铁路连同扩建工程全部竣工。全部工程耗资1.5亿美元，其中用于延长线建设金额为5 500万美元，此间费用并不涵盖用于旅顺港、大连和哈尔滨等城市建设以及严格而言不属于铁路建设之各相关企业建设所耗费之2.5亿卢布支出。

中东铁路对俄国而言意义重大，它将关东与满洲里、符拉迪沃斯托克（海参崴）及哈尔滨（所谓“中国莫斯科”者）相连接，然后经由西伯利亚大铁路抵达圣彼得堡，亦可经由（北）京奉（天）铁路到达北京。1909年5月，《远东评论》发表文章曰：“该铁路系连接太平洋沿岸和西伯利亚大铁路之纽带，它贯穿中国境内之北满洲，并因此规避一条坎坷之道路，不必再沿着蜿蜒之黑龙江寻找出海口。与此同时，它亦提供了一条进占北京之新线路。”因此，不止旅顺港落入沙俄手中，整个满洲及中国之首都亦笼罩于沙俄军事威胁之阴影中。

最后，因修建铁路，沙俄获得铁路沿线及铁路线以外地区之采矿权以及护卫铁路之警察特权。虽则沙俄仅维护铁路就耗资高达2 400万卢布，约合1 200万美元，但警察即士兵，士兵变警察，沙俄因此在中东铁路沿线拥有了一支宪兵部队，沙俄但有秘密任务，该宪兵部队便成为最具效率之行动队。

日俄战争

世事多舛，奈何沙俄并非唯一垂涎关东之列强。沙俄来势汹汹，其对手亦咄咄逼人。沙俄力主将辽东半岛归还中国，旋即又借机将辽东半岛从中国手中租借走，日本对此难免耿耿于怀。

与沙俄相比，日本向上述领土扩张之意愿更为强烈。自1828年至日俄战争，日本人口几乎翻了一番。1828年，日本人口仅2 700万；1875年达到3 400万，1904年更至4 700万。人口增长加剧日本扩张之需求，亦成日俄利益冲突重要因素。

此外，日本似乎以工业和贸易发展为主导方向，而非将农业发展摆在首位。当时日本耕地面积不足 1 300 万亩，仅占全国土地面积之 13%，其耕地面积无论如何增加亦无可能超过 10 500 万亩。显然，日本人均耕地份额甚至低于英国相应水平，不及中国之一半。佃户仅能勉强糊口，甚至无力支付必须之肥料，土地经营者利润亦难超 5%，却须支付所使用资本 15%—30%之利息。此种情况下，日本人大多转向商贸一途。因此，1873 年，日本对外贸易额仅为 49 742 831 日元，至 1903 年，日本对外贸易额增至 606 637 959 日元。当此时，满洲为列强在中国进行商业扩张最重要之场所，因此，为使日本贸易在满洲里市场蓬勃发展，日本势必要打开满洲之大门。

最终，日本人便如其他野心勃勃之列强一样，给自身灌输了错误之民族意识。日本人认为，要成为世界强国，就必须不惜一切代价夺取他国领土。日本人相信伟大之日本应实现其对整个亚洲大陆之统治。帝国主义意味着大陆主义，而大陆主义必须由军国主义来完成[80]。

凡此种种，加之日本难以容忍沙俄侵占朝鲜和满洲领土之行为，一场日俄战争在所难免。日本似乎对沙俄归还辽东半岛未置一词，但如果看看以下资费用度，日本为战争所做长期准备自是一目了然：

日期	总支出（日元）	军费开支（日元）	%
1894-1895	78 128 000	20 662 000	26.4
1895-1896	85 317 000	23 536 000	27.6
1896-1897	168 856 000	73 248 000	43.4
1897-1898	223 678 000	110 542 000	49.3
1898-1899	219 757 000	112 427 000	51.1
1899-1890	254 165 000	114 212 000	44.9
1900-1901	292 750 000	133 113 000	45.4
1901-1902	266 856 000	102 360 000	38.3
1902-1903	289 226 000	85 768 000	29.7
1903-1904	244 752 000	71 368 000	31.7
1904-1905	223 181 000	69 433 000	31.1

从上表可知，1896 年后日本陆海军开支骤然增加；自 1896 年至 1905 年八年间，日本陆海军平均支出占总支出 40%。换言之，日本为日俄战争

准备了足足九年！日本之备战概因战争是其控制关东唯一途径。战争可以为其打开通往满洲之大门，此亦为最终实施其大陆战略之门径。而于沙俄一方而言，与沙皇俄国以铁路线连通之不冻港如旅顺港及大连湾，亦为沙俄势力扩张之绝对必要条件。两国之重大利益系于一处，两国均为战争做足了准备，均认为惟有战争方能解决争端。1904 年 2 月 8 日晚，日俄战争爆发。

日本接手关东

本文无意讨论日俄战争。总而言之，战争至少暂时解决了领土争端以及其它问题。根据《朴茨茅斯条约》，沙俄同意，如经中国应允，可将关东地区、铁路管理权及采矿权转让与日本。日本与中国随后召开会议。虽然会议对外并未报道有出现摩擦，但众所周知，中国极不情愿参与签订该条约，尤其抗拒其中关于将关东转让与日本之条款。中国希望废除此一耻辱条约，奈何心愿难了。1905 年 12 月 22 日，中国与日本缔结条约[81]，清政府同意沙俄根据条约中和平条款之第五条及第六条[82]，向日本进行一切权益之转移及委托。

日本治下之关东政府

1906 年 9 月 1 日，《日本帝国法令》颁布，规定关东政府及其下属机关之最高首脑为关东省省长，由日本驻军享有中将或大将衔之最高司令长官担任。省长管辖关东省，统率日本驻关东部队，并负责行政管理，由日本外务省节制。省长获特别许可权，可与中国地方当局谈判；且应在有关军事管理及人事事务上接受日本军部、总参谋部及教育部军事监察长之节制。

转让后之旅顺港

前文数次提及旅顺港作为军事要塞及海军基地之重要性。“旅顺”二字日文写法与中文写法一致，发音类似“柳郡”，日本人将之作为日本关东军政当局总部。旅顺港分为新旧两部分。占领期间，日方设法修复俄国人建造之炮台及港口，并补足装备。1910 年 7 月 1 日[83]，名为促进国际贸易，实则为促进日本贸易，旅顺之西部港口开始向各国船只开放。大连—旅顺支线铁路开通之后，此两座港口间行程坐火车仅需一个半小时，愈加方便旅顺港军政当局采取措施，促进日本在大连之贸易。

转让后之大连

“大连”之名称始用于移交之际，该港口旧称“大连湾”或“达里尼”。大连转由日本人租借之后最显著之特点，系日本利用其对该地区之政治及军事统治将一切有价值之物收入囊中，并设置法规将其竞争对手拒之门外。

关于日本政府重视关东地区及满洲贸易之新闻报道，米勒德先生撰文四篇，详加总结，要点如下[84]：

第一条：政府预付给在满洲（及关东）经商日本商人贷款总计 600 万日元，利率为 4%，以帮助他们建立贸易关系或生产日本商品。

第二条：运往满洲之日本货物，如符合一定之条件，可凭信用证交付。

第三条：南满铁路公司运送日本货物，免收运费，或按通常资费五折收费，为期一年。

第四条：日本商船载运本国货物至满洲，免收海运费，或按通常资费一半收费，为期一年。

米勒德先生进而提到“不对从日本进口之日本商品征收关税”。

然而，此类不能一视同仁之措施并未长久持续，因为它导致驻北平各国外交使团敦促中国采取措施在大连设立中国海关。自 1907 年 7 月 1 日以来[85]，大连港已形成一个海关区，其布局与胶州湾海关区相同[86]。大连是关东之总海关所在地，但并非关东地区唯一海关；锦州、普兰店、貔子窝（今皮口街）和旅顺港均设有海关。

大连为近代中国发展最快之口岸，其近年来之贸易额引人瞩目：

日期	进口（关制白银　两）	出口（关制白银　两）
1908	17 215 936	7 342 402
1909	12 239 563	22 318 144
1910	18 671 515	20 183 290
1911	24 012 724	24 184 154

由上表可知，大连之贸易非常繁荣，但繁荣仅属于日本。虽然德国、英国及比利时在大连之贸易额略有增加，但其它国家均受到严重影响，最

糟糕者莫过于美国，其在该地区贸易额严重缩水。对比下表中日美进口额，可对具体情况有所了解[87]：

日期	日本进口额（关制白银　两）	美国进口额（关制白银　两）
1908	10 155 417	5 599 186
1909	10 354 275	81 272
1910	13 471 160	464 338
1911	18 442 938	291 540
1912	18 486 000	
1913	20 024 000	

自1908年至1911年，关东从日本进口商品几近翻番，而从美国进口商品下降了93%以上。尽管1909年关东地区进口总额一度下降，然日本对该地区进口额却出人意料增长了20万两[88]。1911年，该地区超过四分之三之进出口贸易由日本人掌控。的确，相对廉价之劳动力、更为低廉之生产成本以及更低廉之运输成本有利于日本进口贸易。然而，韦尔先生之言极具道理：考虑到铁路运输资费歧视以及日本常以火车需要修理而拖延其他国家货物运输时间等现状，满洲实际上已成日本独家垄断之市场。

关东及满洲人口研究

自1908年至1913年，仅过6年，南满日本人之人口几近翻番。此一汹涌之移民潮并非全然是人口自然流动之结果，亦为政策刺激下政府作为之成效。期间满洲日本人口数变化见下表[89]：

日期	日本人数量
1908	46 942
1909	53 906
1910	62 338
1912	73 568
1913	82 978

根据1913年所作人口普查，日本在满洲移民分布于以下各地[90]：

地点	日本人数量
关东	47 162
奉天	13 969
长春	6 208
安东	6 878
牛庄	6 358
哈尔滨	1 413
吉林 & 齐齐哈尔	990

如将关东地区两座主要城市——大连及旅顺港——之中日人口加以对比，对于日本向该地区移民之凶猛自会有更清晰认识[91]：

	日本人	中国人
大连	29 395	20 338
旅顺港	9 637	8 222

除旅顺港、大连及哈尔滨等地俄国人一度占据人口大多数外，笔者在中国其它地方还未曾发现有外国人超过中国人之现象。

日本人源源不断涌入中国既有经济追求，亦有政治目的，然其社会影响远超政治经济范畴，甚至动摇了中国社会之伦理纲常。米勒德先生援引英国传教士语称："日本移民之行为表现令人大失所望……成千上万之日本男人与道德败坏之女性在城市及乡镇大街上行猥琐乃至苟且之事，于此一腐朽没落之国家——至少在一定程度上——又添一衰败印象。"[92] 当然，应该看到，此一说法难免有以偏概全之嫌，至少就私生活而言，许多日本移民尚能洁身自好。

关东之经济状况

仅凭数据，关东地区财政预算极易误导对关东经济之印象。此财政预算既不包括军事开支，也不包括南满铁路公司利润，而此两项恰恰构成关东财政状况之要素[93]。

关东财政一般收入来自税收、公共事业、国有财产、印花税和杂项收入。公共事业及国有财产系普通收入中最大项目，据估计为 1 626 000 日元，占 1914—1915 年预算中普通收入总额五分之四以上。特别财政收入主要为出售国有财产所得及中央财政拨款。第一种收入主要指俄国人转让以及从中方购买之土地。属于南满铁路公司之土地总面积（包括其在满洲及关东之土地）为70.54平方英里（45 156英亩）。关东每年公共土地买卖情况如下：

日期	价值（日元）
1908-1909	1 200
1909-1910	1 200
1910-1911	17 616
1911-1912	18 000
1912-1913	777 000
1913-1914	10 000
1914-1915	26 000

每年财政部补助金从2 307 000日元增加到3 964 000日元。根据1914年至1915年预算，总收入达到了443.7万日元。

至于开支，1914—1915年度预算中最大开支项系交通费，计105万日元；警察和监狱费用为91万日元，尚有其它各项开销，总支出共计443.7万日元。

笔者想要明确之一点是，收入443.7万日元而支出亦为443.7万日元显然并非真实财务状况之反映。

1913—1914年度关东及满洲水面海军支出耗费日本96.6万日元，而该地区驻扎之陆军费用为466万日元。如此一来，日本在该地区一年军费支出高达550万日元，实为一笔数额不菲之开支。

556.6万日元军费开支由日本政府全额支付，加上同年（1913—1914）之国库拨款，总支出竟至8 674 000日元。既然日本国库并不富足，怎有可能年复一年支付如此高昂之开支？日本人手里没能存有资本，但日本人拥有一台可以制造资本之机器，此机器即为南满洲铁道株式会社（满铁）。满铁1913—1914财政年度净利润为7 167 000日元，这笔款项几乎可以承担日本在关东及满洲地区当年度所有支出。日本人希望满铁收益可以逐年增加，期待可以此抵销政府支出。诚然，满铁公司利润并非全部用于支付政府股息；但无可否认，满铁公司由日本政府兴办，公司管理层由政府任命，公司利润自然需要充入国库而非增加私人股东收益。同时必须明确，满洲地区之陆海军绝非仅为保护关东而存在，满铁负责之范围亦不限于关东，而涵盖南满全境事务。事实上，日本操控满洲是为了控制关东，而控制关东地区则又是为了进一步操控满洲；两地财政盘根错节，难分彼此，如欲撇开一地财政而考察另一地之财政状况绝无可能。故而将关东与满洲地区实际财政收支合并开列下表：

一、收入

日期	总收入（日元）	拨款（日元）	满铁净利润（日元）
1907-1908	4 386 000	3 000 000	1 087 988
1908-1909	4 653 602	3 120 000	7 375 734
1909-1910	4 653 602	3 964 000	
1910-1911	4 867 988	3 615 000	7 161 000
1911-1912	4 984 926	3 643 000	4 928 000
1912-1913	5 246 000	3 122 000	4 926 000
1913-1914	5 739 000	3 047 000	7 167 000
1914-1915	4 437 000	2 307 000	

二、开支

日期	总支出（日元）	驻军支出（日元）	海军支出（日元）
1907-1908	4 386 293		
1908-1909	4 653 802		
1909-1910	4 879 489	5 713 000	1 115 000
1910-1911	4 867 988	5 296 000	1 091 000
1911-1912	4 984 926	5 009 000	1 167 000
1912-1913	5 246 000	4 497 000	1 095 000
1913-1914	5 697 000	4 660 000	966 000
1914-1915	4 437 000		

南满洲铁道株式会社

经中国政府同意，沙俄将长春、大连及旅顺口段之南满铁路移交日本政府[94]，日本天皇敕令组建南满洲铁道株式会社，对该地区之铁路实施运营。1906 年 6 月，满铁正式宣布成立。满铁筹委会于 1906 年 8 月 10 日举行第一次会议。时人认为此乃具有国家性质之私营公司。1907 年 4 月1 日，铁路现场办公会决议正式将南满铁路及其所有产权转让给满铁公司。1908 年 7 月，南满铁路管理权移交日本交通省，嗣后移交帝国铁道董事会。

在股份分配一事上，满铁筹委会于 1906 年第一次大会上确定将满铁股份化，共计 200 亿日元，其中日本政府占 100 亿日元，分别源自（一）已建成之铁路[95]，（二）上述铁路附属之不动产[96]，（三）抚顺及烟台两处煤矿[97]。其余股份提供给日本及中国有意向之股东。然而，中国人未能利用此一机会购买满铁股份[98]。1908 年，满铁在欧洲筹集到 800 万英镑贷款，而诸股东实际支付资金仅 200 万日元。1911 年 1 月，满铁在伦敦筹得6 000 万日元外国贷款，其中 2 000 万日元用于偿还短期贷款，其余部分用于重建安奉铁路（丹东—沈阳线）[99]。令人意外之处乃日本人善于吸纳外资发家致富。为了争取投资，日本政府向投资人确保其利润不低于 6%[100]。

此乃南满州铁道株式会社之历史及股份化过程。如是，其惟铁路公司乎？以其行政管理体制而言，除股东大会选举之审计师外，其余高层管理人员均由政府任命。审计师任期三年，总裁、副总裁任期五年，董事任期四年。尽管政府须从至少拥有 50 股以上股东中挑选总裁、副总裁与董事，但除却此项限制，政府乃公司惟一控股人。从公司与中央政府关系来看，满铁不仅是一家商业公司，且还是政府代理人。就其履行职能而言，满铁不仅控制铁路，其亦涉足其它各种业务，采矿、海运、港务、仓储、电力和煤气工程等，无所不能。满铁主要以自己之铁路运输并销售货物；享有在其铁路沿线建造和管理房产之权利；有权在其铁路沿线提供经费，从事教育、卫生和工程等基础建设。满铁甚至可在辖区内代行政府职责、收取当地居民赋税，以支付上述之公益事业资费。因此，从公司性质及权力范围来看，满铁已不仅仅是一家铁路公司，更是殖民地之管理者。除了关东政府监管之治安权，日本领事拥有之司法权之外，满铁在其辖区内可以说无所不能。

在关东境内以及连接关东之日本铁路

在关东境内以及连接关东、而由满铁直接控制之日本铁路线有两条：（一）由沙俄转让而来之长春—大连线及其支线，（二）经中日协议交与日本控制之安奉线（丹东—沈阳铁路）。此外，还有另两条不归满铁管理之铁路，一条名为“长春—吉林铁路”，另一条名为“新民屯—沈阳铁路”。铁路修建资本一半是从日本借贷而来，但铁路控制权掌握在中国人手中。

1913 年底，日本亦曾尝试采取其它措施在南满构建铁路网。

长春—大连铁路线系由俄罗斯转交给日本，全长 439.5 英里，于 1907 年通车。除 439.5 英里之主干线外，该铁路线尚有诸多支线：其一为苏家屯—抚顺煤矿线，全长 34.5 英里；其二为大石桥—营口线，全长 13.5 英里；其三为周水子—旅顺港线，长 31.5 英里。此一主干线及各支线均属标准轨距之铁路线，对此一主干线及各支线之运营管理概以 1896 年中国与俄中银行达成之原始协议为基准。自中东铁路运营之日起 80 年为期，满铁享有对该线路所有权，期满后无偿归还中国。倘中国有意于租期届满前赎回该铁路线，可在该线路投入运营 36 年后出资购买，价格相当于该线路之建设成本及其利息。

安奉铁路为应对日俄战争需要临时修建，工程粗糙。之后，根据 1905 年 12 月 22 日日中签订之附加条约第六款[101]，日本获得修缮并运营安奉铁路之特权，从条约签订之日起，为期 15 年。租期届满后，中国政府可以市场估价或仲裁裁定之价格赎回该铁路线。然而，日本人视“修缮”为“重建”，故意更改铁路线路及轨距。此一做法既有违条约，亦有违门户开放原则。雷亚先生尝言：“关键是，竟无任何国家对日本之行径提出正式抗议。英美两国自诩为最遵守门户开放原则之国家，然此处对日本之默许及纵容何其明显。”[102]

安奉铁路全长 162 英里，1906 年 12 月移交满铁，之前一直由日本军方控制。1908 年 8 月安奉铁路建成通车[103]。1908 年 11 月 11 日，安奉线调整为宽轨距线路。

以上两条铁路线及其支线总长 701 英里，横贯当今世界最富饶地区之一。它们将朝鲜、西伯利亚和中国华北与关东地区紧密相连，真正令日本成为该地区之主导势力。

在此，不妨简要了解美国对日俄在满洲之铁路建设及相关管理制度所持态度。由于中东铁路和南满铁路严重威胁未来美国在华利益，1910 年，美国建议将此二条铁路中立化。但由于遭到日俄强烈反对，该计划未能实施。

目前尚未讨论之第三条及第四条铁路线分别为长春—吉林铁路和新民屯—沈阳铁路，长春至吉林铁路线长 80 英里。此二条线路虽由中国政府直接控制，但常受日本人左右。如欲分清个中原委，还需对其深入了解。

1907年以前，新民屯—沈阳铁路由日本人运营。由于该铁路为北京—沈阳铁路线之一段，因此，中国能否控制此一铁路意义重大。1907年4月15日[104]，中日签署条约，中国政府以199万日元价格购买新民屯—沈阳铁路，条件如下：

（一）中国政府在修建辽东铁路（新民屯—沈阳段）及长春至吉林铁路时，所需款项之一半应从满铁筹借。贷款期限分别为：新民屯—沈阳线18年，吉林—长春线25年[105]。

（二）日后修建长春—吉林铁路支线时，如遇资金不足之情况，中国须向日本借贷，不留他国与日本竞争之机会。

（三）借贷期间，应由日本人担任铁路总工程师及会计师。

（四）以上各铁路收入应存入日本银行。

（五）中国修建之新民屯—沈阳铁路线以及长春—吉林铁路线都需与南满铁路连接。

满洲之采矿业

重要性仅次于铁路特许经营权者乃矿业开采权。开采中国矿产资源不仅有利于增加年收入，亦有利于列强巩固其在华势力范围。

抚顺煤矿[106]位于沈阳以东约22英里处，含有厚度为80至175英尺之矿床，煤炭储量估计至少为8亿吨。当前该矿已有数个矿井同时开挖，日产总计□□吨。

云台煤田位于辽阳北部，从云台火车站坐火车一小时即可到达，日产原煤达100吨。抚顺及云台煤矿预计煤炭年产量如下表所示：

日期	产出（吨）	净利润（日元）
1911	1 382 000	2 628 000
1912	1 513 000	1 846 000
1913	2 281 000	1 800 000

为方便原煤运输，两座煤矿均已建成铁路支线，以连接煤矿和南满铁路。抚顺支线长38.9华里，云台支线长9.7华里。1908年，两条支线均告通车。

1904年后沙俄在满洲之影响

的确，日本在满洲之扩张系以挤占沙俄之势力为代价，然沙俄于此间之影响是否因日俄战争之战败而消失？沙俄是否已丧失争夺之念？然而事实上，沙俄仍然影响着三分之二之满洲地区，包括整个北满，涵盖松花江及其支流流经地区。沙俄与满洲共同控制着汹涌之黑龙江；并在符拉迪沃斯托克（海参崴）建立起坚固港口，该港口通过满铁以及西伯利亚大铁路与西伯利亚以及位于沙皇俄国之欧洲领土相连；沙俄对蒙古之控制并无实质性削弱，帝国阴影一直笼罩着蒙古。沙俄在满洲之地位系由《朴次茅斯条约》确定，于国际范围内享有与日本相同之权益。北满铁路仍由俄国警卫监管。在满洲附近之齐齐哈尔、蒙加尔、艾根、桑桑、乌尔加等地方均有俄国驻军。虽则俄罗斯政策支持不如日本，然日俄战争后至 1908 年间，沙俄来满洲移民数量翻了 3 倍：1906 年为 18 万，1907 年为 40 万，1908 年为 50 万。

沙俄在满洲拥有 8 家面粉厂，日产量达 47 000 普特。为提供军事补给及应对意外情况，沙俄已做好充分准备[107]。显然，沙俄并没有忘记 1904 年战争之耻辱；日本亦没有对沙俄之秘密计划掉以轻心。因此，米勒德先生尝言："一更强大之日本将无异于为沙俄东方政策敲响丧钟；而沙俄在华势力之壮大则意味着日本最终无法获得在华之霸权。面对列强，中国惟有奋发图强，才有可能维持远东国际势力均衡，依靠自己，解决纠纷。"

第四章　广州湾

广州湾（法文正式拼写为 Kouang-Tchéou-Wan）为法国租界地，距香港 230 英里，位于广东省海岸线上[108]。1899 年新增两座岛屿，总面积 190 平方英里[109]。条约于 1898 年 5 月 27 日由中法双方签订，性质与中德两国签订之胶州湾租借条约一致[110]。

广州湾政府

1899 年 11 月，广西提督苏元春与法国海军准将高礼睿签署中法《广州湾租借地条约》，将广州湾归入法属印度支那联邦总督辖下[111]。该租借地计有 3 个行政区划，然中国原有公共管理机构得以保留[112]。

港口城市巴亚尔堡

广州湾首府巴亚尔堡，位于檀尾河右岸入海口处，为广州湾租借地之商业中心。广州湾可视作自由贸易港，湾内所有商业活动均享有税免特惠。“杜纳总督希望借由豁免关税及特许进出商船自由航行促使广州湾不日成为远东主要转运港之一。”[113]广州湾商贸随后确实发展迅速。1912 年，广州湾进出口贸易额约 8 412 875 越币[114]，合 3 600 000 美元。

广州湾海军基地

海湾入口处有硇洲岛及东海岛，令广州湾成为极佳之封闭型港口，仅可沿两条狭窄通道进入湾内。正如莫尔斯先生所言：“广州湾系绝佳之锚地，然很难通过沙岸。”[115]基地兵营建在檀尾河畔。总体而言，五个海军基地中，广州湾最无军事价值。

广州湾之财政

关于广州湾之财务状况，笔者手头并无确切数据。仅知 1914 年广州湾地方财政预算为 32.3 万越币，约合 15 万美元，与威海卫年度支出相当。

广州湾租借地条约授予之铁路特许权

中法《广州湾租借地条约》授予法国特许铁路建设权，法国政府旋即委托印度支那铁路建设公司承担该项工作。1910 年，老街至云南铁路线通车，全长约 287 英里。此一铁路线与全长 248 英里之老街—海防铁路线相连接，就此将云南府与海岸连通，并有可能令海防港成为中国西南部货物出口之重要口岸。原本法国征服东京［附属印度支那联邦之一，今天越南的一部分——译者注］之目的即为通过云南省同中国建立商业及政治互通关系。此亦法国耗费巨大精力修建东京—云南府铁路线之原因[116]。法国工程师决心既定，克服了从红河水面到云南高原 1 600 米之海拔落差；法国金融家为此不惜投入了 32 216 000 美元总成本，抑或说平均每英里铁路线 6 万美元之代价[117]。后法国往印度支那增兵，引起中国外交衙门警惕，质疑法国此举之目的。随后外交衙门与法国外交部长谈判达成明确协议，规定中国及法国均不得在云南—东京铁路沿线派驻军队，且铁路之中国段应由中国警察看守。1909 年，清政府外交衙门电令云南总督要求就地操练士兵，以备不虞。广州湾系因商业考虑而租借给外国之另一事例，实可谓后患无穷；然其最初之商业考虑竟是为“巩固与法国之友谊”。

广州湾租借地之主要特征

德国首相俾斯麦曾就英德法三国之殖民事务作如下总结："英格兰既有殖民地，亦有殖民者；德国有殖民者，但无殖民地；法国有殖民地，但无殖民者。"广州湾与印度支那联邦之殖民状况确曾如此。尽管道默先生锐意改革，大力加强印度支那联邦及广州湾之行政管理，该租借地之殖民者人口密度仍很稀薄。

第五章 威海卫

威海卫乃英国租借地，地处北纬 37.30 度，东经 122.10 度，位于山东半岛东北海岸。威海卫租借地包括刘公岛及威海卫湾内所有岛屿和威海全湾以内十英里地方，总面积为 285 平方英里，尚不包括 1 505 平方英里之中立区。1898 年 7 月 1 日，中英双方在北京签署《订租威海卫专条》，正式将威海卫租与英国[118]。

邓比曾表示[119]，就其地理位置而言，"威海卫乃绝佳之港口，较之旅顺港大且优良[120]。威海卫正处渤海湾之入海口，为湾上距朝鲜最近之处，扼制全湾。威海卫距烟台 40 英里，胶州湾 80 英里，极有可能成为第二个香港或华北之香港"[121]。就其战略重要性而言，查尔斯·贝雷斯福德认为："此为我海军力量在中国海域之巨大收获，只需些微开支，即可建成强力高效之海军基地。"[122]他又补充道："当前在中国海域，尚无其他港口可允准战舰如此靠近海岸。"[123]贝雷斯福德亦坦言，就当时（1898 年）情况而言，威海卫之战略地位尚无法与旅顺港相提并论。

威海卫航运便利，有利商贸；然铁路设施薄弱，尚难成就上佳之商业港口。

英国强租威海卫之过程[124]

既然未能说服俄国放弃租借旅顺港及大连湾，且感觉俄国之旅大租借地与德国之胶州湾租借地威胁英国在华北之商业利益，1898 年 3 月 25 日，英国决议尽快占领威海卫。4 月 3 日，驻香港英国舰队奉命前往直隶湾。诸公须知，自甲午中日战争日军攻陷威海卫至此一时间，日本人长期盘踞于此。日本人自不会放弃继续控制威海卫之野心，然而受俄罗斯及德国在中国北方海域夹击，日本孤立无援，无计可施。日本对英国租借威海卫未置一词，表面上未有异议，实乃居心叵测，欲与英国结盟，共御强敌。于是威海卫之领土租借交接顺利完成，随后威海卫归由大不列颠海军部兼理。

威海卫之行政管理[125]

1898年英国占据威海卫后，租借地行政管理由驻防该地英国海军将领担任，次年移交英国陆军部，由陆军部任命军事及民事长官。1901年1月1日，威海卫划归英国殖民署直接管理。1902年，殖民署正式任命一最高行政长官，负责威海卫行政长官署事务。

最高行政长官之任命需有英国国王签名盖章。根据1901年7月24日之《威海卫法令》，行政长官有权制定法令，但须经殖民事务大臣批准。为加强管理，该《法令》规定在威海卫设立高等法院，高等法院具有一应民事及刑事管辖权，亦可向香港最高法院上诉。此外，《法令》亦规定设立地区治安法院。

村社则按照中国习俗交由村长管理。

条约内容[126]

1898年7月1日，中英双方签订《订租威海卫专条》。条约规定，在租借地范围（285平方英里）内，英国拥有唯一管辖权；中国官员仍可在城内各司其事，惟不得与保卫租借地之英军有所妨碍。

至于1 505平方英里之中立区，仍由中国管辖治理，英国不予干预；除中英两国兵卒外，他国军队不得擅入。

《专条》第一款规定，英国对威海卫之租期应与俄国租借旅顺之期相同。尽管旅顺港已于1905年1月1日落入日本之手，英国却无任何撤出威海卫之意向，且另与中国达成一项新协议，准允英国保留租期25年，从《中俄条约》签署之日起算。

爱德华港

威海卫租借地主要港口为爱德华港，因纪念爱德华七世加冕而得名。爱德华港为自由贸易港口，主要开展帆船和轮船贸易。1912年，计有总载重524 927吨、632艘轮船进出该港，其中452艘为英国船只，180艘为日本和中国沿海小船[127]。此数据虽不涵盖海军部运煤舰船以及政府公务用船，然已可见此港口作为自由贸易港难成大器。

海军基地威海卫[128]

虽有邓比和贝雷斯福德对威海卫海军基地之高度评价，然该基地军事防御能力并不稳固。一则因有英日同盟之存在，便如众人之见，同盟之下已无加固基地防御之必要；二则因英国无意承担防御工事所需之巨大开支。如今威海卫已成为英国海军飞行基地及补给站，属英国海军“中国舰队”之训练基地及疗养站；该舰队由 50 艘舰船组成，于夏季在威海卫海面集结。英国于威海卫陆地并无驻军，英军之“中国军团”早已解散。1899 年，英国于当地军务耗资 13 万英镑；此后英国再无此项军费开支。

威海卫之财政状况分析

威海卫财政收入包括地税、路税、船只登记费、船务费、酒类消费税、罚款及其它杂项收入。政府收入只占开支一半多一点，因此，威海卫财政收支尚不能自给自足。该财政赤字靠英国政府拨款填补，然数额不大，较之德国对胶州湾及日本对关东之拨款可谓微不足道。威海卫之年度收入、支出及政府拨款如下表所示[129]：

日期	收入	开支	拨款（英镑）
1901-1902			11 250
1902-1903			12 000
1903-1904	58 364	166 921	9 000
1904-1905	90 415	162 282	6 000
1905-1906	105 934	146 120	3 000
1906-1907	76 777	160 973	4 000
1907-1908	80 331	173 341	10 000
1908-1909	83 277	168 740	10 000
1909-1910	83 499	145 687	4 000
1910-1911	75 353	145 028	5 000
1911-1912	14 673	153 591	6 000
1912-1913	79 582	146 147	6 000

续表

日期	收入	开支	拨款（英镑）
1913-1914	72 436		8 300

采矿业及铁路

威海卫没有发展采矿业，也没有修建铁路。该租借地曾有金矿，一家采矿公司平稳运营两年之后，现已停止经营[130]。在德国占领胶州湾初期，英国与德国达成外交协议，同意不在山东省享有任何铁路特许权，以避免事态复杂化。英国在威海卫遵守了该项行政协议。

威海卫于英国之重要性

众所周知，列强中英国与中国贸易额最大。英国进占威海卫之前，中国北部沿海三个主要港口为烟台、天津及牛庄。根据 1897 年统计数据[131]，此三个港口清关之货物总计 4 042 928 吨，其中 2 265 658 吨系由英国船只运载。1897 年此三个港口贸易总额为 103 469 664 港币[132]，其中一半以上系与英国人交易所得。当时英国仅与满洲之贸易额即超过 300 万英镑。1897 年在直隶湾三个港口进出船只吨位分布如下[133]：

港口	清关货物总吨位	英国清关货物吨位
烟台	2 385 301	1 327 559
牛庄	730 964	363 922
天津	1 326 663	574 177
总计	4 042 928	2 265 658

此乃 1897 年英国强租威海卫数月前其在直隶湾之贸易状况。如此一海域英国不设海军基地，则英国商船将任由俄国和德国宰割。因此，威海卫作为海军基地对英国而言意义重大，英国人视其为自身在中国北方贸易之惟一保障。

威海卫之未来

英国以保护自身在华商业利益不受俄国侵占关东及德国占领胶州湾影响为由，强行租借威海卫。1914 年 11 月，关东及胶州湾相继落入与英国有同盟关系之日本之手，英国遂放弃威海卫之防御工事，俱因英国认定英日同盟已使威海卫之防御工事无存在之必要。单从理论上讲，确有可能如此，日本既已掌控关东及胶州湾，英国已不需要威海卫为其商船之保障。据此，租期届满，英国自然应将威海卫归还中国。但事实果真如此乎？英国在中国海域之敌人会随着关东及胶州湾之陷落而消失乎？英日会永结同盟乎？威海卫之未来命运很大程度上取决于此等问题之答案。

日本在各方面都与英国有相似之处：日本与英国均系岛国，日本与英国均系海军强国，日本与英国均系制造业国家。两国有着同样之需求，同样之供给，同样之野心及争夺目标。

1909 年，英国对中国出口棉纺织品占中国进口棉纺织品总量十六分之十；然至 1910—1912 年间，其占比大幅下降。尽管在 1913 年有所回升，其占比亦仅为十六分之九。1913 年，日本对中国出口棉纺织品占中国进口棉纺织品总量从十六分之一增长至十六分之五[134]。得益于其廉价劳动力及近水楼台之便，日本相较英国之对中国出口贸易优势日益明显。日英之间商业竞争几乎覆盖商业贸易之各行各业，其中棉纺织品贸易尤为突出。威尔先生曾言："概因英美诸国施以舆论及经费援助，终致日本在日俄战争中胜出；然俄国虽败，势力犹存，日本惟有竭力在中国沿海地区扩张势力范围并获取赔偿，非遇英美诸国势力集结之地域而不罢休，终致日本成为在华势力范围之第一国。"[135]

大多数英国人都对日本人缺乏信任，即便未曾去过远东之英国人亦抱此种态度。英国人对所谓英日同盟深表怀疑，事实上英国人从不看好英日同盟。英国租借威海卫，意在借此与俄德在华势力抗衡。对于俄德两国在渤海湾失势，英国人不免内心窃喜。不曾想前门拒虎后门进狼，此时保有威海卫租借地对英日关系影响尤为重大。

至于中国北部沿海贸易状况，根据 1911 年及 1912 年有关数据记载，英国在中国天津、烟台、胶州及牛庄诸港口贸易额达 11 000 000 英镑，为诸港口贸易额总量之 40%。1911 年天津港国外净进口总额为 7 098 768 英镑，其中 1 108 164 英镑来自英国[136]；1912 年牛庄总进口额为 1 280 721 英镑，其中 453 518 英镑来自英国[137]；1911 年胶州湾总贸易额为 6 995 866 英镑，其中发往欧洲之货物，超过 60%流向英国[138]；1912 年烟台港进口总额为 672 353 英镑，其中 276 615 英镑为英国人所有[139]。总而言之，英国在中国北部沿海之商业贸易实可谓独占鳌头[140]，然英国人在以上港口之贸易安全，很大程度有赖于英国驻威海卫海军力量之保障，此一事实在随后几年直接决定了威海卫之命运。

第六章　九龙新界

九龙新界为又一英国租借地，位于已“割让”之香港附近。九龙新界面积为366平方英里，其中陆地面积286平方英里，岛屿面积近90平方英里[141]。九龙新界指九龙半岛北部从大鹏湾到深圳湾大片土地以及邻近之岛屿（含老岛），系1898年6月9日租借给英国[142]。

新界地理位置重要，于香港意义非同小可。就其本身而言，大鹏湾、深圳湾、青山湾及吐露港均为上佳海军基地；有铁路与大陆连通，堪称交通要道。相对香港而言，其对香港之保护，犹如头骨之保护大脑一般。新界既是香港之腹地，亦为香港之屏障。如欲清楚认识九龙之重要性，必先了解香港之重要性。

言及香港之地理位置，香港总商会有一款章程曰：“香港地处印度与日本之间，毗邻广东（中国人口最多省份之一），为亚洲最发达内陆水运网之出海口，于英国贸易至关重要。”

言及香港贸易，总商会指出：“香港之贸易，今（1898年）粗略估计每年约有5 000万英镑，待华南河道开放，长江流域铁路建成，预计香港贸易仍将大幅增长。”就世界范围航运而言，今日之香港亦为世界最大航运中心之一。世界各大港口具体吞吐吨位如下[143]：

进出吞吐吨位（吨）

纽约（1912）	13 673 763
安特卫普（1911）	13 330 699
香港（1912）	12 100 365
汉堡（1911）	11 830 949
鹿特丹（1911）	11 830 949
上海（1911）	9 429 996
伦敦（1911）	9 004 974

1913年有数据记载[144]，英国自香港贸易进口金额为676 293英镑，而其对香港出口额高达4 358 902英镑，占香港贸易额五成。

此乃香港之贸易概况。香港总商会宣称：“无论英国之华中贸易重要性几何，诸君须谨记，其在远东影响力及威望仍系于香港殖民地。”

于英国在华势力范围之影响，香港亦至关重要。香港总商会章程第二款对此归纳如下：

> 香港通过铁路线，先连通广东，最终连通汉口及其姊妹城市武昌和汉阳，势力范围直达中国商业之核心腹地。

正是香港令九龙新界变得尤为重要；也正是香港，促使英国选定九龙新界而非其它地方作为租借地。

行政管理

九龙新界实施乡村社区管理制度，由香港殖民地政府直接辖制[145]。新界行政公署设在大鹏湾狭长处之大埔湖，设行政长官一人，履行警事及治安法官职责。新界南区交由助理行政长官管理。条约有文规定[146]，在九龙新城内，当时驻扎于此地之中国官员可继续行使管辖权，但不可与保卫香港之军务相冲突。[条约原文为：“又议定，所有现在九龙城内驻扎之中国官员，仍可在城内各司其事，惟不得与保卫香港之武备有所妨碍。”——译者注] 至1899年，九龙新城内中国官员停止行使管辖权；随后，根据英国枢密院令，九龙新城并入租借地，由英国统治[147]。

协议条款[148]

1898年6月9日于北京签订之《中英九龙租契公约》与《威海卫条约》颇多相似之处，亦有两点不同。首先，九龙新界租期为99年，而威海卫为25年。其次，须注意，《九龙租契公约》中有关于铁路建设之条款，而《威海卫条约》则无相似规约。该条款规定，倘日后中国兴建铁路至英国控制下之九龙边界时，相关事宜需另行讨论。此一条款影响深远，概因此一条款之实施可确保香港之贸易地位。以下文字即为九广铁路之概要。

九广铁路

《九龙公约》加入铁路建设条款原因何在？1897年，通往北京之铁路干线广东—汉口段设计完成，美华合兴公司获得该线路经营特许权。有人建议在该线路临近广东终点站建造深水港。香港政府随即意识到，倘建造此一港口，却无铁路与主干线相连接，香港作为华南地区物质集散中心之地位将受到威胁[149]。于是英国商人与政治家纷起争夺九（龙）广（东）铁路线之经营特许权。该铁路建成之后，可与大陆铁路主干线相连接，即便在广东兴建深水港计划得以实现，香港仍能保留部分贸易。在取得经营特许权后，有英国及中国公司合资一处，虽几经拖延，最终于1905年，公司从香港政府获得50万英镑贷款，着手兴建此一铁路。该铁路线共分两段。首段从广州至深圳（英国政府出资，交由中方管理），全长89.5英里，铺设于中国领土内。次段深圳至九龙段长22.5英里，铺设于租借地之中。广东—汉口铁路线（700英里）建成后，广九铁路不仅可加强香港与长江流域乃至北京之直接勾连，亦将促进广州之发展。

第七章　结论

于前述各章节中，笔者尝试梳理了中国各租借地之状况。以下将对五个租借地做一比较，讨论租借地对中国领土主权法律效力之影响，并就这一独特而复杂之国际问题加以总结。

五个租借地之对比

就租借地本身面积而言，关东第一，面积达1 256平方英里；九龙第二，面积为366平方英里，威海卫为285平方英里；胶州湾为193平方英里；最小为广州湾，面积为190平方英里。从租借者来看，日本控制着面积最大之关东及胶州湾，总面积达1 449平方英里；英国租借之威海卫及九龙紧随其后，面积达651平方英里，而法国租借地广州湾，面积为190平方英里。

至于中立区，没有关东之中立区面积确切数据。九龙及广州湾均未设中立区。与胶州湾相连之中立区面积竟达2 700平方英里，威海卫则为1 505平方英里。

就人口而言，惟一可见租借国人口大量迁入之地为关东，胶州湾亦有此趋势，然广州湾、九龙及威海卫均未见此种迹象。

就租借方式而言，德国首开武力强占胶州湾之先河，列强以保障本国在华利益为借口，纷起效仿。德国人强占胶州湾之动机、倾向及最后行动均不加掩饰，路人皆知。俄罗斯与法国则臭味相投，口蜜腹剑，一再掩饰其用心，然其行径终究曝露其动机。至于英国人，其言行一向彬彬有礼，普通人殊难判断其会否言而有信。初则助中国抵制俄罗斯，后则改弦更张，加入掠夺者行列，最终竟获得两处租借地，总面积仅次于俄罗斯之租借地。对英国而言，租借威海卫情有可原，因其需要保护自身在华北贸易免受俄人侵犯。然其坚持租借九龙之意令人费解。尝有人曰："租赁九龙以卫香港。"然卫戍何许人也？英国亦以俄人一直掌控关东为由，长期租借威海卫。果真如此，为何俄罗斯已失关东，英国人仍滞留威海卫？近来日本要求将关东租期延长至 99 年，英国是否会就威海卫租期提出类似要求？倘英人真诚维护中国权益，以此为最终目的之现实行为尚可接受。然其欧亚大陆制衡政策之最终结果不过为日本从俄国取得关东、从德国取得胶州湾而已。当然，英国人依然可以保护远东和平为由替自身辩护。

就各租借地商业贸易之重要性而言，香港乃世界上最大航运中心之一，九龙新界为香港之腹地，作用突出。在商业增长速度上，大连势头最猛。胶州湾迄今仍为贸易额最大之租借地。至于威海卫及广州湾，至今尚未显示有何巨大商业价值。

从海军军事价值来看，关东之旅顺港在中国海域独占鳌头。笔者认为，九龙新界地理位置得天独厚，军事价值不输其余任何租借地；然此乃余一孔之见，并无事实可予佐证。威海卫位置虽好，但未设防。各租借地中，广州湾为公认之最无海军基地资质之所。

最后，简单比较一下列强计划以租借地为中心构建之在华势力范围，其中相关铁路线为构建势力范围之主要因素。因此，只需考察列强之铁路网建设，即可获得其构建势力范围之总体情况。在此项讨论中，可预先排除威海卫，概因英德协议规定，威海卫不可扩张势力范围。九龙新界有一条 89 英里铁路线连接广东，该铁路线由英国资本家及工程师资助兴建，为香港扩张势力范围必不可少之条件，然该线路仍由中国政府控制，对英国扩张势力范围价值有限。法国人租借广州湾后，便在老街至云南府法国铁路（248 英里）沿线形成一巨大势力范围。而在胶州湾，铁路线于势力范围之影响更为明显。该铁路线全长约 310 英里，系由德国人出资、兴建及管理，铁路沿线自然而然纳入德国势力范围。现胶州湾虽为日军占领，然德国势力依然存在；日本作为胜利国，叫嚣要继承德国人所享有之一切权益及特权；日本人正在蚕食德国人之势力，然仍处于胶着状态。铁路线助益势力范围最显著之处当属关东。日本人在此控制着长达 710 英里之铁路网，守卫铁路之警事特权进一步加强了日本在关东之势力。

对中国领土主权之法律效力

虽则各租借地存在各种差异，但在租期及权益等方面，各租借地颇多相似之处。各租借地均按租让国与租借国签订之条约租出，如有租借转让事宜，则更得依条约行事。租借地均有租期限制。租期届满前，无论何种情况中国均不得于租借地上行使管理权。中国军舰虽享有租借地港口停靠权，但需征得租借国许可。无论何种情况，租借国均有权于租借地上建造营房及防御工事。除威海卫外，列强均有依托租借地扩张势力范围之机会。以上为租借地条约订立之一般条件。而从法律层面看，各租借地对中国领土主权有何影响呢？

如系私法，租赁意味着所涉地产始终属于出租人，而承租人在协议规定之时间及条件下享有一定权益。以租赁形式租让地产时，原设保人保留与受让人同时行使所有权之权利。即使租约为永久出租，亦即受让人享有永久租赁权，罗马芝诺皇帝规定出租人仍为地产之主人。既如此，是否可以说，中国对关东、胶州湾、威海卫、九龙新界及广州湾仍然拥有主权，而日本、英国及法国仅能在租期内行使其享有之权利？对此一问题之回答，应先区分法律主权与事实主权。就法理而言，中国不仅在租期届满后，而且在租约有效期内，均可在租借地内行使主权。因此，日本占领关东，意味着俄国租期已结束，日本如欲使此一租赁转让具备法律效力，则须获得中国之认可。此一认可权即为中国对关东租借地拥有主权之证明。胶州湾之租借转让情形类似。从法律上讲，中国仅授予租借国租借地之行政管理权，仅转让管理权而已，租赁契约不过是某种自我限制。依照国际公法，中国有权根据本国法律规定享有租借地之租赁者一应权利。

然因中国积弱，租借地之法律主权无从确保。就实际情况来看，中国之法律主权已遭严重伤害。譬如，各租借国都获得了在租借地上自由建造营房及防御工事之权力。此种情况下，倘若有国家与中国或租借国交战，租借地与交战双方关系如何处理？倘中国与他国交战，而租借国保持中立，租借地是否可视作交战区之一部分？如中国保持中立，而租借国与他国发生战争，租借地是否可视作中立区之一部分？虽则法理如此，然实际情形截然不同。日俄战争及日德战争期间租借地之情形均有悖法理。此二事件明确表明，无论是参战还是中立，租借地已然成为租借国领土之一部分；此种情况下，中国如想对租借地保持事实主权，则中国无有中立之可能；如中国欲保持其中立之可能，则事实上其对租借地之主权已受到损害。因此，应赞同劳伦斯之观点：事实上，尝试用租赁法或用益物权法中摘出之语汇将产权或领土权与土地占有权分离之说法，概属欺骗。中国真正租让者不惟领土，更有主权。

租借地之最终归宿

既如此，五处租借地之最终归宿何在？作为所有者之中国该当如何对待其名义上拥有所有权之租借地？中国最终会放弃此五处租借地之主权否，一如瑞典之放弃维斯玛乎？抑或中国便如桑给巴尔，将领土永久租借与他国？抑或租期届满，中国会要求收回所有租借地耶？

必须再次呼吁诸君注意，此五处租借地乃中国之重要门户，须得中国人自己守护。一国侵犯另一国，为国家犯罪行为；然若一国任由列强围猎，则属国际犯罪行为。此一国家行为不仅危及其自身生存安全，亦将成为国际冲突之导火索。听凭外国人看守中国之门户，任由中国处于外族入侵及列强贪婪掠夺之下，会对中国及世界之和平与福祉构成威胁。为中国计，亦为全世界计，中国人有责任及使命收回租借之领土。要么收回要么亡国，中国人别无选择。

如欲收回租借之领土，中国人必须做到目的一致、思想与行动统一。欲求成功之未来，且须了解过去之历史。千百年前，中国筑起了万里长城，此乃从中国最东部延伸到西部之巍峨城墙。至今长城依旧巍然屹立，并将永远傲然矗立，世世代代捍卫中国领土及中国人。此时此刻，中国又处生死存亡之关头，国人能否筑起新之长城？此一新之长城不再以巨石及砖块筑成，而是以四万万鲜活之肉体及灵魂，协力同心，矢志凝聚。此一新之长城对于收复河山必不可少；对于拱卫今后之新中国不可或缺；对于防止国际冲突、维护远东地区之国际和平亦不可少。

然而，收回租借地之主权并不意味着排外。中国必须对所有国家展现宽容、公正及友好，追求国家主权及领土完整并维护世界和平。中国必须认识到自身对人类之义务。中国应以维护全人类，尤其是维护中国之利益为目标及国策方为惟一正确之选。

总之，中国应保持其领土及主权完整，收复租借地。恢复中国在租借地之主权乃吾辈一代人之责任。其他中立国应帮助实现此一目标。惟如此，远东之和平方能得到保障，“门户开放政策”方能奏效。涉利之国应将租借地还与中国，惟如此，各国方能避免与中国之冲突及相互间之冲突。中国必须明白，世界也必须清楚，中国有数百万平方英里土地可供开放，却不允许一寸土地被占领。双方均必须认识到，中国将会敞开国门，促进宗教、艺术及商业交流，但绝不会为外国强权政治敞开一扇门户。

【原注】

①科贝特，《国际法重要案例》，第一章，第 110 页。

②佩林贾凯，《领土临时移交》，第 106 页。

③劳伦斯，《国际公法》，第 175 页。

④欧本海姆，《国际公法》，第一章，第 221 页。

⑤韦斯特莱克，《国际公法》，第一部分，第 135 页。

⑥同上，第一部分，第 132、136 页。“零租金租借及无时限征用皆不属于真正意味之租借，仅视同转让。”引自《国际公法学报》。

⑦1914 年被日本攻占。

⑧1905 年转让给日本。

⑨《中国年刊》，1914 年，第 5 页。

⑩切拉达姆，《殖民地及德国殖民地》，第 129 页。

⑪《见地》，1914 年 11 月刊，第 579 页。

⑫《殖民地》，1898 年 1 月 6 日。

⑬同⑪。

⑭《见地》，1914 年 11 月刊，第 575 页。

⑮赖因施，《殖民政府》，第 10 页。

⑯《19 世纪》，1914 年 11 月刊，第 959 页。

⑰科尔库恩，《掌控太平洋》，第 405 页。

⑱《日本每周邮报》，1898 年 3 月 26 日。冯·勃兰特亦曾发表类似且更为详尽之言论，参见《论坛》，第 25 期，第 257—266 页。

⑲赖因施，《世界公法》，第 164 页。

⑳德国的远东战略，参见《国中之国》，第 31 卷，第 737 页。

㉑在德国侵占胶州湾之际，《柏林最新报道》扬言，德国与法国及俄罗斯一道参与解决中日纠纷之目的绝非为了加强法国及俄罗斯在华势力，而是为了促进自身之利益。

㉒科迪尔，《历史》，第 3 卷，第 343—347 页。

㉓罗伯特·道格拉斯，《欧洲与远东》，第 318 页。

㉔哈丁，《见地》，1914 年 11 月 11 日周三刊，第 579 页。赖因施先生在其《世界公法》第 33 页中有言："法德之间为获取保护东方罗马天主教传教士资格而进行之斗争，明确体现罗马天主教之势力。"法国一直充当东方天主教徒保护者角色；而德国则始终试图通过对梵蒂冈施加影响来打破此一垄断。德皇甚至宣称，惟有德国才是德国传教士团体唯一保护国。如今我们已然清楚，所谓"保护国"在中国问题上是何种意味：德皇要求中国对在胶州湾意外身亡之德国传教士进行赔偿，并试图以此"暴力行径"为借口在中国获得永久驻留之地。德国也曾试图从梵蒂冈教廷获取在巴勒斯坦和叙利亚之宗教保护国权益而未果；然德国坚持宣称"保护世界各地之德国传教士乃德国一向奉行之原则，亦为德国权力之所在"。且德国并非唯一利用本国传教士获利之国家。其余野心勃勃之国家在一定程度上也践行着"国旗随使命而动，贸易随国旗而行"之原则。譬如，法国利用佩雷·贝瑟洛特事件强行索取在云南之特许权即为另一清晰例证。

㉕《日本每周邮报》，1897 年，第 561 页，第 646 页。

㉖德国租借行为符合其声明否?

㉗《美国总统咨文及外交关系》，1898 年，第 188 页。

㉘此二者对话之全文皆刊登于《日本每周邮报》，1898 年，第 85—86 页。

㉙1898 年 3 月 6 日，清政府代表李鸿章、翁同龢及德使冯·海靖在北平签署《中德胶澳租借条约》，见赫茨莱特，《中国条约》，第 1 卷，第 350 页。

㉚《泰晤士报》，1898 年 1 月 6 日。

㉛同上，1898 年 1 月 25 日。种种事实表明，德国在胶州湾施行之管理未曾丝毫顾忌中国居民权利与感受。一切政策均为德国人着想。在欧战爆发前，胶州湾实质上可以看作德国领土。至于当地之中国人，虽纳税日重，却无权参与任何管理事务。此即为何胶州湾之德国人唤作"红魔鬼"也。但须注意，与俄国人及日本人在关东施行之管理相比，德国人在胶州湾之行政管理属实温和合理许多。

㉜演讲全文参见《日本每周邮报》，1898 年 3 月 26 日，第 326 页。

㉝详情参阅《作为港口之胶州湾》一文。

㉞赫茨莱特，《中国条约》，第 352 页。

㉟详情参阅《与胶州湾相关之铁路》一文。

㊱《美国领事和贸易报告》，1906 年，第 179 页。

㊲《政治家年刊》，1902—1914 年。

㊳《见地》，1914 年 11 月 11 日刊，第 582 页。

㊴赫茨莱特，《中国条约》，第 1 卷，第 353 页。

㊵《远东评论》，1909 年 11 月刊，第 286 页。

㊶同上。

㊷《中国年刊》，1914 年，第 213 页。

㊸《美亚协会杂志》，1915 年 1 月刊，第 367 页。

㊹《政治家年刊》，1907—1914 年。

㊺《中国年刊》，1914 年，第 223 页。

㊻同上。

㊼同上，第 139 页、第 122 页。然而，必须承认，根据最近之海关报告，烟台海关 1912—1913 年贸易额出现小幅增长，且商业形势平稳。

㊽《下议院会议报告》，1912—1913 年，第 95 卷，第 79 页、第 183 页。

㊾《远东评论》，1909 年 11 月刊，第 309 页。

㊿《中国年刊》1914 年，第 210 页。

(51)该部分数据基于《中国年刊》修订之数据，1914 年，第 208—244 页。

(52)《下议院会议报告》1912—1913 年，第 75—183 卷。

(53)切拉达姆，《殖民地和德国殖民地》，第 127 页。

(54)参照冯·布洛埃演讲，《日本每周邮报》，1898 年 3 月刊。

(55)梅尔伯特，《殖民政治之使命》，第 4 页、第 71 页。

(56)《德国殖民系统》，第 3 页。

(57)《美亚协会杂志》，1915 年 1 月刊，第 365 页。

(58)梅尔伯特，《殖民政治下的使命》，第 158 页。

(59)科尔库恩，《掌控太平洋》，第 409 页。

(60)《西方》，第 70 卷，第 17—21 页。

(61)格罗特沃德，《殖民地气候》，第 181 页。

(62)此间种种并非全为事实，应为德国人自我感觉良好所致，参见 39 页内容。

⑥③《美亚协会杂志》，1915 年 1 月，第 365 页。

⑥④哈德、加索尔，《德国远洋实力》，第 288 页。

⑥⑤科尔库恩，《掌控太平洋》，第 408 页。

⑥⑥哈特，《关注东方》，第 226 页。

⑥⑦大连湾又称作达尔尼或大连。

⑥⑧中立区位于租借地边界以北。其北部边界始于辽东西海岸的开州河河口，在余盐场以北经过塔阳河，并沿着该河左岸到达其河口，该河口以内属于中立区。

⑥⑨《见地》，1915 年 3 月 31 日。

⑦⓪密约全文参见威尔森，《东方之休战及其后果》，第 2 卷，第 439 页。

⑦①威尔森，《重塑远东》，第 1 卷，第 344 页。

⑦②出自中英租借协议的一个条例。

⑦③赫茨莱特，《中国条约》，第 1 卷，第 505 页。

⑦④俄满铁路协议全文见威尔森，《重塑远东》，第二卷，第 444 页。

⑦⑤时卢布与美元汇率大约是 1 卢布兑换 51 美分。

⑦⑥美国，《领事报告》，第 73 卷，第 40 页。

⑦⑦《商业中国》，1904 年，第 2383 页。

⑦⑧《美国科学院年鉴》，第 39—40 卷，第 157 页。

⑦⑨《中国年刊》，1914 年，第 211 页、第 234 页。

⑧⓪1910 年，日本人口增至 50 984 000 人。从 1904 年到 1910 年 6 年间，日本每年人口增长七百万至一千万。

⑧①赫茨莱特，《中国条约》，第 1 卷，第 392 页。

⑧②同上，第 610 页。第五条涉及关东租约的转让；第六条涉及长春—旅顺港铁路和煤矿的转让。

⑧③《中国年鉴与指南》，第 818 页。

⑧④米勒德，《美国与远东问题》，第 191 页。

⑧⑤《中国年刊》，1914，第 120 页。

⑧⑥参见本文第二章。此一安排消除了大连之关税歧视，但经由元山到达韩国之日本产品可经由千岛进入满洲，仍无须缴纳关税，尽管此一路线运费颇高。

⑧⑦德意志商贸报告，1912 年档案，第 2 部分，第 642 页。

⑱参见本节第一处表格。

⑲《日本年鉴》，1914 年，第 713 页、第 39 页。

⑳同上，第 38 页。

㉑《日本年鉴》，1914 年，第 713 页。

㉒米勒德，《美国与远东问题》，第 222 页。

㉓《日本年鉴》，1908—1909 年，第 573 页；1910 年，第 633 页；1912 年，第 662 页；1913 年，第 683 页；1914 年，第 714 页。

㉔交接于 1906 年 8 月 1 日进行。

㉕不包括正在使用的铁路库存、沈阳轻轨及其相关设施。

㉖不包括租界区内的不动产。

㉗《远东评论》，1909 年 11 月，第 288 页。

㉘同上，第 289 页。

㉙《日本年鉴》，1912 年，第 664 页。

⑩⓪同上，第 669 页。

⑩①赫兹莱特，《中国条约》，第 1 卷，第 395 页。

⑩②《远东评论》，1909 年 11 月，第 295 页。

⑩③同上。

⑩④赫兹莱特，《中国条约》，第 1 卷，第 397 页。

⑩⑤贷款偿还期限自铁路通车之日起算。

⑩⑥《日本年刊》，1913 年，第 688 页；1914 年，第 716 页。

⑩⑦俄罗斯位于满洲的面粉厂如下所示：

地点	日产量（普特）
松花江制粉厂	10 000
佐祖林斯基制粉厂	7 000
满洲制粉公司	6 000
德鲁赞制粉厂	2 000
里夫制粉厂	3 000
诺瓦尔斯基制粉厂	7 000
图尔金制粉厂	10 000
克朗丁诺夫制粉厂	1 000

⑩⑧《中国行业名录及记事》，1914 年，第 1082 页。

⑩9《政治家年鉴》，1906 年，第 877 页。

⑪0赫兹莱特，《中国条约》，第 328 页。

⑪1法属印度支那联邦下辖五个邦，曰安南、柬埔寨、交趾支那、东京及老挝。整个法属印度支那联邦设一总督，统一管理联邦事务，并设秘书长一名协理政务。除交趾支那外，每邦均设有行政首脑一名，曰行政公使；总督兼领交趾支那行政首脑。

⑪2《政治家年鉴》，1914 年，第 851 页。

⑪3雷纳齐，《殖民管理》，第 245—246 页。

⑪4《政治家年鉴》，1906 年，第 849 页。1 个越币约合 0.428 美元。

⑪5摩尔斯，《中国贸易与管理》，第 268 页。

⑪6《远东评论》，1909 年 11 月，第 303 页。

⑪7同上，第 304 页。

⑪8赫兹莱特，《中国条约》，第 1 卷，第 122 页。

⑪9《美国总统消息和外交》，1898 年，第 190 页。

⑫0但是这一点优势实际并没有显现出来。

⑫1还有待时间才能实现。

⑫2查尔斯·贝雷斯福德，《瓜分中国》，第 71 页。

⑫3同上，第 72 页。

⑫4《日本邮报》，1898 年。

⑫5《殖民办公室列表》，1914 年，第 401 页；《中国行业名录和记事》，第 829 页。

⑫6赫兹莱特，《中国条约》，第 1 卷，第 122 页。

⑫7《政治家年鉴》，1914 年，第 180 页。

⑫8同上，第 179 页。

⑫9《政治家年鉴》，1906 年，第 194 页。

⑬0《政治家年鉴》，1906 年，第 195 页。

⑬1《美国商业关系》，1898 年和 1899 年，第 1 卷，烟台、牛庄和天津数据。

⑬21897 年，1 港币约合 0.75 美元。

⑬3查尔斯·贝雷斯福德，《瓜分中国》，附录，第 484 页。

⑬④棉制品名目下，笔者仅计入衬衫、床单、针织衫、牛仔裤和 T 恤等。日本与英国棉制品出口中国情况如下：

年份	英国（件）	日本（件）
1909	10 691 448	1 396 297
1910	6 511 126	2 389 693
1911	11 317 630	2 832 625
1912	9 618 386	3 043 747
1913	11 705 426	5 716 594

⑬⑤威尔森，《即将到来之东亚斗争》，第 519 页。

⑬⑥《下议院会期文档》，1912—1913 年，第 94 卷，第 4902 号文档。

⑬⑦同上，第 94 卷，第 4901 号文档。

⑬⑧同上，第 95 卷，第 4935 号文档。

⑬⑨同上，1913 年，第 95 卷，第 5071 号文档。

⑭⓪惟一例外为大连湾之贸易额构成，根据 1912 年统计数据，英国货物进口额（包括香港）仅占大连湾贸易额总量之 6%，而同期日本货物进口额占比高达 71.5%。

⑭①《中国行业名录与纪事》，1914 年，第 1108 页。

⑭②赫斯莱特，《中国条约》，第 1 卷，第 120 页。

⑭③《统计摘要》，1912 年，第 815 页。

⑭④《政治家年鉴》，1914 年，第 118 页。

⑭⑤香港行政由总督主理，行政局协理。行政局除总督外，有 6 名官守议员及 2 名非官守议员。立法局亦由总督主理，另有 7 名官守议员及 6 名非官守议员，其中 3 名由总督推荐并经英王提名（通常有 2 人为华人，一人从太平绅士中选出，另一人由华人商会提名）。香港法制以英国普通法为基础，辅以殖民地地方法令加以修正。参见《殖民公署一览表》，1914 年，第 211 页。

⑭⑥赫斯莱特，《中国条约》，第 1 卷，第 120 页。

⑭⑦《殖民公署一览表》，1914 年，第 208 页。

⑭⑧赫斯莱特，《中国条约》，第 120 页。

⑭⑨《远东评论》，1909 年 11 月，传记，第 335 页。

【附录甲】

参考文献

引　言

科贝特，《国际法重要案例》，第一章，伦敦，1909 年。

《外交资料汇编》（中文），上海。

科尔库恩，《掌控太平洋》，纽约，1904 年。

《美国商业关系》，华盛顿，1899—1912 年。

《中国、日本、海峡殖民地、中南半岛、菲律宾等行业名录及记事》，香港，1914 年。

罗伯特·道格拉斯，《欧洲与远东》，剑桥，1904 年。

《远东评论》，1909 年 11 月刊，上海，1909 年。

哈特，《关注东方》，纽约，1911 年。

赫洨莱特，《中国条约》，第一卷和第二卷，伦敦，1908 年。

爱尔兰·阿莱恩，《中国与列强》，波士顿，1902 年。

爱尔兰，《远东热点》，波士顿和纽约，1905 年。

《日本每周邮报》，横滨，1897—1899 年。

斯科特·凯尔蒂，《政治家年刊》，伦敦，1899—1914 年。

克劳塞，《远东及其历史问题》，伦敦，1903 年。

克劳塞，《中国危机》，纽约，1900 年。

劳伦斯，《国际公法》，纽约，1910 年。

迈克尔·麦卡锡，《未来之力量》，伦敦，1905 年。

《美国领事和贸易月报》，华盛顿特区，1899—1913 年。

莫里斯，《殖民化历史》，第 2 卷，纽约，1900 年。

摩尔斯，《中国贸易与管理》，纽约，1913 年。

欧本海姆，《国际公法》，第 1 卷，纽约，1905 年。

佩林贾凯，《领土临时移交》，巴黎，1904 年。

皮农，《为太平洋而战》，巴黎，1912 年。

《美国总统咨文及外交关系》，华盛顿，1901 年。

赖因施，《殖民管理》，纽约，1905 年。
赖因施，《殖民政府》，纽约，1911 年。
赖因施，《世界公法》，纽约，1900 年。
塔迪厄，《法国与联盟》，纽约，1908 年。
威尔森，《东方之休战及其后果》，伦敦，1907 年。
韦斯特莱克，《国际公法》，第一部分，剑桥，1910 年。
伍德黑德、贝尔，《中国年刊》，纽约，1912—1914 年。

胶 州 湾

切拉达姆，《殖民地与德国殖民地》，巴黎，1905 年。
加里斯卡尔，《德国殖民法》，吉森，1902 年。
格雷西，《德国政府之拓荒与耕种工程》，华盛顿，1910 年。
《英国外交部报告》，第 549、2758、2790、2983、3296、3519、4508、4682、4935 号。
格罗特沃德·冯·克里斯，《殖民地气候》，斯图加特，1908 年。
《美亚协会杂志》，纽约，1915 年。
凯勒，《殖民化》，纽约，1908 年。
洛伊·伊西多尔，《德国殖民财政制度》。
梅尔伯特，《殖民政治之使命》，墨斯，1910 年。
《见地》，1914 年 11 月刊，纽约，1914 年。
塞德尔，《德国殖民地》，柏林，1909 年。
通内拉特，《德国于欧洲外之扩张》，巴黎，1908 年。
《德国国会谈判》，柏林，1899—1913 年。

关 东

《德国贸易档案》，第二部分，柏林，1912 年。
《英国外交部报告》，第 2832、2999、3144 号。
克劳塞，《亚洲之俄罗斯》，纽约，1899 年。
劳顿·兰斯洛特，《东方帝国》第 2 卷，波士顿。
米勒德，《美国与远东问题》，纽约，1909 年。
托克托斯，《日本年刊》，东京，1908—1914 年。
威尔森，《即将到来之东亚斗争》，伦敦，1909 年。

广　州　湾

《众议院：地方殖民预算》，巴黎，1899—1914 年。

坎宁安，《法国人在东京和华南》，伦敦，1902 年。

《英国外交部报告》，第 2838、2966、3181、3378、3528、3676、3707、3732、4377、4478、4596、4806、4854、4883 号。

威海卫及九龙新界

《殖民公署一览表》，伦敦，1911—1914 年。

《下议院会议报告》，《科马夫论文数据库》，《英国殖民报告》，伦敦，1900—1913 年。

【附录乙】

汇率换算表

中国关制白银（两，随行就市）	$ 0.7
英镑（£）	$ 4.94
法郎	$ 0.19
德国马克	$ 0.23
日元	$ 0.49
法国比索	$ 0.48
俄国卢布	$ 0.51

原文现收藏于美国伊利诺伊大学厄巴纳香槟分校档案馆，由宁波大学刘训华教授辗转提供

游林肯故宅及陵寝记[①]

伊利诺[②]（Illinois）省者，林肯[③]（A. Lincoln）之故郡也。伊利诺大学者，林肯所手创之学校也。居林肯之故郡，肄业林肯所手创之学校，而不一游其故宅与陵寝，何以表吾人崇拜圣贤豪杰之志愿。今将东行矣，苟不乘此壮游，则机会一失，不可复得。吾是以有九月十五春，田城[④]（Springfield）之游也。早六时半，偕董生雨苍乘车进发。十时抵城，先谒林公故宅。屋宇高不过三丈，宽二丈余，深二丈，装饰朴素，不及中人居。回忆当年林公之自奉节俭，殊足以风后世焉。室内陈列物品，皆林公之遗物。接待室中设有威布斯突氏（Daniel Webster）之椅，林氏自用之，案客至皆坐此签名，余亦循例而行。然而景慕之忱已勃发，而不可遏矣。室右横列林氏亲用软床一具，游客咸以一坐为荣幸。壁上悬有表扬林氏功绩之报章、图画多幅，无在不足以引起后人之景仰。书室陈书五百部，林公甥女爱华（Edward）夫人谓余曰："是悉为吾所收藏，欲知林公一生之丰功伟绩者，当于此中求之。惟公当年学问，得力于《圣经》与《沙氏披耳》二书，惜未收藏于此，殊为憾憾耳。"书室前壁悬有公长子洛勃托·林肯氏（Robert Lincoln）小像，林公三子惟洛勃托尚存，已老无后。

夫华盛顿之于美，功在创业。林肯之于美，功在守成。事虽不同，而利泽施于后人则一。何以华盛顿无后，林肯有后至二世而绝。二公功盖天下，皆不能有子孙以为之后。恒人惜之，然退观全美朝野之倾向，其人民悦服二公如考妣，则是华、林二氏有全美以为之后也。天道福善，又岂以有无子孙为定哉？过午游林陵，陵塔高耸百余尺，拾级登其岭，俯视大地树木环植，一碧无际。于以见林公德参天地，草木亦同被泽焉。塔台立有督战铜像，义气冲天，凛凛然如临高底斯堡（Gettysburg）之战场也。塔下置林公石棺，其墓志铭仅"不念旧恶以仁济众"（With Malice towards None with Charity for All）八字。诵孔子之言曰："大哉！尧之为君也。

惟天为大，惟尧则之。荡荡乎，民无能名焉。”今观于林公之墓志铭，而益信彼无识之徒，每为其先人铺张扬厉，侈言功能，失于虚伪。曷若此八字之翔实乎？爱华夫人告余曰：“去年林宅游客以三万计。”墓守约生(Johnson)曰：“去年林陵游客以二万四千计。”然则人人能持此八字以自新新人，岂非社会之幸？然终不克多亲，此林肯之所以为林肯乎？退而有所感，乃泚笔为之记。

原载《学生》第2卷第12期，1915年12月

【注释】

①此文原无标点。

②伊利诺，通译“伊利诺伊”。

③林肯，原名亚伯拉罕·林肯，美国第16任总统，在任期间主导废除了美国黑人奴隶制。

④田城，通译“斯普林菲尔德”，又称春田城，是美国伊利诺伊州的首府，也是林肯长居并在政坛上崛起的地方。

一九一六年

祁氏《新汉语字典》的新贡献[①]

前不久，我们见证了祁先生的中文打字机这一伟大发明，现在我们又准备迎接祁式《新汉语字典》的诞生。通过发明中文打字机，祁先生充分利用了自己对汉字特性的理解。对汉字的这种精深理解使他看到了简化汉语字典编排的可能性。新版汉语字典是发明打字机的“副产品”，于去年五月底完成编纂。笔者有幸在出版前看到了手稿，惊叹于新作品的种种优势，因此想借此机会将这本新字典介绍给广大读者，宽慰厌倦了旧字典的读者，也激励对科学探索抱有兴趣的人们。

传统的《康熙字典》在其他字典的基础上自然有很大突破，它是根据字的部首的笔画数来编排字汇，用于查找只有一个确定部首的字还不错，而查找具有两个、三个或更多部首的字的时候就会有麻烦。《康熙字典》只考虑到了一个部首，每个字归类时按且仅按一个部首分类，于是常常一个字要查三四个部首才能找到，有时查一个字甚至要花一个小时。这样不仅浪费时间和精力，也挫伤了学生深入查字典的兴趣。

因此，简化字典的首要问题是想办法让人能一次性找到正确的部首。祁先生运用两种方法成功地解决了这个问题。首先，含有特定字首和字尾的字被放在特定的部首下面，例外的字也根据它们的类别分组。这些是新字典的要旨之一，每个读者都应当弄清楚。了解了字的字首、字尾及其例外的情况之后，就很容易在相应的部首之下查到它们。除了有明确字首字尾的字外，具有一个以上部首的不规则字全部被归到构成该字的所有部首下面。这样一来，任何单字均可在构成该字的任何一个部首之下查到，因此我们在查找字时就无需反复尝试和出错。使用这本字典，查找所有的字几乎是同样容易。这种设计并不繁琐，因为只需 900 个单字重复出现就可以达到目的。

该字典的内部结构是另一个优点。老式字典那种按照子、丑、寅、卯等任意分部并随意而非按索引编排部首次序的方法已经过时了，新字典中舍弃了原有繁琐的编排方法，采用了新的方法。首先按 17 个笔画分部首，从 1 排到 17。例如，所有部首为 2 画的放在第 2 个板块，部首为 3 画的放在第 3 个板块，以此类推。其次，在字典外侧标注 17 个数字（1～17），这一索引能使人一眼找到某一笔画数的部首所在的位置。第三，在上述 17 个板块的前一页印出笔画数相同的所有部首，在每一部首的上角标出数码，指明含有这一部首的字所在的页数。第四，页数是连续的，省去了寻找页码的麻烦。使用这样编排的字典，查找者只需要数一下部首的笔画数，在索引中找到与该部首的笔画数，翻开字典，在部首页上找出这个部首，再看该部首上角处的页码找到其在字典中的位置，然后根据该字除部首以外剩余的笔画数查出这个字。为测定用新字典查词的大致速率，祁先生和笔者进行了一项实验。实验结果表明，查找英语单词大约是每 5 分钟 14 个，按新方法查找规则汉字的速率是每 5 分钟可查 10 个，而按老的方法查找汉字的速率是每 5 分钟仅 5 个，即每分钟 1 个字。

简而言之，若查规则汉字，用新字典查词的效率比旧字典提高了一倍；若查不规则汉字，其优势更明显，我们能在半分钟内查到字典中的任何一个字。

除了上述的主要优势以外，一些细节也值得关注。该字典共收入 7 000 字，加上 900 个重复出现的字，总字数为 7 900。选字以《常用词源》为依据，引用了其中常见的同义字和清晰的定义。为避免读者困惑，只有重要的经典短语才被引用。至于发音，常见字的注音符号省去了，但保留了非常见字的注音符号。此外，每个字还有普通话的罗马拼音注音。由于目前还没有发明出令人满意的注音系统，祁先生只好沿用《中国学生字典》采用的罗马拼音，其主要来源是威氏注音系统。以上这些就是祁氏《新汉语字典》的特点。我相信在这本字典的帮助下，每位学生的学习都将大受裨益。

原载 *The Chinese Student's Monthly*（《中国学生月刊》）
1916 年第 12 卷第 2 期

【注释】

①英文影印件由何荣汉提供，杜小双译，周洪宇校，英文原文见本集第八卷。

中国的道德与宗教教育①

道德与宗教教育是一个古老的话题，和人类社会一样久远。古希腊哲学家苏格拉底就这一话题首先提出这样一个哲学问题："道德可以教吗?"普罗泰戈拉的回答是可以教，而苏格拉底则认为不然。观点本身的自相矛盾最终使他们自己迷惑不解，也使这个问题成为一团迷雾。然而，对现代的教育者来说，这不再是一个难题。现代教育者面对的主要问题不是"美德可以教吗"，而是"美德如何教"。本文旨在围绕中国如何开展道德与宗教教育、如何运用现代教育学的理论开展道德和宗教教育提出一些观点。

一、中国道德与宗教教育的实践

粗略说来，目前中国有两类学校：公办学校与教会学校。

1. 公办学校　在公办学校的课程设置中，从初级小学到初级中学都开设道德修养课，再往上就我所知则不开此类课了。初级小学即所谓的"国民小学"，学制四年；高级小学学制三年，初级中学学制四年。

初级小学与高级小学开设两类道德课程：一是修身，二是读经。

关于道德教育，1916 年 1 月 8 日，教育部公布《国民学校实施细则》颇为详细地记述了它的目标与方法。在修身下开列的内容有：孝悌、忠信、亲爱、义勇、恭敬、勤俭、整洁诸德，有时候还会增加一些对社会和国家的责任。我们注意到，这个《细则》很注重实践环节，以激发进取之心和爱国主义精神。

对小学女生的道德教育包括那些适合她们学习的嘉言懿行。此外，也很重视礼仪教育，强调贞淑之德、谦逊，以及最重要的自立之道，其中"自立"在中国女性教育史中是一个新名词。

修身在初小和高小是一周两个课时，在初中是一周一个课时。

对于读经这门课，有人认为读经属于宗教教育，因为其实质是在研读儒家教义。但从本质来看，儒家教义只是一个纯粹的道德伦理体系——一个人伦体系，这一点几乎被中国人广为接受。这个道德伦理体系不是宗派的，因为我们发现，几乎各类教会学校都讲授这些内容，后文会有所提及。

在初小四年中，主要诵读《孟子》；高小则读《论语》。教育部公布的《国民学校令实施细则》指出读经要旨，在遵照教育纲要，使儿童熏陶于圣贤之道，同时激发人民的爱国精神。有趣的是，《细则》试图区分“圣贤之道”与“修身”，这极有可能是保持传统美德与强调实践的现代趋势两者共存的结果。

读经始于初小三年级，直至高小。这期间每周用在读经上的时间是三个课时。在初级中学，读经要继续保留且加深难度，由于此时它与文学及其他课程混合在一起，不能明确地给出它每周占用的课时。

将修身与读经的时间加在一起，我们发现头两年花在道德教育上的时间是每周两课时，第三年起至第七年是每周五课时，在初中是每周一个课时或多一点。

与外国体制相比较，实现希腊箴言“人要自知”的方法是通过与其他人比较。通过与其他国家的教育实践相比较，我们能更好地认识本国的教育实践。现在让我们宏观地讨论一下英国、德国、美国和法国的道德与宗教教育，从而看看中国在其中的位置。

首先我想说明的是，英国对此类课程常见的叫法是宗教而非道德，在课程表中使用“圣经”[②]一词。在英国一般的小学或寄宿学校，非派系宗教或圣经的学习是课程的一部分。此外，我们发现，在隶属于英格兰教堂、天主教堂和卫斯理教堂的学校，宗派主义的宗教也列入教学。与寄宿学校一样，这些教会学校受国家支持与控制。它们之间的唯一区别是，寄宿学校依赖当地税收，而教派学校还获得慈善团体的资助。事实上，后者的影响力远远超过寄宿学校。据说全国 44 所师范院校中有 31 所属于圣公会。

在寄宿学校与文法学校中，读圣经这种特殊教育所分配的课时通常是一周两个半小时。然而，这不能作为典型代表，因为很难找到一个能真正代表英国体制的课程设置。除了将圣经作为一般的课程内容外，还有教会的事工。所有公立中小学都提供与英格兰圣公会一致的礼拜服务。

与英国相同，德国学校也开设宗教课程。我们发现在德国有两种类型的小学，每种小学学制均为八年；另有五类中学，其中三类为九年。十分有趣的是，几乎每所德国公立学校都是属于不同宗教派别的，比如新教、天主教、犹太教或者兼而有之。学校的控制权大部分归属于当地神职人员，所以尽管学校都是公办，教堂对它们的控制却依然稳固。教师显然也是信奉宗教的，他们在师范学校接受为期三年、每周三到四个小时的宗教教育。每所学校都有信仰它所支持的教派的老师，宗教课的教材由他们编写。在居民稀疏的街区，不同宗教信仰的学生在一起接受世俗教育。这些学校被称为混读学校。在这样的学校里，有相同信仰的学生达到 10 至 15 人时，他们有权要求有一个与他们信仰相同的老师。

在德国的各中小学中，每周有四个学时的宗教教育。在中学，第一年是每周三个学时，随后是每周两个小时。

英国和德国的情况都很独特，这两种体制与我们的体制之间几乎没有相似性。一个明显是宗教性质的，而另一个则明显是道德伦理性的。

表 1 显示英国、德国、法国、美国与中国的中小学每周在宗教与道德教育上花费的时间。

本表材料源自保罗·孟禄的《中学教育》第 80、85、97、98、109、110 页。A. C. 佩里的《学校管理概览》第 15、42、379 页以及中国政府《教育公报》。

表 1

国名	学校类型	课程	大约年龄												
			6,7	8	9	10	11	12	13	14	15	16	17	18	19
			学年												
			1	2	3	4	5	6	7	8	9	10	11	12	13
英国	小学	圣经	2.5	2.5	2.5	2.5	2.5	2.5	2.5	2.5					
	中学	圣经						2.75	2.5	2.5	2.5	2.5	2.5	2.5	
德国	小学	宗教	4	4	4	4	4	4	4	4					
	中学	宗教					3	2	2	2	2	2	2	2	2
美国	小学	非形式化教育	0	0	0	0	0	0	0	0					
	中学	非形式化教育									0	0	0	0	
法国	小学	道德	2.5	2.5	2.5	2.5	2.5	2.5	1	1	1				
	中学	道德		法语	地理	历史	0	0	0	0					
中国	小学	修身与读经	2	2	5	5	5	5	5						
	中学	修身与读经								1	1	1	1		

注：法国的中学教育前三年，道德教育通过结合法语、地理和历史课程来传授。

就时间分配而言，由表 1 可见中国的体制更具有刚性，至少在小学是如此。此外，中国的体制具有连续性。也就是说，小学与中学教育衔接紧密，而在德国和英国，中学阶段的课程与小学阶段有一定重叠。

与英国的宗教特色相反，美国的公立小学和中学教育是世俗的和非宗教派系的。30个州禁止支持宗教派系的学位，12个州以宪法条文反对宗派主义的教科书和宗派主义者对公立学校的控制。密西西比州是唯一在其宪法中规定不可将《圣经》从公立学校课程中取消的州，只有九个州为此制定法令条文。马萨诸塞州、宾夕法尼亚州和北达科他州的法律规定每日只允许有10分钟的时间不加评述地阅读《圣经》。

21个州为道德教育制定了法律，但是美国大部分的公立学校没有形式化的宗教或者道德教育课程。前者由教堂负责，而后者则通过结合其他相关课程传授。

与美国相似，法国公立小学也是世俗的，但是与美国不同的是，它们极为重视形式化的道德教育。只有世俗的、非神职的教师才有资格在公立学校执教。因此，在天主教盛行的法国兴起了各个宗派的私立学校。但是与美国学校不同的是，这些学校要接受国家在道德、法律与宪法等方面的督查、却不享受国家的资助。法国的中学也是世俗的。然而，在通常的教学时间之外，允许牧师向希望获得宗教教育的学生传教。

现在，从法、美两国教育体制中，我们发现一些特征与中国很相似。和美国一样，中国的课程教育也是连续的，即小学课程与中学课程自然衔接，没有任何中断或者重叠。和美、法两国一样，中国公立学校本质上均为世俗教育，不受宗教条规制约。虽然学校宣称尊孔，但实质上，这只是一种对本国先贤的尊敬与爱戴，与美国人庆祝华盛顿或者林肯的生日并没有不同。即使在教会学校，也会原原本本地传授儒家伦理，从这一点可进一步证明它的非宗派性。因此，我们完全可以这样认为，儒家学说是否应该以其本来面目在小学传授必须被视为教育问题而非宗教问题。如若认为这个观点是事实，那么在这两个对比的两个国家中，中国的体制更像法国，因为在法国而非美国，普遍的趋势是提倡形式化的道德教育。

2. 中国教会学校的宗教与道德教育　在讨论这个问题时，试图分三个部分，即(一)小学，(二)中学，(三)大学。必须首先说明的是，在接下来的讨论中得出的结论是基于过去偶然的个人印象，但主要建立在不同教会机构的课程和目录的基础上，因此这种研究难免有一些固有的缺陷。再者，作为研究对象的一些课程，例如华中教育协会、东吴大学和之江大学的课程，并不是最新的。读者须根据此出版日期之后这些机构可能的改进做相应的估量。

(1)教会小学　在五份课程表中选择两份作为教会小学的宗教与道德教育主流趋势的代表,即直隶省的联合教育运动组织的标准课程和华中教育协会的课程表。

表 2　将教会小学与作为美国教派小学教育代表的匹兹堡主教教区,以及中国公办小学课程表在道德与宗教教育时间分配上作比较

课程类型＼年级	一年级	二年级	三年级	四年级	五年级	六年级	七年级	八年级
直隶教会小学标准课程表(无日期)	Chr.& B3 T3	B(m)3 P T3	B(m)3 C(m) P T3	B(m)3 C(m) P T3	B(m)3 C(m)5 T8	B(m)3 C(m)5 T8	B3 C5 T8	B3 C T3
华中基督教教育协会课程表,1913 年	Chr. 5& C(m)5 T10	Chr. 5 C(m)5 T10	B4 C(m)4 T8	B3 C4 T7	B3 C5 T8	B3 C5 T8	B3 C5 T8	B3 C5 T8
匹兹堡主教教区课程表	B4	B4	B4	B4	B3. 5	B3. 5	B2. 5	B2. 5
中国公立小学课程表,1916 年	P2	P2	P2 C3 T5	P2 C3 T5	P2 C3 T5	P2 C3 T5	P2 C3 T5	

注:Chr.代表基督教文而非《圣经》,B 代表《圣经》,C 代表经书,P 代表修身,m 代表背诵课,T 代表总学时。

直隶和华中的课程表均为八年。虽然直隶的课程表并没有详细给出某些年级的道德教育的具体课时,但是从五、六、七年级的情况来看,我们可以非常肯定地说,其具体课时与华中的完全一样。

最重要的一点是这些课程存在双重性的特征。也就是说,基督教与儒家伦理经常是同时由相同的老师向相同的学生传授。

第二点是学生承受的道德与宗教教育的课时负担。在直隶的课程表中,我们注意到,在头两年,宗教与道德修养课程为每周十学时。从第三年起,除第四年中每周七个学时外,其余都是每周八学时。通过比较,可以很清楚地看到,直隶和华中比无论是中国的公立学校,还是被视为美国教派小学代表的匹兹堡主教教区,都安排了更多的时间在宗教与道德教育上。

第三点是死记硬背之辛苦。在直隶省的课程表中,我们注意到背诵《圣经》与中国经书的任务一直持续到六年级。华中的课程表在三年级之后就没有了指定的背诵任务,但是在头三年,正是学生们最需要机体活动的时候,却也需要正经地背诵《论语》。背诵本身并无坏处,如果所学内容大有所用,我们必须知道如何保有所学知识。就道德与宗教而言,最需要保留并进一步拓展的是那些源于亲身体验的知识,而非书本上的准则。亲身体验习得的知识会自然得以保存,而书本上的内容,即便经过了正规的背诵,最终也会被遗忘。然而,在提出批评时,我们也不可过于严苛。众所周知,旧瓶装新酒的结果是什么。当传教士们使用我们传统的教学法时,他们当中未经正规培训的老师更容易直接抄袭和模仿。

(2)教会中学　关于中学的道德与宗教教育,我们在此仅就大学预科进行讨论。这些学校一般开设四年课程。在顶尖的大学预科中,东吴大学和榕城格致书院时间分配最多,一周三个学时用于宗教教育。其次是之江大学、金陵大学、华西协和大学、沪江大学和圣约翰大学,这些大学的预科学校每周两个小时用于宗教教育。文化大学预科最宽松,一周仅一个学时。同美国教派学院圣奥拉夫大学相比,除东吴大学与榕城格致书院外,绝大多数教会大学的预科学校在道德与宗教教育方面的时间安排上都较少一些。

在文华大学、金陵大学、榕城格致书院、华西协和大学和圣约翰大学的预科学校里,至少在名义上没有开设与中国伦理道德相关的课程。在这些学校当中,有的将经书作为文学进行教授。东吴大学、之江大学和沪江大学的预科学校依然带有二元特征,详见表3。

表3　教会中学的宗教与道德教育的时间分配之比较

(数字代表全年每周学时数)

年份 学校名称	First year	Second year	Third year	Fourth year
文华大学预科 1915—1916	宗教 1	宗教 1	宗教 1	宗教 1
之江大学预科 1912	宗教 2 中国经典 3	宗教 2 中国经典 3	宗教 2 中国经典 3	宗教 2 中国经典 3
东吴大学预科 1912	宗教 3 中国道德 1	宗教 3 中国道德 1	宗教 3 中国道德 1	宗教 3 中国道德 1
美国圣奥 拉夫大学 1915—1916	宗教 2	宗教 2	宗教 2	宗教 2

注:年份指这些学校课程目录的出版时间。

(3)教会大学　在华西协和大学、岭南学校、圣约翰大学以及金陵大学，一些与宗教密切相关的学科取代了对某一特殊宗派信条的传授，诸如有神论哲学、比较宗教学、宗教中的科学与哲学、宗教与国家、教会社会影响史，以及宗教和道德教育等学科，但它们并非我们通常所称的宗教教育，本质上是哲学、社会学和教育学层面的研究。因此，正逐渐替代为这些重要课程的学院，也在自然而然地形成一个更加充满活力、自由的团体。这一团体包括华西协和大学、岭南学校、圣约翰大学、金陵大学以及沪江大学。一项多年关于这些大学课程目录的研究显示，它们似乎在步美国的后尘，即教会大学由原有的教派大学渐渐发展成为非教派私立大学。

保守一些的院校包括之江大学和东吴大学。这些大学不想引进任何传统宗教课程以外的课程。他们所教授的课程常常是新约全书中的《福音篇》《使徒行传》以及旧约全书的《先知书》等等，但并不超出新旧约全书的范围。然而，为公正起见，有必要再次说明的是，本文中所引用的这两所大学的课程目录出版于 1912 年，时至今日很有可能已经有所改进。尽管如此，就 1912 年的情况而言，真实的数据可以证实这样分类是有道理的。在课程设置方面，即使是极其保守的宗派教会大学，如美国的乔治敦大学、圣奥拉夫大学，也要比上述两所大学更自由。东吴大学安排宗教教育的平均时间即使不比乔治敦大学更多，也要比圣奥拉夫大学多。

表 4　教会大学道德与宗教教育在课程设置和时间分配上的比较

学校名称	大学一年级		大学二年级		大学三年级		大学四年级	
	课程	课时	课程	课时	课程	课时	课程	课时
华西协和大学	比较宗教学	1	科学与宗教	1	宗教与国家	1		
岭南大学	基督伦理学	1	神论哲学	1	基督教见证	1		
圣约翰大学	圣保罗的生活	1	基督教见证	1	比较宗教学	1	圣约翰与道德	1
金陵大学	基督的生活	2.5	旧约全书史	2.5	教会的社会影响	2.5	道德与宗教教育	2.5
沪江大学	旧约全书史	2	基督的生活	2	道德与基督教	2	比较宗教学与基督教的发展	2

续表

学校名称	大学一年级		大学二年级		大学三年级		大学四年级	
	课程	课时	课程	课时	课程	课时	课程	课时
文华大学	使徒行传	1	圣保罗神学	1	早期先知	2	希伯来历史和基督生活	2
榕城格致学院		2		2		2		2
之江大学	摩西五书 读经	2 3	旧约全书 读经	2 3	基督的生活 读经	2 3	使徒书 读经	2 3
东吴大学	福音书	2	使徒行传	3	先知书	2	圣歌	2
美国乔治敦大学	见证和讲座	2	见证和讲座	2	见证和讲座	2	见证 伦理	2 5
美国圣奥拉夫大学	新旧约全书	2	教会史	2	《圣经》	2	见证	2

注：本表使用的大学课程目录出版日期分别为：华西协和大学，1915—1916；岭南大学，1915；圣约翰大学，1914—1915；金陵大学，1915—1916；沪江大学，1916；文华大学，1915—1916；榕城格致书院，1915；之江大学，1912；东吴大学，1912；圣奥拉夫大学，1915—1916。

未做分类的教会大学只有榕城格致书院和文华大学。现在尚未获得任何关于榕城格致书院的宗教教育课程种类的信息。就用于宗教教育上的时间而言，文华大学属于自由的一类，但从所授课程的内容来看则很难说是如此。

从之江大学的课程上，我们仍然能看出它的二元性质，即同时教基督教和儒家伦理。我们发现，之江大学除了教授宗教之外，每周还有三小时专门用于伦理教学的读经。这种做法不是之江大学独有的，也许其他高校也是这样的。

二、关于道德和宗教的教育理论

1. 道德与宗教教育的心理学基础　宗教和道德宗教都遵从共同的心理生活法则，具有相同的心理学基础。在人生的最初阶段，我们继承了很多固定的本能倾向，在特定情境下有特定行为，并具有明确的方向。这些明确的倾向构成了我们所说的人的原始本性。胚胎形成后对其产生作用的各种力量都被认为是外界环境的力量。桑代克教授认为，人的本质——即人是什么，人在做什么——是人类原始本能和外部环境不断相互影响的结果。这种观点开创了刺激情景(S)与反应(R)间的联结学说。这意味着，特定的本性遇到特定的环境刺激就会发生自发的联系。例如，当我饿的时候，面前有一碗饭，我本能的反应便是端起来吃掉它。现在，假设其中某个因素改变了，比方说我不饿了，那我对这碗饭的态度也会有所不同，因为情景发生了变化。

人的品性也不过是以相似的方法积累起来的惯性联系。因此，道德和宗教教育的问题就在于在特定情境与特定本能反应之间形成我们所希望的联系。任何一种本能的价值就在于它在特定情境下有发生反应的功能。在道德和宗教领域，则取决于在特定社会环境下本能如何发生作用。随着社会文明程度的提高，在人们生活中普遍而又最本质的某些本能，比如性冲动，若任其自然发展，是与当前的社会环境不协调的，因而必须加以修正；再比如其他本能，比如愤怒等，绝大多数时候对于个人和社会来说甚至是有危害的，需要加以抑制。最后，我们有各种对我们自身有益的本能，诸如爱社交、善合作的本能等，这些本能就应该加强和充实。因此，学校对于学生品格的形成肩负的责任就是修正、引导、抑制、加强、丰富与发展他们的各种本能，使学生以一种和谐、进取的方式适应社会环境。

现在，为了机智地履行这个任务，有三条规律必须了解。

第一，我们来认识准备律。当孩子的态度是准备好了一个行动(传导)，并有机会那样做时，他就会感到满足。相反，孩子没有作好准备而被强制行动，或者已作好准备却不被允许行动，都会引起孩子不满或不耐烦。因此教育方法的一个基本原则就是激起受教育者的兴趣。当我们涉及到宗教或者内心信仰时，兴趣原则尤其重要。任何外界对孩子内心的强制都会引起令孩子厌烦的对抗性反应。

其次，我们来认识应用律和失用律。当在刺激与反应之间已经建立起某种可修饰的联系时，在其他条件不变的情况下，若应用这种联系的强度会因之增长；反之，若久不应用则会消退。以抽烟为例，当我们的嘴唇碰到香烟，一种联系便建立起来。我们越是频繁地吸烟，我们和香烟的这种联系就会越牢固，直到最终这个联结变得坚不可摧。另一方面，改变任何一个坏习惯的方法便是不再建立任何联系。

第三，我们来认识效果律。当在刺激与反应之间已经建立起某种可改变的联系，且随之而来的是满意度时，那么这种联系就会增强；反之，如果伴随或紧接着的是烦躁的情绪，这种联结就会减弱。在道德教育中这是最重要的规律。正是恶习给人的本性所带来的短暂和即刻的满足感使他受其奴役而不得解脱。我们可以应用效果律，在对社会和个人有利的事情与愉悦的感觉之间建立起联系，让恶习与厌烦的体验之间建立联系，这是提高道德修养最有效的途径。然而，这三条规律是互相关联的。离开了准备律，人们可能发明多种违逆儿童心境和“过程中的兴趣”的竞赛和惩罚，这是在学校实践中最应当谴责的事情。

2. 社会学基础　随着我们对社会学基础讨论的不断深入，心理规律的作用将更加明显。毕竟性格是通过积极参与社会生活而塑造的。小孩子不知道什么叫诚实，什么叫卫生，什么叫信仰，除非他开始经历这些。仅仅在陆地上学会了几个动作，我们仍旧不知道如何游泳。如果我们想学会游泳，就必须在水中练习。品性的养成也是如此。如果我们想知道如何在社会上表现良好的话，就必须参与到社会生活中去，参与其中以获知美德的意义，参与其中以获得判断力，以便通过已有的经验知道在一个全新的环境下应当怎样去做。简言之，学校应犹如一个小社会，道德和理想都应起作用，这里是孩子们共同参与社会生活的重要阶段。鉴于我们花费大部分时间依照书本和语言向孩子们传授美德和信仰，而很少给他们提供积极参与社会活动的机会，我们不得不承认目前的教学法有很多不足之处。当一个六岁小孩开始学习《孟子》或圣保罗时，他看似明白了一些知识，实则只是皮毛而已。荀子在批判形式化教育时说：“小人之学也，入乎耳，出乎口；口耳之间，则四寸耳。”我们可以肯定地说，关于道德准则的想法不能确保落实于行动实践，而且任何以意动理论为基础的教育其结果必然令人失望。在教会学校中，基督教教育和儒家伦理教育很少或者几乎没有冲突的原因在于，没有真正参与实践的宗教与伦理道德形式化教育对于行为并没有太大的影响。

而且，我们试图塑造的小孩子的品格一直处于发展中。他在社会中成长，因而他的阅历在“不断地重构”，他的兴趣、爱好和对待问题的态度也在时刻发生变化。根据鲍德温[③]的观点，孩子最先把外部事物和躯体的自己分辨开来，随后他能够从外界事物中识别出人类和无生命的事物，第三个阶段是试图表演和模仿前者的行为。通过模仿，孩子开始通过他人的思维了解并感知自己，因此为别人影响自己的行为提供了机会。

在这样的影响下，我们也必须认识到行为发展的四个阶段。第一阶段是本能行为阶段。在这个阶段，小孩子的行为只因疼痛和愉悦的影响而变化。⧄[④]本能的冲动会因奖惩而改变，会或多或少受到社会秩序的制约。第三阶段，行为主要取决于自我对社会赞扬与指责的预期。最后即使道德发展的最高阶段，理想支配行为，人们以意识中认为正确的方式行事，而不顾及周围社会环境中的赞扬与指责。第四个阶段使我联想到“好牧人”[⑤]。《圣经》道：“我是好牧人……好牧人为羊（信徒）舍命……我父爱我，因我将命舍去，好再取回来。”此处并无特别，且继续向下看吧：“没有人夺我的命去，是我自己舍的。我有力量舍弃，也有力量将其取回。”我们必须把如此高尚的道德力量当成发展的最终目标。那些肩负塑造孩子品行责任的人们必须对从第一个阶段到最高阶段的发展变化烂熟于心。行为有时对孩子来说是唯一明白易懂的语言，因此他们就必须以身作则，调整教材，通过“身教”使孩子不断地进步，直达到最高的阶段。

3. 实用主义基础　与道德和宗教教育的社会学理论紧密相联系的是实效方面的问题。根据这个观点，在学与做的过程中知与行是合一的。知识是行为的概念和准则，行为则是知识的化身。脱离行为的知识是空洞的，而无知之行为则是盲目行动。知行是合一的，舍弃其一则两者皆不可得。相应地，因为所有的知识都与行动有关，列入课程表中的所有课程、所有教学管理方法都必须考虑到品性的最终形成。因此，所有的科目与教育方法都是累计影响的组成部分，它们都必须对健康个性的形成做出贡献。以历史研究为例，历史研究即是对过往事件的社会因果关系的研究，即以史为鉴，对现下的行为起校正作用，对未来的行动具有指导作用。鉴于它与人际关系相关，历史教学涉及到道德目标；因为它与适应精神层面的理想有关，所以带有宗教色彩。相似的结论也适用于其他学科。因此，如果学校能够使用正确的材料和合适的方法，所有的课程从整体上必将能够对品质形成起到最大的综合效果。试图分别开设专门的课程以净化心灵或者培养良好的行为的做法，从原则上讲，是大错特错的，因为它建立在知与行分割的基础之上。公立学校与教会学校的道德与宗教课程体系都难免受此诟病。唯一的“良药”即是改进教学和管理方法及教材，使道德和宗教的元素融入整个学校教育系统。采用的方法应当以心理规律为指导，选用的教材应当着眼于社会需求，两者的融合过程应当是注重实效的。

但是，在所有情况下，必须看到儿童的心理特性，必须重视社会意义，必须提供实际参与的机会。必须根据儿童发展各个阶段的特点，引导他们接触社会，了解各种社会需要——贫穷、疾患以及磨难……总之，必须把孩子放在博爱、服务、牺牲的社会环境中，教他们学会自发地爱人、服务他人和自我牺牲。

原载 *Liu Mei Tsing Nien*（《留美青年》）1916 年第 3 卷第 1 期和第 2 期

【注释】

①英文影印件由何荣汉提供，杜小双、周文鼎、周洪宇译校，英文原文见第八卷。

②“圣经”，此处是指宗教经文，即 scripture。

③鲍德温(J.M.Baldwin)，著有 *Social and Ethical Interpretation*（《心理发展中的社会性和伦理的注释》）等书。

④☐，此处英文有遗漏。

⑤“好牧人”，指耶稣。

一九一七年

遗传论[①]

遗传之事，欧美学者认为教育根本问题之一。其关系教育，至为重大。故遗传始高尔登（Galton）[②]至戈打得（Goddard）[③]，殚精竭虑，以冀深造。五十年来，良多发明。今以课余之暇，集成诸家名说，以资海内教育家之借镜。苟有心斯学者，利用诸专家之阅历，以作基础，再尽精微，俾此学大放光明，以佐教育之进行，记者实有厚望焉。

释义　人生性情之来源有二：一由于天然之禀赋；一由于外界之陶冶。禀赋于天然者，谓之遗传性情，或曰生成的性情，又曰天定的性情。简言曰先天，亦曰天性。名虽异而义皆同。陶冶于外界者，谓之习染性情，或曰后获的性情，又曰人为的性情。简言曰后天，亦曰习惯。皆异名而同义者也。前者与生俱来，后者随遇推移。遗传与习染交相为用，而人之性情备焉。

遗传性情与教育之关系　教育者，所以培养性情使归于正之具也。教育既为培养性情之具，则第一要义当在探索学徒性情之本源。方可对症施药而无弊。不然，则认寒为热，不特为教育者劳而无功，受教育者且有误服汤药之虞。夫性情之来源，既有遗传与习染之分矣，而遗传性情，复有可改移与不可改移之辨。譬之眼色，或黑或碧，纯属遗传，一成不可复易。吾人性情禀赋之类此者，实不知凡几。天工既不可以人力胜，则虽曰事培植之功，亦如捕风捉影，终鲜实效。然如躁性可以熏陶而变和蔼，惰性可以督促而进勤敏，其造端虽由遗传，其转移则恃习染。天工虽定于前，人力终胜于后。教育之功，则在设备种种适当习染之机会，使遗传性情之正者，得以发荣滋长。其不正者，得以湮没于无形。不特此也，某项遗传性情，吾既知其为可改移矣。然而改移之中，复当辨其差等。其可改移之处，为全局乎？抑为一部分乎？其举人皆同乎？抑随人而异乎？苟施以培植，当在何时，当用何法，始能收圆满之效果？此种问题，皆与教育成效有极密切之关系。讲求教育者，安可不勤求其解决之方。解决之方维何？曰：亦惟从事遗传性情之考察耳。

遗传要旨　语云："将门出将种。"又曰："有其父必有其子。"故遗传之要义，即为同同相传（Like Produces Like）。六趾之猫，其子常有六趾。何则？种子相同耳。

隔代遗传　遗传之事，不必尽由父母。有祖父母之性情不现之子女，而现之孙子、孙女之身者，此种遗传，谓之隔代遗传（Atavism or Grand-parentalism）（参考 Thomdom：*Heredity* P. 132）。

返本遗传　性情之隔代遗传者，谓之隔代遗传。但性情二三代而遗传者有之，隔四五代而遗传者有之，甚至远祖远孙，同具一性情，而为中间诸代所未经见者亦有之。此为谓返本遗传（Reversion）。（参考 Thomson，*Heredity* P. 119，120，121，133，137）

习染性情不能遗传　由同同相传之义言之，恒人几疑，凡父母之性情皆能传之子孙。以为父母善音乐，其子女必善音乐；父母善算术，其子女亦必善算术。欲知此说之当否，必先知吾人之性情有生成（Congenital）与后获（Acquired）之分。欲知其子女之善音乐、算术与否，须辨其父母果何由而善音乐、算术。其生成也耶？抑学成也耶？知生成、学成之分，则论断不难矣。吾见生成聋瞽父母之产聋瞽子女者矣。然若父母遭险致伤耳目，而成聋盲，遂谓其子女亦必成聋盲，则吾未之前见。伊利诺大学（Illinois University）[4]试验习染性情或人为性情之能否遗传，特养鼠数百尾，其一法则取数鼠斩去其尾，冀观其所生小鼠是否无尾。然新鼠皆有尾。嗣后每逢产小鼠，即去小鼠尾。今且历试数十代矣，而后代小鼠皆有尾。此可见人为性情之不足以遗传也。

生成性情与后获性遗传力之区别　先贤皆能言之，博学如达尔文（Darwin）犹主纤胞汇集之说。谓人身为细胞所组织而成，全身细胞放射纤质使流通汇集以成人种细胞（Sex Cells）（此说见 *Provincial Theory of Pangenesis*）。然人种细胞既借全身纤质放射汇集而成，则身体一部分有何变动，影响且及于未来之子女。然证以斩鼠尾之事，则其说不攻自破矣。

遗传关　父母之性情，能越遗传关（Bridge of Heredity），方能传之子女，否则不能。习染性情之不能遗传者，以此种性情不能超过遗传关耳。外斯曼氏（August Weismann）[5]最先倡此说，谓有人种细胞（Germ-plasm or Sex Cells）与形体细胞（Somatoplasm or Body Cells）之别。性情根源于人种细胞，始有遗传力，其仅根源于形体细胞者，皆不能有遗传力。人种细胞，即所谓遗传关。欲习染性情或学成性情之遗于子孙，必先使此性情同化于人种细胞内，方能奏效。

外氏此说，盖本于人种绵延之理（The Continuity of the Germplasm)。外氏谓人之由来，实缘父母之人种细胞汇合所成。幼儿当初成胎时，即有一种细胞，自集以成幼儿之人种细胞。幼儿之人种细胞，离其所受之形体细胞，独立发育。其根源惟在父母之人种细胞，与父母之形体细胞绝不相混。故父母之性情，具于人种细胞者，世世相传不绝。其仅具于形体细胞者，则绝对不能遗传。何则？未能过遗传关也。此说揆诸事实，较诸达尔文氏为更确切矣。

“外说”与教育　按外氏之说，人为性情、学成性情或习染性情皆无遗传能力。如是则教育所培植之知能，虽有慈父、慈母，不能持以遗传于子女。大匠诲人不能使人巧。天性为之也。即能使人巧，亦不能使其人之子孙巧。盖以学成之知能不能遗传耳。反之，前代苟具一种天生之才知，虽当生之时有达不达之分，而于后代之遗传，则无毫厘之影响。亦以才智之子，不以生前父母之通塞而增减其禀赋也。故以直接言，父母云受教育与否，与子女之禀赋绝不相关。若言间接之关系，则父母有相当之教育与否，家庭之良窳系之；家庭之良窳，子女之观感系之。即以体质而论，父母苟知卫生，则幼儿成胎前后俱受无形之利益。虽然，此俱外铄之因果，影响纵大，不能误作遗传观也（参考 A. Weismann，The Germplasm：*A Theory of Heredity*）。

禀赋之不齐　孟子曰：“夫物之不齐，物之情也。”父母之于子女固是同同相传，然所同者其大纲，所异者其细目。细目之所以不齐，以其结合构造之手续各异。故子女或类其父，或类其母；或一部分类父，一部分类母；或因性质融合之结果，与父母皆不类。而类似之中，复有浓淡深浅之分。故曰所同者其大纲，所异者其细目。

融合遗传　融合遗传（Blending Inheritance）之研究，始于高尔登氏(Galton)。高氏常见父高母矮，而其子不高于父，亦不矮如母，但近乎其中。以为此种遗传必有定例。且儿女躯干之修短，不仅为父母之影响，即远祖、近祖躯干之构造，皆与有力焉。高氏见其然也，乃竭力以求其原理之所在。几经试验而“趋中原则”（The Law of Regression）以立。趋中原则亦曰“祖传原则”（The Law of Ancestral Heredity)。所谓趋中原则者何？曰世代相距之远近，与对于后代之遗传力有反比例。以通常之禀赋言之，父母之影响居其半。祖父母及外祖父母之影响其占四分之一。曾祖父母及外曾祖父母共占八分之一。由此类推递减。约言之，一代之遗传力倍其上代之数。世代相距愈远，则其影响于后代遗传之势力亦愈薄弱。而其代代相差之率，则为半数。故一人之身系万千祖宗之体质性情所铸成。其融合而成之体质性情，一一皆有其本源。苟此万千祖宗皆为上智，则可必其子孙之为上智。苟有一焉而为下愚，为中才，无论男女，皆足以使其后代减色。苟此万千祖宗皆为下愚，则可必其子孙之为愚。苟有一焉而为上智、为中才，即足以使后代生色。二者俱向中才趋进，前者向中才降，后者向中才升，故谓之"趋中原则"。就事实言，天下祖宗不能皆为上智、皆为下愚。其间差等不定，升降靡常。有上智焉，有下愚焉，有中才焉。儿孙之禀赋，亦视此三种祖宗之多寡及其遗传力之强弱以为定耳。英雄不世出，大奸慝亦不世出，而中才遍满天下，趋中原则实为牢不可破之铁案矣（参考 F. Galton：*The Possible Improvement of the Human Breed Nature*，64：1901，P. 659）。

夹杂遗传　融合遗传外，复有夹杂遗传（Particulate or Mosaic Inheritance）。所谓夹杂遗传者，即父母之一种体质性情，杂陈并现于儿女之身，显然可别。如父母眼色不同，则子女一眼色类父，一眼色类母，亦所经见之事。又如黑牛白牛能产花犊，或白身黑斑，或黑身白斑，皆夹杂遗传之类也。

单独遗传　有一种性情遗传，或纯类父，或纯类母，不相融合，亦不夹杂。但能独立以奏遗传之功。如父眼色碧，母眼色棕，而子女之中，或二眼皆碧色，或二眼皆棕色，凡此之类，皆为单独遗传（Alternative Inheritance）。

单独遗传及夹杂遗传之三原理　单独遗传及夹杂遗传之说，虽始创于高尔登氏，而表章奥义，则孟特儿（Gregor Mendel）⑤之功居多。孟特儿者，奥斯马伽之僧侣也。当西历一八六六年时，于波拉尼（Brunn）之花园中，杂种黄豆，以察其遗传之现象。然孟说初流行时，大为时流所攻击。待至一九〇〇年，荷兰植物家佛里斯⑦氏（De Vries）兴，屡经试验，俱符孟说，孟特儿之三原理始一跃而为遗传学之一铁案。

孟特儿之三原理为何？一曰单独性情（Unit Characters）；二曰性情分立（Segregation）；三曰性情之隐显（Dominance and Recessiveness）。按孟说，凡有生之物皆由百千单独性情组织而成。在人种细胞内，每一单独性情，各有其特别之原素。原素虽彼此有相互之关系，然当呈现之时。矫然不倚，此之谓单独性情之说。至两人种细胞汇合时，苟各含相反之元素，既不难融合，则惟有分立以施夹杂或单独遗传之功，此之谓性情分立之说。若二性情虽经遗传，但二者因他故，势不能同时并现，则其彰明较著者，为显现性情（Dominant Character），其不著者为隐伏性情（Recessive Character）。隐伏虽内蓄不现，然其遗传力正未尝稍弱，但不之见耳。

孟特儿取长种豆与矮种豆交植园中，见所生新豆，显属次长种，则"长"者为显现性、"矮"者为隐伏性无疑。然新豆受矮豆之影响，矮性虽隐伏，而矮性之遗传力正未尝少减。苟取此种新豆而再种之，则第三代之新豆，四之一属矮种，四之一属长种，四之二属次长种而蓄矮种。

既得黄豆遗传之经验，孟氏乃创立公式以表原理。用"显"字代显性性情，"隐"字代隐伏性情。于是则孟特儿之公式如下：

（公式一）

第一代　　第二代

显＋隐＝显隐

（公式二）

显隐＋显隐＝显＋2 显隐＋隐

解释：公式二第一项与第二项之显配合得显。第一项之显与第二项之隐配得显隐。第一项之隐与第二项之显隐配得显隐。共为二显隐。第一项之隐配第二项之隐得隐。故等于"显＋2 显隐＋隐"。

若以豆之遗传证之，上立之公式可为下式：

（公式一）

第一代　　第二代

长＋矮＝长矮

（显）（隐）

若取第二代之同种豆再植之，则得式如下：

（公式二）

第二代　　第三代

长　矮　＋　长　矮　＝　长　＋　2长　矮　＋　矮

（显）（隐）（显）（隐）（显）（显）（隐）（隐）

由此式观之，可见第三代之豆，四之一属长种，四之一属矮种，四之二属次长种而蓄矮性。此类数目不可误作实数观。几分之几云云，纯由机会上立论。故以黄豆论，其第三代有一分机会属长种，一分机会属矮种，二分机会属次长种。以言实数，则或与机会相符，或与机会稍歧，难以确言。但能取千万事实而考核之，则实数与机会相差不远矣。

准如孟氏公式，则上智与下愚敌体，智与愚皆备于子女之身。智分显现，昭彰可睹。愚分隐伏，由蓄而不可察。故就表面视之，则其子女才智仍然卓荦。然内面隐伏之愚分，固无时不求外著。苟压力解脱，则愚相立形于后代。故对于此类子女，苟择同类者为之婚配，则以理论上之机会推之，其第三代之纯属上智者四之一，纯属下愚者四之一，其余之四分之二则才智平庸而隐蓄愚分。世故有父母才智过人而其子女不皆慧者，则以前代遗有隐伏之愚分耳。反之，父母躯干适中，或举魁梧；才智庸常，或产英俊。亦以此理为枢机也。

除上立公式之外，孟特儿尚创有五公式，并前而为六。读者苟明第一公式，则其余可以类推也。兹举六公式如下：

第一代　　　　第二代

公式一：……显隐×显隐＝显＋2 显隐＋隐

公式二：……隐隐×隐隐＝隐隐

公式三：……显隐×隐隐＝显隐＋隐隐

公式四：……显显×隐隐＝显隐

公式五：……显显×显隐＝显显＋显隐

公式六：……显显×显显＝显显

（参考 W. Bateson：*Mendel's Principles of Heredity*）

疑问　自孟说阐明以来，动植物家历试不爽。故其三原理几已公认为遗传学之金科玉律。然亦有待解之疑义。有时显现性情遗传不纯，有如红白牛产棕犊之类，实未能以孟说解之。甚至有时所产生物呈一种特别现象，全然不类前代。此亦孟氏未经解释之疑问。然而疑问为发明之母，疑问愈多，则发明之机会愈众。欢迎疑问，虚心竭思以求解决之方，俾真理益明，则学者所有事也。

原载《留美学生季报》第 4 卷第 1 期，1917 年

【注释】

①此文原无标点。

②高尔登，通译高尔顿（Sir Francis Galton，1822—1911）。英国心理

学家和优生学家。他认为天才来源于遗传，遗传的影响远远超过环境的影响，是遗传学的开创者之一。他的主要著作有《遗传的天才》《人类的才能研究》等。

③戈打得，通译哥大德，美国心理学家，曾专门研究教育与遗传问题。

④伊利诺大学，全称为伊利诺斯州州立大学。美国著名的高等学府之一。陶行知 1914 年秋进入该校学习，次年获该校政治学硕士学位。

⑤外斯曼，通译魏斯曼（1834—1914），德国生物学家，遗传学奠基人之一。长期任教于弗赖堡大学医学系。对动物学研究有独到贡献，通过对水螅的长期研究，得出至关重要的结论：生殖细胞中含有对种族延续至关紧要的物质，并且能代代相传。此种物质即今之基因、染色体等。

⑥孟特儿，通译孟德尔（Gregor Johann Mendel，1822—1844），奥地利遗传学家，原为天主教神父。他根据豌豆杂交试验的结果，提出了遗传基因的概念，并提出“孟德尔定律”，成为近代遗传学的基础。

⑦佛里斯，通译德佛里斯（Hugo De Vries，1848—1933），荷兰植物学家、遗传学家。曾任阿姆斯特丹大学教授。他通过对月见草进行试验，重新发现并证实了孟德尔定律，并提出了生物的进化起源于突变的理论。

双十节纪念[①]

诸位同胞：

我们今天为何聚在此地？聚在此地的缘故，就是要纪念六年前的今天。六年前的今天，是什么日子呢？就是中国百姓最宝贵的一天。自从有历史以来，中国应该是中国百姓的中国。但是，从实际上看起来，经过几千年，只是一姓一家的中国，不能算百姓的中国。要知道，从一姓的中国变为百姓的中国，是从哪一天起的呢？就是六年前的十月十号的日子。拿一姓的国家做成百姓的国家，你也有份，我也有份，他也有份，四万万同胞都有份。这是应当纪念的第一件事情。

在民国未成立以前，英雄豪杰不知道费了许多的心血，义士健儿不知掷了许多的头颅，我们百姓不知道耗了许多的身家财产，所以"共和"两字，不是容易做成的，那是千万人的心血、头颅、身家财产换来的。但是，所化费的虽多，究竟有成功的一天。这一天，就是六年前的十月十号。六年前的十月十号，就是我们的英雄豪杰有志竟成的一天。这是我们应当纪念的第二件事情。

民国成立以后，内忧外患乘势迭起，纷纷扰扰，弄成一四面夹攻的形状。外患一方面：有《俄蒙协约》[②]、片马问题[③]、青岛问题[④]、日本之最后通牒[⑤]，以及老西开案[⑥]等事情。外患不足，那白狼[⑦]、马贼[⑧]、帝制[⑨]、复辟[⑩]等内乱又起来了。好像生的寒症，又起了热病。幸而二次革命[⑪]，三次革命[⑫]，四次革命[⑬]，共和的元气虽未能十分地恢复，而这个双十节的日子，总还没有人能够去了它。在去年的十月十号，兄弟纪念民国死而复活[⑭]；今年十月十号，我们应该要纪念的，是民国再死再复活[⑮]。死而复活，应该要纪念；再死再复活，更要纪念。今日我们应该要纪念的第三件事情，就是纪念"共和"再死再复活。

纪念民国的成立，是要叫我们知道：民国与我们有生死存亡的关系。纪念民国未成立以前，是要叫我们知道创业的艰难；纪念民国成立之后，一直到今，是要叫我们知道守成的不容易。须知纪念是属于今天以前的事；今天以后，我们对于民国，应该要有哪一种的精神、定哪一种的方法、做哪一种的事情呢？我们居在四百万英方里的地方[16]，是数千年祖宗传下来的；我们所治的中华民国，是千万英雄血所造成功的。我们对此中华民国，应该要报何等的恩典、负何等的责任呢？

第一要爱国，要爱我们的民国。国要爱，我们的民国更要爱。死而复活、再死再复活的民国，更要爱而又爱。凡国家都有人爱，我们不爱国家，或者爱得不深，外国人就要代我们爱了。印度人爱印度不深，英国人代他爱；朝鲜人爱朝不深，日本人代他爱；中国人不爱台湾、香港、青岛、大连湾、威海湾、广州湾，所以给外国人夺去了。我们倘若是对全国的爱情不深，那全国就要跟着别人跑去了。所以，一国的存亡，看国民有爱国的心没有。有了爱国心，虽亡必存，没有爱国心，虽存必亡。

要知道爱国心是一件事，爱国的法子又是一件事。猿猴爱子，用力抱紧他，拿小猿猴抱死，那是没有爱的法子。所以有了爱国心，必定要有爱国的法子，方能达到我们爱国的目的。倘不照这样儿做，虽有爱国心，也无济于事。

爱国心如同火一样：用得好，可以照了我们读书做事；用得不好，把房子都能烧去，所谓“不戢将自焚也”[17]。所以有爱国心不难，有限制的爱国心是很难。应该有适当的限制爱国的法子。譬如义和团这件事，法子不好，结果也不好。四百五十兆的赔款，叫我们苦百姓三十九年方能还得清楚。这是小不忍则乱大谋；不是爱国，乃是害国。所以爱国的法子，应该要有适当限制，可以进则进，可以退则退，方能算真正爱国的国民。有了爱国心，又有爱国的法子，如此的爱国，方能有益于国。

有了爱国心，又有爱国的法子，那么我们对中华的国民，就有五种的希望。希望在哪里？就包括在中华民国的五色国旗[18]里。

一、红是血色。希望人人都能为国家流血，都能为民国流血。共和既然是血造成，也要拿血来保守他。有害共和的国贼就是敌国，我们国民都要以血来保护。一人流血不够，就继以千百万人的血。因为要享共和的幸福，必定要付共和的代价。共和的代价是什么？就是红的血。

二、黄是金色。希望有个黄金世界，全国实业发达，财源尽开，人人都能自食其力，读书人不做成高等的游民，国家自然富起来了。美国的强，大半由于富；中国的弱，大半由于贫。所以要强，非富不行。

三、蓝是天色。天无所不覆，譬如教育能普及，个个百姓都受其恩泽。希望从今日以后，学校大开，全国国民都能进学校做学问，就可以增高我们国民的程度。

四、白是白玉之白。希望个个人的品行清洁，如同白玉一样，无一点疵瑕。品行不清洁，虽天天说爱国，也是无益；品行清洁，虽不讲爱国，也是爱国。

五、黑是铁色。交通便利，统一国家，全要靠着铁路，所以希望铁道的多，如蛛网一样。不争战的时候，可用在交通；既争战的时候，可用以调遣军队。

但是又有一说：红是大红顶儿[19]，黄是黄马褂[20]。虽有了青天在上，见了银子，良心就要变异了。我们说爱国很容易，要实行是难了。我们在学校里，风平浪静，说了爱国的事，所以有爱国的五种希望；将来到社会上去，不能谨慎防备的，就难免为风俗所移。大概爱国的心与利己的心互为消长：利己的心长，那爱国的心消；要爱国的心长，非除去利己心不行，非具真确的牺牲心不能去。去年双十节，兄弟在美国聚会之后，西友问双十节的意义，答曰“Double Cross”（即双十字架之谓）。十字架系犹太国刑具之一，耶稣殉道其上。其门徒出外传道，皆背十字架，效基督以身殉道之义，故十字架渐成牺牲之代表物。吾国人如能加倍地牺牲报国，然后我们对于祖宗所遗传、烈士流血所造的民国，可以无负。中国既贫且弱，吾辈要救中国的贫，当负一十字架；要救中国的弱，又须负一十字架。背了两个十字架，须有一身为国死两次的精神。以学校里讲，先生应在教课上牺牲，诲人不倦，一见不勤学的人，即是吾不教之罪，终身从事于教育界，鞠躬尽瘁，死而后已；学生亦当有牺牲精神，按才而学，勉为后生可畏。既然教员负一双十字架，学生负一双十字架，教育的前途，必定有蒸蒸日上的希望。那么这双十节一天，不徒可以纪念，尤可为矜式。

原载《南京高等师范学校校友会杂志》1918 年第 1 期

【注释】

①本篇系 1917 年 10 月 10 日陶行知在南京高师纪念会上的演讲记录。记录者：谢守恒。

1917 年 10 月 10 日，南京高师举行双十节纪念大会，陶行知向全校师生作了这番讲话。

②《俄蒙协约》，1912 年 11 月，沙俄与外蒙古傀儡当局非法签订的吞

并中国领土的不平等条约。

③片马问题，片马在中国云南省之西。1900 年英国武装侵占片马诸寨。

④青岛问题，日本在 1914 年 9 月以对德宣战为借口，出兵山东，强占胶济沿线和青岛。

⑤日本之最后通牒，指 1915 年 5 月日本向袁世凯提出的“二十一条”。

⑥老西开，地名；老西开案指法国侵略者于 1916 年 10 月 20 日悍然侵占天津老西开的事件。

⑦白狼，指白朗，农民起义领袖，1912—1914 年曾率领起义军转战中原。

⑧马贼，指清末民初活跃于东北、内蒙一带的土匪武装。

⑨帝制，指 1915 年袁世凯宣布复辟帝制一事。

⑩复辟，指 1917 年 7 月发生的张勋复辟一事。

⑪二次革命，指 1913 年孙中山发动的讨袁战争。

⑫三次革命，指 1915 年 12 月蔡锷等人在云南发起的讨袁护国运动。

⑬四次革命，指 1917 年 7 月段祺瑞在天津发动的“马厂起义”。

⑭民国死而复活，指当时不仅废除了帝制，恢复了民国，而且袁世凯已命归黄泉。

⑮再死再复活，指张勋复辟仅 12 天便告破产，民国政体再度恢复。

⑯四百万英方里，即 400 万平方英里，约合 920 万平方公里。当时测量数据不准，且台湾省不在其内。

⑰不戢将自焚也，语出《左传·隐公四年》：“夫兵，犹火也；弗戢，将自焚也。”意为用兵如用火，用得不好，将自己焚烧自己。

⑱五色国旗，中华民国前期（1912—1927）的国旗。五色为红、黄、蓝、白、黑，表示汉、满、蒙、回、藏五族共和。

⑲大红顶儿，清代官员以帽上顶珠的质色区别官位高低，红顶属一、二品。

⑳黄马褂，清朝皇帝对臣民的最高赐服，黄色为皇帝的专用色。

转型时期的中国[①]

新中华是东西方文明交融的结果。这两种力量的交融赋予了当前中华大地的色彩和形状，并将决定和造就她的命运和未来。吉卜林[②]先生前不久写道："啊，东方是东方，西方是西方，若非天与地对立在上帝的裁判席上，它们绝不会相遇。"如今，吉卜林先生应该会非常吃惊地发现，东方和西方竟然在中华大地上开始交融了。

在某一些实践领域中，这两种文明的交融如同火山喷发或来势汹涌的战争一般，结果通常是强的一方压过甚至取代弱的一方，在这个过程中，既有胜利也有妥协。而在其他领域中，两种文明往往是相互融合的状态，有时候像氢和氧结合，那么突然，没有规律，有时又像爱抚、求爱或订立婚约那样，本质上是一个挑选、适应、妥协和融合的过程，得到的也是一个甜蜜的、愉悦的结果。

自从两种文明直接对话的那一刻起，它们就在持续地发生冲突和交融。他们互相作用、彼此修正，生活因此而变得更加丰富多彩。当前中国人的生活反映出几个世纪的特点。在中国大地上，我们发现几乎每一座城市都被一座中世纪的"城墙"围着：这里的人们渴望新的生活，排斥经院哲学式的压抑、迂腐的生活，这一点正是文艺复兴的核心；这里的人们有强烈的愿望想去观察、比较和批判某种精神信仰，这一点正是宗教改革的灵魂；这里有18世纪工业革命浪潮的涌动，这里还有民族主义和国民意识的大爆发，这一点正是19世纪和20世纪的时代特征。如果一个农民坐在现代化的火车车厢里，一边用火刀火石点着旱烟，一边好奇地询问美国女权运动，抑或热情地宣扬抵制洋货，以此表达他的爱国之情。看到这样的情景，我们大都会非常惊讶。因此，罗斯[③]教授所说的"中国是中世纪欧洲的再现"似乎不太对。事实应该是：当前的中国是中世纪欧洲、文艺复兴、宗教改革以及17世纪、18世纪、19世纪和20世纪的综合再现。我们看到的是几个世纪的文明逐渐过渡和相互融合的动态之景，我们可以将其称为文明的光谱——不同地方、不同世纪的文明在其中呈现出鲜明、生动、迷人的迥异形态。

这种现象反映在生活的各个方面——在家中、在学校、在教堂、在社会里、在国家中——但或许最显著的变化还是观念上的变化。

中国人传统的观念本质上是罗马式的，如果我们按照罗马人的生活方式去设想中国人的传统观念就很容易理解了。中国人和罗马人似乎在生活观念上不约而同地看法一致：他们寻求过去的黄金时代，因此是保守的；他们将社会视为一个有秩序的组织，因此是静止的；他们强调权威统治，因此是顺从的。另一方面，主流源于古希腊的现化文明有着乌托邦式的未来；它对社会抱有动态的看法，它也鼓励自由和解放。作为两种文明交融的产物，在当今中国人的精神世界中，保守主义与激进主义、秩序与进步、权威与自由并存。

毋庸置疑，许多人在以上两种对立的观念中各执一端，甚至展开激烈的搏斗，同时也必须承认的是，这两种观念中间有一股巨大的力量像钟摆一样来回摇摆着。我们认为这种情况是理所当然的，是转型阶段不可避免的。

然而，有一件非常幸运的事情值得一提，即处在两个极端之间的人越来越多、越来越强大。这些人都认为新旧事物都有价值，不论新与旧，只要是精华，就必须保存和吸收；但凡是糟粕，就应当舍弃。对于他们而言，过去是现在和未来的基石，未来则是过去和现在的目标；对他们而言，没有秩序就无法进步，秩序仅是为了保障进步而存在；对他们而言，权威是自由的守护者，自由是权威的终极目标。一言以蔽之，他们发现这些看似冲突的观念各个都能找到它正确的位置——比如德国的高效能、美国的自由精神，均是如此。是他们有力推翻了极端的保守分子，屡次阻止了暴动的激进分子；是他们带领着新中华走过转型的关键时期，呵护它走向光明的未来。祝愿他们！正是因为他们的忠诚、智慧和勇气，我们的国家才能经受住时代的考验。

原载 *Liu Mei Tsing Nien*（《留美青年》）1917 年第 3 卷第 3 期

【注释】

①英文影印件由何荣汉提供，杜小双译，周洪宇校，英文原文见第八卷。

②吉卜林（Joseph Rudyard Kipling），印度裔英国诗人，1907 年获诺贝尔文学奖。

③罗斯（Edward Alsworth Ross），美国社会学家。

就任金陵大学同学会本部会长时的演说[①]

猥以菲材，过蒙推爱，以致举全会重要职务，执之于素无经验之人。陨越时虞，此后会务进行，尚祈不时指示。至诸君子新议筹备中学一案，俱见硕画远谋。缘以南京户口之众，当有十五中学，今则所有不过三分之一耳！况江苏素称交通便利之区，苟宁垣有一精神完美之中学出见，其为各界欢迎，必无疑义。

原载《金陵光》第9卷第2期，1917年12月

【注释】

①本篇系演讲记录。摘自《金陵大学同学会本部职员选举会纪事》。记录者：宜。题目为编者所拟，原无标点。

在金陵大学同学会下关支部成立会上的讲话[①]

同学会已有四兄弟，分处于纽约、上海、汉口、南昌，惜邻近处无一兄弟。今日下关有幼弟产生，故今日之会有莫大荣幸，莫大价值。欲知其荣幸及价值，当明是会之关系[②]。即将本会与同学个人之关系一一说明，凡与本部之关系，与各支部之关系，与母校之关系，与社会及国家之关系，亦逐层阐发。今日幼弟产出之时，如筹备主任所宣布者，落地第一声，即惊人听闻。本部对于下关支部，固怀有最亲密之感情，尤具有无限之希望焉！

原载《金陵光》第9卷第3期，1918年2月

【注释】

①本篇系演讲记录。摘自《金陵大学同学会下关支部成立记》，记录者：刘丙彝。题目为编者所拟，原无标点。

在金陵大学同学恳亲会上的讲话[①]

一

吾人有两种家庭：甲、身体生长之家庭；乙、学问生长之家庭。今日与会诸君，皆有一番感触，即九世[②]以上同居之大家庭中团聚之乐是也。而为吾侪之老母者欢迎之际，愉快又当何如！

本部对于各支部之希望有四。

二

（一）由学校方面而生者。母校之扩充，全恃各支部之赞助，古人所谓“天下兴亡，匹夫有责”。包君[③]前拟于新校舍中特辟一室，以供校中历史上伟人之肖像。吾侪盍兴乎来！

（二）由各支部内部组织上而生者。可分三端，即：交换知识，联络感情，互相砥砺是也。

（三）由各支部所在地方上而生者。吾人公布一事，必借广告之力。广告之法有三：招贴、报纸外，即个人之身体是也。苟同人中一份子于某地方上，能发展其事业，尊重其道德，某地方上人人皆赞扬母校矣；苟一不慎，或公德缺乏，或私德逾闲，某地方上人人亦将毁谤母校矣。

（四）由各支部彼此联络上而生者。联络之方法虽繁，约言之有四：甲、言论机关，感情之联络，全恃交通之利便。《金陵光》者，吾侪互通问讯之传声机也。乙、职业介绍部，以地点言，或甲地才乏，而乙地事简；以人才言，精于农者，每不宜于西北，精于矿者，每不宜于东南。则量才器使，全恃各地介绍部之支配得宜耳。况有此部，消息益灵，机缘亦不至坐失矣。丙、办事应有公共目的。综观已立各支部之宗旨，与本部宣言多不谋而合。至所以不尽吻合者，皆由本部章程未能广布之咎。惟此后各支部应如何一致进行，乃同人等所宜共勉者也。丁、恳亲会，斯会之宗旨利益，包监督[④]等言之已详。本部同人所希望者，经此一番联络，他日赴会将见年盛一年。

本会之幸，母校之幸，即中国之幸也！

原载《金陵光》第9卷第3期，1918年2月

【注释】

①本篇系演讲记录。第一部分为会议开始时的讲话，第二部分为会议结束时的演说。记录者：刘钟璐。题目为编者所拟，原无标点。

②九世，指九届毕业生。

③包君，金陵大学校长包文，美国人。

④包监督，指包文。

一九一八年

江苏市乡教育状况之一斑[①]

今日非来演讲，乃代诸君报告调查之成绩。寒假前本会[②]曾发市、乡教育调查表，调查各省、市、乡教育状况，借资研究。兹就诸君所缴之成绩，外省少而苏省多，计学校十三，教师百，学生千七百二十九，故今所报告者，仅江苏市乡教育之一斑。夫国有国粹，省有省粹；苏省省粹，素推教育。诸君同学是邦，共研教育，他山借镜，安可不循名责实乎？分学生、教员、设备三端，报告如次：

一　学生

（甲）学生与人数之比较。据民国四年调查，苏省有学生二六九四二二人，人数约二十七兆，学生占人数百分之一弱。现据调查报告，淮阴市有人数八七八四〇。据世界统计，学生与人口之比较，为百分之十九，约五分之一。淮阴市应有学生一七五六八，今只有学生九二八，视人口数不过百分之一。此学生与人数比较之大略也。

（乙）年龄与学级之比较。年龄与学级关系甚巨，一级之中，年差愈大，教授愈难，而休学、留级者愈多。因学生之知识，随经历而异，年差愈多，经历愈不同，而知识之高下，更不相等一级，教授困难横生。此教育者所宜注意者也。列表如下：

同级学生年差表[③]

级 / 数	国一	国二	国三	国四	高一	高二	高三	中一	中二	中三	中四
学生总数	237	230	217	135	168	173	149	147	118	93	82
年差	8	7	11	8	11	12	13	12	11	10	9

休学生与过学龄学生之关系

级数 学生数	国一	国二	国三	国四	高一	高二	高三	中一	中二	中三	中四
休学学生总数	43	38	79	72	27	23	2	1	2	1	1
过学龄之休学生等于休学学生百分之相差岁数	70%	82%	76%	56%	100%	100%	100%	100%	100%	100%	100%

（丙）通学生④。学校之势力范围，可以通学之远近推之。试观下表，学校势力有能达七里者，但此项学生因有特别情形，不足据论。故其势力虽达七里，实则三里以外已薄弱矣。列表如下：

通学生与学校之距离

里 数	$\frac{1}{2}$	1	2	3	4	5	6	7以上
总数	402	249	121	53	17	1	3	3
百分	43%	29%	17%	6%	2%	0.12%	0.35%	0.35%

（丁）寄宿生。此次调查寄宿生，其中虽有远至二三百里以上者，然为数甚少。故其势力仅达于二百里内，过此则甚微也。列如下：

寄宿生家、校之距离

里 数	1—99	100—199	200—299	300—400
百分数	76%	14%	9%	8%

二 教员

（甲）教员之年俸。支结教员薪俸，各校不一。有以十月计算者，有以十二月计算者。欲求划一计法，只有以年俸为准。列表如下：

教员年俸表

年俸 校名	最高位	中位	最低位
国民小学	240	102	30
高等小学	600	200	70
中学	1 200	600	240

（乙）教员每周担任钟点。小学教员课务最忙。下表所列，惟中位及最高位，容无兼职，低位则难免也。

学校 钟点	国民	高小	中学
最高位	26	24	20
中位	17	16	14
低位	4	8	5

（丙）教员学业。此次调查教员学业甚杂，顾中学教员无高等小学毕业及中等肄业者，亦幸事也。列表如下：

教员学业表

学校 学业	国民	高小	中学
科举	18%	16%	15%
高小毕业	20%	10%	
中学毕业	26%	13%	10%
中学肄业	6%	10%	
寻常师范毕业	24%	45%	30%
大学毕业	2%	3%	30%

（丁）教员经验。小学、中学教员有同一之程度者，则应有同一之待遇。唯世人待遇教员，往往厚中学而薄小学，故学问高而经验丰者，每鄙小学而不就，此宜改革者也。列表如下：

学校 年数	国民	高小	中学
1	26%	6%	15%
2	12%	10%	20%
3	20%	23%	5%
4	18%	17%	10%
4 以上	22%	46%	50%

三　设备

此次调查教室，共四十有三。两面进光者三十，窄者八，小者九，差堪者可二十。按教室之光，宜自左边一而射入，窗户与窗户距离，宜一尺有余，窗户面积与地板面积之比，以四分之一至六分之一为当。教室之大小，每人当以十六英方尺为准。

原载《南京高等师范学校校友会杂志》1918 年第 1 期

【附录】

江苏学务委员之调查⑤

社会一切事业皆胎息于教育；而教育之盛衰进退，又全视乎规划之、指挥之、监察之者之得其人与否。规划、指挥、监察地方教育者，即所谓学务委员是也。是则欲图一地教育之改良，必先进其学务委员之程度。欲进学务委员之程度，又必先审其良窳优劣之如何，然后着手设施，有所依据。故调查学务委员，实教育改良之要务也。今年五月，江苏教育厅委托本校⑥代办县视学讲习会事宜。主任陶知行先生因请各县视学将所属学务委员状况，依表填报。计共得四十三县。虽全省情形，未尽于此，要其大概，固已可窥一斑矣。其统计结果，录之如下：

一　江苏四十三县学务委员年龄统计表

年龄	20—29	30—39	40—49	50—59	60—69
人数	26	132	64	23	3
居总数百之几	10.5	53.3	25.9	9.3	1.2

总数248人　中位37岁　最高位67岁　最低位20岁

案美国大都市学务委员不得逾六十岁，盖精力日衰，恐不能胜此繁剧之任也，而二十岁之为学务委员者，亦不多见；其适合年龄当在二十五至五十岁之间。

二　江苏四十三县学务委员经验统计表

经验年数	一年以下	一年	二年	三年	四年	五年	六年	七年	八年	九年	十年	十一年	十二年	十三年	十四年	十五年
人数	2	7	10	23	19	28	35	38	32	12	28	8	11	5	3	2
居总数百之几	0.75	2.7	3.6	8.7	7.2	16.6	13.7	14.4	12	4.5	10.65	3.0	4.1	1.9	1.1	0.75

总数263人　中位7年

江苏多数学务委员在教育界任事，有七年左右之经验，不为不足。

三　江苏四十三县学务委员在本区任事时期统计表

时期	一年未满	一年以上	二年以上	三年以上	四年以上	五年以上	六年以上	七年以上
人数	11	15	25	39	48	23	20	6
居总数百之几	5.9	8	13.4	20.1	25.7	12.3	10.7	3.3

总数 187 人　中位 4 年

四　江苏四十三县学务委员学业表

学业	人数	居总数百之几
私塾出身	27	14.6
高等小学毕业	5	2.7
师范讲习科毕业	9	4.8
师范讲习科六个月毕业	6	3.2
师范讲习科一年毕业	32	17.4
师范讲习科一年半毕业	9	4.8
师范讲习科二年毕业	14	7.6
中学肄业	3	1.6
中学毕业	23	12.5
师范本科毕业	32	17.4
优级师范毕业	13	7
专修科毕业	5	2.7
专修科肄业	2	1
高等毕业	2	1
大学毕业	3	1.6

总数 184 人

论及学务委员之学业，至低须有本区中学校长同等之程度，然后足以唤起社会之信仰。按上表所载，学务委员在师范讲习科毕业者最多，次则为初级师范毕业生，次则塾师宿儒，亦占百分之十四而强。美国克比里先生，主张学务委员应以大学毕业，并入大学院师范科有研究而得博士学位者为上。今其繁盛都市，委员大概皆此等人充当，较之我国，远过多矣。

五 江苏四十三县学务委员年俸统计表

年俸	10—99	100—199	200—299	300—399	400—499
人数	27	115	64	61	7
占总数百之几	9.9	41.9	23.3	22.3	2.9

总数 274 人　中位 190 元　最高位 456 元　最低位 10 元

由年俸统计表观之，江苏四十三县学务委员之年俸，最高者为四百五十六元，中等为百九十元。稽之美国，则人口二十五万以上之城市，其学务委员所得之年俸，多者万元，中等七千余元。比较二国所出代价之高低，可以知其教育之盛衰矣。

原载《南京高等师范学校校友会杂志》1918 年第 1 期

【注释】

①本篇系演讲记录。记录者：陈纲、彭蠡汇。

1918 年初，南京高等师范学校教育研究会印发教育调查表格 7 份，要求学生寒假回家就近作教育调查统计。开学后，陶行知对学生所作的调查统计结果进行了分析研究，并将结果向该校教育研究会会员报告。

②本会，指南京高等师范学校教育研究会。

③表中“国”字，指国民小学，初小性质；“高”字，指高等小学校，高小性质；“中”字，指中学，不分初、高中。此类学校，均依当时通行的《壬子癸丑学制》。表中的一、二、三、四，系指年级。

④通学生，即走读生。

⑤本篇原发表时无署名，仅署有记录者吴昆。

⑥本校，指南京高等师范学校。

试验主义之教育方法[①]

荀子[②]曰："大天而思之，孰与物畜而制之！从天而颂之，孰与制天命而用之！望时而待之，孰与应时而使之！因物而多之，孰与骋能而化之！思物而物之，孰与理物而勿失之也！"此数语，可谓中试验精神之窍要矣。盖凡天下之物，莫不有赖于其所处之境况。境况不同，象征自异。故欲致知穷理，必先约束其境况，而号召其象征，然后效用乃能发现。若其待天垂象，俟物示征，则以有限之时间，逐必不可得之因果，是役于物，而制于天也，安得不为所困哉？即得矣，或出于偶然；有常矣，或所示者吝。吾又安能穷其极处，无不到哉？

昔王阳明格竹七日而病，及在夷中，乃恍然以为："天下之物，本无可格。其格物之功，只在身心上。"呜呼！此皆不能约束其境况，号召其象征，有以致之也。彼善致知者，役物而不为物所役，制天而不为天所制。设统系，立方法，举凡欲格之物，尽纳之于轨范之中。远者近之，微者大之，繁者简之，杂者纯之，合者析之，分者通之，多方以试之，屡试以验之。更较其异同，审其消长，观其动静，察其变化，然后因果可明，而理可穷也。故试验者，发明之利器也。试验虽不必皆有发明，然发明必资乎试验。人禽之分，在试验之有无；文野之别，在试验之深浅。试验之法，造端于物理、生物、生理，浸假而侵入人群之诸学，今则哲理亦且受其影响矣。盖自培根（Bacon）用以格客观之物，笛卡儿（Descartes）[③]用以致主观之知，试验精神，遂举形而上学、形而下学而贯彻之。穷其结果，则思想日精，发明日盛。欧美之世界，几变其形。

吾国数千年来，相传不绝之方法，惟有"致知在格物"[④]一语。然格物之法何在？晦翁[⑤]与阳明各持一说。晦翁以即物穷理释之，近矣。然而即物穷理，又当用何法乎？无法以即物穷理，则物仍不可格，知仍不可致。阳明固尝即物而穷理者也，然未得其法，格物不成，归而格心。使阳明更进一步，不责物之无可格，只责格之不得法，兢兢然以改良方法自任，则近世发明史中，吾国人何至迄今无所贡献？故欧美之所以进步敏捷者，以有试验方法故；中国之所以瞠乎人后者，以无试验方法故。征之世界进步，试验方法既如此，不可废也，则其应用于教育界者，又何若哉？

教育为群学之一种，介乎形而上学、形而下学之间。故其采用试验方法也，较迟于物理、生物诸学。然近二百年来，教育界之进步，何莫非由试验而来？是以泼斯泰来齐（Pestalozzi）[6]试验幼子，而官觉之用以明；赫耳巴尔忒（Herbart）[7]设研究科，而统觉之理以阐；福禄伯（Froebel）[8]创幼稚园，而游戏之效以著；杜威（J. Dewey）[9]之集成教育哲学也，以试验；忒耳诺泰刻（Thorndike）[10]之集成教育心理也，亦以试验。他若全部发育也，先质后文也，自动也，兴味也，感应结也，习惯法也，无不根源于试验。举凡今日教育界所视为金科玉律者，何莫非昔贤屡试不爽之所遗留哉？是故试验之消长，教育之盛衰系之。

柏林大学保尔生（Paulsen）[11]曰：德国中世纪以前，狉狉榛榛，等于化外之民。及拉丁文输自罗马，民情一变。既而文艺北渐，蕴成宗教变革[12]，而民德又一进，是德人再得力于拉丁民族也。当十七世纪，法国礼乐艺术最盛，德人见异思迁，其贵族咸以能说法语为荣。及十八世纪，大风烈铁骑帝（Fredrick the Great）[13]又定法文为学校必修科，并聘法人为高级教师。其学于法人也，可谓勤矣！此外，于英吉利及希腊之文化，皆无所不吸收。此德人师天下之期也。迨至十八世纪之初，哈里大学（Halle University）[14]与郭听斯堡大学（Gönigsberg University）相继而兴，皆以宣扬试验精神为务。其后赫尔巴耳忒与福禄伯诸贤，先后辈出，凡所建树，皆根本于试验。虽执政者屡加干预，而其教之流行，速于置邮传命，不数十年，而弟子几遍国中。至十八世纪末叶，复与国家主义[15]会合，以国家主义定目的，试验主义定方法，相演相成，用著大效。此后言教育者多宗德人。故十九世纪以前，德人师天下。十九世纪以后，天下师德人。试验主义实与有力焉！

美国三十年前之教育，亦几无事不模仿旧大陆。自乾姆（James）[16]创设心理试验科，而学者趋向一变。至于今日，凡著名大学，莫不设教育科，其同时试验教育心理者以百计。其试验机关与从事实地试验教育之人，几无处无之；其试验精神之充塞，可谓盛矣。观其效果，虽未必人人皆有贡献，然英德识者，佥谓美国近今小学教法冠天下。其收效之速，有如此者，夫岂偶然哉？

吾国办学十余年，形式上虽不无可观，而教育进化之根本方法，则无人过问。故拘于古法，而徒仍旧贯者有之；慕于新奇，而专事仪型者有之。否则思而不学，凭空构想，一知半解，武断从事。即不然，则朝令夕罢，偶尔尝试。提学使⑰弗善也，一变而为教育司；教育司弗善也，再变而为教育科；教育科弗善也，三变而为教育厅。不满十年，而变更者三，岂其善于试验哉？毋亦尝试而已。孔子曰："温故而知新，可以为师矣。"仍旧贯，只是温故；仪型他国，则吾人以为新，他人以为旧矣。空想无新可见，武断绝自新之路，尝试则新未出而已中途废矣。何怪乎吾国教育之不振也！故欲教育之刷新，非实行试验方法不为功。盖能试验，则能自树立；能自树立，则能发古人所未发，明今人所未明。人将师我，岂惟进步已哉？若徒因人成事，逐世浮沉，则人进一尺，我进一寸，人退一寸，我退一尺，亦太可怜矣！

今之议者，每曰教育救国。教育岂尽能救国乎？吾敢断言曰：非试验的教育方法，不足以达救国之目的也。虽然，试验岂易言哉？知其要而无其才，不足以言试验；有其才而无百折不回之气概，犹不足以言试验也！故试验者，当内省其才，外度其势；视阻力为当然，失败为难免；复贯以再接再厉之精神，然后功可成也。吾教育界有急起直追以试验自矢者乎？吾将拭目以待之。

原载《金陵光》第9卷第4期，1918年4月

【注释】

①此文原无标点。

②荀子，即荀况（约前313—前238），又称荀卿、孙卿，战国时赵国人。思想家、教育家，著有《荀子》。

③笛卡儿（Rene Descartes，1596—1650），法国哲学家、数学家和物理学家。在解决哲学的基本问题即思维对存在的关系问题时，他是二元论者。

④"致知在格物"，《礼记·大学》中有"致知在格物，物格而后知至"的话。格物，推究事物的道理。

⑤晦翁，朱熹的号。

⑥波斯泰来齐，通译裴斯泰洛齐（Johann Heinrich Pestalozzi，1746—1827），瑞士教育家，曾创办孤儿院，从事贫苦儿童教育。

⑦赫尔巴尔忒，通译赫尔巴特（Johann Friedrich Herbart，1776—

1841)，德国哲学家、心理学家、教育家，强调用严峻方法管理儿童。

⑧福禄伯，通译福禄培尔（Friedrich Wilhelm August Froebel，1782—1852)，德国学前教育家。1837年在勃兰根堡（Blankenburg）开办学前教育机关，并于1840年命名为“幼儿园”。

⑨杜威（John Dewey，1859—1952)，美国实用主义的主要代表，哲学家、教育学家。他主张工具主义，否认客观真理和绝对真理的存在；宣扬社会改良，反对阶级斗争。在教育理论方面，他认为“教育即生活，学校即社会”，提倡“从做中学”。杜威于1919—1921年间曾来华讲学，他的学说对旧中国教育有一定的影响。主要著作有《哲学的改造》《经济和自然》《学校与社会》《民本主义与教育》等。

⑩忒耳诺泰刻，通译桑戴克（Edward Lee Thorndike，1874—1949)，美国心理学家。他相信“遗传决定论”，主张天才教育。著有《教育心理学》等。

⑪保尔生，通译保罗生（Fr. Paulsen)，德国哲学家，客观唯心主义者。著有《伦理学系统》等。

⑫宗教变革，十六世纪欧洲新兴资产阶级在宗教改革的旗帜下，发动的一次大规模的反封建的社会政治运动。

⑬大风烈铁骑帝（Friedrich the Great)，即弗里德里希二世（Friedrich Ⅱ，1712—1786)，一译腓特烈二世，又称腓特烈大帝，普鲁士国王。

⑭哈里大学（Halle University)，通译哈勒大学，1694年创设于普鲁士萨克森（Saxony)。

⑮国家主义，是一种以抽象的国家概念欺骗人民服从资产阶级利益的反动思想。对内强调“国家至上”，对外宣传民族优越论，并以“保卫祖国”的名义叫嚣侵略战争。

⑯乾姆，通译詹姆斯（William James，1842—1910)，美国哲学家、心理学家，实用主义创始人。

⑰提学使，清末学官名。

报告讲习会举办经过

——在江苏视学讲习会闭幕式上的发言[①]

讲员共请十七人，皆尽义务，热心可感。听讲员、各县视学员，到会者有五十四县；合旁听员计，最多时达二百五十九人。共讲四十二课。

每课听讲者，平均得一百二十二人。虽时期甚短，而听讲者能始终不懈，虚心研究，至可欣佩。

课程中，本定有参观沪上英、法、美、日等国所设学校。俟教育行政会议后，由江苏省教育会介绍、导引。

此次虽名讲习会，实则讲多习少。不过，习之时无限，习之地无穷；种子在讲，收成在习。愿诸君子毋虚此行。

原载《申报》，1918 年 5 月 26 日

【注释】

①本篇系发言记录，记录者为《申报》记者。原题为《江苏视学讲习会之结束》，今题系编者所拟。发言时间为 1918 年 5 月 2 日下午。是日下午，江苏县视学讲习会举行闭会式。该讲习会由陶行知担任主任，于是月 9 日开班。其间，陶行知担任了普通教学法之方法、学校设备与卫生、模范地方教育和职业教育的课程讲授。闭会式由陶行知主持。陶行知报告了本会举办经过后，江苏省教育厅厅长、讲员邹霁澄、学员代表杜寿祺、南京高师校长郭秉文分别致词。陶行知会后又赴梅庵参加茶话会，尽兴而散。

师范生应有之观念[①]

鄙人承贵两校之嘱，来与诸君畅谈，不胜快乐。鄙人最喜同学生谈话，因十余年来，无日不做学生；即现在当教员，亦未尝不是做学生，盖不学则不能教。既为学生，则与诸君均为同志，同志相谈，自必非常快乐。诸君均为师范生，所研究者为教育，而鄙人所研究者，亦为教育，尤为同志中之同志，所以更为快乐。诸君平日在校，已受良好之教训，固无庸鄙人多谈。惟是同志相聚，亦不可不有所研究，尚希诸同志加以指正为荷。今日所讲之题，即《师范生应有之观念》。

一　教育乃最有效力之事业

教育能改良个人之天性。人之性情有善有恶，教育能使恶者变善，善者益善。即个人性情中，亦有善分子与恶分子，且善分子中亦含有恶。如爱，乃性情中之善分子也；而爱极生妒，变善为恶矣。恶分子中亦含有善。如怒，乃性情中之恶分子也，然文王一怒而安天下，用恶为善矣。教育乃取恶性中之善分子，去善性中之恶分子。如开矿然，泥内含金，金内亦杂有泥。开矿者取泥内之金，去金内之泥，然后成为贵品。教育亦若是矣。

教育能养成共和之要素。共和国有两大要素：一须有正当领袖，一须有认识正当领袖之国民。盖领袖有正当者，亦有不正当者。正当领袖，能引导国民行正当之事业；不正当领袖，能诱致国民行不正当之事业。故又必须养成能认识正当领袖之国民，领袖正当则从之，领袖不正当则去之。由是，正当领袖之势力日张，而不正当领袖之势力日蹙。所以教育能巩固共和之基础也。

教育能传播非遗传的文化。人之言语非生而知之者，必由渐习而后能。然亦只能说一国之语，如中国人只能说中国语，而不能言德、美、俄、日等国之语。如欲能言德、美、俄、日等国之语，必由专习而后能。推而言之，世界文化无虑千万，皆父母所不能遗传者，而教育能一一灌输之。鄙人谓教育能造文化，则能造人；能造人，则能造国。今人皆云教育能救国，但救国一语，似觉国家已经破坏，从而补救，不如改为造国。造一件得一件，造十件得十件，以至千百万件，莫不皆然。贫者可以造富，弱者可以造强。若云救国，则如补西扯东，医疮剜肉，暂虽得策，终非至计。若云教育造国，则精神中自有趣味生焉，盖教育为乐观的而非悲观的也。

教育为最有可为之事。古今名人莫不由研究教育而出。如达尔文、杜威、威尔诺刻②等，皆由研究教育而出者也。但须有决心，有坚志，则成事何难？惟此尚是第二事。我等第一要知：人是人，我是我。天既生我，则必与我以一种为人所乐能为之能力。不然，既有他何必有我！天既生孔子，万事皆孔子所能为，则又何必生我而为古人之附属物？由此观之，则我等当自立，当自强，为我之所能为，不随人学步，庶不负天生我之意。教育既然如此，则我师范生当作何种之观念？以鄙人看来，男师范生与女师范生之观念，当有不同。欧战发生后，德法发生一莫大之问题。因其平时男教师比女教师为多，一旦战事发生，国内乏男子担任教育事业，影响于儿童者甚大。中国亦如此。但美国、加拿大则不然，其小学教师皆以女子充当，其男子皆任兵役以卫国家，所以战事发生后，教育依然不受影响。再，女子与儿童有天然亲爱之感情，非若男子之爱护儿童出于勉强也。但高等小学则有不同，因此须养成其进取勇敢之精神，激发其军国民之志气，故须利用男教师。此男女教师不同之点也。然其共同之点，则在以教育为专门职业。地理、历史、哲学、医学、生理学等，虽皆为教育家所利用，而教儿童则非修专门之教育的科学不可。今世界上有四种教育家：一、政客教育家，借教育以图政治上之活动；二、空想教育家，有空想而未能实行；三、经验教育家，以经验自居，不肯研究理论；四、科学教育家，则实用科学以办教育者。中国现在教育家只有政客、空想、经验三种，但教育以科学教育为最重要，故男女师范生当专心致志、抱定主义，以教育为专门职业，则何人不可及，何事不可为耶？

二　教育乃一种快乐之事业

《论语》曰：“有朋自远方来，不亦乐乎！”非当日孔子言教育之快乐耶？孔子一生诲人不倦，至于发愤忘食，乐以忘忧，不知老之将至。现任教育者，无不视当教员为苦途，以其无名无利也。殊不知其在经济上固甚苦，而实有无限之乐含在其中。愚蒙者，我得而智慧之；幼小者，我得而长大之；目视后进骎骎日上，皆我所造就者。其乐为何如耶！故办教育者之快乐，当在手续上，而不在其结果之代价。换言之，即视教育为游戏的作业、作业的游戏也。至于劳碌动作，以求结果之代价者，则宜摈弃于教育界外。

三　各种教育之职业皆须视为平等

现在教员一般心理，每以大、中学校之等级高，高小、国民学校之等级低，于是以教大、中学校为荣，而以教高小、国民学校为贱。不知大学要紧，中学要紧，而高等小学、国民小学、幼稚园尤要紧。以鄙人主张，凡大学、中学、小学等教员，国家须有同等之酬劳，社会须有同等之待遇。然常人心理，多不明小学之紧要，师范生亦有不明此理者。由是，他人固不以平等看待，即自视亦觉小学教员不如大学、中学教员之价值。甚至去而不为，放弃其应做之职业。故欲救此弊，先须视各种教育之职业皆为平等，此师范生所当注意者也。

四　教育为给儿童需要之事业

教育者，乃为教养学生而设，全以学生为中心，故开办学校、聘请教师，无一非为学生也。若无学生，焉有学校？既无学校，焉有教师？然则教师与学生，焉可无同情耶？同情谓何？即以学生之乐为乐，以学生之忧为忧；学生之休戚即我之休戚，学生之苦恼即我之苦恼是也。鄙人曾参观一校，终日仅一见教师之笑，不可谓不威严矣！吾人若设身处地为其学生，必也视之为判官、为阎罗，如芒刺之在背矣。此教师不能与学生同情之故也。现中国教师之大弊，即在于此。此又我师范生所当注意者也。

五　教育为制造社会需要之事业

教育为改良社会而设，为教育社会人才而设。故学校非寺院岩穴也，教员非孤僧隐士也。夫既为社会而设，若与社会不相往来，何以知社会之需要？中国前此之弊，即在于此，亦我师范生所宜注意者也。

六　教育为师范生终身之事业

现在为教师者，男则因赋闲无事，遂暂为之；女则因尚未适人，而暂为之。事既得，家既成，则远翔而不顾。视办教育如用雨伞，雨则取以遮盖，晴则置之高阁；视居学校如寓客栈，今日寓此，明日便去，虽有蚊蚤之为害，不过今宿，又何必大事驱除！教育中亦有害虫，教师之责，所宜驱除，岂可以暂为，遂视同秦越而不作整顿之计耶？昔英女皇依里萨伯③终身不嫁，人问之故，辄以英吉利即吾之夫一语以对。意相加富尔④终身不娶，人问之故，辄以意大利即吾之妻一语以对。故鄙人今亦有二语告于诸君，即男师范生应以教育为之妻，女师范生应以教育为之夫，有此定力，则赴汤蹈火，在所不辞，鞠躬尽瘁，死而后已。吾身不成，吾子绍之；吾子不成，吾孙绍之；子子孙孙，世世代代，相续无间，海可枯而吾之志不可枯，石可烂而吾之志不可烂。西藏，极西边极穷苦之地也，有须吾办教育者，吾即往西藏而不辞。蒙古，极北边极穷苦之地也，有须吾办教育者，吾即往蒙古而不辞。不要名，不要利，只要教育好；不怕难，不怕死，只怕教育不好。师范生乃负此志者，故与别种学生不同。读书要当作教书读，求学要当作教学求。蚕食桑叶，消化而吐出能为锦绣之丝；师范生求学，亦当融会贯通而吐出有益于人之事业也。

以上所说，皆属泛论。尚有一问题，与诸君商酌，庶上说皆可解决而变为切实。曾子曰："吾日三省吾身。"诸君亦当自省为何不入他校而入师范学校？岂为师范学校豁免学膳费而来乎？抑为求学之故，无他校可入，不得不入师范学校乎？或迫于父母之命，不得已而入师范学校乎？将负大才能、抱大兴味而后入师范学校乎？假如因免学膳费，因无他校可入，及因父母所迫而入，姑且无论。若因负大才能抱大兴味，其将何以自待？吾见今日师范毕业者，有一部分人不办教育，或办教育而不尽心力者，皆由初未能自省也。然则，以上所说均成空谈矣。鄙人此番之话，方为负大才能抱大兴味而入师范学校者言之，望诸君皆注意焉。如有误谬之处，不妨指出纠正，实甚欣幸。

原载《行知研究》1987 年第 1 期

【注释】

①本篇系陶行知 1918 年 5 月向安徽省立第一师范学校和第一女子师范学校师生所讲。记录者：陈世勋、谢荣冠、陈硕果、吕璜、郑上元、王式禹。演讲记录经陶行知审阅后铅印成文，但未曾公诸报刊。解放初，安庆市图书馆名誉馆长蒋元卿发现这篇演讲记录的铅印原件，后提供给皖版学

术刊物《行知研究》。

演讲记录铅印原件上，刊有编者按语云："歙县陶知行先生，留学美国有年，回国后任南京高等师范教育科主任。民国七年五月，本省开教育行政会议，附设讲演会，敦请名人讲演教育。先生惠临讲演，开陈出新，发所未发，语语探源，丝丝入扣，闻者无不兴起。"

②威尔诺刻，疑为美国心理学家桑戴克（Edward Lee Thorndike，1874—1949）的音译。在本全集第一卷《试验主义之教育方法》一文中，陶行知曾将此名译为"忒耳诺泰刻"。

③依里萨伯，通译伊丽莎白（Elizabeth），英国女王。

④加富尔（Cavour，1810—1861），意大利自由贵族和资产阶级君主立宪派领袖，先为撒丁王国首相，后为意大利王国首相。

在《职业教育设施法》讨论会上的发言[①]

一

调查毕业生之出路，为职业教育设施之最要根据。盖知毕业生之出路，然后方可依据最需要而学校能为力者开办之。

所谓调查者，是指毕业之已入职业者而调查之。某界容若干毕业生？某界有几何需要？按其需要而应济之，虽不中，不远矣。

此则在乎陶冶与指示，若欲使学生于职业选一种而自任之，则须先历试之以各种职业之要素而后可。盖使其既富职业之经验，然后始知适当之所在。譬如：于味，必遍尝五味，然后知甘苦之辨也；于色，必遍观五色，然后知黑白之分也。职业于人，亦何独异！试习农工商贾及其他业之要事，然后知农工商贾之兴趣而有一定目的。

所谓历试者，不过各业之基本要素耳。职业虽有万千，而各业之基本要素，则不过数端而已。若能将其公共所需之要点使学生试择其一而从事焉，则才能可以成事，兴味可以乐业矣。

学生之志不一，父兄之见亦异，联数百不相为谋之人，而会议各个子弟之职业，恐无补于事实。若学生之数不多，则可请各生家属来校接洽；若学生之数太多，则除将试之结果通知家属外，实罕他法。

旧职业改良，诚不可缓。盖新既难骤得，而旧者又不足以供社会之要求，其危其窘，莫此为甚。譬如德国出品，人皆羡之。推其始，皆由旧有之物逐渐改良，以至于是。其改良之得力处，则其补习学校。补习学校可就其本人之职业为实习学校，又助之以理想，故改良易而成功速。然此系特殊设施，当纳入乙之（3）中[②]。

此诚最要，譬如旧时商业簿记，计算之法甚繁，今之学校须能力矫其弊，使之简易，然后可以诏之教育。盖学校之兴不特为造就人才而已，亦所改良人才能使社会因之而发达。不然，则职业学校可以不设矣。

犹未尽也。当复增快乐一层，其义始备。盖人必乐为，然后可为之不倦，终身行之不强勉，自能与职业为一体[③]。

使之历试各业之要素，然后择一合于兴味者习之，则入职界必能乐业也。故学生入之始，必入试习科，方可获效。苟不正之于始，必难获效于终。

一时之兴味，与试习发生之兴味不同。一时之兴味不可靠，试习发生之兴味，则可凭其事。虽难，然不可忽。

二

有经验而无学识之农工，若使之补习学识，恐难收效。盖其目不识丁，从何输以学识？且彼以己之经验为可恃，方且轻视学识。意[④]者补习学校特设模范农工场，使农工产物丰盛优美，百倍于无识之农工所产者，则无识之农工必羡慕而欲效，然后聚伊等讲演善诱之，则必得其信仰，必收卓效。

分设职业科，卒然使学生选择一业，殊非善法[⑤]。盖学生年少识浅，从未习验，安有识别某业得失甘苦之能力？故于分设职业科之前，宜设试习科。试习科者，举凡社会中一切正当之职业，悉使学者一一尝试，以观其感情、成绩。若于某业感情独厚、成绩独优者，必其性之所近，力之所及，然后令入某科，必获良效。试习科实职业科之先导，不可不察也。

原载《南京高等师范学校教育研究会会刊》1918 年第 2 期

【注释】

①本篇系陶行知的两次发言记录。第一部分的记录者：龚励之、胡哲；第二部分的记录者：孙毅。今题为编者所拟。

1918 年 5 月 23 日和 6 月 4 日，南京高师教育研究会召开常会（第 8 次和第 12 次常会），专门研讨《职业教育设施法》相关问题。会前，曾拟订了专门的讨论提纲。提纲内容如下：

“甲、普遍设施法：(1) 调查社会状况。(2) 注重职业指导。(3) 与职业界联络。(4) 改良旧职业。(5) 课程与社会需要相应。(6) 使职业与个人为一体。(7) 培养职业道德。”

“乙、特殊设施法：（1）小学职业之陶冶。（2）培养职业教师。（3）推广补习学校。（4）各校分设职业科。（5）推广职业机关。”

②当纳入乙之（3）中，指讨论提纲中甲项第（4）点，应纳入乙项第（3）点之中，即“推广补习学校”项内。

③此段针对张开轩的主张而言。张在发言中提出：对于职业“尤必视之为重要之事，视之为己身之任，然后职业与个人始为一体”。

④意，指意大利。

⑤此句也是针对张开轩的主张而言的。张开轩提出：“高小及其它普通学校，均可分设职业科。”“或自第二年、第三年分设，均无不可。”

教育研究法[①]

今日系本会诞生之辰，亦即鄙人与诸君观摩之始。总干事云：“指导员为本会学识之产婆。”鄙人内省颛蒙，短绠深汲，覆悚堪虞。兹姑勉竭棉薄，以占可否耳！

本会既定名教育研究会，则国家何以必有教育？教育何以必须研究？研究何必待集会？诸君顾名思义，不可不知也。鄙意共和国有要素二：一、正当之领袖也。盖先知先觉，楷则蒸黎，导斯民于轨范之中，进社会于缉熙之域，悉其责焉。然英才俊质，虽恃先天之禀赋，亦赖经验之陶冶。故必有完美之人才教育，始能产正当之国民领袖。非然者，不胎求子，庸有济乎？二、健全之公民也。盖社会日进，庶业綦繁，国事良寙，断非少数之国民领袖所克左右。苟无多数健全之公民，利害洞彻，时势明了，取鉴先觉，各尽其职，则有倡无和，事卒不举。故人才教育以外，又当以普通教育为根本，以造成健全之公民。然则领袖也，公民也，实共和之长城也。而产此长城者何乎？舍教育吾奚属哉！

故方今教育家之天职，在考察吾国共和之长城造乎未造，所造者完乎不完；何者应改弦更张，何所应补苴修正。如欧美之职业教育，吾国曩未之行，此则急宜酌采者也。国人受教育者，百分应有九十，而今仅居其一，此则急宜完足者也。实业学校[②]办法弗良，学生应用其所学者，十仅一二；改营他业者，十且八九，致演成农不农、工不工、商不商之险状，此则急宜改革者也。醉心西化，动辄效颦，而不知宜于彼者，未必皆宜于我；宜于中学者，未必宜于小学。如代数一科，中学校莫不肄习。以鄙人所见，未必皆受益，此则急宜修正者也。教育家之在今日，殆所谓仔肩重任者乎！

夫教育之关系既如彼，教育家之天职又如此，则吾人之不能昧于斯道也，明矣。盖教育之举措，悉当根据于学理。学理幽深，研究始明。教育学术，吾人所宜研究，庶南辕无北辙之虞，奏刀有理解之效也。

虽然，独学寡闻，千虑一失，集会琢磨，厥利有三：一、可以交换知识也。盖集众人之才力经验，共研所学，则切磋观摩，互资考鉴，学理因辨难而大明，知识以互易而愈广矣。二、彼此可以鼓励也。学理深邃，则玄眇难明；事业恢宏，则困阻恒多。畏难者见而步却，虑失者当之心灰。苟集会攻研，则彼此激励，中阻无碍矣。三、可以互益兴趣也。盖治学以兴趣为主。兴趣愈多，则从事弥力；从事弥力，则成效愈著。然离群独立，索然寡欢，困难偶及，兴阻中途。苟集会研究，则彼此激励，兴味时增，无此弊矣。

然则研究之道，果何在乎？今仅就管见所及，约略言之，以资考证。一、疑难须发乎中，标题须择其要。发于中，则蕴蓄有素，心得恒多；择其要，则真实不虚，言皆切中。譬一人焉，始则多数问题，蕴蓄于中，继乃举其无关教育，涉及专门，繁杂难理，鲜趣乏资料者，依次汰除，则所存者，莫非普通应用、平易切实、兴味饶足、研资丰厚者已。二、问题既拟，则必征求知识以解决之。征求知识之法，就主观言之，约有三端。一曰虚心：虚心则成见消除，不为物蔽，休休相容，惟真理之是求；二曰留心：留心则社会环象，随在考察，不仅恃载籍以资考证；三曰专心：专心则精敛神萃，致力一途，不扰于物，易底于成。若就客观言之，则亦有三。一曰明辨：盖资料杂陈于前，苟不明辨剖析，以别其用途，则取舍不当，必有留珠遗瓦之憾；二曰比校：比校则古今中外之异同，因果是非之轨迹，同时并观，了如指掌；三曰统列：统列则纪录之资料，进化之事实，群分类聚，条理井然矣。

且征求知识之方法，亦随知识之性质而异。知识有新有旧，有已有者，有本无者。征求已有之旧知识，有二法。一曰交谈问答：盖交谈学理，彼此之意见融通，问答辨难，事物之真理阐发，其助学识，诚非浅鲜；二曰读书：读书多，则积理富，积理富，则随时应用，绰有余裕矣。但专事征求旧知识，则世界无进化；欲求世界进化，非探觅新知识不为功。探觅新知识之法亦有二。一曰观察：观察愈力，则物感愈众，天文等学之发明，俱赖于是；二曰试验：试验者，自设景况，产生结果，以为学理之左证也。一须统束各种情况，使之纯一不杂；二宜活动其一，使为主因。非然者，主因之外，又杂他因，则结果难确矣。故教育家欲比较两教授法之优劣，则课堂之设备同，课本之教材同，时间教师同，其他教法同，以及学生之年龄、男女、程度、家境同，然后施各异之教法，而后可知其结果之究孰优孰劣也。然则欲教育之进步，须先有正当之试验家，施行精密之试验术也，明矣。此外，复将一事之结果内容，条分缕析，开会逐一讨论，决不可模糊影响，混合而言。盖拓都[3]为么匿[4]之结体，么匿明，则拓都易知矣。讨论时最忌者有数事，一曰闲谈：盖泛滥无节，难中肯綮，隔靴搔痒，徒作捕光掠影之谈，最足以眩惑是非也；二曰盲从：胸无定见，人云亦云，实不足以言讨论；三曰成见：盲从固陋，拘执亦非，盖有成见在胸，则自是其是，不能容纳真理；四曰武断：不先论事理之果何如，而遽下判断，非特抑他人之思想，亦且失研究之真诠。忘己忘人，俱为要道。忘己则大公无我，真理是徇；忘人则独抒己见，不畏诽谤。讨论既毕，则其结果非特牢记于心，又宜举行试办，然后将其良者竭力推广，导人效则。现卅二法身，掉广长圣舌，实分内事也。再鄙人不才，忝居本会指导员之职，间尝思教员二字，殊属不妥。盖人师之责，不在教学生，而在教学生学。故本会之精神，亦当在学而不在教。尝观世界大教育家，如白斯达罗齐[5]、福禄伯[6]等之伟功盛业，无不在试验，无不在发明。故鄙人深愿本会为试验之先河，为发明之鼻祖。吾尤愿诸君为白斯达罗齐，为福禄伯，为条魏，为曹朗达。大家努力，共建此共和之长城。

原载《金陵光》第 9 卷第 5 期，1918 年 6 月

【注释】

①本篇系陶行知在南京高等师范学校教育研究会上的演讲记录。记录者：刘著良，吴昆。原文无标点。

②实业学校，民国初年的职业学校分甲、乙两种。

③拓都，英文 total 音译，为全体或整体之意。

④么匿，英文 unit 音译，为单位或个体之意。

⑤白斯达罗齐，通译裴斯泰洛齐。

⑥福禄伯，通译福禄培尔。

学校设备与卫生[①]

一 界说

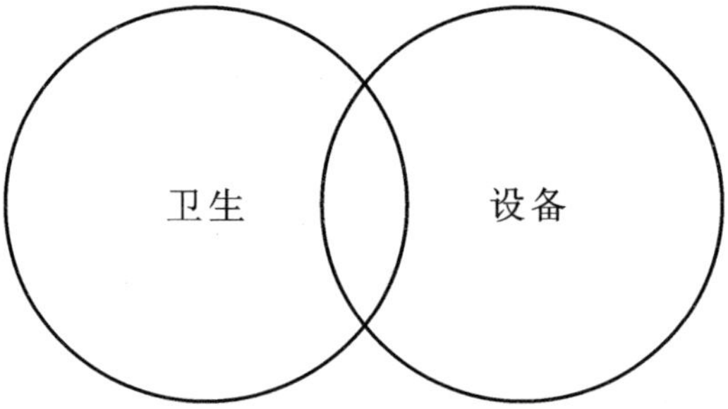

二 缘起

（一）近世教育目的注重发达全部之个人。

（二）近世教育方法注重设备适当之境遇。

三 史略

一八三三年，法国首颁学校卫生法令。一八三七年，法国首设学校体格检查。一八六七年，德国笃斯顿地方，首先检查学童目力。一八七〇年，瑞典首创校医之名。一八八七年，英国伦敦城首设学校保姆。

四 学校卫生之重要

（一）美国现在学童十九兆，每年学童死亡数为六万五千，内有四万五千皆可预防。

（二）因病退学者，居退学儿童百分之十五。因病留级者，居留级儿童百分之十六。

五 学校卫生之范围

学校卫生之范围
- 设备之卫生
- 教学法之卫生
- 卫生学
- 体操
- 体格检查

六 学校设备之卫生

（一）校址

清洁。静。面积足敷校舍校园及运动场之用。运动场面积，每学童一百方尺，至少三十方尺。

（二）校舍

甲、建筑。美观与适用。长方形，砖或石。两层与底层。

乙、出入口。出入口至少须有两处，每处须有一丈阔。

丙、舍内布置。底层设操室、手工室、机器室、校役室、图书室、蒙养园、应接室、办公室、缝纫室、烹饪室、膳室。第二层教室、自修室、教员休息室。

丁、教室。长三十尺，宽二十四尺，高十二尺，每生宜占地板面积15方尺，每生宜占室内体积二百立方尺。光线自学生左边入，玻璃窗面积等于地板面积五分之一，窗与窗相隔不得过一尺，窗前不宜有照壁墙，窗底与前屋顶所成之角，不宜过三十度，窗帘宜从中下垂，并宜活动。空气容量每生每小时宜调换三千立方尺。调换速率，每秒钟不得超过六立方尺。水汽宜占空气百分之四十至百分之六十，热度以六十八度为宜。

黑板宜用石质，装在室前或两旁。阔三尺，高随学级异。一、二年级高（自地板至黑板底）二尺，三、四年级高二尺二寸，五、六年级高二尺四寸，七、八年级高二尺六寸，中学校黑板高二尺七寸至三尺。椅案每室四十套，以能随意高低为标准。某处国民小学，调查四年级以上学生，曲背者居占百分之二十。某师范学校，举行新生国文考验，作文时，姿势适当者，四百人中得四人。后房。

戊、大会堂。宜在第一层，长八丈，讲台三尺七寸。

己、饮具。公杯之害。美国二十八州禁止公用杯。喷泉杯每十人一具。

庚、公共手巾。某校用公共手巾时，三百九十学童中有六十人患沙眼，其后手巾用毕即煮，并施眼药，经八月而患沙眼者，仅二十人矣。

辛、洒扫。湿布把。吸尘器。

壬、厕所。小便，男生每二十五人一具；大便，男生每二十人一具。女生每十二人一具。

七　教学法之卫生

甲、智力特殊之儿童。痴者占千分之二，钝者占百分之三又二分之一，聪明者占百分之四。

乙、体力特殊之儿童。

病症 / 市乡别	目病	耳病	呼吸病	贫血	肺病
都市儿童之百分比	13.40	1.28	2.10	11.52	0.32
乡村儿童之百分比	21.00	4.78	4.20	1.65	1.25

丙、特殊儿童应有特殊之教学法、特殊辅助、特殊班、特殊学校（如露天学校之类）。

八　卫生学

对于已发生之知识、原理、习惯，须列入课程，使学生得以防患未然。

九　运动场、操室、运动场、学校园

（一）运动场

甲、国民小学。梭板、摇板、摇梯、秋千、浪桥、哑铃、木棒、红绿带、草簟。

乙、高等小学。足球场、篮球场、网球场、跑道、沙坑、梭板、摇梯、秋千、摇板、浪桥、哑铃、球杆、木棒、跳架、草簟、足球、网球、篮球、红绿带。

丙、女子高等小学。篮球场、网球场、摇板、梭板、摇梯、秋千、浪桥、哑铃、木棒、球杆、篮球、网球。

运动场宜注意三事：指导员宜得其人；场所每人至少须有三十方尺之地位；器具完备。

丁、加利之运动场。

（二）学校园

- 学校园
  - 按组织分
    - 校园（学校直接管辖）
    - 家园（学校指导）
  - 按功用分
    - 美感
    - 教材
    - 烹饪

十　体格检查

（一）组织

第二个学童置保姆二人，校医一人。

（二）检查之手续

甲、秋季之教室常例检查。

乙、平日之教室临时检查。

丙、学生离校三日，保姆奉委探访家庭里，宜有特别检查。

丁、校舍及其它有关系之周环，宜随时视察。

戊、各个之详细检查每年一次。

己、病疫之预防。

庚、体格之校正与医治。

（三）保姆之职务

甲、协助校医检查体格。

乙、越每日每周或每月之例行视察。

丙、掌理记录报告。

丁、校中通常诊治。

戊、意外服务。

己、个人卫生之教学。

庚、指导家庭卫生事宜。

辛、报告旷课情形。

壬、亲师恳亲会。

癸、游戏运动场监察事宜。

（四）保姆之效力

甲、能使学生有充分之补救。

	病童数	治愈数	百分比数
不用保姆	798	168	21.1%
用保姆	757	606	80.1%

乙、能使校医劝戒有充分之效力。

	校医劝戒数	有效者	百分比数
不用保姆	1780	420	23.6%
用保姆	1252	1204	96.0%

丙、能使家长对于儿童身体有充分之留意。

丁、能减少儿童之微恙，使出席之数有增加。

戊、传染病之销假规则。

症名	过此期限方准销假，否则传染可虞
脱红热（一名喉症，又名烂喉痧）	六星期以上（俟皮屑脱尽，红退完鼻膜不发炎，身体健全，方可入校）
痧子（吴人称痧子）	二星期以上（俟发出斑点日起算）
蔷薇症	一星期以上（俟发出斑点日起算）
水痘	疤盖脱尽为限
喉风（一名白喉风）	两次培养基内不显病菌，再隔一星期方可入校
天喉呛（一名百子咳）	俟咳止后须隔八星期
腮肿	以三星期以上为度
虱（白虱、头虱、跳虱之类）	以虱及虱子尽去为度
轮癣	俟完全治痊后方可入校
疥疮	俟完全治痊后方可入校
浓泡疮	俟完全治痊后方可入校

己、种痘。

庚、医牙。

十 一

今日学校卫生事业之发达，首推美国。然美国之提倡学校卫生，实基于一千八百九十四年波斯顿之时疫。距今仅二十五年耳。吾人苟有决心，极力提倡，则二十五年后，为世界学校卫生之表率者，安知非中国乎？前途远大，在乎力行，吾辈勉之。

原载《安徽教育月刊》1918 年第 7 期

【注释】

①本篇原发表时刊有“江苏省县视学讲习会讲稿”字样。出处由唐文权提供。1918 年 5 月 9 日—23 日，江苏省教育厅委托南京高师代办“县视学讲习会”，陶行知为主任教员。

智育大纲[①]

本校以诚为训育之本，亦以诚为智育之本。盖诚合成己成物而言，故格物所以致知，即所以致诚。《中庸》曰："自明诚谓之教。"又曰："诚之者，择善而固执之者也。"曰明，曰择，皆智育所有事，而皆所以致其诚也。故本校智育，亦以诚为本。依据诚训以养成学生思想及应用能力，则本校智育之标准也。深望诸生能思想以探知识之本源，能应用以求知识之归宿。盖明知识之本源，然后乃能取之无尽；明知识之归宿，然后乃能用之无穷。若徒以灌输知识为务，而不求所以得其源流，则枯寂之弊所不能免，又安能尽物之性哉？故本校智育以养成思想及应用能力为标准。标准既立，方法乃生。

本校智育方法，有一贯之精神，曰：试验。盖徒事思想而无试验，则蹈于空虚；徒知应用而无试验，则封于故步，皆不足以尽智育之能事也。荀子曰："大天而思之，孰与物畜而制之！从天而颂之，孰与制天命而用之！望时而待之，孰与应时而使之！因物而多之，孰与骋能而化之！思物而物之，孰与理物而勿失之也！"此数语，可谓中试验精神之窍要矣。盖凡天下之物，莫不有赖于其所处之境况，境况不同，象征自异。故欲致知穷理，必先约束其境况，而号召其象征，然后效用乃能发现。若其待天垂象，俟物示征，则以有限之时间，逐不可必得之因果，是役于物而制于天也，安得不为所困哉？况既得矣，或出于偶然；即有常矣，或所示者吝，吾又安能穷其极处无不到哉？

昔王阳明格竹七日而病，及在夷中，乃恍然以为"天下之物本无可格，其格物之功，只在身心上"。呜呼！此皆不能约束境况，号召象征有以致之也。彼善知致知者，役物而不为物所役，制天而不为天所制。设统系，立方法，举凡欲格之物，尽纳之于轨范之中：远者近之，微者大之，繁者简之，杂者纯之，合者析之，分者通之，多方以试之，屡试以验之，更校其异同，审其消长，观其动静，察其变化，然后因果可明，而理可穷也。故试验者，发明之利器也。试验虽不必皆有发明，然发明必资乎试验。人禽之分，在试验之有无。文野之分，在试验之深浅。试验之法，造端于物理、生物、生理，浸假而侵入人群之诸学，今则哲理亦受其影响矣。盖自培根用以格客观之物，笛[②]用以致主观之知，试验精神遂举形而上、形而下学而贯彻之。究其结果，则思想日精，发明日盛，欧美之世界，几变其形。

吾国数千年来相传不绝之方法，惟有“致知在格物”一语。然格物之方法何在？晦庵与王阳明各持一说。晦庵以即物穷理释之，近矣。然而即物穷理又当用何法乎？无法以即物穷理，则物仍不可格，知仍不可致。阳明固尝使用即物穷理者也，然未得其法，格物不成，归而格心。使阳明更进一步，不责物之无可格，只责格之不得法，兢兢然以改良方法自任，则近世发明史中，吾国人何至迄今无所贡献？故欧美之进步敏捷者，以有试验方法故。中国之所以瞠乎人后者，亦以无试验方法故。

柏林大学保尔生[③]曰：“德国中世纪以前，狉狉榛榛，等于化外之民。及拉丁文输自罗马，民情一变。既而文艺北渐，蕴成宗教变革，而民德又一进，是德人再得力拉丁民族也。”当十七世纪，法国礼乐艺术最盛，德人见异而迁，其贵族咸以能说法语为荣。及十八世纪，大风烈铁骑帝又定法文为学校必修科，并聘法人为高级教师，其学于法人也，可谓勤矣。而于希腊及英吉利之文化，亦皆无所不吸收，此德人师天下之期也。迨至十八世纪之初，哈里大学与郭听斯堡大学相继而兴，皆以宣扬试验精神为务。其后，学者先后辈出，凡所建树，皆本于试验。至十八世纪末叶，复与国家主义会合，以国家主义定目的，试验主义定方法，相演相成，用著大效。此后言科学者多宗德人。故十九世纪以前，德人师天下；十九世纪以后，天下师德人。试验主义实与有力焉。

吾国维新二十载，形式上虽不无可观，而智识进化之根本方法，则无人过问。故拘于古法而徒仍旧贯者有之；慕于新奇而专事仪型者有之。否则思而不学，悬空构想，一知半解，武断从事。即不然，则朝行夕罢，偶尔尝试而已。孔子曰：“温故而知新，可以为师矣。”仍旧贯，只是温故。仪型他国，则吾人以为新，他人以为旧矣。空想无新可见，武断绝自新之路，尝试则新未出而已中途废矣，何怪乎智识之不进也！故欲智识之刷新，非实行试验不为功。盖能试验，则能自树立，能自树立，则能发古人所未发，明今人所未明，人将师我，岂惟进步已哉？然能试验，岂易言哉？知其要而无其才，不足以言试验；有其才而无百折不回之气概，犹不足以言试验也。故试验者，当内有其才，外度其势，视阻力为当然，失败为难免，复贯以再接再厉之精神，然后功可成也。诸生宜急起直追，以试验自矢，则所思者皆有所用，所用者皆本所思，当不难自明以至于诚也。勉之！勉之！

原载《南京高等师范日刊》，1918 年 9 月 20 日

【注释】

①本篇系演讲记录。

②笛，即笛卡儿。

③保尔生，通译包尔生。

在南京高师教育研究会上的演讲[1]

本校同学，知教育之重，设会[2]研究。及至今日，人数倍增，则研究所得，必更昌宏，可为忭贺。

夫国之盛衰，视乎教育；而教育之新旧，视乎研究。守陈法而不革，拘故步而自封，则亦造成旧国，不适于新势而已。本会同人，踊跃如斯，研究之新颖，盖可预知也。苟全国人士，研究教育者之数，亦若本会之与年增进，则亦何患不盛乎？然而亦难言矣。或假教育之名，而肆其政治之愿者，不乏其人，则虽置身教育之场，而其意不属，以为用役之才，将操纵于天下，教育界不过其逆旅耳。逆旅之兴替，岂足当过客之盼哉？则教育之利害兴革，又岂若人之事哉？斯亦不足责矣！此政客之教育家，无补于事者一也。亦有笃守篇籍，罔知变通，其收效仍莫由光大。虽学术一道，不当废弃乎前言，而拘泥之失，何堪与言乎进步？此书生之教育家，无补于事者二也。

惟有以科学之方，新教育之事，庶几可耳！参酌古今，辨析毫芒，躬验体察，条理秩然，终身以之，勤劬专一，斯真教育之人矣。夫以科学方法研究教育，其遭遇困难，盖无异于哥仑布之探寻新地。立说而不见信，筹资而不见予，风涛险阻，蛮夷侵凌，其能卒底于成者，亦非偶然矣！吾今略举教育新理发明时之轶事，以助研究教育者之兴趣。

约翰费司刻（John Fiske）[3]创幼稚说，谓族类愈高其成愈晚，缘伊尝读万力司（Wallace）获取幼猩之事：取幼猩饲之，离母三月而不能行。禽兽生数月而能自立者夥矣，猩独不能，则以其族类高也。等而上之，至于人类，则其成愈晚矣；等而下之，则虫豸多生而知之也。此幼稚说所由创也。桑戴克（Thorndike）[4]欲求父母于子女才能之关系，则以孪生弟兄五十姓而试之，以算数、文法之课窥其尽同，则孪生者之巧拙常等，可以知遗传之故矣。福兰息司·高尔登（Francis Galton）[5]考察英雄家族之性情，比校剖析，缕列无遗，遂开遗传学之宗。裴司塔洛齐（Pestalozzi）[6]之研究教授法也，则考察其子而得之。艾而克思（Yerkes）[7]之验尝试法也，取龟而置之穴外，龟之欲入新穴也，纵横回旋数十次，久乃得之。桑戴克则以猫为验，置猫笼中。猫见笼外肉，竭力求出，爬搔数十次，始获触机脱出。复纳入之，则其跳踉不似初次之甚矣。再纳之，则其出愈易。多次而后，竟不复试探，径拨机而出。是故循偶然之故而得常然之理，乃益信效果原则之说。今更谈教育制度之发明，若加雷（Gary）[8]之学校，以善利用校舍著称于世。价微耳（Wirt）之创此制也，盖观诸市廛商贾支配店伙，彼此错综，不费时地，乃照用此法于学校，以一室而为二校之用，使校内各地无时无学生之踪迹，此上课而彼自修，甲参考而乙操练。是故，他人岁需万金者，如此八千金而已足；他人需教师百人者，如此九十人而已足，办学而最合于经济学理者也。斯说初布，世莫之信，遇钢铁大王，其说乃申。节俭之说，固戚戚于讲实利之人耳，然新理之行亦难哉！福禄伯（Froebel）[9]之设幼稚园，则由爱玩天然物而创之。以爱玩天然物者，移之于童稚。然其初始，亦屡遭政府之非难阻止，而其制终获大行于世。盲童学校之起，原亦有足述者。某逆旅主人，饰盲人令作剧。胡爱（Hally）见之，深知盲人之可教育，于是设学校专纳盲童，创种种新法以施教育。更有异者陈，沙力方夫人（Mrs. Sullivan）研究教育，毕生只教一人，名海仑克楼（Helen Keller）[10]，然其成就大有功于教育界。盖其所教者，生而兼聋、喑、瞽三者于一身。常人必以为无可为矣，而女士则穷力以启之。虽其耳目口舌失其作用，而心思犹存，且外尘不染，更有灵于常人者。故使其一指按于鼻，一指按于喉，一指按于唇，以自觉其所感之气息振动之度，用窥想其所表暴之意义，萃其五官之用，寄于感觉，则感觉愈灵，遂授以发音之术，而喑者则不喑矣。此后竟能通数国文，且能演说。

由是观之，世间岂有难事哉？亦视研究者之专否耳！苟其心不专，不以教育为其毕生之业，浅尝轻试，又不遵科学之途术，则其事虽易，目所常见，亦将熟睹而无创获，矧其难者乎？故有心之人，随时随地皆能触其教育之理而创新说。天下之事万变，斯新理之出无穷，人亦何患无用心之地哉？苟不实事求是，详加审谛，惟就前人之说以遵循之，则教育终无大昌之时也。至于徒袭外人之余绪，而不思自己有以考察之，亦可以自反矣！

原载《南京高等师范日刊》，1918年10月5日

【注释】

①本篇系演讲记录，原题为《教育研究会指导员陶知行先生演讲》。记录者为范冠东。今题为编者所加。此文原无标点。

②设会，指南京高师学生组织教育研究会。该会会员有一百二十四人，聘请陶行知等八人为指导员。

③约翰费司刻（John Fiske，1842—1901），通译约翰费斯克。

④桑戴克，美国心理学家，研究遗传与智力、教育的关系，主张天才教育。

⑤福兰息司·高尔登，通译弗兰西斯·高尔顿（Francis Galton，1822—1911）。英国物理学者、生物学者，潜心研究遗传问题，晚年提出了借遗传作用可以改变人种的优生学理论。

⑤裴司塔洛齐，通译裴斯泰洛齐，瑞士教育家。

⑦艾尔克司，通译业歧兹（Robert Meams Yerkes，1876—?），美国心理学家，著有《跳舞》《鼠动物行为之研究》等书。

⑧加雷（Gary），即美国葛雷学校（Gary school），其特点是善于充分利用学校设备，一个学校能收容普通学校的两倍学生。

⑨福禄伯，通译福禄培尔。德国学前教育家。

⑩海仑克楼，通译海仑凯勒（Helen Keller，1880—1968），美国盲哑女教师兼作家。

生利主义之职业教育[①]

自本社[②]标解决生计问题为进行之方针，一般学者，往往以文害辞，以辞害意，误会提倡者之本旨。推其原因，多由于不明生计二字之界说所致。惟其不明乎此，故或广之而训作生活，或狭之而训作衣食；驯至彼一是非，此一是非，议论纷纭，莫衷一是。不徒反对者得所借口，即办学者亦无所适从。其隐为职业教育前途之障碍，良非浅鲜。孔子曰：“名不正则言不顺；言不顺则事不成。”故欲职业教育之卓著成效，必自确定一正当之主义始。

夫职业教育之成效既有赖于正当之主义，则问何谓正当之主义。生活乎？衣食乎？抑生活衣食之外别有正当之主义乎？

生活主义包含万状，凡人生一切所需皆属之。其范围之广，实与教育等。有关于职业之生活，即有关于职业之教育；有关于消闲之生活，即有关于消闲之教育；有关于社交之生活，即有关于社交之教育；有关于天然界之生活，即有关于天然界之教育。人之生活四，职业其一；人之教育四，职业教育其一。故生活为全体，职业为部分；教育为全体，职业教育为部分。以教育全体之生活目的视为职业教育之特别目的，则职业教育之目的何以示别于教育全体之目的，又何以示别于他种教育之目的乎？故生活之不能为职业教育独专之主义者，以其泛也。

生活主义固不适于职业教育之采用矣。衣食主义则何如？大凡衣食之来源有四：职业、祖遗、乞丐、盗窃是也。职业教育若以衣食为主义，彼之习赖子、乞丐、盗窃者，不亦同具一主义乎？而彼养成赖子、乞丐、盗窃者，亦得自命为职业教育家乎？此衣食主义之不适于职业教育者一也。不宁惟是，职业教育苟以衣食为主义，则衣食充足者不必他求，可以不受职业教育矣。此衣食主义之不适于职业教育者二也。且以衣食主义为职业教育之正的，则一切计划将趋于温饱之一途。此犹施舍也。夫邑号朝歌，墨翟[③]回车；里名胜母，曾子[④]不入。学校以施舍为主旨，则束身自好者行将见而却步矣。此衣食主义之不适于职业教育者三也。凡主义之作用，所以指导进行之方法。若标一主义不能作方法之指针，则奚以贵？故衣食之可否为职业教育之主义，亦视其有无补助于职业方法之规定耳。夫学校必有师资，吾辈选择职业教员，能以衣食为其资格乎？学校必有设备，吾人布置职业教具，能以衣食为其标准乎？又试问，职业学校收录学生，可否以衣食为去取？支配课程，可否以衣食为根据？衣食主义之于职业教育方法，实无丝毫之指导性质。有之，则吾不知也。衣食既不能为职业教育方法施行之指导，则其不宜为职业教育之主义，又明矣。此衣食主义之不适于职业教育者四也。不特此也，吾人作事之目的，有内外之分。衣食者，事外之目的也；乐业者，事内之目的也。足衣足食而不乐于业，则事外虽无冻馁之虞，事内不免劳碌之患。彼持衣食以为职业教育主义者，是忽乐业之道也。此衣食主义之不适于职业教育者五也。且职业教育苟以衣食主义相号召，则教师为衣食教，学生为衣食学，无声无臭之中隐然养成一副自私之精神。美国人士视职业教育与学赚钱（Learning to earn）为一途，有识者如杜威（Dewey）先生辈，咸以其近于自私，尝为词以辟之。吾国当兹民生穷蹙之际，国人已以衣食为口头禅，兴学者又从而助长其焰，吾深惧国人自私之念，将一发难厌矣。此衣食主义之不适于职业教育者六也。是故衣食主义为众弊之渊薮，欲职业教育之有利无弊，非革除衣食主义不为功。

衣食主义既多弊窦，生活主义又太宽泛，二者皆不适用于职业教育，然则果应以何者为正当之主义乎？曰，职业作用之所在，即职业教育主义之所在。职业以生利为作用，故职业教育应以生利为主义。生利有二种：一曰生有利之物，如农产谷，工制器是；二曰生有利之事，如商通有无，医生治病是。前者以物利群，后者以事利群。生产虽有事物之不同，然其有利于群则一。故凡生利之人，皆谓之职业界中人；不能生利之人，皆不得谓之职业界中人。凡养成生利人物之教育，皆得谓之职业教育；凡不能养成生利人物之教育，皆不得谓之职业教育。生利主义既限于职业之作用，自是职业教育之特别目的，非复如生活主义之宽泛矣，此其一。以生利主义比较衣食主义尤无弊窦之可指，故以生利主义为准绳，则不能生利之赖子、乞丐、盗窃与养成之者，皆摈于职业教育之外矣，此其二。学校既以生利为主义，则足于衣食而不能生利者无所施其遁避，此其三。父母莫不欲其子女之能生利，职业教育苟以生利为主义，自能免于施舍之性质，自好者方将督促子女入学之不暇，又何暇反加阻力乎？此其四。职业既以生利为作用，吾人果采用生利主义以办职业教育，则生利之方法，即可为职业教育方法之指针，其此五。职业教育既以养成生利人物为主义，则其注重之点在生利时之各种手续，势必使人人于生利之时能安乐其业，故无劳碌之弊，此其六。生利主义侧重发舒内力以应群需，所呈现象正与衣食主义相反。生产一事一物时，必自审曰："吾能生产乎？吾所生产之事物于群有利乎？"教师学生于不知不觉中自具一种利群之精神，此其七。不特此也，能生利之人即能得生活上一部分之幸福；而一衣一食亦自能措置裕如。不能生利之人，则虽有安富尊荣亦难长守。故惟患不能生利，不患不得生活之幸福与温饱。然则生利主义既无生活主义之宽泛，复无衣食主义之丛弊，又几兼二者之益而有之，岂非职业教育之正当主义乎？

生利主义之职业师资　职业教育既以养成生利人物为其主要之目的，则其直接教授职业之师资，自必以能生利之人为限。盖己立而后能立人，己达而后能达人，天下未有无生利经验之人而能教育人生利者。昔樊迟请学稼，子曰："吾不如老农。"请学为圃，曰："吾不如老圃。"孔子岂故为拒绝哉？亦以业有专精，事有专习，孔子之不知农圃，亦犹老农老圃之不知六艺耳。由是以推，无治病之经验者，不可以教医；无贸易之经验者，不可以教商。百凡职业，莫不皆然。故职业教师之第一要事，即在生利之经验。无生利之经验，则以书生教书生，虽冒职业教师之名，非吾之所谓职业教师也。

然职业教师不徒负养成生利人物之责，且负有改良所产事物之责。欲求事物之改良，则非于经验之外别具生利之学识不可。无学识以为经验之指导，则势必故步自封，不求进取。吾国农业，数千年来所以少改良者，亦以徒有经验而无学识以操纵之耳。故职业教师之第二要事，是为生利之学识。

兼有生利之经验学识尚不足以尽职业教师之能事。盖教授生利之法，随业而异。有宜先理想而后实习者，有宜先实习而后理想者，有宜理想实习同时并进者。为职业教师者自宜熟悉学者之心理，教材之性质，使所教所学皆能浃洽生利之方法，而奏事半功倍之效。故职业教师之第三要事，为生利之教授法。

准如前说，则健全之职业教师，自必以经验学术教法三者皆为标准。三者不可得兼，则宁舍教法学术而取经验。盖无学术教法而有经验，则教师尚不失为生利之人物，纵无进取良法，然学生自能仪型教师所为，以生产事物。既能生产事物，即不失职业教育之本旨。如无经验，则教授法无由精密，纵学术高尚，断不能教学生之生利。既不能生利，则失职业教育之本旨矣。是故经验学术教法三者皆为职业教师所必具之要事，然三者之中，经验尤为根本焉。

职业教师既以生利经验为根本之资格，则养成职业师资自当取材于职业界之杰出者。彼自职业中来，既富有经验，又安于其事，再加以学术教法，当可蔚为良材，概之收录普通学子，为事当较易，收效亦当较良且速也。

职业教师既以生利之经验学术教法三者为资格，则如何养成此种教师之方法，亦在吾人必须研究之列。大概养成职业师资之法有三：（一）收录普通学子教以经验学术与教法；（二）收录职业界之杰出人物教以学术与教法；（三）延聘专门学问家与职业中之有经验者同室试教，使其互相砥砺补益，蔚为职业教师。夫经验所需之多少，随职业而异；其需经验较少之职业，利用第一法。如普通师范学校之教师有二三年之经验者，即可作教授之基础。故收录普通学子而养成之，为事甚易。其次则商业学校教员，似亦可以利用此法。但农工等职业之教师，性质迥异，非富有经验，不足以教生利。舍难就易，似不如采用第二法，精选职业界之杰出者养成之。彼既从职业中来，自必有相当之经验，再教以实用之学术教法，为事自顺。然此法效力之大小，常视国中教育普及之程度为差。其在欧美教育普及之邦，职业中人，大半受过八年之公共教育，既有普通知能以植其基，则于学术教法自易领悟。中国则不然，教育未普及，农工多数不识文字；既不识文字，则欲授以学术教法，自有种种困难。然而职业界之杰出者，终不乏粗识文字之人。当事者苟能精选而罗致之，则有用之职业师资，或能济济而出也。此外则有延聘学问家与经验家同室试教一法。当今职业师资缺乏，为其备选者或有学术而无经验，或有经验而无学术，速成之计，莫如合学问家与经验家于一炉而共冶之；既可使之共同试教，又可使之互相补益，则今日之偏材，经数年磨练之后，或能蔚成相当之师资，岂非一举两得哉？然一班二师，所费实巨，况学术经验贵能合一，若分附二人之身，终难免于隔膜。故此计虽有优点，不过为过渡时代权宜之策耳。总之，职业教师最重生利之经验，则养成之法，自宜提其要领，因已有之经验而增长之，方能事半功倍也。

生利主义之职业设备　孔子曰："工欲善其事，必先利其器。"无利器而能善其事者，吾未之前闻。职业教育又何独不然？必先有种种设备，以应所攻各业之需求，然后师生乃能从事于生利；否则虽有良师贤弟子，奈巧妇不能为无米之炊何！故无农器不可以教农，无工器不可以教工。医家之教必赖刀圭。画家之教必赖丹青。易言之，有生利之设备，方可以教职业；无生利之设备，则不可以教职业。然职业学校之生利设备可分二种：一、自有之设备；二、利用职业界之设备。但无论设备之为己有，为利用，学生教师莫不可因以生利。故设备虽有己有利用之分，而同为学生教师生利之资则一。余尝游美之麻撒朱赛州（Massachusetts）视其乡村中学校附设之农业科，多利用学生家中之田园设备，使各生在家实习，命之曰家课（Home projects）。教员则自御汽车，循环视察，当场施教。农隙则令学生来校习通用之学术。故校中自有之设备，除课堂点缀以外，实属寥寥无几；校外则凡学生足迹所至，皆其所利用之设备。论其成效则不特设备之经费可省，而各家之农业皆借学生而间接改良之。此盖利用他人生利设备以施职业教育之彰明较著者也。

生利主义之职业课程　职业学校之课程应以一事之始终为一课。例如种豆，则种豆始终一切应行之手续为一课。每课有学理，有实习，二者联络无间，然后完一课，即成一事。成一事再学一事，是谓升课。自易至难，从简入繁，所定诸课，皆以次学毕，是谓毕课。定课程者必使每课为一生利单位，俾学生毕一课，即生一利；毕百课则生百利，然后方无愧于职业之课程。职业课程既以生利为主，则不得不按事施教，欲按事施教，则不得不采用小班制。故欧美之职业实习班至多不满十五人，凡以便生利课程之教授也。不特每课为然，即各课之联络亦莫不以充分生利为枢机。客有学蚕桑者，学成执蚕桑业，终岁生利之期两三月而已，余则闲居坐食，不数年而家计渐困，卒改他业。此能生利而不能充分生利之过也。故职业课程之配置，须以充分生利为标准，事之可附者附教之，事之可兼者兼教之。正业之外，苟能兼附相当之业，则年无废月，月无废日，日无废时矣。此之谓充分之生利。根据此旨以联络各课，是为充分生利之课程。

生利主义之职业学生　有生利之师资设备课程，遂足以尽职业教育之能事乎？曰，未也。学生择事不慎，则在校之时，学不能专；出校之后，行非所学。其弊也：学农者不归农，学商者不归商。吾国实业教育之所以鲜成效，固由于师资设备课程之不宜于生利，然其学生择业之法之不当，亦其一因也。大凡选择职业科目之标准，不在适与不适，而在最适与非最适。所谓最适者有二：一曰才能；二曰兴味。吾人对于一业，才能兴味皆最高，则此业为最适；因其最适而选之，则才能足以成事。兴味足以乐业，将见学当其性，用当其学，群与我皆食无穷之益矣。故能选最适之业而学者，生大利不难，岂仅生利已哉！择业不当，则虽居学习生利之名，而究其将来之生利与否，仍未可必。故欲求学业者归业，必先有精选职业之方法。方法维何？曰，职业试习科是也。职业试习科包含农工商及其他业之要事于一课程，凡学生皆使躬亲历试之。试习时期可随遇伸缩，多至半载，少至数星期皆可。但试习之种种情形，必与真职业无异，始可试验学生之真才能真兴味。一参假面具则试验科之本旨失矣。试习之后，诸生于各业之大概既已备尝，再择其最有才能最有兴味之一科专习之。彼其选择既根本于才能兴味，则学而安焉，行而乐焉，其生利之器量，安有不大者哉？

结论　职业学校有生利之师资、设备、课程，则教之事备；学生有最适之生利才能兴味，则学之事备。前者足以教生利，后者足以学生利。教与学咸得其宜，则国家造就一生利人物，即得一生利人物之用，将见国无游民，民无废才，群需可济，个性可舒。然后辅以相当分利之法，则富可均而民自足矣。故职业教育之主义在是，职业教育之责任在是，余之希望于教育家之采择试行者亦莫不在是。谨贡一得，聊献刍荛，幸垂教焉。

原载《职业与教育》第1卷第8期，1918年11月3日

【注释】

①本篇于1928年收入作者自选教育论文集《中国教育改造》。

②本社，指中华职业教育社。我国的职业教育团体，1917年成立于上海，主要负责人为黄炎培等。曾先后创办不同性质的职业学校，还创办了《职业与教育》《生活周刊》等杂志。

③墨翟，即墨子（约前468—前376），春秋战国之际思想家、政治家。墨家学派创始人。

④曾子，即曾参（前505—前436），字子舆，春秋时期鲁国人。孔子学生，以孝著称。

在南京高师附属小学茶话会上的讲话[①]

今人多有藐视小学之观念，以其设备简单、学生幼稚、经费亦少。殊不知学校虽小，实大有可为之地。西洋大教育家如杜威、福绿伯[②]、蒙得梭利[③]等，皆自小学教员出身。

原载《南京高师日刊·纪事》，1918 年 11 月 7 日

【注释】

①本篇系 1918 年 11 月 5 日陶行知在南京高师附属小学茶话会上的演讲记录。题目为编者所拟。

此次演说的背景是："本校附属小学因高师部、国文理化二部三年级生，将往外地实习教授并参观一切，特于五日晚间八时邀请该三年级全体学生至高师职员休憩室开茶话会。到会者除小学各科教员并该二班全体学生外，尚有郭秉文、陶知行、柳翼谟、张子高四先生。俞子夷演说毕，郭秉文演说。郭言毕、陶先生继而言曰……"（接正文）

②福绿伯，通译福禄培尔（1782—1852），德国学前教育家。

③蒙得梭利，通译蒙台梭利（1870—1952），意大利教育家。

都市教育调查法之商榷[①]

近来，中国对于调查教育一事渐知注重，于是有调查欧美，日本、菲列宾等国教育之举。调查者费精力，耗时日，跋涉山川，不辞劳苦，实因调查与教育有极大之关系。今试言都市教育调查之利益。

一　调查为确实研究之根据

教育一事，注重实际，若研究者但凭理论，徒托空言，施之实际，难免柄凿不入之弊。故欲得教育真相为研究之根据，调查实为最要方法之一种。

二　调查为改良教育之地步

各地所施教育注重之点，各有不同。调查而后，利弊立见。利者宣扬之，弊者改良之，于是各地教育皆可对症施药，而教育可以发达矣。

三　提倡统系之调查

欧美各国，对于调查教育一事，视之非常重要。美国都市教育，议会或学务总监，往往请他地教育专家调查本城教育状况，以免本地人有偏见之处。但吾国调查多凭个人眼光，而各地报告，类皆限于一部。故办学之人，公私之感情隔膜，中西之声气不通，求一全局正确之消息，迄不可得。于此而组织一有统系之都市教育调查，未始不可供他方参考之一助也。调查之利益既如上所述，请更言其方法。

调查之法约有四种：

（一）由接谈而得知其状况；

（二）由观察而得知其状况；

（三）由考察教育机关所备之表册而得知其状况；

（四）不能亲自调查者，则用制成之表格，请教育机关照填。

然第四法，吾国教育界大半置之不理，殊少效果。欲收调查之实效，非多用（一）（二）（三）三法不可。易言之，即须亲至各地调查，以所见所闻录于表上。调查后，再统计之，则全城之教育状况可知矣。然调查之际，对于今日中国社会情形有当注意者四：

（一）得正当之介绍。有正当之介绍，而后所至，方能融洽，可得充分之事实。

（二）表格宜熟悉。表格有不便或无暇当时填写者，宜先熟记，以便事后填入。

（三）发问宜谦和，事项须取领教态度。

（四）表格中调查不得者，毋须失望。表格中如：缺席与留级表、各学科考验不及格之学生人数表、毕业出路调查表，揆于今日中国教育情形，谅难得相当之消息。但制表之意，务期详尽，宁备而不用，庶不致遗漏也。且表中所列，须备具要素。学校所不能填入者，即其缺点所在。譬如，某校若无毕业生出路之材料可填，即可知该校仅传授生徒，而不问其归宿，其教育之宜改良可知矣。

调查方法略尽于此，今请言本会之调查事。

凡调查教育，当先由近处入手，以处于南京之高等师范教育研究会，而不知南京之教育状况，实说不过去。故本会第一步须先行调查南京之教育状况，然后再至他处。但南京地方甚大，学校有国立、省立、公立、私立者，又有基督教、天主教、回教立者，此外又有私塾，问题颇不简单。欲加调查，似宜分工办理，然后以各人调查所得，统计论断之，则全城之教育状况了然矣。会员有志加入调查者，非常欢迎，可至总干事处签名。总期群策群力，共睹厥成。至于调查方法及表格之宜损益者，亦望诸会员详细讨论。

原载《南京高等师范学校教育研究会会刊》1918年第3期

【注释】

①本篇系1918年11月26日陶行知在南京高师教育研究会第14次常会的演讲记录。记录者：包瀚。

1918年11月26日，南京高师教育研究会举行第14次常会，并特聘该会的指导员进行专题演讲，陶行知于是就教育调查问题发表了自己的看法。

戏剧与教育①

戏当演乎？戏当观乎？欲知戏剧与教育之间关系，必先明戏剧于演者及观者有若何之影响。

甲　关于演者之影响

一、教育贵宜适性　人之游戏倾向与生俱来，戏剧特高，称之游戏耳。非拘束成习者，莫不乐为之。于其乐为之中，寓人生之要道，则演者必尽全副之精神，以乐其道。

二、教育贵发舒　人之为学，固借正当之外感，尤恃充分之反应。发舒足者，所获益亦多。故演戏者，无思想情操则已，有之，必能见面盎背，施于四体，尽其发舒之能事焉。

三、教育贵中节　自动之宜提倡，尚矣；然自动而不中准绳，则妄动矣。妄动，非教育所宜有也。演戏者之声音、容貌、举止，皆不得不调和中节，故习礼娴乐，莫善于戏。

四、教育贵群效　教育以适群为目的，故必求所以培养协力之道。协力厚者，其教必良。一剧之中，人各按其所长，司其职务，工分而力合。情景声色，如百川发皇，腾越向海，奔流沛然，莫之能御。合群之方，庸有良于此者乎？

乙　关于观者之影响

一、教育贵备正当之消遣　劳思逸，疲思安，人之情也。安逸而不得其道，适伤其生。故教育之目的不徒教人作业，抑且教人消闲。有正当之作业，有正当之消闲，庶乎无大过矣。美国驻德公使威特先生谓：德国有三宝，其一即公共戏园。盖人民有此消闲之所，无虑失德矣。故能乐而不淫，哀而不伤，则戏剧诚人人必需之游息也。于此时而寓教焉，则社会教育事半功倍矣。

二、教育贵养正当之情操　事有知之未必行，行之未必力者，多由于感情未动耳。故化知为行为，变思想为事实，必自培养情操始。培养情操，重在直觉，盖不遇可歌可泣之事，安知歌之泣之？不知歌泣其事，又安能力行之哉？戏剧能传人成败忧乐，引人入胜，是不特能兴人之情操，亦且能锻炼之也。

三、教育贵探有生之方法 教育以适于群生为目的，故其方法，亦以合于生存之真相为标准。戏剧与人生之相去，其间不能以寸，莎士披耳[②]曰："大千世界都是舞台，匹夫匹妇，莫非优孟。"盖世人无处不演戏，无处不看戏。所异者，舞台之大小耳。故自广义言之，戏剧即人生，人生即戏剧。夫以有生之人演人生之事，岂不诚教人为生之美术哉！

戏剧于观者之影响既如此，于演者又如彼，然则戏剧有利无弊乎？曰：唯唯否否。益生者，戏能演之，能教之；害生者，戏亦能演之，能教之。戏之能力则大矣！善用，则社会可以改良；不者，用之风化足以败坏。是不可以不慎也。然不善用戏剧，遂咎其为不可用者，又戏剧之罪人也。

原载《南京高等师范学校教育研究会会刊》1918年第3期

【注释】

①此文原无标点。

②莎士披耳，通译莎士比亚，英国著名剧作家。

一九一九年

教学合一[①]

现在的人叫在学校里做先生的为教员，叫他所做的事体为教书，叫他所用的法子为教授法，好像先生是专门教学生些书本知识的人。他似乎除了教以外，便没有别的本领；除书之外，便没有别的事教。而在这种学校里的学生除了受教之外，也便没有别的功课。先生只管教，学生只管受教，好像是学的事体，都被教的事体打消掉了。论起名字来，居然是学校；讲起实在来，却又像教校。这都是因为重教太过，所以不知不觉地就将它和学分离了。然而教学两者，实在是不能分离的，实在是应当合一的。依我看来，教学要合一，有三个理由：

第一，先生的责任不在教，而在教学，而在教学生学。大凡世界上的先生可分三种：第一种只会教书，只会拿一本书要儿童来读它，记它，把那活泼的小孩子做个书架子、字纸篓。先生好像是书架子、字纸篓之制造家，学校好像是书架子、字纸篓的制造厂。第二种的先生不是教书，乃是教学生；他所注意的中心点，从书本上移在学生身上来了。不像从前拿学生来配书本，现在他拿书本来配学生了。不但是要拿书本来配学生，凡是学生需要的，他都拿来给他们。这种办法，固然比第一种好得多，然而学生还是在被动的地位，因为先生不能一生一世跟着学生。热心的先生，固想将他所有的传给学生，然而世界上新理无穷，先生安能尽把天地间的奥妙为学生一齐发明？既然不能为学生一齐发明，那他所能给学生的，也是有限的，其余还是要学生自己去找出来的。况且事事要先生传授，既有先生，又何必要学生呢？所以专拿现成的材料来教学生，终归还是不妥当的。那么，先生究竟应该怎样子才好？我以为好的先生不是教书，不是教学生，乃是教学生学。教学生学有什么意思呢？就是把教和学联络起来；一方面要先生负指导的责任，一方面要学生负学习的责任。对于一个问题，不是要先生拿现成的解决方法来传授学生，乃是要把这个解决方法如何找来的手续程序，安排停当，指导他，使他以最短的时间，经过相类的经验，发生相类的理想，自己将这个方法找出来，并且能够利用这种经验理想来找别的方法，解决别的问题。得了这种经验理想，然后学生才能探知识的本源，求知识的归宿，对于世间一切真理，不难取之无尽，用之无穷了。这就是孟子所说的“自得”，也就是现今教育家所主张的“自动”。所以要想学生自得自动，必先有教学生学的先生。这是教学应该合一的第一个理由。

第二，教的法子必须根据于学的法子。从前的先生，只管照自己的意思教学生；凡是学生的才能兴味，一概不顾，专门勉强拿学生来凑他的教法，配他的教材。一来先生收效很少，二来学生苦恼太多，这都是教学不合一的流弊。如果让教的法子自然根据学的法子，那时先生就费力少而成功多，学生一方面也就能够乐学了。所以怎样学就须怎样教：学得多教得多，学得少教得少；学得快教得快，学得慢教得慢。这是教学应该合一的第二个理由。

第三，先生不但要拿他教的法子和学生学的法子联络，并须和他自己的学问联络起来。做先生的，应该一面教一面学，并不是贩买些知识来，就可以终身卖不尽的。现在教育界的通病，就是各人拿从前所学的抄袭过来，传给学生。看他书房里书架上所摆设的，无非是从前读过的几本旧教科书；就是这几本书，也还未必去温习的，何况乎研究新的学问，求新的进步呢？先生既没有进步，学生也就难有进步了。这也是教学分离的流弊。那好的先生就不是这样，他必定是一方面指导学生，一方面研究学问。如同柏林大学包尔孙先生（Fr. Paulsen）[②]说：“德国大学的教员，就是科学家。科学家就是教员。”德国学问发达，大半靠着这教学相长的精神。因为时常研究学问，就能时常找到新理。这不但是教诲丰富，学生能多得些益处，而且时常有新的材料发表，也是做先生的一件畅快的事体。因为教育界无限枯寂的生活，都是因为当事的人，封于故步，不能自新所致。孔子说：“学而不厌，诲人不倦。”真是过来人阅历之谈。因为必定要学而不厌，然后才能诲人不倦；否则年年照样画葫芦，我却觉得有十分的寂寞。所以要想得教育英才的快乐，首先要把教学合而为一。这是教学应该合一的第三个理由。

总之：一来，先生的责任在教学生学；二来，先生教的法子必须根据学的法子；三来，先生须一面教一面学。这是教学合一的三种理由。第一种和第二种理由是说先生的教应该和学生的学联络；第三种理由是说先生的教应该和先生的学联络。有了这样的联络，然后先生学生都能自得自动，都有机会方法找那无价的新理了。

原载《时报·教育周刊·世界教育新思潮》第1号，1919年2月14日

【附录】

我读陶先生的《教学合一》的三种理由，觉得很不差。第一第二种是根据心理学来的。第三种的理由是吾国素来主张的。《书经》里说："惟教学半。"蔡傅谓："教人居学之半。"王纯甫问王阳明："敢问教何以哉。"阳明正曰："其学乎！尽吾之所以学者而教行焉耳。"曰："学何以哉?"曰："其教乎！尽吾之所以教者而学成焉耳。古之君子有诸己而后求诸人也。"这都是讲教学合一的道理。[3]

原载《时报、教育周刊、世界教育新思潮》第1号，1919年2月14日

【注释】

①本篇于1928年收入作者自选教育论文集《中国教育改造》。

②包尔孙，通译保罗生。德国哲学家。

③此文为蒋梦麟读《教学合一》之感悟。

试验主义与新教育[①]

《说文》："新，取木也。"木有取去复萌之力，故新有层出不已之义。新教育与旧教育之分，其在兹乎？夫教育之真理无穷，能发明之则常新，不能发明之则常旧。有发明之力者虽旧必新，无发明之力者虽新必旧。故新教育之所以新，旧教育之所以旧，亦视其发明能力之如何耳。发明之道奈何？曰，凡天下之物，莫不有赖于其所处之境况。境况不同，征象有异。故欲致知穷理，必先约束其境况，而号召其征象，然后效用乃见。此试验之精神，近世一切发明所由来也。彼善试验者，设统系，立方法，举凡欲格之物，尽纳之于轨范之中：远者近之，微者大之，繁者简之，杂者纯之，合者析之，分者通之，多方以试之，屡试以验之，更较其异同，审其消长，观其动静，察其变化，然后因果可明而理可穷也。例如试验甲乙二教授法之优劣，则必将试验时之一切情形，归为一致。盖必先一其教师，一其教材，一其设备，一其时间，一其地方，而所教之学生又须年龄等，男女等，家境等，程度等，然后施以各异之教法，乃可知结果之攸归；屡试而验，然后二法之优劣，乃可得而发明焉。

故试验者，发明之利器也。试验虽未必皆有发明，然发明必资乎试验。试验之法，造端于物理、生物、生理诸科学，浸假而侵入人群诸学，今则哲理亦且受其影响矣。盖自培根（Bacon）[②]用以格客观之物；笛卡儿（Descartes）[③]用以致主观之知。试验精神遂举形而上、形而下学而贯彻之。究其结果，则思想日精，发明日盛，欧美之世界，几变其形。征之欧美之进步，试验方法既如此，其不可废也。则其应用之于教育学者明矣。教育为群学之一种，居形上、形下之间。故其采用试验方法也，亦较迟于物理、生物诸学。然近二百年来，教育界之进步，皆由试验而来。是以配斯泰来齐（Pestalozzi）[④]试验幼子，而官觉之要以明；赫耳巴忒（Herbart）设研究科，而统觉之理以阐，福禄倍（Froebel）[⑥]创幼稚园，而游戏之效以著；杜威（J. Dewey）[⑦]之集成教育哲学也，以试验；桑戴克（Thorndike）[⑧]之集成教育心理也，亦以试验。他若全部发育也，先质后文也、自动也、兴味也、感应结也、习惯法也，无一不根源于试验。举凡今日教育界所视为金科玉律者，皆昔贤试验累积之成功。是故试验之消长，教育之盛衰系之。柏林大学保尔生（Paulsen）[9]曰：德国中世纪以前，狉狉榛榛，等之化外之民。及拉丁文输自罗马，民情一变，既而文艺北渐，蕴成宗教变革，而民德又一进。当十七世纪法国礼乐艺术最盛，德人慕之，其贵族咸以能说法语为荣。及十八世纪，大风烈铁骑帝（Frederick the Great）[10]又定法文为学校必修科，并聘法人为高级教师。其学于法人也，可谓勤矣！此外于英吉利及希腊之文化，皆无所不吸收，此德人师他人之时期也。迨至十八世纪之初，哈里大学（Halle University）与郭听斯堡大学（Gönigsberg University）相继而兴，皆以宣扬试验精神为务。其后赫尔巴忒与福禄倍诸贤先后辈出，凡所建树，皆根本于试验。虽执政者屡加干预，而其教之流行，速于置邮传命，不数十年而弟子几遍国中。此后言教育者，多宗之。试验主义之功不亦大哉？美国三十年前之教育，亦几无事不模仿旧大陆，自乾姆斯（James）[11]创设心理试验科，而学者趋向一变。至于今日，凡著名大学，莫不设教育科。其同时试验教育心理者以百计，其试验机关与从事实地试验之人，几无处无之。盛矣！其试验精神之充塞也，观其效果，虽未必人人皆有贡献，然英德识者皆承认美国近今小学校法为全球冠，试验之功也。故欲求常新之道，必先有去旧之方。试验者，去旧之方也。盖尝论之，教育之所以旧者五，革而新之，其惟试验。所谓五旧者何？

一曰依赖天工　彼依赖天工者，待天垂象，俟物示征，成败利钝，皆委于气数。究其流弊，则以有限之时间，逐不可必得之因果，是役于物而制于天也，安得不为所困哉？困即无自新之力矣。苟或有之，或出于偶然。即有常矣，或所示者吝，吾又安能穷其极而启其新耶？荀子曰："大天而思之，孰与物畜而制之！从天而颂之，孰与制天命而用之！因物而多之，孰与聘能而化之！思物而物之，孰与理物而勿失之也！"此数语，可谓中试验精神之窍要矣。盖善试验者，役物而不为物所役，制天而不为天所制。惟其以人力胜天工，故能探其奥蕴，常保其新焉。

二曰沿袭陈法　彼泥古之人，以仍旧贯为能事。行一事，措一词，必求先例。有例可援，虽害不问；无例可援，虽善不行。然今昔时势不同，问题亦异。问题既异，方法当殊。故适于昔者未必适于今。徒执古人之成规，以解决今之问题，则圆枘方凿，不能相容，何能求其进步也？故欲求教育刷新进步，必先有试验，以养成其自得之能力。能自得，始能发明，能发明，则陈法自去，教育自新矣。

三曰率任己意 教育为一种专门事业，必学焉而后成。然从事教育之人，偏欲凭一己一时之意，以定进行之趋向。故思而不学，凭空构想者有之；一知半解，武断从事者有之；甚至昧于解决，以不了了之者亦有之。空想则无新可见；武断则绝自新之路；不了了之，则直无新之希望矣。欲救斯弊，必使所思者皆有所凭，所断者皆有所据。困难之来，必设法求所以解决之，约束之，利用之，凡此皆试验之道也。

四曰仪型他国 今之号称新人物者，辄以仪型外国制度为能事；而一般人士，见有能仪型外人者，亦辄谓新人物。虽然，彼岂真能新哉？夫一物之发明，先多秘密。自秘密以迄于公布，须历几何时？自公布以迄于外传，又须历几何时？况吾所仪型者，或出于误会。以误传误，为害非浅。即得其真相，而转辗传述，多需时日。恐吾人之所谓新者，他人已以为旧矣。不特此也。中外情形有同者，有不同者。同者借镜，他山之石，固可攻玉。不同者而效焉，则适于外者未必适于中。试一观今日国中之教育，应有而无，应无而有者，在在皆是。此非仪型外国之过欤？若能实行试验，则特别发明，足以自用；公共原理，足以教人。教育之进步，可操左券矣。

五曰偶尔尝试 当一主义发生之时，必有人焉慕其美名而失其真意。其弊也，愈近似而愈乱真。乃时人不察，误认试验为尝试。计画不确，方法无定，朝令暮改，偶而尝试。惟其尝试，故新猷未出，已中途而废矣。彼真试验者，则不然。必也有计画，有方法，视阻力为当然，失败为难免，具百折不回之气概，再接再厉之精神。其成败虽未可必，然世界实由此而进步，教育亦由此而进步。此岂持尝试之见者所可能哉！

既能塞陈旧之源，复能开常新之源，试验之用，岂不大哉！推类至尽，发古人所未发，明今人所未明，皆试验之责任也。吾国数千年来相传不绝之方法，惟有“致知在格物”一语。然格物之法何在，晦庵与阳明[12]各持一说。晦翁以“即物穷理”释之，近矣。然而即物穷理，又当用何法乎？无法以即物穷理，则物仍不可格，知仍不可致。阳明固尝使用即物穷理者也。其言曰：“初年与钱友同论做圣贤，要格天下之物……因指亭前竹子，令去格看。钱子早夜去穷格竹子的道理，竭其心思，至于三日，便致劳神成疾。当初说他这时精力不足，某因自去穷格，早夜不得其理，到七日亦以劳思致疾……及在夷中三年，颇见得此意思，乃知天下之物本无可格者；其格物之功，只在身心上做。”类此者皆坐格物不得其法之弊也。假使阳明更进一步，不责物之无可格，只责格之不得法，兢兢然以改良方法自任，则近世发明史中，吾国人何至迄今无所贡献？然亡羊补牢，未为晚也。全国学者，苟能尽刷其依赖天工、沿袭旧法、仪型外国、率任己意、偶尔尝试之旧习，一致以试验为主，则施之教育而教育新，施之万事而万事新，未始非新国新民之大计也。不然，若以应时为尽新之能事，则彼所谓旧教育者，当时亦尝为新教育也。而今之新教育，又安知其他日之不或旧耶？

原载《新教育》第1卷第1期，1919年2月

【注释】

①本篇于1928年作者收入自选教育论文集《中国教育改造》时，曾作较大删削。此文原无标点。

②培根，英国哲学家。

③笛卡儿，法国哲学家、数学家和物理学家。

④配斯泰来齐，通译裴斯泰洛齐，瑞士教育家。

⑤赫尔巴忒，通译赫尔巴特，德国哲学家、心理学家、教育家。

⑥福禄倍，通译福禄培尔，德国教育家。

⑦杜威，美国哲学家、教育家。

⑧桑戴克，美国心理学家。

⑨保尔生，通译保罗生，德国哲学家。

⑩大风烈铁骑帝，通译腓特烈大帝。

⑪乾姆斯，通译詹姆斯，美国心理学家。

⑫晦庵与阳明，晦庵，即朱熹，阳明，即王守仁。

美国活动教授之一段

——柏格罗女士分糕寓教

柏格罗女士（Miss Biglow）是美国哥伦比亚大学[①]师范院附属小学校的教员，平日担任功课，素来注重顺性利导，所以她班上的学生，比别班的更加活泼，也更加规矩。

某日，二年级学生中有个名叫多玛（Thomas）的恰过生日，他的母亲特为他备了一盘生辰糕，送到课堂里来。要柏女士分给多玛的同学吃，以便大家热闹一番。柏女士接过盘来，笑问全班学生说："谁应分这美丽的糕？"大家回答说："先生，你来分。"女士以为然，将糕一块一块儿地切好了。又问："请告诉我，谁应吃第一块糕？"大家欢呼说："多玛，多玛！"女士依大家的话，先给多玛一块，然后按着座位的次序，分给全班学生。分了后，还余几块，女士又问道："现在糕尚有余，怎样是好？"一位学生起立说："先生请自吃一块。"又一个学生说："多玛的母亲在那边，何不给她一块？"又一个学生指着参观的人说："何不给那三位客人几块？"这三个学生的话，柏女士以为都不差，故先派一个学生送糕给多玛的母亲，其次再送参观的客人每人一块，然后女士自取一片，大家齐吃一顿。学生、教员、母亲和参观的客人皆大欢喜。最后，一位七岁女孩来向多玛说："多谢你的好糕，我很情愿天天是你的生日。"大家听见，都以为是妙人妙语。过不多时，习字的功课到了，快乐之后，势难静坐。柏女士乃弹琴数下，大家听了那清静的琴声，就不知不觉地静起来了。这是柏格罗女士分糕寓教的二段教授法，作者亲眼看见的。这分糕的方法，很有教育上的价值，所以就将它来介绍于同志。

按以教育的目光看来，这段故事有五个要点。第一，小学教育的功效，一部分要靠着学校和家庭的联络。看多玛的母亲送糕到学校里来，可以晓得他母亲与教师的感情深厚。第二，教育的方法首重启发思想。女士所问的事，表面上看起来，似很平常，却是能引起学生独立的思想。第三，课堂里面的精神，一来靠着先生和学生的感情，二来靠着同学彼此的感情。看这一课的终始，不但教员和学生有感情，就是那同学彼此的感情也很融洽。那堂内一段的和气，实非笔墨言语所能形容的。第四，教育儿童，应当严格的地方便须严格；应当放任的地方，便须放任。美国的教育偏重放任，中国的教育偏重严格。太放任了虽是富于自由，不免溢出范围；太严格了，虽是谨守规则，却有些枯干气味，都不是应当有的现象。柏格罗女士的班上，自由中有规则，规则中有自由。学生既有发言的机会，又能中绳准，真是难得的！第五，善教的人随事寓教，不但是教书就算了。同一生辰送糕，如果遇了不好的先生，他便会驳斥说："学校重地，不准吃糕。"遇了平常的教员，也不过一饱口福就罢了。但是到了好先生的手里，就是一段教育的好材料。

原载《时报·教育周刊·世界教育新思潮》，1919 年 3 月 10 日

【注释】

①哥伦比亚大学（Columbia University），美国著名的私立大学。1754 年设立于纽约，名为皇家学院（King's College）；1912 年改称现名。作者于 1915 年至 1917 年在该校学习。

欧战后德国教育之改革[①]

德国自欧战告终以来，政体顿变，而教育上亦受莫大之影响，此吾人不可不研究者也。德国本系联邦制度，由二十六政治团体集合而成，全国面积共二十万八千七百八十英方里，居民共六十四兆九十二万五千九百九十三人。联邦中以普鲁士为中心，其面积为十三万四千六百十六英方里，居民有四十兆十六万五千二百十九人，占全国三分之二，故其政治教育，足为全国之代表。曩者一国政权执诸君主，今则为社会党所操纵。党员中之声望最著者，为 Lassalle 与 Marse［应为 Marx——编者注］二人。在一九〇七年国会选举时，其党员有选举权者，已达三兆二十五万八千九百六十八人。迨一九一二年，全国选举人十四兆四十四万二千三百八十七人中，社会党员占四兆二十五万零三百九十九人，实为总数三分之一。按德国有五大政党，社会党 Social Democrats 其最著者也。该党所抱之政策有四：（一）厉行共和主义，以政权公诸平民；（二）为民除害，一切阶级制及贫富不均等事，皆在排除之列；（三）厉行建设的法律，使国民安生乐业，不致有闲荡之虞；（四）予国民以工作之权，Right for Work 使人人咸有职业之自由。

至其对于教育之改革，约有七端：

（一）关于教育宗旨者　昔日厉行军国民主义，务在养成畏神自立为君主牺牲之国民。今则提倡平民教育，脱离宗教之束缚，力除曩日之积弊。

（二）关于教育行政者　一八一〇年教育归内务部 Ministry of Interior 管辖，一八一七年归入宗教教育医药部 Ministry of Religious，Educational and Medical Affairs，一九一一年始归入文化部，至一九一八年有社会党领袖六人主持部务。至于地方教育行政，向由牧师监察，是以派别繁多，即编辑学校教本各存党见。现在竭力革除，虽穷乡僻壤，尚不免为若辈所把持，而城市中则不得过问矣。

（三）关于学校组织者　从前学制，至为纷歧。即以中学论，有六年毕业者，有七年毕业者。小学复分二种：一为国民学校，一为预备学校。国民学校专为谋生之准备，无上进之机缘。预备学校，组织较良，专为升学而设。然其宗旨在造就贵胄子弟，非平民所得入也。阶级既严，人民程度遂形丘谷。曾有人主张将各邦分歧之办法，改为一有统系之学制。厥后为柏林会议所打消，洎乎今日，方事实行。

原载《南京高等师范日刊》，1919 年 3 月 18 日（未完）

【注释】

①本篇系演讲记录。记录者：施毓麒、徐泰。

道路与教育

建筑道路这个问题，不独与民情的联络，实业的发达，通商的便利有密切的关系，就是于振兴教育，也有很大的辅助。

美国马撒朱赛州（Massachusetts）[①] 道路修得好，他的教育也很发达。我参观该州教育的时候，有农业教育司斯密司[②] 先生同乘汽车周游三日，遍览全州农业学校。据斯密司先生自己说，他平时每月视察全州农业学校二次。他视察学务所以如此之快，是因为有好的道路。参观的时候，又看见一个乡村农业学校，校中学生普遍都住在五英里之外。还有一个通学生，他的家离学校有二十二英里之远，约华里六十六里。他早上进学校，晚上回家住宿，这也是因为道路好的缘故。我又看见一个农业学校的学生，农忙的时候，都在家里作农，教员每日乘汽车到各学生田园里巡环教授。若不是道路好，怎样办得到呢？再还有乡下的地方，地广人稀，若想普及教育，非用车运载学生上学不可。所以，美国乡村教育的普及，多半依赖这车载学生上学的方法。所以乡村教育发达的地方，必定有好的道路。因为非此，则不便于运载学生，这也是道路对于教育的辅助。

回看中国，道路不修，交通不便，县视学视察各县教育，多则每年二次，少则一次还不到。比较那马州视学的每月二次，当有什么感想？又看那中国通学生家校距离，很少超过三里的，那就是说，学校的势力，不出三里之外。比较那马州通学生离校的六十六里，又当有何感想？有人说要兴教育，先修道路。这句话很有些道理。

原载《时报·教育周刊·世界教育新思潮》第5号，1919年3月24日

【注释】

①马撒朱赛州，通译马萨诸塞州，旧译麻省，美国州名。

②斯密司，通译为“史密斯”。

介绍杜威先生的教育学说[①]

美国哥伦比亚大学教员杜威先生，是当今的大哲学家，也是当今的大教育家。今年是先生的休息之期，他想要在这一年当中，到东亚来游历一番。现在已经到了东京，在帝国大学讲演。大约四月间就要到中国来，预备游历上海、南京、北京以及别的地方。杜威先生素来所主张的，是要拿平民主义做教育目的，试验主义做教学方法。这次来到东亚，必定与我们教育的基本改革上有密切关系。既然有这大的关系，就不能不略为晓得杜威先生的历史。

先生于西历一八五九年，生于美国弗尔卯梯州[②]之柏林顿城。一八七九年毕业于弗尔卯梯州立大学。一八八四年在约翰司·霍布金大学[③]得哲学博士学位。此后历充米支干大学[④]和米尼梭泰大学[⑤]哲学教员。至一八九四年即应支加哥大学[⑥]之请，担任哲学教授。一九〇二年改任该校教育科主任。一九〇四年以后，一直到现在，都在哥伦比亚大学服务。这是杜威先生的一段小史。

但是读这一段小史，只略为明白他一生经过的大概。他一切的学说主张，都不能从这里看出来。所以要知其人，必先读其书。就我所晓得的，杜威先生所出的著作，共有十六种。我们且按着出版年份，把他们先来介绍给大家同志看看。

《心理学》	一八八六年出版
《人生哲学的评论》	一八九四年出版
《人生哲学的研究》	同年出版
《数目的心理学》	同年出版
《我之教育信条》	一八九七年出版
《学校与社会》	一八九九年出版
《学校与儿童》	一九〇〇年出版
《儿童与课程》	一九〇二年出版
《论理学的研究》	一九〇三年出版

《思维术》	一九〇九年出版
《教育丛论》	一九一〇年出版
《达尔文在哲学上的势力》	同年出版
《德国的哲学与政治》	一九一五年出版
《将来的学校》	同年出版
《平民主义的教育》	一九一六年出版
《试验的论理学》	同年出版

除了上列书籍之外，还有许多著作，散见于各种杂志当中。例如《哲学评论报》《心理评论报》《哲学心理杂志》和《新民国》上，都时常有杜威先生的名论。

上列各种书报，凡是研究杜威先生的教育学说的，都应该备来参考。不过教育界中普通的人，只要选几种最关紧要的读读，就可以明白他学说的大概了。他的著作当中，和教育最有关系的，一是《平民主义的教育》，二是《将来的学校》，三是《思维术》，四是《试验的论理学》。这四部书，是教育界人人都应当购备的。我教育界同志，对于杜威先生的教育学说，有想研究的么？如有，就须先读这四本书。等他到了中国之后，我再来介绍大家亲听他的言论。

原载《时报·教育周刊·世界教育新思潮》第6号，1919年3月31日

【注释】

①本篇原载《时报·教育周刊·世界教育新思潮》第6号。作者后来为《杜威先生在华讲演集》所作的《杜威先生的史略和著作》的序言中，列出的杜著篇目增补到二十一种。

②弗尔卯梯州，通译佛蒙特州。美国州名。

③约翰司·霍布金大学，通译约翰斯·霍普金斯大学，简称霍普金斯大学，在美国。

④米支干大学，通译密执安（或译密歇根）大学，在美国。

⑤米尼梭泰大学，通译明尼苏达大学，在美国。

⑥支加哥大学，通译芝加哥大学，在美国。

普露士教育之基本改革

欧战之后，各国教育都有改革的趋势。但是，其中改革最大最速的莫过于德国，而德国联邦中尤以普露士[①]的教育改革为最有研究的价值。

普露士为德国联邦的领袖，有土地二十万八千七百八十英方里，战前有人民四十兆[②]十六万五千余人，土地、人民约占德国全国三分之二。所以他的政治和教育，足为全国的代表。

教育和政治最有密切的关系。若欲明白普露士教育上的改革，必须先明白现在普国掌政权的是什么人。德国自从拉撒尔（Lassalle）[③]、马克思（Marx）提倡社会主义以来，五六十年间，社会民主党（Social Democrats）就逐渐膨胀，到一九一二年众议院（Reichstag）选举，该党共得四百二十五万票，占全国总票数三分之一。以票数论，已为德国最大的政党。不过，碍于选举法的限制，选举的人虽多，而被选举的人实少，终不得操纵政权。但是大战争以后，君主推翻，限制全消，社会民主党就一跃而为全国政治的中枢。所以，现在掌普露士国政的，就是社会民主党人。社会民主党所主张的有四大端：一、共和的政治；二、安全的社会；三、建设的法律，四、职业的自由。他们所最反对的，第一是君主，第二是武力，第三是宗教的专制。普国新政府的教育部总长赫尼禧（Herr Hänisch），就根据这几种主义，宣布教育政策三十二条。现在就其主要的讨论一番：

（一）关于教育宗旨上的改革　从前普国的教育宗旨，是要养成畏神、自立、爱国的顺民，所谓 God-fearing，self-supporting，patriotic subject[④]就是。新政府成立后，就把这个宗旨打消，一面提倡平民主义，一面脱离宗教的束缚。

（二）关于教育行政上的改革　普国的中央教育行政，素与宗教行政并在一处，都是归宗教教育部（Ministerium für Geistlichen und Unterrichtsangelegenheiten）管辖。到去年新政府成立，就设文化部（Kultur Ministerium），专司教育行政事宜。部中最重要职员六人，皆由社会党员充任，这是关于中央教育行政的改革。至于地方教育行政，也有一个很大的变动。普国地方教育，很受宗教的影响。中世纪的时候，教育的权柄都操在宗教师手里。后来他们的势力虽然渐渐减少，然而除了大城之外，宗教师仍然有视察教育的权柄。此次新政府成立，就要把这个权柄收回。一切视察，归有经验的专家主持。这是关于地方教育行政的改革。

（三）关于学校组织上的改革 普国新政府对于学校组织上，也有两种主要的改革。第一种就是多设统一学校（Einheitschule）。从前，普国根据于阶级制度，小学有两种：一种为 Volkschule[⑤]，专收平民的子弟。进了四年之后，就不能转学。八年毕业之后，就永远不能上进。又一种为 Vorschule[⑥]，专收贵族及富绅的子弟。由此毕业，可以自由上达。有了这种不平等的教育，所以社会的阶级更分高下了。这是要设统一学校的第一个缘故。此外又有那复杂的中学制度，有六年毕业的，有九年毕业的，有重古文的，有重实科的。中学的本体，既不一致，而与小学又不充分联络。所以，当时曾有设立统一学校的主张，使有才者都能向上。但是，这种办法很触君主贵族的忌讳。不久就为柏林会议所取消。到新政府成立的时候，又把这个问题提起来，要厉行推广统一学校。凡根据阶级的学校，一律取消，这可算是共和教育的一个大胜战。关于学校组织上的第二种改革，就是男女同学问题。大战之前，普国小学学生中，男女同学的占总数三分之二，其余三分之一，都是男女分学的。因为普国风俗很不赞成男女同学，天主教徒更加反对。所以学生数多，可以分教的时候，男女都是分教的。小学如此，中学以上是更不必说了。但是，此次新政府成立后，就把限制男女同学的条件取消了。

（四）关于教员上的改革 从前宗教不甚自由，教员往往有教授宗教的义务。新政府以为这种办法，有违宗教自由的精神，就规定教员非自愿不得强令教授宗教。国体未改之前，全国人民有二年军役之义务。教员得减至一年，新政府把这一年也完全免去。从前校长权大，一切校事，教员能够参与的地方很少。新政府特给他们参与校务的权柄，并许他们组织教员同盟（Teachers Union）。大学以上学校，则注重学问自由，使教员得以自由发表意见。又为优待教员起见，特添设班次，减少每班学生名额，使从战场上回来的教员可以安身。这都是普国新政府体恤教员的好意。

（五）关于课程上的改革 关于课程上，普国新政府有三种主要的改革。第一，是关于德育的：普国从前和英国一样，把宗教一门列入正课中，但是没有英国那样的统一。所以，天主教徒有天主教徒的主张，耶稣教徒有耶稣教徒的主张。甚至于教科书也是各色各样的：有天主教的教科书，也有耶稣教的教科书。耶稣教势力圈内的公立学校，不用天主教发行的教科书；天主教势力圈内的公立学校，不用耶稣教发行的教科书。大家分门别户，各是其是。新政府主张宗教和教育分立，所以就把宗教一科，不列入正课，以修身代之。如有宗教师要加授宗教，亦可给他相当的时间从事教授，却不得举行考验，以别于正课。第二，是关于体育的：从前厉行军国民主义的时候，体育一门，很注重兵操。现在政府主张一律废除兵操。第三，就是关于社会主义的：从前政府对于社会主义，没有一处不加以限制，所以不能自由研究发表。新政府既为社会党所组织，就主张在大学校内添设社会主义一科，以资研究。

(六) 关于社会教育上的改革 美国前驻德白大使，说德国有三宝，其一就是公共戏园。新政府对于社会教育上的第一件事，就是把戏园收归国有。一切皇家戏园都改为国立戏园，皇家乐会都改为国立乐会。将来积极进行社会教育，必更有可观了。

我们大家知道，普露士的教育是最重军国民主义的、阶级制度的。这回大战，把这种教育制度都打破了。最重军国民主义的、阶级制度的学校，一变为平民的共和的学校，岂不是世界的一个大大的幸福么？现在这军国阶级主义的祸根，既然为一阵狂风拔得干干净净，我很希望他在东亚的枝叶，不久也就要凋落了；我更希望当这军国、阶级两主义凋落的时候，那抄袭德国精神的国家，也能回心转意，培植那平民主义的教育，使他能够开花结果，为东亚放一异彩。

原载《新教育》第1卷第2期，1919年3月

【注释】

①普露士，通译普鲁士（Prussia）。

②兆，数词。中国古代指一万亿，现指一百万。

③拉撒尔（Lassalle，1825—1864），通译拉萨尔，是德国工人运动中机会主义派别的首领。

④God-fearing，self-supporting，patriotic subject，意为畏神、自立、爱国的国民。

⑤Volkschule，德文，意为国民学校。

⑥Vorschule，德文，意为幼儿学校，又可译为学前教育机构。

试验教育的实施

试验主义与新教育的关系，在第一期《新教育》月刊上已经论过。现在所要继续研究的问题，就是怎样将这实验的教育实行出去。照我看来，建设试验的教育，约有四种主要办法。

（一）应该注意试验的心理学 心理学是一切教学方法的根据，要想在教学上求进步，必须在心理学上注重试验。现在中国各级师范学校所教的心理学，不是偏重书本的知识，就是偏重主观的研究。推其结果，不独没有发明，就是所教所学的，也是难于明了。所以现在第一件要事，就须提倡试验的心理学。大学校的教育科和高等师范学校，都应当设备相当的心理学仪器。至于初级师范学校，也应当拣那必不可少的设备起来，使教员学生都有试验的机会。心理学有了试验，然后那依据心理的教育也就不致蹈空了。

（二）应该设立试验的学校 我们现在所有的学校，大概都是按着一定的格式办的，目的有规定，方法有规定。变通的余地既然很少，新理安能发现？就以师范学校的附属学校而论，有为实地教授设的，也有为模范设的，但为试验教育原理设的，简直可以说没有。所以全国实行的课程、管理、教学、设备究竟是否适当，无人过问，也无从问起。为今之计，凡是师范学校及研究教育的机关，都应当注重试验的附属学校；地方上也应当按着特别情形，选择几个学校，做试验的中心点。不过试验的时候，第一要得人，第二要有缜密的计划。随便什么学校，如果合乎这两个条件，就须撤消一切障碍，使它得以自由试验。如不得其人，又无缜密的计划，那仍是轻于尝试，不是真正的试验了。

（三）应当注意应用统计法 教育的原则，不是定于一人的私见，也不是定于一事的偶然。发明教育原理的，必须按着一个目的，将千万的事实征集起来，分类起来，表列起来，再把它们的真相关系一齐发现起来，然后乃能下它的判断。这种方法，就叫做统计法。试验教育是个很繁杂的事体，有了这种方法，才能以简御繁，所以统计法是辅助试验的一种利器，也是建设新教育的一种利器。研究教育的人，果能把这个法子学在脑里，带在身边，必定是受用无穷的。所以研究教育的机关，就须按着程度的高下，加入相当分量的统计法，列为正课，使那从事研究的人，能得一个操纵事实的利器。

（四）应该注重试验的教学法 试验的教学法，有一个最要之点，这要点就是如何养成学生独立思想的能力。现在通用的方法，只是赫尔巴的五段教授[①]，总嫌他过于偏重形式。最好是把杜威的思想分析拿来运用。按照杜威先生的意思，第一，要使学生对于一个问题处在疑难的地位；第二，要使他审查所遇见的究竟是什么疑难；第三，要使他想办法解决，使他想出种种可以解决这疑难的方法；第四，要使他推测各种解决方法的效果；第五，要使他将那最有成效的方法试用出去；第六，要使他审查试用的效果，究竟能否解决这个疑难；第七，要使他印证，使他看这试用的法子，是否屡试屡验的。这几种方法，只是一套手续。有了这个方法，再加些应有的设备，必能养成学生一种试验的精神。

上面所举的四种方法当中，前三种是改造教育家应有的手续。他们的目的在使担任教育事业的人，得了一种精神方法，能够发明教育的原理。第四种是改造国民应有的手续，他的目的在使普通国民，得了一种精神方法，能够随时、随地、随事去做发明的工夫。总而言之，会试验的教育家和会试验的国民都是试验教育所要养成的。

原载《时报·教育周刊·世界教育新思潮》第8号，1919年4月14日

【注释】

①赫尔巴的五段教授，赫尔巴，即赫尔巴特。五段教授，即赫尔巴特学派主张的一种关于课堂教学阶段的理论。分为：预备，提示，联想，总括，应用。通称“五段教学法”。

第一流的教育家[①]

我们常见的教育家有三种：一种是政客的教育家，他只会运动，把持，说官话；一种是书生的教育家，他只会读书，教书，做文章；一种是经验的教育家，他只会盲行，盲动，闷起头来，办……办……办。第一种不必说了，第二第三两种也都不是最高尚的。依我看来，今日的教育家，必定要在下列两种要素当中得了一种，方才可以算为第一流的人物。

（一）敢探未发明的新理 我们在教育界做事的人，胆量太小，对于一切新理，小惊大怪。如同小孩子见生人，怕和他接近。又如同小孩子遇了黑房，怕走进去。究其结果，他的一举一动，不是乞灵古人，就是仿效外国。也如同一个小孩子吃饭、穿衣，都要母亲帮助，走几步路，也要人扶着，真是可怜。我们在教育界任事的人，如果想自立，想进步，就须胆量放大，将试验精神，向那未发明的新理贯射过去；不怕辛苦，不怕疲倦，不怕障碍，不怕失败，一心要把那教育的奥妙新理，一个个地发现出来。这是何等的魄力，教育界有这种魄力的人，不愧受我们崇拜！

（二）敢入未开化的边疆 从前的秀才以为"不出门能知天下事"，久而久之，"不出门"就变做"不敢出门"了。我们现在的学子，还没有解脱这种风气。试将各学校的《同学录》拿来一看，毕业生多半是在本地服务，那在外省服务的，已经不可多得，边疆更不必说了。一般有志办学的人，也专门在有学校的地方凑热闹，把那边疆和内地的教育，都置在度外。推原其故只有一个病根，这病根就是怕。怕难，怕苦，怕孤，怕死，就好好地埋没了一生。我们还要进一步看，在这些地方，究竟是谁的山河？究竟是谁的同胞？教育保国究竟是谁的责任？要晓得国家有一块未开化的土地，有一个未受教育的人民，都是由于我们没尽到责任。责任明白了，就放大胆量，单身匹马，大刀阔斧，做个边疆教育的先锋，把那边疆的门户，一扇一扇地都给它打开。这又是何等的魄力！有这种魄力的人，也不愧受我们崇拜。

敢探未发明的新理，即是创造精神；敢入未开化的边疆，即是开辟精神。创造时，目光要深；开辟时，目光要远。总起来说，创造、开辟都要有胆量。在教育界，有胆量创造的人，即是创造的教育家；有胆量开辟的人，即是开辟的教育家，都是第一流的人物。大丈夫不能舍身试验室，亦当埋骨边疆尘，岂宜随便过去！但是这种人才，究竟要到什么时候才能出现？究竟要由什么学校造就？究竟要用什么方法养成？可算是我们现在最关心的问题。

原载《时报·教育周刊·世界教育新思潮》第9号，1919年4月21日

【注释】

①本篇最初发表时，专栏主笔蒋梦麟写有如下按语："陶先生，你讲的一席话，我读了便觉精神提起来。这种话我久不听见了，可算是教育界福音。"

尊重人格为最要[①]

今日国耻纪念有二种观念：甲、快乐，乙、悲痛。所谓快乐者何？今日纪念之举动，热心文明，为向来所未有也。悲痛者何？希望合群一致进行。爱国热诚，出于个人之自动。果能坚持到底，不改初志，尊重人格为最要也。

原载《申报》，1919年5月11日

【注释】

①此系演讲记录。

南京国耻纪念会演说大旨[①]

今日为国耻纪念，吾人视之应哭。然哭亦徒然无益于事，惟愿国人对于此种国耻纪念应有如何之决心，以希达到削除此种国耻之日，庶乎可尽人民为国之目的。否则，徒然有此国耻纪念，以表示其意思而无削除之望，又何必有此纪念?！然希冀削除此耻，其应当进行事件有六，吾人当勉为之：

（一）必求达到归还青岛之目的；

（二）不承认卖国贼所订各种密约；

（三）保全我最高级之北京大学；

（四）释放我代表真正民意之学生；

（五）扩张教育，增进人民智识；

（六）振兴实业，重持全国金融。

希望国人勿贪财色名利而自堕其人格，要有真正之决心继续进行，终必达到削除此九日国耻之目的。

原载《时报·南京国耻纪念详记》，1919 年 5 月 12 日

【注释】

①本篇系陶行知、赵正平、应尚德、张家训 1919 年 5 月 9 日下午的演说概要。记录者：《时报》记者。今题为编者所拟。

本《大旨》的发表背景为："江苏省议会因五月九日为国耻纪念日兼以外交失败、民意奋发之际，特函请各学校团体代表莅会。于午后三时开国耻纪念大会。来宾到会者三十余人，议员到会者七十余人。摇铃开会，各来宾、各议员就席。由副议长鲍贵藻报告开会宗旨。各来宾中如南京高等师范校长陶知行、暨南学校校长赵正平、金陵大学会长应尚德、南京中

学校长张家训先后演说……”（下接正文）在演说进行中，几位发言人“慷慨激昂，每一顿挫，全场之上掌声雷动”。

上段所称“南京高等师范校长陶知行”，不确。应在“校长”前加“代理”二字，此时“南高”校长郭秉文因公外出，委托陶行知“暂时代理校务”。

“五九”国耻，系指1915年5月9日袁世凯承认日本提出的二十一条。此后，定每年5月9日为国耻纪念日。

陶知行论学界联合会组织办法书

记者足下：

宁垣组织学界联合会，昨将章程通过，鄙意必将教职员加入者。其要点有三：

（一）学生应爱国，教职员亦应爱国；学生应为社会服务，教职员亦应为社会服务。

（二）教育贵自动，但自动云者，非学生自动，教员不动，乃是要大家自动。

（三）团体最忌之事为彼此猜疑。若教职员忌学生之风潮，学生忌教员之摧残，一校之中，已成敌国。学校不统一，安望国家统一？教职员学生合办之后，其利有三：（甲）吾国学生与教职员分离甚远，多由于缺少合办的动作，吾人应乘此机会，力谋联络，以达真正教育之目的。（乙）教员所经历之世故人情，足以补学生之不足，而学生之无量热忱，足以补教员之不足。分则两失，合则两得。（丙）教职员学生合办，可免许多意外危险，且鄙意以为合办之意，不仅仅顾问指导而已，且当共图实施之方法。联袂进行，其裨益之多，吾南京学界联合会可作证据。昨日通过章程时，一团共和精神，为归国后所未见，兹将章程另封寄奉。黄、徐、沈、蔡诸公处，烦为转致，并将此信便与诸公一阅，务乞指导提倡，至为感荷。此颂

公绥

原载《时报·每周大事记》第13期，1919年5月19日

【附录】

宁廿一校职教员之不平鸣

秀山督军、震岩省长钧鉴：

天祸中国，党争迭起，内政不修，外交日棘。自青岛问题提出，欧洲和会失败后，以致演成此次罢学罢市之风潮，飙举急驰，几及全国。宁垣为东南重镇，民智开通较先，遂受津沪之影响，一致罢课罢市表示爱国热忱。我军民两长默察大势之阽危，民心之愤激，不忍为武汉浙杭之残民政策。盖处于共和政体之下，断不容以强暴之武力斩绝民气也。乃见报载钧座灰日会衔通电，有学生持棍站立岗位逼迫警察，或书改良政府，推翻政府，誓斩日奴，实行公产及下关墙垣挤倒受伤者数人等语。又载督军复华侨联合会书，有军警蹂躏学生一事，本督军并无所闻，及苏省军警程度高尚，决不致发生此事，即本督军亦不容发生蹂躏学生之事等语。职教员等伏读之下，不胜惶骇。按诸当日实在情形，实有不符之处。此必警察厅长报告有朦清听故也。查此次罢课罢市，本为曹、章、陆[①]三人卖国之问题而起，学生罢课、商民罢市皆纯出于爱国之热忱，学生既非他人所能指使，商民亦非学生所能威逼。在杭州、芜湖，则学校放假以后商民始行罢市。在南京，则学生已停止游行两日，商民尚不开市是其明证也。且宁垣罢课在北京、上海之后，学生类皆知秩序之宜守，激烈之为非，故整队游行肃穆有法，以职教员等所知，并无推翻政府，誓斩日奴，实行公产等语。警察厅长所据为学生罪案者即政府改良一旗（据学生陈昌胜言政府改良而警厅长诬为改良政府）。夫政府改良，本共和国民人人所应有之希望，报章书籍数见不鲜。警察据此以拘押学生已属不合。乃警厅长仇视学生，故入人罪，昭昭在人耳目。又惟恐不足以为拘捕学生之口实，故特加重其辞，以推翻政府、实行公产等字样之旗帜，为罗织地步。然试问当日果有此等字样之旗帜，曷不直即拘捕，而仅捕一陈生，其为捏辞朦耸显然。至持棍站立岗位，逼迫警察更系捏报。查学生列队游行其间，有自为维持秩序者，站立道旁并无侵迫警察之情形，在警察一面或误会以为侵权。然在欧美文明诸邦，学生组织童子军以维持公安者实属非鲜，政府且极意奖励之。而警厅长乃深为恨，任意加以诬辞，是岂实事。又如殴辱学生，则万目共睹，而下关墙垣挤倒伤人之遁词，不难按地而稽其谬是。钧座灰电所云均系警厅长一面之词，该厅长既滥用职权，纵容巡警殴学生，又复欺蒙长官，渎职之咎实所难辞。兹再将当日学生被殴情形除附呈巡警殴伤学生影片及殴伤事实三件外，谨节要条述如左以明真相。

（一）（略）

（二）（略）

（三）（略）

以上缕陈此次罢课罢市期内，警察厅长王桂林及少数署长警察所行种种不法事实，职教员等皆查有实据，毫无虚饰。伏以我军民两长本爱护学生之至意，旦夕彷徨，隐忧无极，现在佥任虽去，学校之原状正在逐渐回复，而人心经此波激，尚未宁静，正宜有至诚之意表明事实，以期上下相孚，更新图治，断不可摭拾浮言，致使外人借口，预伏未来之隐忧。职教员等用敢据事直陈，借表公论。再查现在警械使用条例，第一条警察官吏执行职务，非至于穷于和平应付，不得使用警械，则此次警察有公然对于手无寸铁并未扰乱秩序之学生，动辄使用警械，显为不合。至警厅长王桂林暨下关区警署长王固磐、中区署长王文贵以及殴辱学生之巡警等，滥用职权，蒙蔽长官，是否须负刑事及惩戒处分，自属监督长官及司法官厅职权，只候钧裁。专布诚悃，顺请勋安。

南京 21 学校职教员，刘经庶、陶知行、姜琦、吴翔庆等 95 人公启

（附呈四件略）

原载《申报》，1919 年 6 月 19—20 日第 8 版

在南京各团体茶话会上的发言[①]

服务社会，一人之力不如一团体；一团体之力不如各团体之联合会。上海已设立各团体联合会议。法良意美，吾人似宜酌量进行。

原载《申报》，1919年7月4日

【注释】

①本篇系1919年7月1日发言记录。摘自《南京各团体之茶话会》一文。今题为编者所拟。

这则通讯记有陶行知发言的背景："七月一日上午9时，南京各团体借复成桥地方公会开一茶话会。到者有二十余人。所代表之团体计十有五(另附于后)。振铃开会后，首由黄峻崖君推陶君知行报告宗旨。"陶行知发言毕，"众皆表示赞成"。后讨论公决了进行事项。是年7月15日，南京各界联合会在此基础上正式成立。

是日，陶行知代表南京欧美同学会出席。到会的其他团体为：南京青年会、江苏省农会、南京学生联合会、南京基督教教联会、南京圣公会爱国团、南京总商会、教育分会事务所、江宁县农会、江宁县教育会、旅宁华侨联合会、南京地方公会、义农会、江宁市地方办事处。

【附录】

南京各团体茶话会公决事项

（一）各团体临时代表报告于各团体，再由各团体推举正式全权代表，而后订期开正式会议。

（二）公拟草章数条，分送各团体，借以表示联合会议之性质。遇有应加修改之处，可由各团体委托代表提议于联合会议公决之次由到会诸人相继报告各团体之概况。

原载《申报》，1919年7月4日

新 教 育[①]

今天得有机会，诸同志共聚一堂，研究教育，心中愉快得很。现在把关于新教育上各项要点，略些谈谈。

（一）新教育的需要 我们现在处于二十世纪新世界之中，应该造成一个新国家，这新国家就是富而强的共和国。怎样能够造成这新国家呢？固然要有好的领袖去引导平民，使他们富，使他们强，使他们和衷共济；但是虽有好的领袖，而一般平民不晓得哪个领袖是好的，哪个领袖是不好的，也是枉然。所以现在所需要的，是一种新的国民教育，拿来引导他们，造就他们，使他们晓得怎样才能做成一个共和的国民，适合于现在的世界。举例来说：有一个后母给她的儿子洗澡，所用的水，时而太冷咧，时而太热咧，这就是不能合着她儿子的需要。我们所研究的新教育，不应该犯这个毛病，一定要合于现在所需要的。

（二）新教育的释义 先说"新"字是什么意思？某处人家因为要请客，一切设备家伙，都去向别家借用，用过之后，就去还了。这是客来则新，客去便旧了，不得为根本的新。我们中国的教育，倘若忽而学日本，忽而学德国，忽而学法国、美国，那是终究是无所适从。所以"新"字的第一个意义要"自新"。今日新的事，到了明日未必新；明日新的事，到了后日又未必新。即如洗澡，一定要天天洗，才能天天干净。这就是日日新的道理。所以新字的第二个意义要"常新"。又我们所讲的新，不单是属于形式的方面，还要有精神上的新。这样才算是内外一致，不偏不倚。所以新字的第三个意义要"全新"。

次说"教育"是什么东西？照杜威先生说，教育是继续经验的改造（Continuous reconstruction of experience）。我们个人受了周围的影响，常常有变化，或是变好，或是变坏。教育的作用，是使人天天改造，天天进步，天天往好的路上走；就是要用新的学理，新的方法，来改造学生的经验。

（三）新教育的目的 这目的可分两项来说明：第一对于天然界，要使学生有利用他的能力。例如，我们要使光线入室不须空气的时候，就要用玻璃窗。照这样把所有一切光、电、水、空气等，都要被我们操纵指挥。现在中国和外国物质文明的高下，都从这利用天然界能力的强弱上分别出来的。然而其中也有危险的地方，如造出许多杀人的物挠乱世界，是万万不可的。所以第二项目的，是对于群界要讲求共和主义，使人人都能自由守着自己的本分去做各种事业。一方面利用天然界，一方面谋共同幸福。可说一句，新教育的目的，要养成这种能力，再概括说起来，就是要养成"自主""自立"和"自动"的共和国民。自主的就是要做天然界之主，又要做群界之主。即如选举卖票一事，卖和不卖，到底由自己的主张。果能自主的人，富贵不淫，贫贱不移，威武不屈，人家有什么法子对付他呢？至于自立的人，在天然界群界之中，能够自衣自食，不求靠别人。但是单讲自立，不讲自动，还是没有进步，还不配做共和国民的资格。要晓得专制国讲服从，共和国也讲服从，不过一是被动的，一是自动的，这就是它们的分别了。

（四）新教育的方法　此番我从南京到上海，再从上海到嘉兴，一直到杭州来，有种种的方法，或是走，或是坐船，或是坐火车，或是坐飞艇。在这几种方法之中，哪几种是较好，哪一种是最好，而且哪一种是最快，这便是方法的考究。要考究这个方法，下列的几条，应该注意的：

（甲）符合目的　杀鸡用鸡刀，杀牛用牛刀，这就是适合的道理；教育也要对着目的设法。现在学校里有兵操一门，是为了养成国民有保护国家的能力而设的。但是照这样"立正""开步"的练习，经过几年之后，能否达到应战之目的，却须要研究的。

（乙）依据经验　怎样做的事，应当怎样教。譬如游水的事，应当到池沼里去学习，不应当在课堂上教授。倘若只管课堂的教授，不去实习，即使学了好几年，恐怕一到池里，仍不免要沉下去的。各种知识有可以从书上求的，不妨从书上去得来；有不可以从书上求的，那应该从别处去得它了。

（丙）共同生活　在学校中不能共同做事，一到社会也是不能的。所以要国民有共和的精神，先要学生有共和的精神；要学生有共和的精神，先要使他有共同的生活，有互助的力量。

（丁）积极设施　教人勿赌博，勿饮酒，这都是消极的禁止。至于积极的办法，要使他们时常去做好的事情，没有机会去做那坏的事情。在学校之中，常常有正当的游戏运动，兴味很好，自然没有工夫去做别的坏事了。

（戊）注重启发　在学校里并非一面教人，一面受教，就算了事。要使学生的精神意志和能力，渐渐地发育成长。孔子说“不愤不启，不悱不发”，我更要进一步说，使他不得不愤，使他不得不悱。杜威先生也说，教学生的法子，先要使他发生疑问；查出他疑难的地方，使他想种种方法，去解决这个问题；从这些方法之中，选出顶有成效的法子，去试试看对不对。如其不对，就换法子；如其对了，再去研究一下。照这方法来解释同类的问题和一切的问题。所以现在的时候，那海尔巴脱[②]的五段教授法等，觉着不大适用了。

（己）鼓励自治　这便是教学生对于学问方面或道德方面，都要使他能够自治自修。

（庚）全部发育　身体和精神，要全体顾到，不可偏于一面。譬如在体育上，耳目口鼻手足，统要使他健全；在智育上，既要使他自知，又要使他能够利用天然界的事物；在德育上，公德和私德，都不可欠缺的。

（辛）唤起兴味　学生有了兴味，就肯用全副精神去做事体，所以“学”和“乐”是不可分离的。学校里面先生都有笑容，学生也有笑容。有些学校，先生板了脸孔，学生都畏惧他，那是难免有逃学的事了。所以设法引起学生的兴味，是很要紧的。

（壬）责成效率　凡做一事，要用最简便、最省力、最省钱、最省时的法子，去收最大的效果。做这件事，用这个方法，在一小时间所收的效果是这样，用别个方法只须十分钟或五分钟，就有这样的效果，那后法就比前法为胜了。照此把时间、精力、金钱和效果的比较选择，可以得出一个最好的法子。

以上所讲，都是新教育上普通的说明。至于新教育对于学校课程等的设施和教员学生应当怎样的情形，休息几分钟再讲。

新学校　学校是小的社会，社会是大的学校。所以要使学校成为一个小共和国，须把社会上一切的事，拣选他主要的，一件一件地举行起来。不要使学生在校内是一个人，在校外又是一个人。要使他造成共和国民的根基，须在此练习。对于身体方面、道德方面、政治方面，凡国民所不可不晓得的，都要使他晓得，那学校便成为具体而微的社会了。我国学校的弊病，不但在与社会相隔绝，而且学校里面，全以教员做主，并不使学生参与。要晓得一社会里的事务，该使大家知道的，就该大家参与；该使少数领袖管理的，就该少数领袖参与。这样不靠一人，也不靠少数人，使每个学生、每个教员，晓得这个学校是我的学校，肯与学校同甘苦，那才是共和国社会里的真学校。

新学生 “学”字的意义，是要自己去学，不是坐而受教。先生说什么，学生也说什么，那便如学戏，又如同留声机器一般了。“生”字的意义，是生活或是生存。学生所学的是人生之道。人生之道，有高尚的，有卑下的；有片面的，有全部的；有永久的，有一时的；有精神的，有形式的。我们所求的学，要他天天加增的，是高尚的生活，完全的生活，精神上的生活，永久继续的生活。进一步说，不可学是学，生是生，要学就是生，生就是学。求学的事，是为预备后来的生存呢？还是现在的生存，就是全体生活的一部分呢？既然晓得教育是继续经验的改造，那么对于天然界和群界，自然受他的影响；天天变动，就是天天受教育，差不多从出世到老，与人生为始终的样子。你哪一天生存不是学？你哪一天学不是生存呢？孔子到了七十岁，方才从心所欲不逾矩，也是一步一步上进的。凡改变我们的，都是先生；就是我们自己都是学生。以前只有在学校里的是学生，一到家里就不是学生；现在都做社会的学生，是从根本上讲，来得着实，不至空虚。虽出校门，仍为学生，就是不出于教育的范围。所以每天的一举一动，都要引他到最高尚、最完备、最能永久、最有精神的地位，那方才是好学生。

新教员 新教员不重在教，重在引导学生怎么样去学。对于教育，第一，要有信仰心。认定教育是大有可为的事，而且不是一时的，是永久有益于世的。不但大学校高等学校如此，即使小学校也是大有可为的。夫勒培尔[③]研究小学教育，得称为大教育家。做小学教师的，人人有夫氏的地位，也有他的能力，只须承认，去干就能成功。又如伯斯塔罗齐[④]、蒙铁梭利[⑤]都从研究小学教育得名，即如杜威先生，也是研究小学教育的。这都是实在的事，并非虚伪赞扬。我从前看见一个土地庙面前对联上，有一句叫“庙小乾坤大”，很可以来比。况我们学校虽小，里头却是包罗万有。做小学教员的，万勿失此机会，正当做一番事业。而且这里头还有一种快乐——照我们自己想想，小学校里学生小，房子小，薪水少，功课多，辛苦得很，哪有快乐？其实看小学生天天生长大来，从没有知识，变为有知识，如同一颗种子的由萌芽而生枝叶，而看他开花，看他成熟，这里有极大的快乐。照以上两层——做大事业得大快乐——是为一己的，而况乎要造新国家、新国民、新社会，更非此不行嘛！那不信仰这事的，可以不必在这儿做小学教员。一国之中，并非个个人要做这事的，有的做兵，有的做工，有的做官吏……各人依了他的信仰，去做他的事。一定要看教育是大事业，有大快乐，那无论做小学教员，做中学数员，或做大学教员，都是一样的。第二，要有责任心。不但是自己家中的小孩和课堂中的小孩，我应当负责任；无论这里那里的小孩，要是国中有一个人不受教育，他就不能算为共和国民。在美国一百个人之中，有九十几个受教育。中国一百个人之中，只有一个人受教育。而且二十四个学生中，只有一个女学生。我们要从这少数的人，成为多数的人，要用多少年的工夫？非得终身从事不行。况且我们除了二十岁以前，六十岁以后，正当有为之时，没有多少，即使我们自己一生不成，应当代代做去。切不可当教育事业是住旅馆的样子，住了一夜或几夜之后，不管怎么样，就听他去了。那教育事业，还有发达的希望吗？第三，做新教员的要有共和精神。就是不可摆出做官的态度，事事要和学生同甘苦，要和学生表同情，参与到学生里面去，指导他们。第四，要有开辟精神。时候到了现在，不可专在有教育的地方办教育。要有膨胀的力量，跑到外边去，到乡下地方，或是到蒙古、新疆这些边界的地方，要使中国无地无学生。一定要有单骑匹马勇往无前的气概，有如外国人传教的精神，无论什么都不怕，只怕道理不传出去。要晓得现在中国，门户边界的危险，使那个地方的人，晓得共和国的样子，用文化去灌输他，使他耳目熟习，改换他从来的方向，是很要紧的。第五，要有试验的精神。有些人肯求进步，有些人只晓得自划的，除了几本教科书外，没有别的书籍。——诸君已经毕业之后，还在这儿讨论教育，那是最好的。——他人叫我怎样办，我便怎样办，专听上头的命令。要晓得上头的命令，只不过举其大端，其中详细的情形，必定要我们去试验。用了种种方法，有了结果，再去批评他的好坏，照此屡试屡验，分析综合，方才可下断语。倘使专靠外国，或专靠心中所有，那么，或是以不了了之，或是但凭空想，或是依照古老的法子，或是照外国的法子，统是危险的。从前人说"温故而知新"，但是新的法子从外国传到中国，又传到杭州，我们以为新的时候，他们已经旧了。所以，望大家注意，不可不由自己试验，得出真理，方不至于落人之后哩！

新课程　这要从社会和个性两方面讲。从社会这面讲来，要问这课程是否合乎世界潮流，是否合乎共和精神。学了这课程之后，能否在中国的浙江，或是浙江的杭州，做一个有力的国民。更从个性的一面讲来，谁的事教谁，小孩子的事教小孩子，农人的事去教农人，方才能够适合。我且拿学代数来做个例，看这课程，是否为学生所需要。我有一次对学生发问道："有几多人应用过代数?"那一百人中，只有七八个人举手。又问："不曾用过代数的人举手!"就有九十几个。后再查考那七八个人所用的东西，只须一星期，至多不过一月，就可教了。照这样看来，我们应该有变通的办法。是否为了七八个人去牺牲那九十几个人。那七八个人，或为天文家，或习工业，或学医生，所用代数，不过百分之一罢了。我们不可以为了一个人，去牺牲九十九个人；也不可以为了九十九个人，去牺牲那一个人。总要从社会全体着想，有否其他有用的东西，未列在课程里?或是有用不着的东西，还列在课程里呢?照这样去取舍才行。

新教材 就教科书一端而论，编书的人，有的做过教员，有的竟没有做过教员。就拿他自己的眼光来做标准，不知道各地方的情形怎么样。用了这种书去教授，哪里能适合呢?所以教科书只可作为参考，否则硬依了他，还是没有的好。又有一种讲义，当看作帐簿一般。社会上各种文化风俗，都写在这帐簿上。这帐簿有没有用处，或是正确不正确，须要仔细考查。譬如富翁，虽然将他所有的财产，写在帐簿上，拿来传给他的儿子，若是不去实地指点他，哪几处房子或是田地，是我所有，和这帐簿对照一下，他的儿子仍然不晓得底细。也许有几处田地房产，已经卖出；也许有几处买进的，还没有登记上去，总要使他儿子完全明了，那账簿方才有效。要拿教科书上的情形引导把学生看，或是已经变迁的情形，指点他明白。几年前的朝鲜和现在不同；俄国已经分做十几国[6]，更不可以拿从前的来讲。总要明白实际的事情，因为帐簿是死的，人是活的，要拿帐簿来为我所用，不要将活泼泼的人，为死书所用。要晓得帐簿之外，还有许多文化在那里，要靠教科书是有害的。

新教育的考成 我到店里去要一件东西，他拿了别的东西给我，我就不答应了，怎么我要这件，你偏与我那件呢?教育的事，也是这样。要按照目的去考成，方才不会枉费了精神和财力。譬如从农业、工业或商业学校里毕业出来的学生，有几多人在那里做他应当做的事。若是不问他的结果，一味地办去，正如做母亲的人把她的女儿出嫁，不将她长女出外的情形，来加以参考，以致于第二第三个女儿吃着同样的苦头，这是因为不考成的缘故。

再有几层，我在别处已经讲过，暂且不说。总之，大家觉得要教育普及，先要认定目的。做若干事，须得若干的代价，决不是天然能成功的。即就小孩子而论，美国一人需费四元四角五分，中国每人只有六分。试问没有代价的事，能办得好办不好？但这事人人负有责任。我们做教员的，不但教学生，又要想法子使得社会上的人对于教育认为必要。譬如有钱的人，可以教自己的孩子，同时他邻舍的小孩子，因为没得钱受教育，和这小孩了一块儿玩，就把他带坏了。所以单教自己的儿子，还是不中用的。把这种的情形使他们觉悟，人非木石，断没有一定不信的。虽然有些困难的地方，我们总可以用自己的力量去战胜它的。

原载《教育潮》第1卷第4期，1919年9月

【注释】

①本篇系1919年7月22日，陶行知在浙江第一师范学校大讲堂内毕业生讲习会上的讲演记录。记录者：李宗武，洪鋆。

②海尔巴脱，通译赫尔巴特。

③夫勒培尔，通译福禄培尔。

④伯斯塔罗齐，通译裴斯泰洛齐。

⑤蒙铁梭利（Maria Monteessori），通译蒙台梭利（1870—1952）。意大利学前教育家。1907年在罗马为儿童设立“幼儿之家”，制造出一套进行各种感官练习的教具。

⑥十几国，指苏联的十几个加盟共和国。

在南京高师教务会议上的报告纲要[①]

（甲）教务处之组织。

子、教务主任，一人；

丑、书记，英文、中文各一人；

寅、事务员，二人。

（乙）各分科之组织。

本校现设二部、六专修科，各有一主任。

（丙）教务会议之种类。

子、全体教务会议；

丑、学科教务会议；

寅、分科教务会议。

（丁）各科教室与预备室以及其他相关联之设备室，均已联络一气。

（戊）减少授课时间，已经教育部普通司长认可。暂定标准：体育、图书、实验及实习功课，二时算一时。

子、教习多教少研究；

丑、学生无研究之时刻，以致无自动之机会；

寅、各科功课，每星期总在三十小时以内。

（己）修正学业成绩之登录方法，学业成绩刊有单行本。

（庚）分科教务会议日期之支配，列表如下：

每月第一星期：国文、史地部，理化部；

每月第二星期：教育科，农科；

每月第三星期：二科，商科；

每月第四星期：英文科，体育科。

（辛）本学期拟设法提倡全校关于体育之方法，故分科教务会议最好不在星期六下午举行。

（壬）补考之方法。

子、尽量在三星期内补课，如有特别情形，可由教员与教务主任接洽；

丑、考验方法，临时商定。

1919年9月14日报告

原件存中国第二历史档案馆

【注释】

①本篇系1919年9月14日陶行知的报告纲要，摘自《南京高等师范学校全体教务会议记录》。题目为编者所拟。此件原无标点。

与贵州教育团的谈话[①]

对于教员的希望：一、如何而后可使教员与学生关系密切。学校是施教育的地方，教员负施教育的责任，教员与学校，相互间的关系，当然是最密切的了。然而，现在大多数教员，对于学校，总带着一个客体观念，似乎事事都没有切己利害。一方面又因生计问题，不能不多求钟点。但是一个学校，能有许多钟点呢？一校的钟点，既不足供其需要，势不能不兼求于他校，因之视教授等于贩卖。用那已经带有"贩卖性质"的教授，说是不敷衍塞责，岂非欺人之谈吗？再有什么"学生个性的研究"等问题，那更不必问了。但是我们也不能深怪他，因为他的钟点既多，预备上也得有相当的时间。一天除却预备和讲授，实在再没有旁的时间给他研究那些问题了。然而这种情形，直接受影响的，就是学生；间接受影响的，就是教育前途，仔细想想，真个十二分危险。余谓此问题的解决，除了先解决经济问题，委实没有别的法子。解决经济问题，就是增加教育经费。要如此，学校对于教员，也才能讲到优遇；教员的生计，也才能根本的解决。生计既已解决，学校又加以至诚的精神，专一的托付，那还怕相互间的关系不密切么？二、如何而后可使各科联络贯通。学科是为便利研究，有系统的知识，贵明了，尤贵实验。有了实验，已经学过的，既足证明；还未学过的，更可发明。惟是讲到实验，非先求各科联络贯通不可。因为各科都有互为辅助的能力，要是任它各不相关，那实际也是空谈了。然而，要各科如何才能联络贯通呢？说到这里，关系于教员的却不少。因为各科教员，要有旁的工作的时间，方能期他认真研究，共同讨论。比方定一个标准，大家的向心力，都是依着这标准去的。教授程序，有钩接的方法。那么到了实验的时候，不单是可以得其所以然，且能特别发生若干新思想，若干新意味。所以既要望教育发达，对于此点，就应该详细研究，求个结果。而第一问题的解决，尤其不可缓了。三、当使教员有进步的机会。学科仿佛是机器，教员仿佛是贩卖机器的人。机器天天有发明的，学科也天天有进步的。假使贩卖机器的人，所预备的货物有限，或者非现时代的货物，不能供给人的需要，试问那事业可能发达么？又能同着顺潮流的贩卖竞争么？所以，他必定要计算，看众人的需要，是甚么新发明的，是哪些机器计算的？他就照着预备，等待别人需用。教员对于教授上，还是如此。要他有了进步的机会、能进步，然后教材才丰富，教授法才生动，学生所得的科学知识，也就切合于现代的趋势了。但是进步的机会，要在什么地方去求呢？总之，这个问题也与经济有关系。要是经济问题解决了，教员不起生计上的恐慌，还愁没有机会么？按以上三个问题，于教育前途关系绝大。然而根本的解决，都在经济上面。所以增加教育经费一层，实不可缓，否则虽有巧妇也难为无米之炊，那么还讲什么教育发达呢？恐怕我们中国的教育，从此一天要比一天退下去了。

对于师范生的希望：一、推广教育。推广教育是师范生的责任。推广教育的方法，是多办学校。但是，应该在什么地方办学校呢？鄙意以为当在教育幼稚的地方去办，在没有学校的地方去办，切忌赶热闹：只往有学校的地方打主意，只往教育比较发达的地方打主意。因为局部的推广，断难望教育普及，那更讲不到平均发达四个字的上面了。我这主张，也专在平均发达四字上着眼，所以盼望他们要办学校的，想推广教育的，总要避开热闹，自己去辟一个新世界，创一个新纪元，那也才算得推广教育的真精神呢！二、对于自身的修养。做事即修养，修养即做事。余之修养为动的，修养为事务的修养，即以从事为修养的机会。大凡人做一件事体，要是没有兴味，简直可以说没有结果的，要晓得兴味有了，才可以期必往前进。往前进就是肯干。试问没有得着做事的兴味，哪里会有前进的精神？越发肯往前进，兴味越发浓厚。因此无论什么事，都可期他必成，都可收很好的结果；并且此一事有了结果，就是彼一事有了起因。做事的时间，越发修养；修养的机会，也同等地增加。事与事相接而来，修养的机会，也就没有间断，兴味更是无穷的了。故我以为做事即修养，修养即做事。然而人何必有修养？修养又有什么好处？就普通所得，修可以丰富经验，养可以活泼精神，身体且亦因之健全，所以人人讲修养。不过人之修养，多是静的，余则每以无事为苦。

原载《时报·教育周刊·世界教育新思潮》第31号，1919年9月22日

【注释】

①本篇系1919年9月20日的谈话记录。摘自《陶知行与贵州教育团谈话》。记录者：《时报》记者。题目为编者所拟。

贵州教育团，全称为贵州实业教育团。

学生自治问题之研究[①]

近世所倡的自动主义[②]有三部分：一、智育，注重自学；二、体育，注重自强；三、德育，注重自治。所以，学生自治这个问题，是自动主义贯彻德育的结果，是我们数千年来保育主义、干涉主义、严格主义的反应，是现在教育界一个极重要的问题。这个问题，包含甚广。我们要问学生应否有自治的机会？如果应该自治，我们又要问学生自治究竟应有几多大的范围？学生应该自治的事体，究竟有哪几种？规定学生自治的范围，又应有何种标准？施行学生自治，又应用何种方法？这几个问题，都是我们所要研究的。总起来说，就是学生自治问题。

学生自治是什么 凡是讨论一种问题，必先要明白问题的性质和它的意义。性质和意义不明了，就不免起人误会。这篇所讨论的学生自治，有三个要点：第一，学生指全校的同学，有团体的意思；第二，自治指自己管理自己，有自己立法、执法、司法的意思；第三，学生自治与别的自治稍有不同，因为学生还在求学时代，就有一种练习自治的意思。把这三点合起来，我们可以下一个定义："学生自治是学生结起团体来，大家学习自己管理自己的手续。"从学校这方面说，就是"为学生预备种种机会，使学生能够大家组织起来，养成他们自己管理自己的能力"。

依这个定义说来，学生自治，不是自由行动，乃是共同治理；不是打消规则，乃是大家立法守法；不是放任，不是和学校宣布独立，乃是练习自治的道理。

学生自治的需要 今日的学生，就是将来的公民；将来所需要的公民，即今日所应当养成的学生。专制国所需的公民，是要他们有被治的习惯；共和国所需的公民，是要他们有共同自治的能力。中国既号称共和国，当然要有能够共同自治的公民。想有能够共同自治的公民，必先有能够共同自治的学生。所以从我们国体上看起来，我们学校一定要养成学生共同自治的能力，否则不应算为共和国的学校。这是第一点。

当今平民主义的潮流，来势至为猛烈，受过它的影响的人，都想将一切的束缚尽行解脱。这固然有它的好处，不过也有它的危险。好处在哪里？大家从此可以充分发挥个人的精神，促进人群的进化。危险在哪里？束缚既然解脱，未必人人能够约束自己的欲望，操纵自己的举止，一旦精神能力向那坏处发泄，天下事就不可为了。一国当中，人民情愿被治，尚可以苟安；人民能够自治，就可以太平；那最危险的国家，就是人民既不愿被治，又不能自治。所以当这渴望自由的时候，最需要的是给他们种种机会得些自治的能力，使他们自由的欲望可以自己约束。所以时势所趋，非学校中提倡自治，不足以除自乱的病源。这是第二点。

我们既要能自治的公民，又要能自治的学生，就不得不问问究竟如何可以养成这般公民学生。从学习的原则看起来，事怎样做，就须怎样学。譬如游泳，要在水里游；学游泳，就须在水里学。若不下水，只管在岸上读游泳的书籍，做游泳的动作，纵然学了一世，到了下水的时候，还是要沉下去的。所以专制国要有服从的顺民，必须使做百姓的时常练习服从的道理；久而久之，习惯成自然，大家就不知不觉地只会服从了。共和国要有能自治的国民，也须使做国民的时常练习自治的道理；久而久之，习惯成自然，他们也就能够自治了。所以，养成服从的人民，必须用专制的方法；养成共和的人民，必须用自治的方法。如果用专制的方法，可以养成自治的学生公民，那么，学生自治问题，还可以缓一步说；无奈自治的学生公民，只可拿自治的方法将他们陶熔出来。所以从方法这方面着想，愈觉得学生自治的需要了。这是第三点。

学生自治如果办得妥当有这几种好处

第一，学生自治可为修身伦理的实验　现今学行并重，不独讲究知识，而且要求所以实验知识的方法。所以学校教课当中，物理有实验，化学有实验，博物有实验，别门功课的、无实验的或有实习，如作文、图画、体操等等，都于学识之外，加以实地练习的机会。它的目的，无非要由实验实习以求理想与实际的联络，使所做的学问，可以深造。修身伦理一类的学问，最应注意的，在乎实行；但是现今学校中所通行的修身伦理，很少实行的机会；即或有之，亦不过练习仪式而已。所以嘴里讲道德，耳朵听道德，而所行所为却不能合乎道德的标准，无形无影当中，把道德与行为分而为二。若想除去这种弊端，非给学生种种机会，练习道德的行为不可。共和国民最需要的操练，就是自治。在自治上，他们可以养成几种主要习惯：一是对于公共幸福，可以养成主动的兴味；对于公共事业，可以养成担负的能力；对于公共是非，可以养成明了的判断。简单些说：自治可以养成我们对于公共事情上的愿力、智力、才力。照这样看来，学生自治，若办得妥当，可算是实验的修身，实验的伦理，全校就是修身伦理的实验室。照这样办，才算是真正的修身伦理。

第二，学生自治能适应学生之需要 我们办学的人所定的规则，所办的事体，不免有与学生隔膜的。有的时候，我们为学生做的事体越多，越是害学生。因为为人，随便怎样精细周到，总不如人之自为。我们与学生经验不同，环境不同，所以合乎我们意的，未必合乎学生的意。勉强定下来，那适应学生需要的，或者遗漏掉；那不适应学生需要的，反而包括进去。等到颁布之后，学生不能遵守，教职员又不得不执行，却是左右为难。甚至于学生陷于违法，规则失了效力，教职员失了信用。若是开放出去，划出一部分事体出来，让学生自己治理；大家既然都有切肤关系，所定的办法，容或更能合乎实在情形了。这就是说，有的时候学生自己共同所立的法，比学校里所立的更加近情，更加易行，而这种法律的力量，也更加深入人心。大凡专制国家的人民，平日不晓得法律是什么，只到了犯法之后，才明白有所谓法律。那么，法律的力量，大都发现于犯法之后，这是很有限的。至于自己共同所立之法就不然，从始到终，心目中都有它在；平日一举一动，都为大家自立的法律所影响。所以自己所立之法的力量，大于他人所立的法；大家共同所立之法的力量，大于一人独断的法。

第三，学生自治能辅助风纪之进步 我们的行为，究竟应该对谁负责？对于少数职教员负责呢？还是要对于全校负责呢？按着旧的方法，学生有过失，都责成少数职员监察纠正。其弊病有两种：第一种是少数职员在的时候，就规规矩矩，不在的时候，就肆行无忌；第二种是大家（学生）以为既有职员负责，我们何必多事，纵然看见同学为非，也只好严守中立。这是大多数的学生所抱持的态度。所以一人司法，大家避法。我们要想大家守法，就须使各人的行为，对于大家负责。换句话说，就是共同自治。

第四，学生自治能促进学生经验之发展 我们培植儿童的时候，若拘束太过，则儿童形容枯槁；如果让他跑，让他跳，让他玩耍，他就能长得活泼有精神。身体如此，道德上的经验又何尝不然。我们德育上的发展，全靠着遇了困难问题的时候，有自己解决的机会。所以遇了一个问题，自己能够想法解决他，就长进了一层判断的经验。问题自决得越多，则经验越发丰富。若是别人代我解决问题，纵然暂时结束，经验却也被旁人拿去了。所以在保育主义之下，只能产生缺乏经验的学生；若想经验丰富，必须自负解决问题的责任。

学生自治如果办得不妥当就要发生这几种弊端

第一，把学生自治当作争权的器具　大凡团体都有一种特别的势力，这种势力比个人的大得多。用得正当，就能为公众尽义务；用不得当，就能驱公众争权利。学生自治，是一种团体的组织，所以用得不妥当的时候，也有这种危险。

第二，把学生自治误作治人看　这个危险随着第一个顺路下来的。有的时候，这也是个自然的趋势。因为有了团体，一不谨慎，就有驾驭别人的趋势。刘伯明[③]先生说："人当为人中人，不可仅为人上人。"这句话，是我们共和国民的指南针。

第三，学生自治与学校立在对峙地位　学生自治会与学校当有一种协助精神，不可立在对峙的地位，但是办得不妥当，这种对峙的情形，也是免不掉的。不过这是一种很不幸的现象，不是师生之间所宜有的。

第四，闹意气　学生有自治的机会，就不得不多发言论，多立主张，多办交涉，一不小心，大家即刻闹出意气；再由闹意气而彼此分门别户，树立党帜，于是政客的手段，就不得不传到学校里来了。

以上所举的，不过是几种重要的弊端；至于小的弊端，一时难以尽举。总之，学生自治如果办理不善，则凡共和国所发现的危险，都能在学校中发现出来。但是我们要注意，这许多弊端都是办理不妥当的过处，并非学生自治本体上的过处。如果厉行自治的时候，大家不愿争权，而愿服务；不愿凌人，而愿治己；不愿对抗，而愿协助；不愿负气，而愿说理；那么，自治之弊可去，自治之益可享了。这种利害关头，凡做共和国民的都要练习。我们在学校的时候，有同学的切磋，有教师的辅助，纵因一时不慎，小有失败，究竟容易改良纠正。若在学校里不注意练习，将来到了社会当中，切磋无人，辅导无人，有了错处，只管向那错路上走，小而害己，大而害国。这都是因为做学生的时候，没有练习自治所致的。所以学生自治如果举行，可以收现在之益；纵小有失败，正所以免将来更大的失败。

规定学生自治范围的标准　学生自治的利弊，既如上所说，现在就要问学生自治有什么范围？规定学生自治的范围，应有若何标准？

一、学生自治应以学生应该负责的事体为限。学生愿意负责，又能够负责的事体，均可列入自治范围；那不应该由学生负责的事体，就不应列入自治范围。因自治与责任有联带关系，别人号令而要我负责，就叫做被治；别人负责而由我号令，就叫做治人，都失了自治的本意。所以学生自治，应以学生负责的事为限。

二、事体之愈要观察周到的，愈宜学生共同负责，愈宜学生共同自治。

三、事体参与的人愈宜普及的，愈宜学生共同负责，愈宜学生共同自治。

四、依据上列三种标准而订学生自治的范围时，还须参考学生的年龄、程度、经验。

学生自治与学校的关系 学生自治会，是学校里面一种团体，自然与学校有密切的关系。这种关系，可以分为两类：一、关于权限的，二、关于学问的。

一、权限上的关系 学生自治会正式成立之后，学校里面的事体，就可分为二部分：一部分仍旧是学校主持，一部分由学生主持。平常的时候，权限固可以分明；不过既在一个机关里面，总有些事体划不清楚的。既然划不清楚，就不能不有一种接洽的机关，使两方面的意思，都可以互相发表沟通，而收圆满的效果。此外还有临时发生而有关全校的事体，学校与学生都宜与闻，更不得不有一种接洽的机关。人数少的学校，可由校长直接担任；人数多的学校，可由校长指定职教员数人担任。学生自治会职员有事时，即可与他们接洽；而学校有事时，也由这几位和学生接洽。有这种接洽的组织，然后学校与学生的声气可通，就没有隔膜的弊病了。

二、学问上的关系 天下不学而能的事情很少。共同自治是共和国立国的根本，非是刻苦研究，断断不能深造。我们举行学生自治的时候，也要把它当作一个学问研究。既要当作一个学问研究，那就有两点要注意：一、同学的切磋，二、教员的指导。有人说，现在中国的职教员对于学生自治问题，素未研究，恐怕未必能指导。这句话诚然，但是还有些意思要注意：一、学校里所有功课，都有教员指导，独于立国根本的学生自治一门，却没有指导，似乎把它太看轻了。二、若校内没有相当的人，办学的就应当赶紧物色那富于共和思想自治精神的教员，来担任此事。三、师生本无一定的高下，教学也无十分的界限；人只知教师教授，学生学习；不晓得有的时候，教师倒从学生那里得好多的教训。所以万一找不到相当的人才，就请教职员和学生共同研究也好。总而言之，学生自治这个问题，不但要行，而且还要研究。研究的时候，学校不能不负指导参与的责任。

学生自治与学校既有这两种密切的关系，我们就须打破一切障碍，使师生的感情，可以化为一体，使大家用的力量，都有相成的效果。大家一举一动都接洽，有话好商量，有贡献彼此参考。在这共和的学校当中，无论何人，都不应该取那武断的、强迫的、命令的、独行的态度。我们叫人做事的时候，不但要和他说“你做这件事，你应该这样做”，并且要使得他明白“为何做这件事，为何这样做”。彼此明白事之当然和事之所以然，才能同心同德，透达那共同的目的。

施行学生自治应注意之要点　现在各学校对于学生自治，多愿次第举行。我悉心观察，觉得有几件最要紧的事体，必先预为注意，方能发生美满的效果。

第一，学生自治是学校中一件大事，全体学生都要以大事看待它，认真去做；学校里也须以大事看待它，认真赞助，若以为它是寻常小事，不加注意，没有不失败的。

第二，学生自治如同地方自治。地方自治之权，出于中央；学生自治之权，出自学校。所以学生自治，虽然可以由学生发动，但是学校认可一层，似乎也是应有的手续。

第三，学生自治之有无效力，要看本校对于这个问题是否有相当了解兴味。如果大家都明白它的真意，都觉得它的需要，那么，行出来必能得大家的赞助。所以未举行学生自治之前，必须利用演讲、辩论、谈话、作文等等养成充分的舆论。

第四，法是为人立的，含糊启争，故宜清楚，繁琐害事，故宜简单。

第五，推测一校学生自治的成败，一看他的领袖就知道。所以要提高学生自治的价值，就须使最好的领袖不得不出来服务。如果好的领袖洁身自好，或有好的领袖而大众不愿推举，都不是自治的好现象。

第六，学校与学生始终宜抱持一种协助贡献的精神。

第七，学校与学生对于学生自治问题，须采取一种试验态度。章程不必详尽，组织不必细密；一面试行，一面改良；虽然中途难免挫折，但到底必有胜利。

结论　总之学生自治，是共和国学校里一件重要的事情。我们若想得美满的效果，须把它当件大事做，当个学问研究，当个美术去欣赏。当件大事做，方才可以成功；当个学问研究，方才可以进步。这两种还不够。因为自治是一种人生的美术，凡美术都有使人欣赏爱慕的能力；那不能使人欣赏的、爱慕的，便不是真美术，也就不是真的学生自治。所以学生自治，必须办到一个地位，使凡参与和旁观的人，都觉得它宝贵，都不得不欣赏它，爱慕它。办到这个地位，才算是高尚的人生美术，才算是真正的学生自治。

原载《新教育》第2卷第2期，1919年10月

【注释】

①本篇于1928年收入作者自选教育论文集《中国教育改造》。

②自动主义，二十世纪初盛行于中国的教育新思潮之一。所谓自动教育，是以学生自动为本体，加以教师之训导。强调学生应自学、自强、自治。

③刘伯明，留美哲学博士，当时任南京高等师范学校行政委员会副主任，文史地部主任。

报告南京学术讲演会开会宗旨[①]

昔人讲学专限于少数人，而本会讲学在普及于一般人，无贵贱、贫富、男女之别。凡为人便须学。今日本会设立宗旨，即在改旧时私授学术的方法为公开的，变少数人专有的学术为多数的。

原载《申报》，1919 年 11 月 24 日

【注释】

①本篇系陶行知 1919 年 11 月 8 日在南京学术讲演会第一次会上的讲话。摘自《南京学术讲演会之第一次》一文。今题为编者所拟。

1919 年 10 月 3 日，陶行知参与发起的南京学术讲演会成立，被推举为临时主席，起草阐述该会之旨趣。同年 11 月 8 日，该会在南京高师举行第一次讲演大会。应邀赴会讲演者为黄炎培和美国的卢贝博士，到会听众约一千数百人。

改拳术为随意科案[①]

拳术一课，关系个人之体质及兴味，定为通习，不免违反个性，徒耗光阴。如改为随意科[②]，则教者能活用方法，为个别之教练；学者应其所好，自易收效。有此二因，除体育专修科外，其他各科拟将拳术改为随意科。此案已通过于体育专修科分科教务会议，事关变更各科定章，应请公决，以便施行。

陶知行提议

十二月十七日

（八年十二月十七日校务会议通过。）

原件存中国第二历史档案馆

【注释】

①此提案原无标点。为陶行知任职南京高师教务主任期间，于1919年12月17日在校务会议的提案。此案当日通过。

②随意科，即选修科。

规定女子旁听办法案[①]

本校各科遇有余额时，校内职教员、学生、毕业生，经教务处之许可，向得旁听。查中国女子高等教育最不发达，中等学校毕业以后，女子几无上进之路。本校各科功课，有宜于女子旁听者，可否通融办理，容其旁听，遂其向学之志愿，未始非辅助女子教育进行之一法。谨具办法数条，务希公决：

一、本校各班有余额时，除本校职教员、学生、毕业生旁听外，得酌收女子旁听生；

二、本校各科功课，是否宜收女子旁听生，由各科分科教务会议提议，由校务会议议决施行；

三、女子旁听生必具中等学校毕业之程度；

四、设女子旁听生顾问，由校长于本校女子职教员中推定，司接洽指导事宜；

五、旁听细则由各科主任教员协同教务主任定之；

六、本简章自第二学期起实行。

陶行知提议

（一月十四日临时校务会议议决：组织委员会讨论。）

原件存中国第二历史档案馆

【注释】

①此提案原无标点。

添设速记打字讲习科案[①]

速记、打字两项，社会颇为需要。有志练习者，苦无适当求学之处。现本校速记、打字教员，尚有余闲从事此项教课。爰拟于下学期添设速记、打字讲习科，造就此项人才，以应社会之需求，似亦推广教育之一法。是否有当，务希公决。如以为可行，交由教务处拟具办法，以便进行。

陶知行提议

（二月四日校务会议议决：由教务处会同商科办理。）

1919年12月17日提

原件存中国第二历史档案馆

【注释】

①此提案原题为《添设速记、打字讲习科案一件》，原无标点。

改良课程案

（一）本校适用选科制，但须含下列四项之要素：

一、学生所习学程，一部分为必修，一部分为任选；

二、一科之学生可以选择他科之学程；

三、学生成绩以学分计算；

四、学程之统附以学科为根据；

附注：学科者，如国文、英文之类；学程者，如英文中之作文文法，国文中之字形学、字音学之类。

（二）学生所习学程，有属于主科者，有属于旁科者。此两种内容，分必修及任选两种。各种分量按各种情形而定。

（三）各学程之内容、大纲应行规定，至于教科书或参考书应否写出，可按学程性质分别规定。

（四）每学程每周上课钟点均须注明。

（五）凡某学程与某学程有连带关系者，须注明学习之次第。

（六）每周上课及自修合三小时，历半年者为一学分。每学生每学期以学习十五学分为标准，若遇特别情形，可减少至十二学分，可加多至二十学分。满一百二十学分者毕业，惟各科认有加增毕业学分者，得另行改订。

（七）学生学习学分之多寡，第一学期以十五学分为标准，第二学期以后须参考上学期之成绩而定。

（八）各班应否规定最多人数及最少人数，须视教员、经济、设备与学程之性质而定。

（九）本校选科制至早于民国九年九月实行。

原载《南京大学校史资料选辑》，1984

教育学六门课程纲要[①]

（一）

教育学　第一学年全年　每周三小时　陶知行先生

纲要：

（甲）教育的意义与价值

（乙）教育目的

（丙）教育原科普通事实与原则

（丁）教育工具

（戊）教育方法

（二）

教育行政问题　第三学年上学期　每周二小时　陶知行先生

纲要：

（甲）总论

1. 社会化与化社会之教育行政

2. 科学的教育行政

3. 效率的教育行政

（乙）中央教育行政

1. 各国中央教育行政之比较

2. 教育宗旨

3. 中央政府与教育

4. 教育部之组织及沿革

5. 教育部之职权

6. 教育部之部员

7. 中央教育经费

8. 教育部所管之教育

9. 非教育部所管之教育

10. 理想之中央教育行政

（丙）省教育行政

1. 省教育行政机关之沿革

2. 省议会与教育

3. 省公署与教育

4. 省教育厅之组织职权与厅员

5. 省视学制度之怀疑

6. 省教育经费

7. 教育厅直隶之教育

8. 非教育厅管辖之教育

9. 省教育会与省教育之关系

10. 各省教育计划之比较与理想之教育行政

（丁）县教育行政

1. 县教育行政之沿革

2. 县署主任隶属县视学与劝学所之关系

3. 县视学制度之怀疑

4. 劝学所制度之怀疑

5. 县教育行政

6. 县教育经费

7. 县教育行政与乡村教育之将来

8. 理想之县教育行政

（戊）都市教育行政

在第二学期教学纲要表另编教法：调查，参考，演讲，讨论

（三）

都市教育行政　第三学年下学期　每周两小时　陶知行先生

纲要：本学程之宗旨在研究关于都市教育之各种问题，顺序略仿克贝勒先生公立学校行政一书，但各题均依据中国情形，参考各国制度讨论研究之

（1）总论

a. 各国都市教育略论

b. 中国教育行政组织系统

c. 中国之都市及都市教育之萌芽

（2）都市教育议事机关之机关及应有之组织职权

（3）都市教育局长应有之资格、应操之职权与应享之待遇

（4）都市教育局之组织（一、二、三等都市教育局之组织）

（5）教员问题

（6）学校设置

（7）课程编制与适应

（8）成绩测验（另有教育测验，故缺）

（9）卫生行政

（10）就学督促

（11）庶务行政

（12）资产处理

（13）教育经费与会计

（14）学务表册与报告（另有学务表册及学务调查与报告二学程，故缺）

（15）与其他市政之联络

（16）与其他教育机关之联络

（17）都市教育行政人员之培养

教法：调查，参考，演讲，讨论

（四）

师范学校之组织及行政　第三学年下学期　每周一小时　陶知行先生

纲要：本学程之目的在研究关于师范教育之各种问题，尤注重各种师范课程之编制

（甲）总论

1. 各国师范教育之总略

2. 中国与日本师范教育沿革之对证

3. 师范教育之需要

4. 师范教育之种类

（乙）初级师范之各种问题

1. 初级师范分期与校址

2. 初级师范之组织与行政问题组织，教职员师范行政与附属学校之关

系设备，学生之入学程度年龄收费服务升学

3. 分科问题分工设置

4. 课程编制问题专科第一部第二部讲习科

5. 实地教学与附属学校

6. 推广教育，改良现任小学教员，改良私塾，改良社会。

（丙）中学校师范组织之实施及课程之编制

（丁）师范讲习所之实施及课程之编制

（戊）高等师范与大学教育科问题

（五）

实用教育统计学　第二学年上学期　每周三小时　陶知行先生

纲要：（甲）统计学史略

（乙）统计学与科学之教育

（丙）事实之征集（列表和分类）

（六）

学务表册　第三学年下学期　每周二小时　陶知行先生

纲要：本学程之目的在研究如何改良现在通行之表册，使学务得有更确之稽核，内容包含关于学生、教职员、课程、设备、经费以及其他办学手续上必须之表册。总以合于地方教育行政机关、初等学校、中等学校之用途为主。大学校之表册亦略加研究。教学方法在调查美国、日本、中国通行之各种表册，加以讨论研究，使学生实习编制以图改良。

原载《南京高等师范学校教育专修科第一级教学概况》，1919 年

一九二〇年

电请贡院皖款作留学基金

——安徽旅宁同学会致安徽省长、教育厅长电①

安庆，省长、教育厅长钧鉴：

南京贡院之款，苏六皖四，闻已分配定妥。乞将皖款定作欧美留学基金，无任祷切。另呈详。安徽旅宁同学会陶知行等五百人▨公叩。号。

原载《申报》，1920年1月29日

【注释】

①此篇系1920年1月20日电文。

各科招收新生案[①]

选科制主要办法，每级每年宜有新生，则于功课进行及班次配置皆形便利。本校自下学年始，既决定实行选科制，则各部科每年宜各招新生一级。计九年度招新生八级，本学年毕业六级，添出两级，学生之数必照现有额数，增出数十人，影响于设备及经济者甚大。救济之法：或于校外另觅宿舍，或收通学生，或新生酌收膳宿费，应请组织委员会详加研究，得一适当之办法俾利进行。务希公决。

陶知行　张士一　贺懋庆　柳贻徵
孙洪芬　杨杏佛　邹秉文　饶冰斯　提议

三月十六日

原载《民国档案》，1990 年 3 月

【注释】

①本案系陶行知在南京高师任教育主任时，与柳贻徵等人于 1920 年 3 月 17 日在南京高等师范学校第九次校务会议上的提案。会议对此案的决议是："交招收新生委员会详细研究，再行报告。"

请设国文特别班案[①]

下学年似可将特别生程度提高，俾收取特别生标准与目前拟设之国文特班生相等，而不另设国文特班生名目。至其详细办法，可由招生委员会详细讨论。

（主席将陶君说付表决。通过。）

原件存中国第二历史档案馆

【注释】

①本篇是陶行知 1921 年 3 月 16 日在南京高师第二十三次校务会议上的发言记录，摘自《南京高等师范学校第二十三次校务会议记录》，题目为编者所拟，原无标点。

报告与南京学生联合会接洽情形[①]

昨日四五时，与南京学生联合会会长及分会代表接洽，悉会中因南京各校未罢课，受各方面质问，势颇为难。已决议先行停课五天，并通电各处学校。电尚未发。评议部开会，并拟为无限期之罢课。各校职员开会讨论都不表同情，拟于学生停课时期内，教职员照常办公。河海工程学院拟令高级生出外实习，余出外测量，评议部持反对态度。学生又反对评议部，仍拟实行出外实习、测量云。

原件存中国第二历史档案馆

【注释】

①本篇系陶行知1920年4月15日在南京高师校务会议上的发言记录。摘自《南京高等师范学校第五次校务会议临时会议记录》，题目为编者所拟，原无标点。

南京学生联合会成立于1919年6月，陶行知被聘为该会顾问。

报告招收新生问题[①]

下学年招收新生班数，定为应招八班，总人数为一百八十。学生有应试资格来校应试者，苟能及格，不论男女均可录取。惟校内仅能住一百五十人，女生应设法住校外。至一百八十人之数，亦系以预定最多数言之。如应试者程度不及，不能取足定额，可酌量减少。

原件存中国第二历史档案馆

【注释】

①本篇系陶行知 1920 年 4 月 21 日在南京高师校务会议上的发言记录。摘自《南京高等师范学校第十一次校务会议记录》，题目为编者所拟，原无标点。

南京高师招收选读通学生办法[①]

一、本校各班有余额时，除本校职教员、学生毕业生旁听外，得酌收选读通学生（通学生不分男女）。

二、本校各科功课能否选习。如能选习，能容若干人，由各科分科教务会议议决施行。

三、通学生至少必具中等学校毕业之程度，且必经选习科目担任教员试验及格。

四、设女通学生指导委员会司接洽指导事宜，男通学生接洽指导办法与其他男学生同。

五、膳宿及一切用品自备，惟女生寄宿地方须预经本校认可。

六、每科每学期收学费二元，试验费在外。

七、本简单自本学年第二学期起实行。

原件存中国第二历史档案馆

【注释】

①本办法提出时无署名。系陶行知于1920年上半年草拟或主持制订。陶行知时任南京高师教务主任。本办法提出时间，经编者考定为1920年上半年。

南京高等师范学校实行选科制案[①]

一、本校适用选科制，但须含下列四项之要素：

（　）学生所习学程，一部分为必修，一部分为任选；

（二）一科之学生可以选择他科之学程；

（三）学生成绩以学分计算；

（四）学程之统属以学科为根据[㈠]。

二、学生所习学程，有属于主科者，有属于旁科者。此两种内各分必修及任选两种，份量按各科情形而定。

三、各学程之内容，大纲应行规定。至于教科书或参考书应否写出，可按学程性质分别规定。

四、每学程每周上课钟点，均须注明。

五、凡某学程与某学程有连带关系者，须注明学习之次第。

六、每周上课及自修合三小时历半年者为一学分，每学生每学期以学习十五学分为标准。若遇特别情形可减少至十二学分，可加多至二十学分。满一百二十学分者毕业。惟各科认有加增毕业学分者，得另行改订。

七、学生学习学分之多寡，第一学期以十五学分为标准；第二学期以后，须参考上学期之成绩而定。

八、各班应否规定最多人数及最少人数，须视教员经济设备与学程之性质而定。

九、本校选科制，至早于民国九年九月实行。

复印件存华中师范大学教育学院

【原注】

㈠学科者，如国文、英文之类；学程者，如英文中之作文文法，国文中之字形学、字音学之类。

【注释】

①本案无署名。陶行知约于1920年上半年任南京高师教务主任，有关招生、课程和教学的计划或方案，均由他负责拟订。

选科制，一种教学管理制度，创始于19世纪70年代的美国。我国北京大学和南京高师是中国最早采用选科制的国立大学。

南京高等师范学校招收特别生办法[①]

一、宗旨 本校为便利补习高深教育起见，各科各学程有缺额时，得收男女特别生。

二、资格

甲、学校教职员及办学人员，经学校及教育机关保送者；

乙、对于选习学程素有研究，经本校教员认可者。

三、学费 每学期十元，用品费、实验费另定。

四、膳宿 由学生自理，但寄宿地点须经学校认可。

五、甄别 半学年后，如成绩不佳，得令退学。

六、证书 凡所习学程成绩及格者，给予修业证书。

原件存中国第二历史档案馆

【注释】

①本篇系陶行知 1920 年 6 月 2 日在南京高师校务会议上提出，摘自《南京高等师范学校第十四次校务会议记录》。

在南京高师第十六次校务会议上的发言[①]

一、《一览》编制委员会报告

本校《一览》因搜集材料种种困难未克进行，至为愧歉。现在时期已过，东南大学行且成立，高师去年《一览》，编成亦无甚用处，拟即停止编制。

二、招生委员会报告

本校本年招生情形，本日有印刷品分发，可不赘及。惟本校历届招考，因章程发表太迟，各省保送学生往往于考试日不能如期报到，应付极为困难。拟将招生委员会改为常设委员会，以便随时开会讨论，将下学期招生章程早日订定发表。

（经众讨论，径付表决。通过。）

三、请与金陵大学、女子大学合设学年历委员会案

接金陵大学来函，拟与金陵女子大学及本校合设学年历委员会，以期将三校学年历渐归统一，免生种种困难，可否赞成？

（众讨论后以为三校学年历欲求统一，事实上实多困难；两校订定学年历可与本校接洽，不必合设委员会。）

四、报告暑期学校开支

暑校开支原拟概从撙节，嗣以开四展览会、发行日刊、办理暑期学校、附属小学校、童子军等，不免多费若干。此外，如膳食因米贵溢支职员薪水，因临时添招学生助理，均不免经济上发生影响。余见印刷品不赘。

五、请组织暑期学校委员会案

本年办理暑期学校缺点甚多，提议组织暑期学校委员会，以便随时开会讨论改良。

（主席付表决：赞成者少数。未通过。）

原件存中国第二历史档案馆

【注释】

①本篇为陶行知1920年10月6日在南京高师校务会议上的发言记录，摘自《南京高等师范学校第十六次校务会议记录》，题目和小标题均为编者所拟，原无标点。

办理暑期学校及国语讲习科报告[①]

本年暑期学校及国语讲习科，自七月十二日开始，至八月二十日止。兹将此六周间之经过情形报告如下：

甲　组织

本校有行政会议规定行政方针及重要事务，由教务处、事务处及女生指导员办公处分别执行。教务处掌课程教授、演讲、讲义、图书、成绩、游息、展览等事；事务处掌会计、膳食、斋舍、卫生、招待、交通、杂务等事；女生指导员二人，掌女生教科、膳宿之接洽、照料等事。

乙　属于教务处事项

（一）课程。课程本定二十七种，后因木工、金工、用器画、投影画、植物学教授法、实验等六门，报名者人数无多，照简章规定取消。马克思《资本论》、市政改为普通演讲，余共十九种：为小学组织法、小学教授法、注音国语、团体游戏及竞技运动、社会教育学、实验心理学、青年心理学、儿童心理学、天演学说、中国古代哲学史、文学概论、社会问题、近代西洋哲学史、欧美文学趋势、英语教授法、英语语音学、个人及公众卫生学、高等数学、白话文法；嗣后加授童子军、欧史之价值、心理问题之研究三种。多者每周五时，少者二时。又附设国语讲习科，课程计十二种，为注音字母、声音学、语言学、语音学、读本、会话、白话文法、国语教授法、成语、翻译、演讲、国语练习。

（二）教员。本校教员任课者有：朱进之、廖世承、刘经庶、张谔、陆志苇、陈鹤琴、杨铨、王伯秋、何鲁、卢颂恩、张信孚、俞旨一、赵士法、周磐、顾铁生，此外，并聘请北京大学教员胡适、陈衡哲，南开大学教员凌冰、梅光迪，金陵大学教员钱天鹤，中国青年会体育科教员麦克乐[②]，江苏第三师范学校顾拯来、唐润身担任素有研究之学程。

（三）学生。学生总数一千零四十一人：男生九百五十五人，女生八十六人。籍贯占江苏、浙江、安徽、河南、湖北、广东、湖南、江西、山东、广西、福建、贵州、四川、直隶、云南、陕西、山西十七省。年龄最高者五十九岁，最幼者十六岁。

（四）演讲。正课之外，并请中外学者十七人，于课余演讲关于学术上各问题，冀增进新知而助兴味。

（五）讲义。讲义用油印，间有用石印、铅印者。逐日出版，每日多逾二万页，少亦一万六七千页。教员不备讲义者，由校派速记员临时记下，付印分给。

（六）暑期学校附属小学。为学生实地试验教育起见，特组织一附属小学。设主任一人，教员三人。课程为故事、文艺、社会、卫生、修身、直观之园作、自然野外教授、自由游戏、工艺指导等项。上课时间为每日下午一时三十分至三时十分。如有疑难问题，可提出供研究。

（七）游息。同乐会共举行四次，佐以唱歌、幻灯，并商同南京青年会、欧美同学会公请美国加州大学东亚旅行音乐团奏技一次。

（八）展览。展览会共开四次：一为农业展览会；二为卫生、博物两种展览会；三为初等教育展览会；四为职业教育展览会。会期各为二日。承沪、宁两地各机关，各以出品及成绩品到会陈列，足供研究，并设指导员，以备参观者之询问。

（九）证书。各学程结束时，与考及格者照章发给证明书。暑期学校共发证书四百十七张，国语讲习科二百六十三张。其余未发证书者，少数为与考不及格者，但大多数系纯粹为求学而来，各处小学将近开课之期，须回校准备上课，故未能如期结束。

丙　属于事务处之事项

（一）经济。本校经济完全独立③。学生应纳之费规定：每人读三学分，纳费十元，如多学每学分加三元，至五学分为止。全膳纳费六元，半膳三元，宿费二元，杂费一元。各项收入共计洋一万六千七百余元，各项支出以学员膳食、教员薪水、川资、讲义费、高师职员学生服务津贴、展览会设备为大宗，共计一万四千八百余元，收支两抵，余洋一千六百余元，拟留充来年暑校之用。

（二）膳食。本校膳食即照高师向例，每人分食，荤素菜各一。纳费以每人每月支四元二角五分计算，共四十二天，收全膳费六元，半膳费三元，有退学者按日扣还。

（三）宿舍。男生寝室、自修室除用高师学生原有斋舍不敷外，将普通教室暂改寝室，并附属小学亦有一部分暂供寄宿。其他与高师附近之地，如体育师范学校、青年会等处，商订办法，借作校外宿舍，又租借附近西人所设之来复女学校，为女生宿舍，另设女生指导管理之。

（四）卫生。卫生事项，除设临时医院，有中西医驻校诊病外，另由高师学生服务，组织卫生股，考查卫生、清洁事宜。厨房买菜进校，先由卫生股验看，并注意洗涤烹饪，研究捕蝇方法。余如浴室、厕所等，均随时查看，督同校工扫除洁净。时正炎夏，千余人中，患小病者不过十余人。

（五）招待。除各处职员分任外，由高师服务生帮同料理。事务处设有询问处，有来宾或学生有疑问时，随时接洽指导；如遇名人莅校演讲，均由职员至车站迎迓。开学时由服务分队至车轮埠指点路由，照料一切。

（六）交通。为便利学生起见，于结束之前二日，嘱学生将住居相同之处自行集合团体，向车站商请优待团体办法特别减价，至临行时由职员先赴车站，按照各团下车地点，代购廉价券，并照料一切。

原载《民国档案》1990 年 3 月

【注释】

①本篇系陶行知在 1920 年 10 月 6 日南京高师第 16 次校务会议上的报告。题目为编者所拟。

陶行知时任南京高师暑期学校委员会委员，参与筹备和主持暑期学校的工作。暑期学校专为提高中小学教师专业素质而设，是中国师范教育史上的创举之一。

②麦克乐，美籍教师，对中国学校体育教学的改进贡献较多。后任东南大学体育研究推行部主任、中华教育改进社体育研究专员；曾组织考察中国 11 省的体育教学现状，并提出许多建设性意见。

③本校经济完全独立，指所办暑期学校的经济为单独核算、自负盈亏。

1920年南京高师招生报告[①]

本学年招文史地部、数理化部预科，教育、农业、工艺、商业、英文、体育各专修科学生各一级。于八月一日开始报名，至二十日截止，计直接来校报名者四百七十二人。各省选送复试者七十五人，共计五百四十七人。

二十三至二十五日举行考试，录取文史地部正取生十六人，备取生七人（已传补三人）；数理化部正取生十四人，备取生六人（已传补六人）；教育科正取生十六人，备取生六人（已传补四人）；农业科正取生十八人，备取生七人（已传补三人）；工艺科正取生十七人，备取生五人（已传补三人）；商业科正取生十八人，备取生五人（已传补三人）；英文科正取生十八人，备取生七人（已传补二人）；体育科正取生十六人，备取生四人（已传补三人）。

后以云南、甘肃、广西、河南、福建数省，送到复试生已过考期，于九月十三、十四号补考，录取文史地部三人，农业科一人，英文科三人，体育科一人。各新生中，教育科有女生二人，英文科有女生六人[②]。

贵州、四川、察哈尔三处，送到复试生已在上课之后，全体教务会议时议决：不举行第三次考试，许为特别生。特别生至本月四日止，计属于文史地部者三十一人，属于数理化部者二十六人，属于教育科者二十一人，属于农业科者十五人，属于商业科者十人，属于英文科者九人，属于体育科者四人，共一百十六人，内有女生二十人。

原载《民国档案》1990年3月

【注释】

①本篇系陶行知1920年10月6日在南京高师第十六次校务会议上的发言，摘自《南京高师第16次校务会议记录》。陶行知时任南京高师教务主任兼招生委员会主任。原题为《九年度招生报告》，今题为编者所拟。

②1919年五四运动后，北京大学与南京高师相继招收女生。1920年2月，南京高师招收了女子旁听生。此处所招收者，为正式生。

暑期学校的优点[①]

到了夏天的时候，无论什么学校都照例放暑假。外国学校放暑假，中国学校也放暑假；小学校放暑假，大学校也放暑假；男学校放暑假，女学校也放暑假，凡是学校都放暑假。究竟放暑假是为什么缘故？我们且打开眼睛看那夏天的社会：商人依旧做生意；工人依旧做苦工；那农夫到了夏天，比平日加倍地忙。试拿指头数一数，三百六十行，夏天放暑假的，只有教员和学生。放个什么，所为何来？

欧美初行义务教育的时候，城市尚未发达，人民大半住在乡下，或是自己作田，或是雇人作田。地方上教育经费又不足，不能全年开办。教员到了夏天，要去管自己的农务；学生到了夏天，也要去帮助父母料理收成的事体。学校在这种情形之下，不得不放假。

这是暑期放假的起源。后来大学校仿效小学校；城里的学校仿效乡下的学校；这国学校仿效那国的学校。大家不知不觉地照样画葫芦。问起从前所以有暑期的真正缘故，能够圆满答复的百不得一。只说是数月勤劳，得些休息，于身心很有益处。但是好好的一个人，是否一年要休息几个月；这几个月当中，是否能够天天完全地休息？研究教育的人，看了这个现象，就有两种感触：（一）从心理上着想，一个人决不能一事不做，一事不想，完全休息几个月。既要做要想，就要有个正当目的来归纳他的精神。若没有这个条件，那就不但要荒废学业，并且不免走入歧路了。（二）学界中人既不能人人享受暑假利益，而暑假的风俗习惯又不能打破，那就要因时制宜，想些别的法子来解决这个问题。于是有心教育的人就想乘暑假的时候，来换些新事业，得些新阅历，使与暑假有关系的人，不但不致荒废光阴，而且能得许多平日所不能得的益处；如同旅行、游历、集会，都是解决这暑假问题的方法。但是益处最大的，无过于暑期学校。请谈暑假学校的优点：

（一）功课没有学足，或是虽学足而未学好的学生，可以乘此补习。

（二）施行选科制的学校，大都只问程度，不拘年限，那爱惜光阴的学生，就可在夏天加读几门功课，早些完毕，使那人生必须的学问，可以早些立定基础。

（三）教员最重要的精神，是求事业能力的长进，要把我们的教材教法一天长进一天。否则年年卖旧货，还有什么意味呢？但是做教员的，平日要服务，没有功夫进学校去求新知识，除了自己研究之外，很少进步的机会。如有暑期学校，那么做教员的平日可以教学，暑假可以学教，这就是所谓教学合一。

（四）各处学校的教员，各有所长；一处的学生，往往不能遍领国内学者指教，很觉得偏枯。如设暑期学校，各处有学问的教员，可以会在一处，或是各校彼此交换教员，那么学生就容易和国内良师接触，岂非教育界的幸福么？

本届教员担任学程的，连本校在内，共有六校。他们为提倡教育起见，冒暑讲学，极为钦佩。学员到的有十七省之多，中外男女共计千余人，年高的有五十九岁。若不是国人发奋好学，哪有这种好现象？再，此次本校开始试办男女同校，杜威夫人冒暑留在南京，襄助指示一切。又承赫女士慨借宿舍，至可感念。开学时，正值北方战争时期，交通断绝数日，幸大家一心向学，照常上课。又当酷暑的时候，千余人中竟没有一人害过大病，也是一件很可庆幸的事情。现在散学，诸同学各回本处，是宜将经过情形和姓名汇刊一册，俾愿彼此通问、互相研究的得备存查；并使暑期共同的生活，稍留记载，以备将来参考。

选自《南京高师第一届暑期学校概况》，1920年10月

【注释】

①本篇系郭秉文、陶行知在《南京高师第一届暑期学校概况》一书写的前言。原无题目，题目系编者所拟。

关于教育厅长产生问题的意见[①]

今天诸位对于这个问题的意见，说得透彻，很为可喜。不过这个问题的性质是很复杂，里面所包含的亦很多，所以要确定怎样是不容易的事。我现在把诸位所未说及者提出来，以供诸位研究的参考。兹先把两方面所主张的利益逐一加以鄙见。

（一）官委方面所举的利益 （1）“委任可免政客利用。”我以为此条和民选差不多，因为两方面都可利用。有时倒反在官委方面容易利用，盖官委只要利用一个人，民选则要利用几十百个人了。（2）“官委易于得人。”其实易于得人亦易于失人。（3）“如不得人易于更换。”此点不是委任的利益，乃属于免职范围里边的。（4）“被委之人办事少有掣肘。”这一条只怕不容易做到，和第九条发生同样的困难。（5）“行政易于统一。”此点有理由，好比一个公司，只有总经理要董事推举，其余的职员都由总经理支配，所以事权统一，易于收效。国家政事，只要总统由人民选举，其余行政人员都可责成总统支配，以收统一之效。（6）“责成能专。”这层如同（5）条，比民选为好。我们看现在的教育总长委任一个教育厅长谨慎得很，因为和他的主张与进行有关系故。假使被委者不得其当，总长即不能辞其咎，所以责成自能专一。至于民选，则由多数人民选出一个厅长，责成就分散而罕能专一。（7）“时间、财力、人力之经济。”这要看政府对于教育是否有真正的信仰热心，如果委任不得人，致起种种不良结果，当然谈不到经济。但如单就手续而言，自比民选经济些。

（二）民选方面所举的利益 （1）“人民对于教育有切肤关系。”这一层要看人民的程度和态度怎样而定。就现在说，多数人民实在不知道教育和他们有切肤关系。但人民程度逐渐提高，就能逐渐觉得教育的重要。（2）“多数人民观察周密。”这层固然不差，但是官委的人亦可由人民监视，如果不好亦可提出弹劾。（3）“不致任用私人。”此条未必比委任好。（4）“选出之人对人民负责。”这要看被选的人如何，好的自然会对全体人民负责任，那坏的恐怕只对同党之人负责，和被委者仅向委任者负责相差不远。但在共和国，无论被委的、被选的，都应向全体人民负责。(5)“如不得人易于更换。”这条亦属于免职范围之内，可不必论。(6)“符合舆论副民望。”实际上，民选和官委却都能得副民望的行政人员。民权强有力的国中，非副民望的固不得被选，但非副民望的亦不敢委任。(7)“易得人民帮助。”好的固能得全省人民的帮助，一有党见，就只能得同党的帮助了。(8)“被选者是本地人熟悉本地情形。”我们并没有限定被选者一定要本地人。行政人员，最好只问才能，不问籍贯。(9)“破除官僚阶级。”这种阶级，在共和政体之下，不容他存在。所以无论官委或民选制度，都应打破此种阶级，凡被选或被委的，都是人民的公仆。

讲到现在的人民心理，如果采取民选制度，容易跑出政客来运动，弄得高尚洁白的人不愿来干。有时各县的选举人，同集一处，人地生疏，竟会随便选举，或者以交通不便，托人代庖。凡此种种，却是应当预防的危险。

我承认这个问题尚有继续研究的价值，等到充分研究之后再下判断不迟。继续研究时所应注意的有三点：(一)参考各国制度及趋势。(二)比较各省的教育会会长和教育厅长。(三)每逢一制度发生，必使舆论代表和行政实效各得其所。

原载《教育汇刊(南京1921)》第2卷第1集，1921年3月

【附录】

辩论经过

民国九年十一月二十五日下午七时，本会会员在化学教室辩论“教育厅长由民选抑由官委”的问题，当请本会指导员陶知行先生为评判员。兹将各会员及陶先生的意见简括地录在下面：

未辩论以前，双方各将自己所主张的利益及条件分别提出。

(甲) 民选的利益

(一)人民对于教育有切肤关系。(二)多数人民观察周密。(三)不致任用私人。(四)选出之人对人民负责。(五)如不得人，易于更换。(六)符合舆论，副民望。(七)易得人民帮助。(八)被选者是本地人，熟悉本地情形。(九)破除官僚阶级。

条件——每县推举二人为选举人。其产出之方法为：一人由教育行政机关推出，如劝学所长或县教育科长；一人由教育研究机关推出，如县教育会长。此二人至一定场所，投票选举教育厅长。

（乙）官委的利益

（一）免政客利用。（二）易于得人。（三）如不得人，易于更换。（四）被委之人办事少有掣肘。（五）行政易于统一。（六）责成能专。（七）时间、财力、人力之经济。（八）人才调剂。（九）用人之权不致为同党所要挟。

条件——由教育总长择一学问优良、经验丰富、品行端正者，呈请大总统简任为教育厅长。

兹为便利叙述起见，把民选方面当作甲派，官委方面当作乙派。

甲派说：乙派说“官委可免政客利用”。我们试看现在的官吏由运动而得的，是少数，还是多数？何尝没有政客在那里利用！所以第一条不能成立。乙派说“官委易于得人”。我们知道，现在的官吏多由运动而来，那更不配谈得人了！所以第二条不能成立。乙派说“官委如不得人，易于更换”。现在的官吏既多由运动而来，那就只会巴结上司，看不起人民；有时倒行逆施，纵人民弹劾，做长官的也充耳无闻，甚至有和长官朋比为奸者。这样看来，要更换一个官吏谈何容易！教育厅长也是如此。所以第三条不能成立。乙派说“被委之人办事少有掣肘”。处现在的“省长监督”制度之下，无论教育厅长是否由运动而来，要不听省长的指挥实在是难！所以第四条不能成立。乙派说“官委，行政易于统一”。教育事业应照各地方的情形设施，无须统一，所以第五条不能成立。乙派说“官委责成能专”。我们试看现在政治上的情形实在不是这样，假使有一件事体发生，省长或督军即来授意，责成哪里能专呢！所以第六条不能成立。乙派说“官委，时间财力人力可经济”。现在的官吏多由运动而得任命，往往不顾民意；人民和政府隔膜得很，如有争执，两方竟不相上下。时间财力人力三者，也不见得经济。所以第七条不能成立。乙派说“官委，人才可调剂”。我们知道现在的政界，龌龊得很！好的人才，真像凤毛麟角不可多得，哪里配谈人才呢！所以第八条不能成立。乙派说“官委，用人之权不致为同党所要挟”。这层也不妥当，无论何人总有几个同志，因此即有党见；行政要不受同志的参与或干涉，却是很难！所以第九条也不能成立。

乙派说：照甲派所定的条件看来，选举人是由委任而来，带有官僚气味，所以民选和官委精神上没有什么分别。现在中国的人民，无知无识的居多数，仅仅观察已不容易，更哪里能够有周密的观察！地方上有一种土豪，势力很大，往往来垄断选举；假如选举人不举他为教育厅长，他就施其恫吓手段。这样一来，甲派所主张的“民选不致任用私人”的利益，也靠不住。教育厅长既由民选而来，若办事不当有更换之必要时，势必至齐集各县的选举人于一处，重行选举，时间财力人力三受其累。所谓“如不得人，易于更换”，也谈何容易！

甲派说：假如认民选为根本地没有利益，那么由人民选出的大总统也不能好。大总统既然不好，他所委任的官吏能否决定他是贤？

乙派说：民选的主张莫非本德谟克拉西[②]的精神，但据现在民选方面所定的条件，选举人是县教育会长和县教育科长或劝学所长，试问这二个人能否代表全县人民的意思？我看是不能代表的。既然不能代表，那么和官委有什么分别？

甲派说：这二个人固然不能代表全县人民的意思，但是现在我们中国教育没有普及，人民大半是无知无识，要谈到代表全县人民的意思，实际上是不可能的。既然这样，所以不得不出此代替方法以为目前的救济。现在一般委任的教育厅长，好的固然也有，然而微乎其微。至于专制的，作恶的，却是很多。所以两两相较，民选总比官委好得多。

乙派说：甲派说“官委是专制的”，实则民选更专制。有权有势的人，摆出威吓的架子来，强迫举己为教育厅长，不从，则想出各种图谋方法，这岂不是更专制么？况且民选是地方主义，容易引起党争，各谋本地的教育发达，把本地的租税加得很重，各自为政，教育制度也就不划一。

甲派说：本地人办本地的教育，这正是民选的好处。

乙派说：教育是国家事业，是精神事业，所以全国须一致，不容分出省界来，各自为政。

甲派说：“教育是国家事业”，这种主张是战前的普鲁士的武力主义，是军国民主义，违背教育原理很远！

乙派说：所谓教育须统一，并非说要学战前的普鲁士，是要中国有中国的精神。

甲派说：我们还是共同管理容易呢，还是各自管理容易呢？试看美国的教育，全国不一，各州各自为政，而他的教育比我国好得多，这是一个彰明较著的证据，所以一国的教育无须统一。况且所选出的人是本地人，熟悉本地情形，设施格外能妥当。

乙派说：设施教育固以熟悉本地情形为佳，但是一个教育厅，除厅长外还有许多助理的人，这许多职员亦未必都是外省人，所以教育厅长就是外省人也属无妨，何况被委者并没有回避本籍之规定乎？

甲派说：被委者假使不愿意奉政府之命到那里去干，而宁愿在自己所愿的地方，干自己所愿干的事，又将怎样？好比前数年各省教育厅成立时，政府委黄任之③先生为直隶教育厅长，黄先生不愿去干，而宁愿在上海、南京等处干许多自愿的事，这岂不是多事么？

乙派说：假使遇到这种困难，教育总长自可另择贤能之人，呈请大总统任命。

总之，现在中国的人民，知识幼稚，程度低劣，谈起选举便有种种弊端；这样要举，那样要举，耗时日精力也太多；且教育的大处是要统一的，只要中国尚有存在的价值，则全国教育便应有统一精神，民选是地方主义。总上三大原因，所以主张官委。

甲派说：这原是带有几分理想，希望我国人民的程度日渐提高，并非是囿于现在的；况且所选出之代表，是比较地有知识的；所以总括起来，民选仍比官委好。

总之，我们鉴于现在委任制之腐败，而民选制较为有望，所以主张民选。

辩至此，已九时余。遂由主席宣告终止辩论。即请指导员陶先生评判，其辞如下：(详见正文——编者)

原载《教育汇刊（南京 1921）》第 2 卷第 1 集，1921 年 3 月

【注释】

①本篇系陶行知 1920 年 11 月 25 日在南京高等师范学校教育研究会上的发言记录，摘自《教育厅长之产出问题》一文。记录者：李勉韶。题目为编者所拟。

②德谟克拉西，英文 Democracy 的音译。意为民主。

③黄任之，即黄炎培（1878—1965），字任之。上海人，教育家。中华职业教育社创始人。曾任中华教育改进社董事。

请允招特别生或代办补习班案[①]

江西某校请送中等学校毕业生四十五人，至本校为特别生，补修英文、算学。可否酌允？或由前途[②]担任经费代为办理补习班。

（议决：本校特别生现无缺额，不能插班，亦不能代办补习班。如果有志来学，可先自预备，于下学年本校招考时来校应试。）

原件存中国第二历史档案馆

【注释】

①本篇摘自《南京高等师范学校第十二次校务会议记录》，为1920年12月1日在南京高师第二十次校务会议上的提案，原无标点，题目系编者所拟。

②前途，旧时在与人接洽事情时，作为有关对方的代称。

一九二一年

地方教育行政为一种专门事业

市乡教育的界说 地方包含都市和乡村，故地方教育行政有都市和乡村教育行政两种。依克伯利先生所主张：上五千人的地方都可算为都市；不到五千人的，都算为乡村。凡都市皆令脱离县教育行政范围而直隶于省；凡乡村皆令统属于县；县复就地方之大小酌量分区办理乡之教育。因市乡人民密度不同，经济能力不同，环境性质不同，凡此种种影响于课程编制、教学方法、行政组织的又都不同。分治就两受其利，合治就两受其弊。详细情形，当另著文说明。现在只下这一定义：上五千人聚居在一处的叫做市，不足五千人聚居在一处的叫做乡。市教育以一市为行政单位，乡教育以全县为行政单位。我所讨论的就是说：这种市教育行政和这种县教育行政要当他为一种专门事业看待，要以专门的目光研究他，要以专门的学术办理他。

地方教育事业之重要与责任 上说之定义，很是概括的。再进一步，就须将都市和乡村教育的事业责任来讨论一遍。

请先说都市。中国有五十万人口以上的都市十三处，十万人口以上的都市四十七处。十万以下的都市，现在尚无确实消息；但据邮政局九年度一二三等邮局所在地估算，相差不致太远，约在一千六百八十处左右。现设的七千七百六十八处邮寄代办所当中，还不免有好多都市，但确数难定了。有这种情形，所以中数[①]不易求得。我们姑且拿一个五万人口的都市来讨论，都市学龄儿童与人口之百分比，较乡村要低好多。依六三制行义务教育，每百人中应有学龄儿童十六人。故五万人口的都市，约有学童八千，教员二百余。协同二百余教员，培养八千学生，这是何等大的事业，何等大的责任。那百万左右的都市，如北京、上海、广州、汉口、西安等处教育事业的浩繁，责任的重大，更不必说了。

再说乡村教育。乡村教育以县为行政单位。中国二十二行省，四特别区域，共有一千八百四十三县，平均每县一千三百二十七方哩。最小的有千余人，最大的有二百二十七万人，平均每县有二十万人。将县内一二三等都市人口除开，平均每县乡民当有十七万之谱。乡村学龄儿童与人口之百分比，较都市多些。依六三制约计，乡村中每百人应有学龄儿童二十一人。十七万乡民之县，当有学龄儿童三万五千七百人，教员千余人。协同千余教员，培养三万五千七百学生，这事业又何等的大，责任又何等的重！

地方教育所含之专门性质 看上面所说，地方教育的重大，固已有具体的事实可作立论根据，但还不免概括。究竟地方教育非专门家不能解决有几个什么问题？

（一）计划问题

世界潮流，国家大势，以及地方人口增减，财力消长，职业变迁，影响于地方教育者最大。办学的人宜如何默察趋势，熟筹利弊，预拟一逐年进行的计划，使理想依据事实渐次实现，世界、国家、地方面面顾到。预拟这种计划，是否需要专门的学识？

（二）师资问题

学生学业的进退，多半看教员的良否为转移。五万市民之市，须教员二百；十七万乡民之县，须教员千人。这许多教员未来之先，办学的人宜如何酌量需要，分别设法培养选聘；既来之后，宜如何设法辅助指导，使有最良之精神，并如何筹备种种机会，使教员的学问能得相当的研究进步。办理上说种种，是否需要专门的学识？

（三）课程问题

课程为社会需要与个人能力调剂的工具。编制课程的人，必须明了动的社会的种种需要，将他们分析起来，设为目标，再依据儿童个人心理之时期，能力之高下，分别编成最能活用之课程，使社会需要不致偏废，儿童能力不致虚耗。这是一种最精细的手续，是否需要专门的学识？

（四）经费问题

地方财力有限，教育事业无穷。以有限的财力，办无限的事业，支配经济的人，必须分别缓急，酌量进行。这分别缓急四字，包含教育事业各方面的关系。必须将这些关系彻底了解后，才谈得到分别缓急。但是这种了解，是否需要专门的学识？

（五）设备问题

物质环境在教育上之影响，尽人皆知。要有良好的教育，必须有相当的物质环境。校舍、设备、图书、仪器和校外之种种环境，都与教育有密切的关系。空谈自动、自治、自学、自强，是没多用处。有相当之设备，才能发相当之精神。即以校舍论，宜如何构造，才能使他合乎卫生、美术、经济、教育的原理。简括问一句，宜如何选择，支配，联络环境的势力，使教育得收良好的结果，是否需要专门的学识？

（六）考成问题

我们受人民的付托，办理地方的教育，费了这多钱，用了这多人，开了这多学校，教了这多学生，究竟结果如何，应否平心问一问？怎样问法，怎样度量各种教育的历程、结果，和度量之后怎样据以切实改进，都是要从专门研究中产出来的。

（七）劝学问题

假使地方人民对于教育，尚无有相当的了解信仰，就不得不做一番感化的工夫。我们宜如何表示教育的真相，证明教育的能力，使人民自觉教育为人生日常所必需，并发共同负担独力兴创的宏愿，这种教育真相的表示与教育能力的证明，是否需要专门的学识？

主持地方教育行政人员应有之学业 地方教育既有上述几种问题，非专门人才不能圆满解决，那么办理地方教育人员所应具之资格，可以推想而知。品性方面，暂且不论。现在只举学业一门，拣其最要的讨论一回。

（一）普通学问方面，至少须学哲学、文学、近世文化史、科学精神与方法、社会问题、经济学、美术等课。这种学问，一来能使目光远大，二来能使同情普遍。因教育是一种永久事业，非目光远大不足以立百年之基；教育又是一种社会事业，非同情普遍不足以收共济之效。

（二）工具学问方面，须于国文之外，至少学习外国语一门。一可使地方所办学务得与世界潮流接触，二可使自己所得学识与国外同志印证再，统计法亦为一种重要的工具。得此就可明了别人研究的结果，也可使人明了自己所办事业的真相，并且还有许多问题要借助统计才有相当解决的。至于办事最重效率，所以科学管理一门功课，也是应当学的。

（三）专门学问方面，至少须学教育哲学、教育概论、教学法、教育心理学、中等学校之组织及行政、初等学校之组织及行政、地方教育行政问题、学务调查及报告法、学校建筑与卫生。这许多功课，是纯粹关于教育的。各门的宗旨合起来，是使办学的人能拿教育的方法去达教育的目的。

简单些说，我们理想中的地方办学人员，学业方面，至少须有大学毕业同等程度，加些关于教育行政之专门学识。

结论 现在中国之一千六百八十市和一千八百四十三县，以主持教育的人而论，已需三千五百人。若将协理人员共同计算起来，至少需万余人。中国若想推行义务教育，非将地方办学人员与教员同时分别培养不可。现在培养师资与普及教育的关系，大家已经了解。惟独对于地方办学人员之培养，大家还没有相当的注意。山西、江苏的义务教育计划书中，都没有这回事。最好的省份，不过为他们举行一二次讲习会补救补救。反对的还以为地方教育人人能办，何必讲习。岂晓得这种学问，已非短期讲习所能了事。故中国不想推行义务教育则已，若想推行义务教育，必从培养改良地方办学人员入手。

原载《教育汇刊（南京1921）》第2卷第1期，1921年3月

【注释】

①中数，或称中位数，教育统计中的专用名词。即将许多有关的量数由小而大或由大而小排列，取其中间的一项来作代表。

提高收取特别生标准案[①]

下学年似可将特别生程度提高，俾收取特别生标准与目前拟设之国文特班生相等，而不另设国文特班生名日。至其详细办法，可由招生委员会详细讨论。

（主席将陶君说付表决。通过。）

1921年3月16日提

原件存中国第二历史档案馆

【注释】

①本案系陶行知1921年3月16日在南京高师第二十三次校务会议上的口头提案，摘自《南京高等师范学校第二十三次校务会议记录》。今题系编者所拟。

陶行知时任南京高师教务主任兼招生委员会主任。此前招收特别生的条件为“学校教职员及办学人员，经学校及教育机关保送者”，“对于选习学程素有研究，经本校教员认可者”。这两条较为宽松，不太能保证生源质量，因而提高标准实属必要。

【附录】

《招收特别生办法》的讨论记录[①]

陶君知行报告：本校因应外界为教职员者补修高深学术之需要，拟于正科生之外招收特别生。前经校长妥将办法审查，兹将委员会《修正办法六条》报告[②]。请公决。

报告毕。主席付讨论。

杨君杏佛提议：第一条宗旨“本校为推广教育起见”句，拟改为“本校为便利补习高深教育起见”。

付表决，通过。

陶君知行提议：第二条资格将“下列人员由学校或教育机关保送者得为特别生”二十字删去；甲项“中等学校毕业及其同等学力者”，改为“学校教职员及办学人员经学校及教育机关保送者”；乙，对于“选习学程素有研究者”，于“研究”二字下添“经本校教员认可”七字。

付表决，通过。

第三条末，加“另定”二字。第四、第五两条，照原文通过。

第六条，陶君知行说明，“证明”为“证书”之误，应改正。

杨君杏佛提议将原文改为“凡所习学程成绩及格者，给予修业证书”。

付表决，通过。

原件存中国第二历史档案馆

【注释】

①本篇为陶行知 1920 年 6 月 2 日在南京高师校务会议上的发言记录，摘自《南京高师第十四次校务会议记录》。会议主席：郭秉文；书记：张景范。原记录稿无标点。今题为编者所拟；原题为《招收新生委员会报告》。

②委员会系指“招收新生委员会”，陶行知是该委员会的主任委员。《修正办法六条》，即《南京高师招收特别生办法》（六条）。

有关高师办学目的和国文特班生的意见

——在南高、东大第二十三次校务会议上的发言①

张君士一谓：高师与东南大学，实际难设在一处……高师目的，在事成教员；大学目的，在养成学者。以后高师为应社会需要起见，宜依旧积极进行，将从前精神竭力保存。

陶君知行谓：高师以后进行，宜即从考察社会需要何种人才、本校人才能办何种入手。（众无异议。）

张君士一谓：本校向有特别生，今又持特班生。实际虽有不同，外表殊难区别……可否于特别生中加添学程，毕业后由校为之介绍，不另设特班生？

陶君知行谓：下学年似可将特别生程度提高，俾收取特别生标准，与目前拟设之国文特别班相等，而不另设国文特班生名目。至其详细办法，可由招生委员会详细讨论。（主席将陶君说付表决，通过。）

原载《南京高等师范日刊》1921年第461号

【注释】

①本篇系发言记录，记录者不详。发言时间为1921年3月16日；发表时间为1921年3月23日。原题为《第二十三次会议记录》，今题系编者所拟。会议主席刘伯明，到会教职员16人。交议事件一为《高师与大学关系案》，二为《请设国文特班案》。在讨论过程中，陶行知分别就此二案发表了意见。

教育者的机会与责任[①]

今天我讲题是《教育者之机会与责任》，但是今天到会的，除教育者外，又有受教育的学生，提倡教育的办学者。我这题目，和上面种种人有什么关系呢？我想，学生对于教育发生的影响，自己首当其冲，自然要去看看教育者是否已经利用他的机会，尽了他的责任。办学者是督察教育者的人，更有急需了解教育者的机会与责任的必要。所以我这演讲，实在是以上三种人都应当注意的。

先从机会方面讲。教育者应当知道教育是无名无利且没有尊荣的事。教育者所得的机会，纯系服务的机会，贡献的机会，而无丝毫名利尊荣之可言。他的机会，可分四种：

（一）有可教之人；

（二）可教者而未能完全教；

（三）可教者而未能平均教；

（四）已受教而未能教好。

以上四种，都是予教育者以实施教育的机会。且先就第一种讲：

第一种是因为社会上有许多可教之人，所以教育者才能实行他的教育。倘若无人可教，则教育者就失其机会而无用武之地了。孔子曰："生而知之者，上也。"美国某哲学家，对于他这句话很有怀疑，他反驳孔子，说："生而知之者，下也。"可是他的话确乎也有根据，譬如最下等的动物——细胞，彼从母体脱离后，凡彼母亲会做的事，彼都会做。再推到小牛，彼虽然不似细胞那样快，但是不用隔多时，举凡彼母亲的事，彼也会做了。小猴子却又不同，彼有几个月要在彼母亲的怀里，因为彼又是较高于小牛的动物。人又不然了，人在小孩子的时期，最早要候二三年后，始能行动，后来又慢慢由幼稚园——至于大学，去学他的技能，以做他父亲会做的事。总之，幼稚时间长，所以可教；教育者的机会，也是因为有可教的小孩子啊！

第二种是说可教的人没有完全受教。如中国有四万万之众，照现在统计表计算，只有五百四十万个学生。换言之，只有一百分之一·五是学生；一百人之中，能受教育的只有一个半人。这一百分之九十八·五的不能受教育者，都打着我们教育者的门，并且告诉我们说："现在是你们的机会到了，有一个人不入学校，就是你们还没有实行你们的机会。"

第三种是就受教的人说的。中国现在受教育有三桩不平均的地方：(一) 女子教育；(二) 乡村教育；(三) 老人教育。

第一桩，女子教育在中国最不注重。中国全国，有一千三百余县没有女子高等小学，又有五百余县没有一个女学生。若照百分法计算起来，男学生占学生中百分之九十五，女子却只占百分之五；以家庭论，一百个家庭，只有五个是男女同受教育——好家庭了。所以为家庭幸福计，男女都应受同等的教育。女子教育的重要有三：

甲、女子同为人类，自应有知识技能，去谋独立生活。譬如四万万根柱子擎着大厦，设若有二万万根是腐朽——不能用的木材，则此大厦必将倾倒，这是很明显的例子。——所以女子必须受教育，去共同担负社会的责任。

乙、女子富于感化性，能将坏的男子变好，并且可以溶化男子的性情与人格。诸位不信，请看看你们的亲友，定可得着个很显著的证明——所以欲使男子不致堕落，非从女子教育着手不可。

丙、女子受教育，必定十分顾及他子女的教育，不似男子的敷衍疏忽。——所以普及女子教育，不但可以收到家庭教育的好果，并且可以巩固子孙的教育啦！

第二桩，不平均是城乡学校的相差，城里学校林立，乡下一个学校都没有。以赋税论，乡下人出钱，比城里人多些；他们的代价，至少也应当和城里平均，才是公允的办法。故乡村教育，应为教育者所注意。

第三桩，是小孩子可以受教育，而老年人则无受教育之机会。一班教育者，也只顾及小孩子的教育，对于老年人很少加以注意，这也是件不平均的事。中国现在内外交棼，社会多故，如若候着那班小孩子去改造，非待二三十年后不能奏效。所以欲免除目前的危险，必须兼顾着老幼的教育。

许多女子、乡村人、老年人，都打着我们教育者的门，如求雨一般的哀求我们放他们进来。这也是我们的机会到了！

第四种机会，是因为小孩子虽然受教，但是没有教好。如已教好，我们教育者又无机会了。没有教好者，可以分四层讲：

甲、人为物质环境中的人，好教育必定可以给学生以能力，使他为物质环境中的主宰，去号召环境。如玻璃窗就是我们对于物质环境发展的使命之一。我们要想拒绝风，欢迎日光，所以就造一个玻璃窗子去施行我们拒风迎光的使命，教讨厌的风出去，可爱的日光进来。又如我们喜欢日光和风，但是想拒绝蚊蝇，所以又造了一种纱窗去行我们的使命。这种使命，并非空谈，因为我们有能力，确可使这些自然的环境，听我们调度。故学校应给学生使命环境的能力，去作环境的主宰。以上不过是表明人对付环境的两个例子。

水也是自然环境之一，但是不能对付彼，常常为彼所戕杀。如去年门罗[②]博士到苏州参观教育，同行有四位女学士。过桥的时候，女学士的车子忽然翻落桥底；当时船家和兵士都束手无策，等到想法捞起，已经死了一个。我们从这件事，得着一个教训，就是“学生、船夫、兵士都不会下水”，以致人为自然环境的“水”所杀。

人在青年时发育最快。身体的发育，犹如商人获利一样。可是商人获利是最危险的事，偶一不慎，当悖出如其所入。我们青年生长时，亦有危险，学校讲求体育，应问此种体育是否增加学生的体健，使他们不致有种种不测之事发生？

这种学生的父兄，也带了他瘦且弱的子弟，打我们教育者的门，厉声问我们教的是什么教育？

乙、人不但是物质环境中之一人，也是人中之一人。人有团体，有个人，在这团体和个人中，便发生相对的关系。此种关系，应互相联络，以发展人性之美感。在此阶级制度破产时，我们绝不承认社会上还有什么“人上人”“人下人”，但是“人中人”我们是逃不掉的。我们既然都是人中之一人，那么，人与人自然会有相互的关系了。这种关系，能否高尚优美，尚属疑问。且就现在的选举说吧，被选人手里执着些洋钱，选举人手里执着一张票，他们所发生的关系，是洋钱的关系，选举的关系罢了！这种关系，能合乎高尚的条件吗？

再看留学生的选举如何？记得从前中央学会选举时，自称为博士、硕士的留学生，不也是一样的舞弊吗？其他如大学毕业生、中学毕业生以及未毕业的中学生，他们又是怎样？他们为什么拿着清高的人格，去结交金钱？去结交政客？作金钱的奴隶？作政客的走狗了？这样的学生，对得起国家社会吗？对得起父母吗？对得起自己的人格吗？

国家、社会、父母，都带着他的子孙，打我们教育者的门，骂我们为何太不认真，以致教出这种子弟！

丙、好教育应当给学生一种技能，使他可以贡献社会。换言之，好教育是养成学生技能的教育，使学生可以独立生活。譬如社会上的农夫、裁缝、商人、工人、教员……他们都有贡献社会的技能，他们各人贡献他们所做的事，可以使社会得着许多便利。倘若有一个人没有能力，则此人必分大家的利，而造成社会的恐慌了！所以教育的成绩，就是“技能”；教育就是“技能教育”。——且拿现在的师范生做个譬喻：现在师范毕业学生只有十分之八可以服务，十分之一可以升学，其余的十分之一，却做了高等游民了。再看中学毕业生，也只有三分之一可以服务，三分之一可以升学，其余三分之一，也就做了游民了！但是他们虽然不能服务，倒不惯受着清闲的日子，反做出许多不正当的事业，实在危险啊！

这种游民式学生的父兄，也打着我们教育者的门，问我们何以教出这种不会做正当事的子弟？并且教我们重新改过课程，使毕业的学生皆可独立。

丁、人不能没有休息，但休息是人最险之时。人无论怎样忙，都没有损害，倘若休息，则魔鬼立至。我们可以看出社会上许多恶事，都是在休息时候做的。所以学校里有音乐，便是给学生以正当的娱乐，使学生不致在休息时间做出恶事。可是学生回到家里，既无教员同学和他盘桓，又没有经济设置音乐去助他的娱乐，难免不发生其他的事来。所以学校应当使学生在休息时有正当的愉快。

这又是我们教育者的机会了！

总之，以上皆是我们教育者的机会。平常人对于机会怎样对待呢？大约可以看出四种情形来：

（A）候机会　有一班教育者天天骂机会不来，好像穷妇人想发财一样，但是机会不是观望的，所以等着机会是极愚拙的事，可以料定永远不会收着成效的。

（B）失机会　又有一班教育者，他明明看见机会来了，等到用手去捉彼，彼又跑掉了。如此一次，二次，三次……仍旧不能得着机会。因为机会生在转得极快的圆盘子上，倘如没有极敏捷的手去捉彼，总会失败的。

(C) 看不见机会　机会是极微细的东西，有时且要用显微镜和望远镜去找彼。一班近视眼的教育者，若不利用那两种镜子，是很难看见机会的。

(D) 空想机会　还有些教育者，机会没有来，到处自炫，就像得着机会一样。犹如两个近视眼比看匾，在匾没挂起来的时候，都去用手摸了匾。后来共请一位公证人去批评，他们各人述了自己的心得，公证人忍不住笑了，因为这匾还没有挂上，他们都是"未见空言"咧！

这类"未见空言"的教育者，他们一味地空想，结果总没有机会去枉顾他一次。

现在再谈谈好的教育者。我以为好教育者，应当具有灵敏的手去抓机会，并且要带千里镜去找机会，机会找着了，就用手去抓住彼——不断地抓住彼，还要尽力地发展彼。

再说一说教育者的责任。简单一句话，教育者的责任就是"不辜负机会；利用机会；能用千里镜去找机会；会拿灵敏的手去抓机会"。

办学者和学生都应当看看教育者是否利用他的机会；如果没有利用他的机会，便是他没有尽责。尽责的教育者，可以使学生发生"快乐"与"不快乐"两种感想；但是不尽责的教育者，也可以得着这两种情形，这是什么缘故？

因为教育者尽责，可以使学生在物质环境中做好人，教他学习一种技能去主宰环境。这种教育者，学生对于他有合意的，有不合意的。合意者不生问题，不合意的学生只请他认定教育者是否教我们做一个好人。如是，那我们就应当忍耐着成全这教育者的机会。设若教育者不负责——辜负了机会——不使学生求学，我们这时候，应当知道学生有好有坏，教育者也有尽责与不尽责，不尽责的教育者常为坏学生所欢迎，同时也被好学生唾弃。做好学生、好教育者，更应当对于坏教育者、坏学生，加以严厉的驱逐，使这学校成为好的学校。

这桩事，无论是教育者、学生、办学者，皆当注意。我们不能辜负这机会与责任，自然要奋斗。攻击坏教育者、坏学生，是我们不可不奋斗的事——尤其是安徽不可不奋斗的事！

原载《民国日报·觉悟》第7卷第7期，1922年7月7日

【注释】

①本篇系陶行知在安庆暑期演讲会上的演讲记录。记录人：程褆昌。

②门罗，通译孟禄，美国教育家。

义务教育入手办法之商榷大纲[①]

释义

义务教育有二义：一为义务设校；一为义务就学。

就普通人民性质观之，千人中有一人，不论本地有无学校，其父母必遣就学；百人中有五十三人，若地方有免费学校，乃可得就学之机会；百人中有十九人，非经强迫，其父母不令入学；千人中有九人，虽经强迫，也难就学。

史略

一五二四年，马丁·路德（Martin Luther）[②]始倡强迫父母遣子女就学之议。一六一九年外马耳（Weimar）[③]实行强迫教育。一六四二年戈撒(Gotha)[④]继之。一六四二年，美洲马撒朱赛（Massachusetts）[⑤]选士强迫父母教育子女。一七一七年，普鲁士（Prussia）宣布《强迫教育法令》。一七九二年，法国定义务教育期限为三年。一八五二年，马撒朱赛州颁布强迫教育法令。一八七〇年，英国始予地方教育议会强迫就学之权。一八七九年，日本实行义务教育。

促进义务教育之主动力

一、宗教觉悟。德、美义务教育之初期。

二、国家主义。德国十八世纪末迄今及日本、法国之义务教育。

三、共和主义。美国与英国。共和主义之义务教育，在使全国人民无论贵贱贫富，男女皆得平等机会，学成自立之国民。

义务教育之入手办法

世界各国之历史不同，政俗不同，故其义务教育之施行方法，也不能尽同。若徒事仪型而不知变通，则措施必难适于本国情形。然义务教育创行以来三百余载，其间之成效利钝，必有足为吾人取鉴者。兹依据中国需要，约举数端，以资商榷。

一、组织地方教育机关以为义务设学之基础。

甲、各国之经验。英国一八七〇年之地方教育议会。美国一八七二年责成都市官吏执行教育法令。日本一八八〇年《改正教育令》：“各町村当从府县知事之指令，置独立或联合足以教育其学龄儿童一个或数个之学校。”日本一八八几市町村制[6]。

乙、市乡教育分治。市乡之情形、问题不同，合治则两损，分治则两益。市学区以一市为单位，乡学区以全县为单位，但可分为数乡学分区。市、乡学区之学务皆受县教育行政机关之监督。

五千人以上为市学区，五千人以下为乡学区。义务教育先从市学区入手。

丙、组织地方学务会议及学务局。

二、任用专员主持全区学务。

甲、改学务委员为都市或乡村学务局长。

乙、学务局长为俸职。现在之学务委员为名誉职，但视地方情形，得酌给公费，此制不能收实效。

丙、学务局长之资格宜加高。

三、中央教育机关宜负监督、指导、奖励惩罚及立标准之责。

甲、美国自一六四二年开始义务教育，迄今二百八十载，尚有密西西比（Mississippi〉一州未行义务教育，以缺中央督促故。德国普鲁士义务教育之雷厉风行，以有中央集权故。

中央负监督之责，地方负执行之责，为义务教育行政之要事。

四、义务教育经费问题。

甲、义务教育之代价。美国每人担负教育经费四元四角五分金洋。日本每人担任四角一分金洋。中国每人担任六分金洋。

乙、基本金。法律保护。

丙、国、省、县补助费。救济财力不足之地方，德国邦补助费在都市教育经费占百分之十六，在乡教育经费占百分之三十几。

丁、地方教育税。依据上年学生征收，以期学款逐年可以增加；颁有法律保护，使不与国家税及其他地方税混合。德国地方教育税占都市教育百分之六十九，占乡村教育费百分之十二。美国全年初等教育费三百三十六兆，内有百三十四兆为地方税。

戊、公债。设置学校不动产，可卖公债票。美国以公债充都市教育经费年几六十兆。

中央颁立公债规程。

己、教育经费支配法。依据该区或该校教员数及学生全年出席总数支配经费，以促学业之进步。

五、筹备师资。

甲、各国经验。一七九四年法国为储义务教育师资，首创师范学校于巴黎。一八三九年美国马撒朱赛州设师范学校以为义务教育之准备。一八七一年日本太政官令速兴师表学校。一八八〇年《改正教育令》，各府县当设师范学校以养成教员。

乙、中国之需要。中国兴学以来，也颇注意师范教育，据民国六年报告：全国有师范学校百四十八所，学生二万三千一百三十六人。但欲普及教育，当有教员二百万，现全国教育〔员〕数只有十八万近五千，离标准尚远。

六、提倡改良私办教育事业，以为义务教育之先声。

甲、各国经验。各国施行义务教育之先，多□[⑦]。

原载《民国档案》1990 年 3 月

【注释】

①本篇原为油印件，不全。约写于 1921 年下半年。

②马丁·路德（1483—1546），德国宗教改革运动的发起者。他的改革主张，冲击了陈腐的教条，反映了市民阶级的基本要求。

③外马尔，通译魏玛，德国东部的一个城市。原为魏玛公国首府。

④戈撒，通译哥达，德国爱尔福特区的城市名。

⑤马撒朱赛，通译马萨诸塞州，美国州名，亦译“麻省”。

⑥在《民国档案》上发表时，有人疑“几”为“九”、“市”为“年”字之误，似不确。“几”字若作“将近”或“不太确定”解，可通。町村制是日本的地方行政制度，在江户时代后期逐渐定型；町人，往往泛指城镇居民。

⑦□，原件至此中断，缺佚不可复得。

中等教育之先锋[①]

诸位：

我们天天在讲革新教育，使有进步；其实，怎样革新以求进步，断不是空谈的事，一定要借重实验。盖必学理与实情符合，相辅而行，而后所革新者，才是真的、有用的……

我们今年这个中学，特别和大学教育科发生关系[②]，我深知道，廖先生[③]是研究中等教育的专家，亲身有这样一个实验的学校，大学教育科的中等教育，就是廖先生主任[④]，将来造就出来的中等教育人才，一定是于我国中等教育界，有点特别的贡献。

这样看来，今年中学四周成立纪念日，其可纪念的地方很多，刘先生[⑤]以哲学的眼光，实在说得不错。但我所要再补加一层可纪念的，就是中学和大学教育科今年新生之关系，实是两方面加了一种新生命。趁这个机会，我敢代表大学教育科，敬祝我们中学时有革新，时有进步，为我国中等教育之先锋！

原载《中等教育》第 1 期，1921 年 12 月

【注释】

①本篇系陶行知 1921 年 9 月 24 日的演讲记录。记录者：王克仁。摘自《本校近讯》一文，今题为编者所拟。

1921 年 9 月 24 日，南京高师、东南大学附属中学举行建校四周年纪念会。在刘伯明讲话后，陶行知发表了讲话。原记录者在文前介绍说："陶先生是我们东南大学教育科的主任。今年开始，我们中学和大学的教育科，特别有密切的关系。老实说，我们中学就是大学教育科的实验中学。所以陶先生当日说：(见正文)。"

②此句中的"中学"，指南京高师、东南大学附中；"大学"，指东南大学。是年，南京高师决定改办成东南大学，附中的体制也随之转轨。更为重要的是，陶行知时任东南大学教育科主任，他特别重视附中这块实验

园地，在密切交流、重订简章等诸方面均有改进。

③廖先生，指廖世承（1892—1970），字茂如，上海嘉定人。1919 年获博士学位后由美归国，时任东南大学教授，并主持附中的实验工作。

④廖先生主任，指廖世承当时兼任的东南大学教育科中等教育委员会主任一职。

⑤刘先生，指刘经庶（1887—1923），字伯明，原籍山东，东南大学教授。

【附录】

《南京高师附属中学重订简章案》讨论记录摘要[①]

原提议人邹君秉文先行说明。略谓，本章程先由廖茂如、陈石珍两君详细研究，次由中学全体教职员郑重讨论，最后由廖、陈两君再事修正，历时数月乃成今稿。现在中学招生，已登报广告。是项章程急待付印。可否请校务会议但行讨论。关于采用选科制及升学预备分文、理、农、工、商五组，职业教育分师范、农业、工业、商业等组大纲是否妥善，先予决定；其余详细条目，请校长指定教育专家，会同中学廖、陈两君审查，以期从速通过。

俾应需要说明后，主席付讨论。第一条末句改并为："高等师范中等教育研究之所。"第二条、第六条讨论大概后，主席将邹君秉文请付审查意付表决。通过。其第二条、第六条讨论情形，附记如后，以备审查者之参考。

第二条关于升学预备方面，陶君知行谓：吾国大学，农、工、商各科全设者少。升学预备分文、理、农、工、商五组，恐农、工、商组学生卒业后，多数失望。

杨君杏佛言：吾国不惟大学中农、工、商各科全设者少，即大学亦少。如陶君言，恐文、理两组学生毕业后，亦不免有失望。且升学预备选择教材，浅则学生无兴味；深则学生又不能领悟此事，似应预为计及。

俞君子夷谓：各组学生毕业后，能否与大学设科相应，此系数年后事。数年后，吾国大学之多寡与大学内部之设科，较今当有变化；或能与现定升学预备分组办法相应亦未可知。

陈君石珍谓："五组"，"五"字可改为"等"字。似较浑融。

关于职业教育方面，邹秉文谓：现设农、工、商科。所设科目，多系普通。与高等农、工、商业学校无可区别。似不如中华职业学校学生专习纽扣、珐琅、木工、铁工等一科者，毕业后确能专务一种职业。本校附中，以逡办理职业教育，当参酌此意。譬如习农者，专习养牛或养鸡等一种，毕业后确能经营一事以为终身职业，似较有实际。

主席谓：现制普通师范预科一年，本科四年。本校附中职业教育师范科四年毕业，于学生毕业后地位上有何影响？

陶君知行、俞君子夷谓：师范科比他科可酌加一年，将实习教授。

邹君秉文谓：如此，学生须多出一年，学膳费恐有困难。

陶君知行谓：末一年学膳费，可援师范学校例，免纳。

俞君子夷谓：此亦未宜。因省议会现有人提议，师范学生应缴学膳费。高师附中所设职业教育之师范科学生，似不应不纳学膳费。

第六条，主席谓：不满十人以上者，暂不开班。查现定学额，每级以四十人为限。

原件存中国第二历史档案馆

【注释】

①本篇为陶行知1920年6月2日的演讲记录。摘自《南京高师第十四次校务会议记录》。题目系编者所拟。

南京高师附属中学设立于1917年。原有简章的精神侧重于升学预备。廖茂如（世承）主持附中后，依照当时正在酝酿中的新学制的精神，向综合中学制转轨，于是有了重订简章的讨论。

中学教育实验之必要[①]

学理与经验是一套分不开的手续。学理在经验上发现，并制裁他的进行，指示他的方向。经验得此制裁指示，始能胜过所遇的困难，以谋改良。但学理未必有罗盘那样准，那样灵。有时指示了错路，制裁得太过或不及，以致失败。但失败之时、之先、之后，经验必使人亲自感受失败的影响，并使他不得不把他致败的学理、假设来审查修正。万一有根本的错误，就使他不得不完全取消，再设别的法子。所以不但学理指示经验，经验亦要改造学理。学理与经验相合，必有进步；二者相离，学理就要变成空思幻想，经验或也变成盲行盲动了。

我们试就此点观察中国现代的中学教育，是否犯了这学理、经验分离的毛病。一般办中学的人，或是依旧贯，或是抄袭颁布的规程，或是仪型别国的制度，终日里只管照样画葫芦。一切教学设施是否符合社会与个人的需要？学生在学校里是否学当其才？出学校后，是否用当其学？一概漠不关心。那自命为教育理论家的，或与中学从无见面的因缘，或只偶尔参观，只管闭起眼睛来胡思乱想，拿起笔、开起口来高谈阔论，有时或亦言之成理，其实多是隔靴搔痒！

俗语说得好：种瓜得瓜，种豆得豆。下了理想与经验分离的种子，我们就要看看得的是甚么结果。今试一问：中国办了若干年的中学，究竟毕业出来的学生能干什么事？喜干什么事？究竟干些什么事？

要想审查现今中学的成绩，还须先将我们希望于中学教育的分析出来，然后方有立论的标准。我觉得，中学生毕业之后，若不升学，应有下列之要素：

（一）应对于社会环境所必需之人格。

（二）制裁天然环境所必需之知识技能。

（三）生利所必需之知识技能。

（四）消闲所必需之知识技能。

请先看中学毕业生应付社会环境的人格。新近毕业的学生，我不敢说，因为他们与社会上恶势力还未十分亲近，故不容易看出来。至于前几年的毕业生，有好多我是不能袒护的。试把近年来参与选举的中学毕业生，就我们所知道的来数一数，究竟有几人未买票？未卖票[②]？未拿金钱代人运动选举呢？单拿选举来做一个例，就证明我们的中学对于培养应付社会环境所必要的人格，还没有可靠的方法！

次看中学毕业生制裁天然环境的能力。我觉得，制裁天然环境，首在体力充足。中学学生正当发育时期，上下、前后、左右一齐滋长，如同暴富的人，得的快，用的快。平日不知储蓄，患难一来，后悔无及。我们青年学生，多数不知节省精力，储蓄元气，所以身体强壮的很少。日本大隈伯往往以此警告我们青年，确是实话。不说别的，中学毕业生完全没有眼病的，有几分之几？中学毕业生的目力，有多少是中学校里面弄坏的？我们再问一句，假使一群学生出外参观，中途轮船遇险，有几分之几能游水自救？还有几人能救他的同学呢？此次东南大学入学考试结果，觉得中等学生科学常识甚为缺乏。老实说一句话，我们中学校，对于培养制裁天然环境的能力，实是很不充分。

次看他们在生利上所必需之知识技能。换一句话说，中学毕业生如不升学，就须谋一件自利利他的职业。现在中学毕业生，除升学外，还有两种人：一种是做教员的，这可算为职业。但是从未给他学过师范教育，就教他去做教员，也是我们疏略的地方。此外，还有一种就是高等游民，在家里闲吃闲坐，此种毕业生通盘算起来，至少要占百分之三十以上。近来中学已经逐渐采纳职业教育之趋势，气象很好。但希望施行之前，加以慎重之考虑。因为办得不妥，什么教育，都是徒劳无功，而且怕还有害！

末了，请谈中学生毕业后的消闲方法。我们做事不能一天做到晚，一晚做到天亮，中间必定有空闲的时候。人当忙时不会走歧路，一遇空闲，危险就来了。所以古时教育，注重闲时的修养；现今的教育，也注重空闲时的消遣方法。在学校里，培养学生种种正当娱乐的良好习惯，使他习与性成，将来离校之后，继续将他空闲时的精神，归纳在这种正当娱乐当中，这是很重要的教育。二年前，我有一个朋友，专门调查一个都市中等学生的嗜好，他说别事不提，中等学生沾染赌风的人，百人中约有五十人。这话或者太过，但也不是毫无根据。试问学生何乐而为此？直言之，就是他们在学校里，没有充分学到正当的消闲方法，学生之沾染这种习惯，他们固须担负责任，但学校实亦不能辞其咎责！

不升学的既如此，那想升学的学生又怎样？人说起来，大都以为中国高等教育机关不够，不足以应济需要。但是，就我所观察，高等教育机关不是取不足额，就要勉强取足。投考的人数逐年增加很快。但是中学生学业上的准备，比中学生的人数增进得慢。这真是我们中学校应当赶快注意的一件大事！

把以上所说的总结起来，就是以前的中学实在不能满足人意，处处都有改良的余地。然则改良的方法，究竟何在？

随便要改良什么教育，都离不了实验。若想改良中学教育，亦非从实验着手不可。我们的问题，就是如何审查社会需要，依据学生心理，准备种种适当教学机会，使学生得以发展他应付社会环境的人格，制裁天然环境，以及具有生利、消闲的种种知识技能。

不遇困难则已，一遇困难必不轻松放过，就要求一个相当的解决，必将解决的方法得到，才算了事。如有几个方法解决，必得到那最有效力的解决方法，才算了事。一天不得到，就一天继续实验，必使他屡试屡验，至十分觉得真正得到相当解决，才能罢休！

实验是探未发明的新理，所以往往是反常的。因为他是反常，所以他往往招舆论的抨击，受法律的限制。这两样事，都能予实验以莫大的阻碍。若想在实验上得到充分的效果，舆论固应予以相当的谅解，法律亦应予以特别的自由。

但是，教育的实验和别种实验，例如，理化的实验，有一点根本的不同，因为供理化实验的是物，是材料；供教育实验的是人，是学生。

学生进学校是要达求学的目的，所以实验教育时，以不妨害学生学业为最要。未行实验之前，第一要有研究的人才；第二要有条理的组织；第三要有缜密的计划。

实验的中学可分两种：一是规模最大，设备最周，人才最好，学生最多，教学最良，而费钱最巨：其一切设置、教学，都依那最高的理想进行；一是费用小而成效大的：其校中一切设置、教学，都依那必不可少的计划进行。前一种固然要紧，后一种在中国更是要紧。我们很希望能早些发现，使内地学校可以参考。

凡中学，如得其人，并得其法，都可酌量实验。但有几种中学校因所处地位的关系，行使实验最为便利，更不能辞其责。我意就是：各处高等师范或大学教育科之附属中学。附属中学比平常的中学责任重些。他除准备学生升学和服务外，还可有下列几种职务：

甲、发现学理。由实验而发见新的学理。

乙、印证学理。由实验而印证他人所发见之学理之确否。

丙、实习学理。即通行之实地教学。

丁、推广学理。即模范之意。

素来中国各处附属中学或只做（丙）项或兼（丙）（丁）两项性质。（甲）和（乙）差不多是从未着手的。但是以地位言，都是教育的机关所附设的学校，对于实验一层，似宜特别注意。因为不但发见新理，不宜落后，即他人所主张的学说，亦宜加以印证，是断不能盲从或囫囵吞枣的。如果各处附设的学校，或中学，或小学，能注意实验，我国教育界断不致如现今及以前之毫无贡献。

原载《中等教育》第1期，1921年12月

【注释】

①本篇系陶行知1921年9月24日的演讲词。

1921年9月24日上午9时，南京高师、东南大学附中举行建校四周年庆祝大会。陶行知除作了《中等教育之先锋》的讲话之外，还专题作了这个学术报告。

②指贿买、贿卖选票之事。

反对基督教教育的四种原因

——在中国基督教教育会谈话会上的发言[1]

当各地教会学校中国领袖，在沪讨论基督教教育的时候，适门罗（孟禄）博士抵此。爰请出席与本会同人谈话。当时，陶知行先生亦被请列席。

朱经农：教会学校，似乎有一种特别的教育制度，与国家教育制度每每不同，所以使人疑惧。

陶知行：反对基督教教育，是由于以下四种缘因：

（1）基督教学校的学生及曾在基督教学校读书的，不愿有必修的宗教课程。

（2）对于基督教教育考察团之报告书的误会，特别是在基督教教育的制度上。

（3）对于中外所有的不平等条约，有极普遍的反对。激烈的人，有完全废除的主张；较为稳健的人，也主张互相作同意的改订。这方面的运动，是排外的。

（4）非宗教运动，他们对于一切宗教皆反对。

我们对于这四种原因，当作精确的分析，以使逐一的对付。

刘湛恩：有好多人以为，这是日本从中鼓动的，为使排日运动变作非宗教运动。

陶知行：基督教来华的教育家，常与华人共同的策画，对于不平等的条约，必有根本的改订。不然，我们的地位，是极险恶的。因为有些激烈的人，他们正向着极权方面努力，实在与庚子的拳匪，没有什么两样。

门罗：就是将条约改订后，这反对基督教教育的人，就能不反对了吗?

门罗：幼年的儿童，当不当受宗教教育，是他们父母的问题。在美国及其撒克逊民族的国家中，都是由儿童的父母定夺。

陶知行：家庭与学校间，不应该有个分别吗？家庭是有血统关系的。教会学校的学生，是由各种不同信仰的家庭而来的。有些地方作父母的，若打算送儿女到学校去，目下最困难的，就是只有教会学校可送。由这样看起来，他们实在对于有宗教性的和没有宗教性的教育，并没有选择的机会。

门罗：父母送子女入学，不是有个选择的自由吗?

陶知行：是的。但公立的学校，训练方面，不甚良好；且校数少，入学的人多，常常满了，不能再收纳学生。

门罗：那么，政府就该再多设些好的学校，不当使教会学校关门。在波斯国，基督教学校，常收满了回教的学生。因为基督教学校，能教导人的行为。

原载《中华基督教教育季刊》，第1卷第1期，1925年

【注释】

① 本篇系发言记录，记录者未详。发言时间为1921年9月上旬；发表时间为1925年3月。摘自《与门罗的一席话》一文。今题系编者所拟。提问者为该会会员；答问者主要为孟禄。参与讨论者，除陶行知外，尚有朱经农和刘湛恩。

师范教育之新趋势[①]

教育是立国的根本。不过因为国体的不同，教育的趋势也就不一。共和国立国的要素，在国民有共同的目的，共同的了解，谋共同的利益。但是人们幼时的动机，常偏于自私自利一方面，吾们当怎样利用他，养成互助、团结、同情等好习惯和共同了解的机会，那就全靠教育。有人说："吾国无国民。"这话未免太过。但细想，实际上有国民的资格的确是不多，所以教育在中华民国里更加重要。师范学校负培养改造国民的大责任，国家前途的盛衰，都在他手掌之中。既有这种责任，哪得不观察教育的新趋势，谋进步的教育！

要造成适当的国民，须有适当的教员。譬如裁缝制衣，一定要估量身材的长短肥瘦，还要知道人们的心理，然后配以适当的颜色。所以不但和身体有关，和精神亦很有关系。相传明朝有个御史，请裁缝做衣，裁缝问："你是第一年的御史，是第二年的御史，还是第三年的御史？"他为什么要这样问？因为第一年趾高气扬，衣服必定要前长后短，方始合度；第二年稍知事故人情，要前后等长；第三年更进步了，格外虚心静气，背也曲了，所以要后长前短。办师范教育，也当作如是观。换言之，就是要合社会的应用。不过从"用"上面，就有两个问题发生；甲、够用不够用，是讲他的数量；乙、合用不合用，是讲他的性质。

甲、够用不够用的问题 就是议论师范学校究竟要造就多少人才方才够用。这可分两层讲：

（1）假定我国人口是四百兆，有八十兆是学龄儿童，就当有二百万教员（每人教四十个学生）。现在只有十八万五千，不过占十三分之一。缺少的数目很大，就应该怎样去增加呢？

（2）人口依几何级数增加，教员也当增加。还有因病而死的，因他种关系而改业的。如女子出嫁，教员便做不来。这样的变换，教员的数目，也就要减少。据日本人调查，十七个教员中须有一人补他的缺，要达"够"的目的，真是不容易呵！但这不是师范学校单独的责任，社会、国家和教育机关都应负责的。

乙、合用不合用的问题 师范教育的趋势，在能改进不合用的变成合用的；改进合用的，变成更合用的。这种向着合用走的几个趋势，就是新趋势。现在分条来说明：

（1）乡村教育和城市教育 乡村教育不发达，可说已达极点。我国人民，乡村占百分之八十五，城市占百分之十五。就是有六千万人居城，三万万四千万人居乡。然而乡村的学校只有百分之十。这种城乡不平均的现象，各国都不能免，但是我国的乡村，未免太吃亏了。恐怕也非城市人的福哩！至于教材方面，乡村和城市也大不同。例如电灯、东洋车等，在城市是常见的，但在乡村的学校里要教起这许多材料来，就很困难了。还有放假一层，乡村和城市也不同。什么蚕假、稻假咧，哪里能够把部定章程来束缚他！现在的师范学校都设在城市，连教授方面，也是重城轻乡。此后亟当想法，怎样才可以使乡村的儿童受同等的知识，享同等的待遇，这就是师范教育的一个新趋势。

（2）研究小学教材 现在的师范学校，大都是中学校的变形，不过稍加些教育学、教授法罢了。毕业以后，就拿这些教材去教学生，恐怕还是门外汉呢！所以师范生在观察要用怎样的小学教材，就怎样去学。一方面要学“学”，一方面要学“教”。这又是一个新趋势。

（3）培养特长的人才 现在的人以为师范生要件件都能。这却不对。高等科和国民科不同，普通科和特殊科又不同。师范教育，当发展各人的特长，以适合社会上的需要。例如江苏省立第三师范学校的分科研究制，是很好的师范教育。

（4）扩充师范学校 现在师范学校，平均每校二百人左右。教育部规定至多不得过四百人。但是在欧美诸国，大都每校在千人以上。可见“大师范学校”，是吾国很需要的。

（5）添加新功课 社会上有新的需要，就当添加新的功课去适合他，指导他。现在社会问题很纷乱，社会学应当增加了。又因为科学的发达，各种学问，注重分析，所以虚泛的、理论的心理学不够用，儿童心理学和心理测验一定要增加了。仅讲些教育史、教育哲学也不够了，教授法、管理法……一类的实际学问，也须重新研究了。总之，社会的新需没一定，增加的新功课也当随之而异。

（6）师范和附属小学宜格外密接 附属小学不但是实习的地方，简直是试验教育原理的机关。教育原理不是一成不变的，天天去研究，就天天有进步，天天有革变。所以附属小学是“教育学的实验室”，和别的实验室一样的。

（7）师范学校有继续培养的责任　内地有许多师范学校，对于毕业生毫不关心。这是最不好的现象。当知毕业是局部的，暂时的。学生固不可从此不学，教员也不当从此不教。所以学校对于毕业生有继续培养的责任。例如调查、讲演会、巡回指导等事情，更当注意。

（8）培养技长和学务委员等专门人才　一学校的好坏，和校长最有关系。一地方的好坏，和学务委员最有关系。但是现在却不注意到这两层。例如南京有人口四十万，当有学龄儿童七万，教员二千人。对于学务委员，一些人没有相当的重视。物质上的酬报，每年多至四百元！吾们固不当做金钱的奴隶，但事务和代价，当然要求个相值。广州大于南京二倍余，而教育局长的薪水，每月在四百元以上，所以教育也有进步了。像广州这样优待，固然不必效法，但是今后教育界应有一种觉悟。对于一般学务委员当有相当的重视，而师范学校里，也不得不培养特长的专门的人才。这种趋势，在欧美早已现诸事实上了，我们中国的教育岂可忽视了么？

以上几种趋势，决不是一二年内所能办到的，但是现在不可不向那一方面进行。

原载《时事新报·学灯》，1921 年 10 月 22 日

【注释】

①本篇系演讲记录。记录人：江源岷、张锡昌。

有关参观意见的答问[①]

这一天的下午，自午膳后至四时，各自游玩。我乘间往南高，由陶知行先生处得知，孟禄博士调查学校行政在第二区的行程……当时我问陶先生参观意见。他说：

参观应分两种：

一、游览式的参观——只看个大概，一个上午，可跑几个学校。大学啦，师范啦，中学啦，其他教育机关啦，即自己虽不是他们研究的对象，也可借这机会陪他们去看看，以广他们的眼界。

一、研究的参观——前者求博，这是求精，故须专一，须在一个学校或一个班级，连亘几小时、几天，甚至几星期。研究的学校，当然应拣那比较好些的。

原载《中华教育界》第11卷第7期，1922年

【注释】

①本篇系答问记录，记录者为杨效春。摘自杨效春撰《最近宁、锡、苏、沪参观教育日记》。答问时间为1921年10月4日；发表时间为1922年2月1日。今题系编者所拟。

普及教育之实施方法及困难[①]

普及教育靠部分是不行的。比方后湖洲儿童，在樱桃成熟及茭儿菜上市时，大家都要去看樱桃及摘茭儿菜。这两个时季，学校里纵然开学，亦没什么人来学校受学的。我们在这两种时候，便各放几天假。这种假，都是部章所没有的。

国内有些地方，暑假不必放的；有的地方，寒假不必放的，而或应有其他的特假。这总可证明，统一的部令，不能适各地方的特别情形。

普及教育与交通的便利，很有密切关系。后湖洲各面多水。每逢大水的时候，人谁不爱其子？故很少有儿童来入学。今年此间水特大，儿童失学之日亦特多。我们现在造有民船两只，备为学童迎来送往之用。不日可下水了。

再，办学校，社会上每有种种阻碍。后湖洲本有私塾两个。现在，一个已停闭了，其他一个尚存在，势力亦强。他要时常造谣，说学校是教儿童当兵的（因为体操）、做庄稼的（因有园艺）。诸位要知道，父兄做庄稼的，每有不喜欢子弟再做庄稼；且他们以为，要学庄稼，则他们自己会教得好些。所以，现在我们把课程中“园艺”课去掉，而实际仍是有的。

总之，教育乃理性事业，人类乃理性动物。只要我们肯替教育努力宣传，谅无不能受人信仰。佛教徒、耶教徒尚能以经典动人，难道我们不能以理性的教育动人么？南京初有佛寺四六九个。何以这样多？因大家信仰他的缘故。若南京有这样多的学校，则教育早已普及了。

原载《中华教育界》第 11 卷第 7 期，1922 年

【注释】

①本篇系演讲记录，记录者为杨效春。摘自杨效春撰《最近宁、锡、苏、沪参观教育日记》。答问时间为 1921 年 10 月 4 日下午；发表时间为 1922 年 2 月 1 日。1921 年 10 月 4 日下午 4 时，南京高师暨东南大学安徽同乡会，在南京鸡鸣寺聚会，欢迎安徽籍新生，以及来南京考察的安徽参观者。陶行知应邀发表了演讲。记录者交代说：“陶先生讲的是《普及教育之实施方法及困难》，举南京后湖洲昆明学校（陶先生等所经营，详见《南高日刊》）事为例。”

在《学制系统草案》讨论会上的发言[1]

新制[2]比现行制[3]优点甚多，但有一点，将来修正时须注意，即成人教育未包括入系统内。各国对于年长失学者都视为重要，设补习校以为受教育不充分及年长失学者补习。本席之意，可否将成人教育列入旁支系统内，以唤起教育家注意。

初等教育若办六年，则有师资与经费两层的困难。在城市中或可设法救济，而乡间则万万办不到。师范教育要以学制之需要，想出应接的方法。例如小学改六年，分四年一期，二年一期，则师资可分别培养。可办第一期乙种师范，为四年期小学教员；办第二期甲种师范，为后一期二年小学之教员。在斐律滨[3]高小已有师范科，我国可参酌行之。至高师亦可办甲乙两期，分为初级与高级中学之教员。此外，职业教员之养成所，亦必定在高级中学，以留伸缩余地。

原件存中国第二历史档案馆

【注释】

①本篇摘自《学制系统草案讨论会记录》。题目系编者所拟。原无标点。

1921年10月，全国教育会联合会在广州举行第七届年会，议决通过了《学制系统草案》，陶行知出席了此次会议。同年12月8日，江苏省教育厅召开《学制系统草案》讨论会。此文为陶行知在会上的发言记录。

②新制，指《学制系统草案》。

③现行制，即“壬子”“癸丑学制”，于民国初年颁行。

④斐律滨，通译菲律宾，国名。

关于师范教育的意见[①]

兹就近年调查所得，提出意见：

1. 师范学校　现在师范多设在城市，因之乡村受益少。因乡下学生入师范后，都不愿在乡下做事而愿在城市做事。我以为有好多师范学校，应当设在小的镇上，一方面宜可与乡下的环境相接近，一方面要有实地教学的机会。中国的农民，占85%，设立师范学校，宜顾全农家子弟。

2. 师范课程　现在初级师范生多在高小服务，是否应该适应高小需要，于三四年级，略为分类，此很可研究。

3. 教材教法欠研究　师范学校担任专科的教员，应注意各该科教材教法。

4. 师范实地教学　每人自三小时至百四十四小时，宜订标准。

5. 为推广教师起见，中学校中似宜设师范组　因实际上中学毕业充当教员者甚多，不学而教，是否合宜？

原载《新教育》第4卷第4期，1922年4月

【注释】

①本篇系陶行知1921年12月的发言记录，摘自《孟禄的中国教育讨论》一文，题目系编者所拟。

1921年4月，美国教育家孟禄来华进行教育调查。调查后，于1921年12月中旬在北京举行了讨论会，陶行知与会并作了发言，此文即为陶行知当时的发言记录。

在孟禄与中国教育界同人饯别会上的讲话[1]

余今晚在此讲话有两种感想：第一，蒙大家之推重，得以偕同孟禄[2]博士调查各处学校，增加许多经验，这是应当感谢诸君的。第二，此次随博士同行，关于种种实际困难问题，得以随时质疑问难，得益不浅，这是应当感谢孟禄先生的。此次博士来华，以科学的目光调查教育，以谋教育之改进，实为我国教育开一新纪元。我们当这新纪元开始的时候，要参与教育革新的运动，须具两种精神：一是开辟的精神，二是试验的精神。有开辟的精神，然后愿到那人不肯到的地方去服务，然后我们足迹所到之处，就是教育所到之处。有试验的精神，然后对于教育问题，才有彻底的解决；对于教育原理，才有充量的发现。但开辟和试验两种精神，都非短少时间所能奏效的。我们若想教育日新日进，就须继续不已地去开辟，继续不已地去试验。深望大家奋起继续开辟继续试验的精神，来做这新纪元的帅领。敝校[3]同人不敏，也愿随诸君之后领一辎重队。

原载《新教育》第4卷第4期，1922年4月

【注释】

①本篇系陶行知1921年12月23日的发言记录，原篇名为《孟禄与中国教育界同人在中央公园饯别会之言论》，题目系编者所拟。

②孟禄（Paul Monroe，1869—1947），美国教育家，曾任哥伦比亚大学教授、师范学院院长。1921年来华进行教育调查。曾任中华教育改进社名誉董事。中华教育文化基金会董事。

③敝校，作者对南京高等师范学校的谦称。

义务教育研究课题①

（一）省与县区在义务教育上应发生之关系
（二）市乡义务教育之组织与行政
（三）义务教育之份量
（四）师资之培养
（五）义务教育目标之分析与课程编制
（六）经费之筹措支配
（七）学区之分合
（八）就学之促进

郭秉文先生

原件存中国第二历史档案馆

【注释】

①本篇系陶行知于1921年年底的手迹，是陶行知致送东南大学校长郭秉文的书面条陈。题目为编者所拟。

孟禄博士与各省代表讨论教育之大要[①]

说明

（一）此次讨论，系报告视察所得，并以各国教育的经验供参考。

（二）所批评各种意见，系建设的，非破坏的。

（三）所提出之问题，系属个人调查后的感想。至研究进行，乃赖诸位教育家之力。

小学校

（一）修业年限六年抑四年加三年

1. 中国与欧美不同，欧洲现在废小学与中学之平行制（即双轨制），故减短小学年限为六年；美国欲于六年后加高课程，使多数得受中学教育，故减八年为六年。

2. 中国小学欲取六年制的缘由有二，其理由均待研究：

甲、减少一年可早入中学。入中学的学生固然合算，那不能入中学的却吃了一年的亏。

乙、欲改定义务教育为六年。中国除山西省外，均无义务教育可言。改为六年，实非所急，且经费加多，势更难于推行；课程复杂，益难养成教员。那义务教育，恐受阻碍。

又四二制（即六年制）与四三制（即现制：国小四年，高小三年）可以并行，留有伸缩余地。将来义务教育实行后，再一律改为六年。讨论员主张不一致。孟禄先生提议留待组织委员会解决。众赞成。

（二）普及问题

（三）乡村学校

（四）学校对社会之关系与对旧式私塾之关系

1. 普及教育之第一步，应使儿童有同等入学的机会，即须多立学校，使学生富有就学的便利。

2. 欲教育完全普及——即贫穷儿童和精神及身体有障碍的儿童，一律要使他入学——需费甚多，办理尤为复杂。

3. 中国欲多立学校应先计及的：

甲、经费何法筹集。中国为共和国，教育经费使地方担负责任，应与美国同。中国尚有二种优点：

（1）中国人本甚信仰教育，有信仰心必能帮助学校发达。

（2）中国人不止有信仰心，且能实地办理教育，如私塾是。现在中国私塾甚多，收费不少；如合私塾所收之学费办理学校，可以促普及教育进行。至将来普及教育，必须巨款；如何设法征收教育税，须待诸君研究。

乙、学校如何对于社会实有所供献，使生信仰心。其要点在课程须与社会生活有密切关系，解决此问题甚为复杂，而乡村学校较易为力。但是中国旧式教育，却有二种优点：

（1）与儿童家庭有密切关系。

（2）家庭对于教员位置非常尊敬。过渡时代固应输入新法，尤宜发达旧有的好习惯。

4. 便利乡村儿童入学的方法。公车输送，美国最为通行；循环教授，奥大利[②]盛行此法。至寄宿法，欧美亦间有之，要视地方情形而定。

5. 劝学制度，斐律宾[③]行之颇著成效，中国如劝学所长、劝学员等设置有年[④]，至今无甚效果，甚为可惜。故设法能得尽职之劝学员，促进地方学务，实为普及教育必要之图。

中学校

（一）中国中等教育之不良

中国学校制度内中学最关重要，而办理最坏。就余所观察，中学之佳者乃极少，据各地报告，中学毕业生千人中只有六十五人得取入大学；大学预科之设，即证明中学之劣。宜组织中等教育研究之机关，以谋设法改良。

（二）中等学校之组织须富有伸缩之余地

中学校之目的有二：1. 选择的功用；2. 培养各项职业之领袖。故须多留伸缩以适应各种需要。欧洲中学年限甚长，大都八九年；美国只四年。但现在皆有折中之趋势。就中国新学制说，中学年限介乎欧美之间，颇合世界改革学制之趋势。

中学宜分初高两级：初级为普通科，加入职业准备，试验儿童之能力心向；高级须设多科制，或各科设分校。关于选科一层，似行于较大的中学为便。分科中当然可有几种选科；在初级中学内亦可有极少数之选科，以为职业科之准备。关于各科设分校或合在一校，在美国教育界意见亦不一致。二者效率孰大，非臆想所能断定。在中国甲种工业[5]之效率似较普通中学为大。当中学教授未改良以前，不宜将甲种学校[6]制废除；并非说甲种多较普通为良，其不良者亦宜停闭。关于初高两级合设或分设之问题，似合设为妥。因合设则可有一致之训练；且良好之中学，亦易于发展也。

教授法

鄙人所讲的教授法，特别注意于中学，因上述中学之不良。大概中国中学教授，多用讲演式：教科学只教些名词及公式；教语言只教些文法例子，无用直接教授法者。所以不能引起学生自动，且与实用无关系。学生毫无参与作业及实习之机会，不能发生问题以求解决，永处被动的地位。

（一）注入教授法之由来

1. 教授旧文字之习惯。

2. 由日本输入之方法——日本从欧洲学得，但欧洲学校头一天讲演，次日即须考问。中国只有讲演而无考问。

3. 由美国大学学得之方法——美国大学有因班次太大，利用讲演式，但正教授讲演后，复有讲师来考问。

（二）注入教授法所以不能改良之原因

1. 缺乏良好训练之教师——此问题须由高等师范解决之。

2. 教师多兼任，不能专心研究讲授法——当由行政方面定出俸给标准，并限制兼任。

课程

课程宜特别注意科学方面。旧文明与新文明之区别，即在科学。中国欲谋经济、政治、国防各方面之发展，舍科学无由。中学课程对于科学，尤宜格外之注重。

（一）中学科学教授失败之原因

1. 教授法之恶劣——前已说过科学教授，不单是灌输些名词、公式及分类，要应用“学由于做”的原理，使学生随做随习；而且要与社会发生关系。中国只有注入法，所以失败。

2. 科学教授全赖实验，中国无此设备，学生无实验机会。

3. 缺乏良好的科学教师——此项教师之来源，不应限于高等师范，兼应取材于大学及各种专门学校。

4. 科学观念之错误——对于科学应有功用的观念（Functional Conception）。即如何能运用到实际去控制天然，不是教些什么科学分类的方法。

（二）科学教授改良之方法

1. 主张训练指导员，巡视各校，帮助并指导科学教授。

2. 赞成科学器械，可以由教师自制，如美国儿童玩具均含有科学道理。

（三）对于学校与工厂联合以便实习之意见

工厂实习可以补学校之不及，但不能以此来代学校的科学教授。

教育行政

教育行政中之要点，在求效率之增大。而欲求效率之增大，必须定出各种标准。兹举三类如下：

（一）学程分量的标准——各种学校学生修业年期，究竟应学多少。

（二）测定学生进步之标准——学生于一学年内，究竟所得多少。

（三）关于行政本身效率之标准

1. 每生每年所费款项（即每生经常费）

中国小学每生经常费相差甚大：某处一小学每人费四十元之多，而办理极坏；某处一小学，只费三元，而办得极好。其余各处二三元者亦甚多，但皆不甚好。其间差异，竟自二元至四五十元至四五百元；有每生每年费五百元而办得极坏者。师范学校相差不甚大；大约每人每年一百元，食宿在内，足证师范学校之效率为大也。

以上差异须有标准，方能避免，方能考知其效率。

2. 教职员与学生数之比

有许多学校教员太多，亦有太少者。要设法整齐，亦须定有标准。

3. 教员之负担（即教师担任教授之分量）

在同一城内，有个学校教员每周负担六时；有个学校教员负担二十八时之多。相差如此之大，可怪。

4. 学生之负担

学生负担，在美国自十八小时至二十四小时[7]；在中国则自二十八小时至三十八小时，其负担之重，与教授法大有关系。清华[8]采用美国方法，而学生负担仍有三十小时，此乃一问题。以上各种标准，应由教育专家调查制定，行政就容易办。

教师职业

（一）教师聘任之根据

1. 中国中等以上学校，教师以一人兼任数校之功课的很多，以致教师与学校的关系，不能密切；学生对于教师，亦失相当的敬仰。故学校通例，教师不宜兼他校功课。

2. 中国中等以上学校聘任教师，多以钟点计算，故大家希望多分钟点，敷衍教授。欲矫此弊，宜定专任薪水标准；使每人所得，足供生活之要求。并定每周担任钟点限度，以免劳逸不均之现象。

3. 教师的服务精神，系教育的命脉。金钱主义，最足破坏教师职业的尊贵。

（二）教师之培养

1. 中国初级师范学校，办理尚好；附属小学最佳。课程是否适宜，未暇审查，故未便评论。将来实行义务教育，自必从推广师范学校入手。山西国民师范学校办法，很可参考。

2. 高等师范教育

甲、高等师范教学法，与中学、大学犯同一毛病，就是教师重讲演而学生少参与的机会。

乙、新学制成立时，高等师范须变更，以应中学新学制之需要。

欲改良中学之科学教学法，高等师范须先注重科学教学的改良。

3. 在职教师的培养

甲、设暑期学校或讲习会，使教师得利用假期余暇，增进教学效率。暑期学校或由高等师范及初级师范办理；讲习会可由省教育会办理。

乙、设分级或分科指导员，巡回辅助各校教职员之改良。斐律宾指导制度甚好，可派员考查。

4. 教学法

专科教学法及试教之批评指导，均应由专科教员担任。

5. 实地练习教学标准

师范生每人实地练习教学钟点数，在三十小时以下的总嫌太少。

成人教育

（一）中国成人教育，特别重要。施行成人教育之方法，有直接、间接两种。

（二）间接的成人教育，是由学校教育儿童，再由儿童影响成人。如山西学童身挂布条，书“不娶缠足妻”，及中国各处之“学生运动”，对于一般成人，都发生很大的影响。

（三）设委员会编拟关于政治、社会、卫生、农业、改良儿童幸福之资料。各省省教育会，很可担负这种责任。

（四）教员辅助学生利用上述材料推广成人教育，似此通力合作，并可免去师生之隔阂。

特别教育

我对于特别教育，不能发表详细之意见，只就中国急需的，略为说明：

（一）工艺教育

中国现在职业教育，偏重机械工作的训练，甚不相宜。因机器工夫很简单，不如手艺之有价值。一种工艺教育之良否，可由下列三种标准观察之：

1. 学生受过这种教育之后，谋事是否较易。
2. 学生学造之物品，是否有充分之销路。
3. 学生学习之手续，是否有教育之价值。

在中国参观工艺教育，只有少数地方，如香山慈幼院[⑨]，照相、做鞋、做玩具、烧磁，可算达到上列标准。

（二）美术教育

中国各学校模仿外国美术的风气太甚，此风宜矫正。中国本国的美术，应当特别注重倡存。

（三）体育

师范学校现在很提倡游戏运动及徒手体操，是个好现象。那个兵式的、机械的体操，应该免去。

学校建筑与卫生

中国各处情形不同。一种建筑标准，不能通行全国。斐律宾地方很小，而学校建筑有十六种式样，供地方选择。最好组织委员会审订学校建筑及卫生的标准。旧式房屋庙宇，用于学校的，因不能合式，但新建校舍必须合于拟订的标准。至学生卫生标准，则处处应当注意。

私人兴办教育与政府承认问题

（一）从进化原理及共和主义两方面看来：政府只宜立积极的标准和必不可少的要素与限度。除此以外，宜任私立学校自由试办，方有进步。

（二）就事实说，中国最好的是私立学校，最坏的恐怕也是私立学校。最坏的要按标准来制裁他，那好的既达到标准，就须让他自由试验才是。

处理调查结果

（一）这次调查系初步的调查，希望中国教育调查的事业，可以继续进行。

（二）每次调查结果，宜继续施行，以收实效。

（三）每次调查结果，宜刊布出来，使从事教育的人，都得共同受益。

结论

以上为孟禄博士调查各地教育回京后，报告讨论之大要。其中博士所反复叮咛剀切申说之点有四：一为科学之重要与中学教授法之不良，亟应改革。二为教师兼任数校，视同传舍，破坏教师职业之精神；学校训纪，因以堕落；社会道德，亦蒙影响。博士痛下针砭，吾人应亟奋起。三为视学制度之不良。视学须匡辅教师之不逮；并非徒作学校之侦探。美国学校辅助员，多系专家，分工极细。吾国视学，按部令每省四人至六人，每县一人至三人，其视察犹学政之观风，是亦亟宜改良。博士并介绍斐律滨制度，正可引为研究之资。四为行政上之各种标准，实为行政之要，是应由专家调查制定。五为人民对于私塾之信仰，如何能移之于新学校。本丛刊将于次集根据此五问题，为积极地建议，以与全国教育家共商榷焉。

原载《教育丛刊》第2卷第8集，1922年2月

【注释】

①1921年底，孟禄考察了中国教育状况之后，在北京与各省代表讨论中国教育问题。本篇系陶行知与陈宝泉、汪懋祖三人根据会议记录，摘其大要整理，并略加评论而成。

②奥大利，通译澳大利亚（Australia），国名。

③斐律宾，通译菲律宾（Philippines），国名。

④1906 年（光绪三十二年）设立劝学所制，辛亥革命后一度废止，1915 年各县又恢复劝学所，1923 年改为教育局。

⑤甲种工业，甲种实业学校所设之一科。甲种相当于中学程度，修业期预科一年，本科三年。

⑥甲种学校，即“甲种实业学校”。民国初年的职业学校。设农业、工业、商业、商船四科。修业期为四年，相当于中学程度。

⑦十八小时至二十四小时，指每周的课时。

⑧清华，指当时的清华学校。

⑨香山慈幼院，由熊秉三、朱其慧夫妇创办的慈善性质的学校。校址在北京香山。

一九二二年

报告孟禄博士的在华活动[①]

现有简单的报告：

孟禄先生考察的地方，北方有奉天、天津、保定、开封、山西等地；南方有南京、上海、无锡、苏州、通州、杭州、厦门、广州、佛山等处。在各处选了几校考察一下。

先在北京开预备会。去年十二月十九、二十、二十一三天开正式大会，各省均派代表参与；而凡发起人、调察人、捐款人也都列席。在这个会里所研究的是：（一）组织；（二）课程；（三）教法；（四）行政；（五）教员之养成；（六）特别教育，如美术、卫生等；（七）职业教育。讨论了三天。后来有一好结果，就是组织了一个中华教育改进社。原有调查社、协进社、新教育社三个机关[②]所做的事互有重复，不如组织一个更有力的机关。现有三社同人，商议简章，推举董事九人[③]，即蔡、熊、张、汪、黄、郭、李等诸先生，由董事聘干事，研究推广，以成全国一致研究的机关。

原载《教育汇刊》第3集，1922年3月

【注释】

①本篇系陶行知1922年1月4日在南京高等师范学校公宴孟禄的会上，介绍孟禄此次来华的活动与收获，本篇在《教育汇刊》上的原题为《纪孟禄博士在南京讨论会中之谈话》。记录者为：卫士生、葛承训、程宗潮演讲记录。1922年1月4日，美国教育家孟禄结束了在中国四个多月的教育调查活动。启程回国之前，应邀对南京高师的全校师生作了演讲。孟禄演讲前，首先由郭秉文校长致欢迎词；次由陶行知报告孟禄此次来华的活动与收获。

②三个机关，即实际教育调查社、新教育共进社和《新教育》编辑社。

③董事人，即蔡元培、熊希龄、张伯苓、汪精卫、黄炎培、郭秉文、李石曾、梁启超和范源濂。杜威和孟禄为名誉董事。

教育必先有标准

在中国经过各地，感触虽不同，而所见所闻，有乐观的，亦有缺点希望改进的。

中国习惯，甚重视教育。对于教育之信仰心，非常浓厚。观各地私塾之多，即可为证。南京有六百处，广州有千余处，其它尚未暇调查，足见中国人对教育之兴味。而金钱力量，又尽足以办教育。此最为乐观的。但何以仍不发达？其中恐不无障碍：一因政府不良；一因各地方缺少领袖人才，如劝学所、视学员等，类多绅士式的、非真正足为一地方之教育领袖，此即所谓缺点也。

至于各种学校，可分别言之：

一、小学。大概很好。参观之余，觉甚满意。但以人口众多之中国，校数总嫌太少。只有山西一省，已具普及之规模。故必须设法推广方好。其中有两点，当大加注意：（一）如何能使学校教育，影响及于儿童之家庭，而与一般社会接近；（二）中国文字过难，能否设法使其简单，俾易普及，此皆最紧要者也。

二、中学。中国教育最弱之一点，即在于此。中学目的，本在升学，乃各专门学校，因中学学生程度不足，往往设有二年或三年预科者。究其弊，在教授方法不善，不能使学生应用。而课程中亦未尽以科学为最要之点。要知当今之世，无论何事，总须有真正科学，方能办理。苟无科学，在平时恐徒供他人利用，一至战争，亦必不能战不能守，何以为国？故中学课程，必须注重科学，且必须使学生咸有一种动机。

三、师范。大概甚好，论起改进来，亦与小学一样，校数太少，女子教员尤须多多养成。高等师范，除此间外，教授多用演讲式，必须改良。

总之，做事必求效用。欲求效用，必先有标准。教育必有标准，然后方有成绩。此等问题，不得不希望大家及时解决。

中国前途远大，余此来调查五月，结果益信余之信仰中国为不谬。

原载《申报》，1922年1月6日

【注释】

①本篇系陶行知译孟禄在东南大学谈话会上的讲话。

活的教育[1]

教育可分为三部：

A. 死的教育；

B. 不死不活的教育；

C. 活的教育。

死的教育，我们就索性把它埋下去，没有指望了！不死不活的教育，我们希望它渐渐地趋于活。活的教育，我们希望它更活！

我今天且讲这活的教育。什么叫做活的教育？活的教育是什么？这个问题本来是很大的，我不容易下定义，我也不能定概观。不过我总觉得活的一字，比一切什么字都要好。活的教育，更是教育中最不可少的现象。比譬：鱼在岸上，你若把它陡然放下水去，它的尾和鳍，都能得其所在，行动不已。鸟关在笼里，你若把它放到树林里去，它一定会尽其所能，前进不已。活的教育，正像鱼到水里鸟到树林里一样。再比譬：花草到了春天受了春光、太阳光的同化和雨露的滋养，于是生长日速。活的教育，好像在春光之下，受了滋养料似的，也就能一天进步似一天。换言之，就是一天新似一天。

我现在把这活的教育，再分做三段讲：

我们教育儿童，第一步就要承认儿童是活的，要按照儿童的心理进行。比方：儿童性爱合群，有时他一个人住在那地方，觉得有点寂寞的样子，在那儿发闷！我们就要找个别的小孩子同他在一块儿玩玩。普通儿童之特性，大多都富于好奇心。当他还不知道说话和走路的时候，他时常手舞足蹈的，跃跃欲有所试的样儿，忙个不歇。这可就是他的好奇心了。假若我们要弄些什么东西给他玩，他一定玩那好看的，不玩坏的。他起初间或也还可以拉杂的玩一路，后来知道好，他就只专玩好的了。在这里拿一点，在那里拿一点，只要与他合意，他一定非要不可。有时我们要是给他一个表，他必定将它翻来覆去的仔细观看，他并且还要探知里面的秘密，就打破沙锅问到底。我们同小孩子玩的时候，假以木筷搭个架子，小孩子看着，必定以为很好玩。后来我们忽然把它推倒，那小孩子就更以为好玩了，欢喜了。假若我们再进一步，以这架子，不由我们推倒，让小孩子自己去推，那么，这时小孩子的欢喜，我敢断定更比从前要欢喜得多了。诸如此例，我不能细举。还有一件最紧要的，就是：我们如果承认教育是活的，我们教育儿童，就要根据儿童的需要的力量为转移。有的儿童天资很高，他的需要力就大些；有的儿童天资很钝，他的需要力就小些。我们教育儿童，就要按他们的需要的力量若何，不能拉得一样。比方：吃饭，有的人饭量大些，他要吃五碗或六碗；有的饭量小些，他只能吃一两碗。我们对于他，就只能听其所需，不能定下死规。要是我们若规定了，比如吃两碗的定要逼他吃五碗才及格，那么，这一定就要使人生病了！学校里教育儿童，也像这样，不能下死规强迫一律，不但学校是要如此，就是社会上的工作亦莫不要像这样。我们人的需要力，有大有小，我们只求其能够满足他的需要就是了。所以教育儿童和承认儿童是活的，首先就要能揣摹儿童的心理。

儿童不但有需要，并且还有能力。他对于种种事体的需要有大小，他的能力亦有各种不同。男女遗传下来的生理不能一样，他们的能力亦不能一样。我并不是说女子比男子差些，我是说男女各有各的优点。就是男子与男子两相比较，亦有许多相异的能力，有因年龄不同的，有因环境不同的，有因天性不同的。由这许多的不同，所以其结果的能力，就大有差别。我们教育儿童，就要顺导其能力去做去。比如：赛跑，这就是一件凭能力的事。我们认定几个人同时同地立在一块，听指挥者发号令，就一齐出发，让他们各凭充分的能力自由前进，不加限制，然后谁远谁近，自可显见。而他们的能力的大小，也就由此可以证明了。设使我们要是下个定规，规定三人赛跑，跑一百二十码或二百四十码，快慢都要一样，不许谁先谁后，那么，那个能力充足能跑二百四十码，他自然是很舒畅，不甚为难；而那只能跑得六十码或一百二十码的，他一定是很苦的了，甚至还要受伤呢！这是从运动方面着想的。至于教授方面，亦多类此。设有许多儿童，同在一堂，当教授的人，就要按照各个儿童的能力去教授。要是规定了今天讲一课，明天讲一课，每课虽是都一字一句地分析解释，在那天资聪颖的小孩子咧，他固然能够领受到他的脑袋里去，并且还有闲空；若在那秉性鲁笨的小孩子，那就等于对牛弹琴了，一些儿也不懂得。这种教育，正像规定三人赛跑一般，还能算得是活的教育吗？我们现在既是想讲活的教育，就要知道儿童的能力是不相同的，我们要设法去辅助他，使他能力发展，有如我们看见某处一个学校园，那里内的花卉长得非常整齐好看，我们心下羡慕他，我们也就可以仿照他，将我们自家的学校园也培植得像那一样。这是培植花园的方法，办教育也是如此。我们大家设若不相信，恐怕做不到，我们可再看。譬如有一块草地，那地上所生长的草，都是参差不齐的，我们若任它自然去生长，那就越长越不齐了，假若我们要用机器把它逐次地推铲，那么，这一定要不了多少功夫，就会使他平坦了。我们办教育，也就像推草一样，也要用方法去使之平，这是对于草是这样——对于普通的儿童是这样；若对于树木——对于天资特敏的小孩子——那就不行了。树木的生长力强些，他的性子也猛些，我们对于他，也要按其能力去支配他，使其生长适度。若任其自然生殖，则其枝干必日渐伸张，后来越长越高，甚至把屋棚都要捣破了！学校里起风潮，就像大树捣毁屋棚，是一样的，都是由于办教育的人，平日对于这教育的趋向没有注意，对于那天资高尚的儿童，没有按得其能力去教育。这就是我们没有承认儿童有活的能力。

活的小孩子与死的小孩子有不同的特点。小孩子他所吃下去的滋养料不同，他们所受的利益也就不能一致。活的小孩子，他秉性活泼些，他对于一切的事实上，也就进步得快些。死的小孩子，他的脑筋滞钝些。并不是说小孩子的确是死的，是言其能力不能有多大的发展，虽活也等于死的一般。我们办教育的人，总要把小孩子当作活的，莫要当作死的。地球看起来，好像是个不动的东西，其实他每天每时都在旋转不已。小孩子也同这样。表面上着起来，也好像是很平常的，没有什么进益，其实他的能力知识，没有一天不在进行中求活。我们就要顺着他这种天然的特性，加以极相当的辅助和引导，使他一天进步似一天，万不能从中有所阻碍或滞停，不使前进，把他束缚了起来。束了若干时，然后又陡然把他解放掉，这一定要受危险的。这好像人家有个小孩子，他把他在今年做了一件衣服，等到五年后，他还拿给这小孩子穿，那小孩子体干长大了，衣服小了，以这小的衣服去给大的孩子穿，那衣是一定要破裂的。纵或可以勉强穿得上，而小孩子的身体，也就束缚得急急的了，血脉也就不能调和，就要生病了！由此可知小孩子的衣服，是年年要换的；小孩子的知识学问，也是年年天天要换的。现在设有一个人，忽然妙想天开，他说：“我有个小孩子，我不要他年年换衣，当他还只有五岁的时候，我就把他做件十六岁时候的衣服，周身都把他绉起来，年年穿，年年放，一直放到十六岁的时候，都还可以穿。”这个法子，勉强一看，觉得也还不大坏，并且又很经济的。但是仔细看来，那就觉得不像了，就是精神上也有点不好看。古时的衣服，不能适合于现在；现在的衣服，未必又能适合于将来！时势的变迁，是有进无已的。办教育的，就要按着时势而进行，依合着儿童的本能去支配。有许多教科书，在从前要算是很新很适用的，在现在却变成了腐败不堪了。我们讲活的教育，就要本着这世界潮流的趋向，朝着最新最活的方面做去。中国教育最大的毛病，就是不能普及。从前俄国的西伯利亚也是这样，但比较中国要好些。中国社会上失学的人，也不知有多少，就以普通人民计算，总有三分之一不识字的。我们现在要想将这些人重新给以教育，那除非要从国民一年级教起。但是他们都是壮年的居多，要是都放在国民一年级教，那又好像十六岁的孩子穿五岁时候的衣服了。这种教育，可算得是死的教育。活的教育就不能这样了。活的小孩子，他生长快，他的进步也快。他一时有一时的需要，一时有一时的能力。当教育家的，就要设法子去满足他的需要，就要搜罗相当的材料去培植他。这就是我们所讲的活的教育第二件。

我现在再讲活的教育要些什么材料。这材料也可以分做三段说：

一、要用活的人去教活的人。我们要想草木长得茂盛，就要我们天天去培植他，灌溉他；我们要想交结个很活泼的朋友，就要我们自己也是活泼的。我的影响，要使能感到他的身上；他的影响，也要在我身上，这才可以的。比如：我俩人起先是不相识的，后来遇到了好几回，在一块儿谈了一次，于是两下的脑筋里都受了很深的影响，两下的交情，也就日渐浓厚了。当教员的对于学生也要这样，也要两下都是活的，总要两下都能发生的密切的关系。教员的一切，要影响到学生身上去；学生的一切，要影响到教员身上去。一个会场有的人好谈话，有的人好笑，我们看了心下一定也会生了一种影响。比如：我一人在台上讲演，大家都坐在下面听，我的脑筋中已经印象了许多听讲演的人；想大家的脑袋中，也会印象到了我讲演的人，这也就是一种活的表现。活的教员与活的学生，好像汽车一样，学生比譬是车，教员比譬是车上司机器的。机器不开，车自然不动。教员对学生，若不以活的教材去教他，他自然也就不能进步。现在的教员，不像从前了。他像把汽车上机子开了，车子在跑了。但是还有些教员，他的性子未免太急，他把车上的机器开猛了一点，车子行得太快，刚刚要想收机，忽然前面碰到了石头或其他的人，这时就要发生很大的危险了。活的教员，正同司汽车的一般，要把眼睛向前看准了。若闭着眼睛乱开机，那就要危险极了！学生向前进，教员也要向前进，都要一同并进。若徒以学生前进，而教员不动，或者学生要进而教员反加以阻碍，这可谓之死的人教活的人，不能谓之活的人教活的人！

二、拿活的东西去教活的学生。我们就比如拿一件花草来教授儿童，将这花草把他解剖开，研究其中的奥妙，看他是如何构造的。小孩子对于这事，觉得是很有趣味的。我们能以这种种东西去教他，不但能引起他活泼的精神，并且还可以引起他的快乐。我们还可以拿活的环境去教他，比方沙漠本是干燥的，我们可以设法使他出水；大海有时候变成陆地；太平洋里航船到美洲，本不大便利，于是就有人开了巴拿马运河；火车行山路不便，就会把山打个洞。这就是拿活的环境去作教育上材料的。文化进步，是没有止境的；世界环境和物质的变化，也是没有一定的。活的教育，就是要与时俱进。我们讲活的教育，就要随时随地的拿些活的东西去教那活的学生，养成活的人材。

三、要拿活的书籍，去教小孩子。书籍也有死的有活的。怎样是活的书籍？我觉得书籍所记载的，无非是人的思想和经验，那个人的思想、经验要是很高尚的，与人生很有关系的，那就可算是活的书籍。若是那著书的人思想、经验都没有什么价值，与人生没有关系，那就是死的书籍。我们教授小孩子，对于书籍的死活，就不能不慎重，所教授的书籍，要有统系的，前后都能连贯得起来，不是杂乱无章的，这才是活的教育。若只知道闭着眼睛教死书，也不顾那书适用不适用，这样我敢说就是死的教育。我们教授儿童的书籍，好像人家传财产样，普通有两个常法子：（甲）是传财的法子。比譬一家，他的家主不愿管事（或临死时）了，要把家事完全推及小家主，将所有存蓄的银钱，都要对小家主说个明白，叫他慎重。（乙）是传产的法子。就是有本帐簿子，说我所有的产业，都登在这帐上面。那天那家主把他的后人带到各田庄上去看，说是某田是租给某人的，某庄子是某人承租的，那块山场是由某人保承的，某处房屋是谁租着做什么事的。这样一件一件地指示给他看了，又与他那帐簿子再对照一下，那么，这个财产的根本，他那小家主已经明白了。这笔家私，就没有人能够会糊倒他占得去了。我们办教育的传文化的人，也是这样，也要把书籍像传财产一样，要把所教授的东西，都能使他领会得到，能连贯得起来，使小孩子的脑筋有个统系，不致混乱，这种教育才配说是活的。从前有许多讲教育的，没有统系。所以使一般学生听了，只是囫囵吞枣，一点不能受益。这也就是死的教育，不是活的。活的教育要拿活的书籍去教。现在还有许多教员先生们，他对书籍还不十分注意。当他初当教员的时候，也还肯买一两本书看看，到了后来，他不但不买，连从前所有的几本书，都借给人去了。这样教员，教育界中也不知道有多少。他既不能多买书看，对于一切新知识，他自然是不知道的。他既不能有新的知识，那一定没有新的教材能供给学生，只是年年爬起来卖旧货！这种教育中的败类，真不知害了多少青年。我们现要希望教育成活的，当教员的就要多看书——多看些活的书——好去供给学生的需要，养成新而且活的学生。——这就是我讲的 Education of life[②]。

现在要讲到活的教育的方法，我可提出两个最时髦的法子就是：

(1) 设计教授法。活的教育，最好而且最时髦、最紧要的，就是总要有个目的。这我在上面也曾说到了一点。我们教授儿童，先要设定一个计划，然后一步一步地向着所计划的路上去做。若是没有个计划，那就等于一只船放到了江中没有舵，进退左右，都没有把握！倘不幸遇了一阵大风，那一定逃不了危险的！办教育的人，要能会设计，预知学生将有风潮，就先要设一方法，使那风潮却从无形中消灭，不致使他发泄。知道学生程度不齐，就要设一种计策，使之能齐，总期各方面都无损，且能获益。这种设计，各学校的情形，各有各的不同，各地方亦有各地不同，这可听大家因时制宜，我不能断定。

(2) 依计划去找实现法。这个方法大致是根据上面来的。我们订了一个计划，不能就算了事的，必定还要依照这计划去实行去。我现在可拿个浅近的事作个比譬：就如农人种豆子，他先也要订个计划，以几亩田能要几多种子，要多少肥料，又要多少人工去做，要经多少时期才能完工；什么地方种绿豆适宜些，什么地方种黄豆适宜些；还有甚地不适于种豆子，适于种山芋。这样计划了一番，然后兴工动作，按这所计划的进行，这必定是有条有理，不致乱忙；而所收的结果，也一定是很丰厚了。由此类推，办教育亦莫不是这样。一个学校，也先要订个计划，然后去依计划实行。例如哪级学生，今年应当注意什么功课，某级学生今年应当添什么功课和减什么功课，某教授教授法不好应当怎样。能这么一样一样地计划好了，然后又按照这个进行，那个学校没有办不好的道理。推之修桥修路和其他种种建设，都能依着这样进行，求到所希望的目的，那么，天下事绝没有不可能的。现在我看有许多地方，他一开个什么会，他预先没有计划。到了临时开会了，不是招待员左右乱跑，就是会场上布置得不周全，往往令来宾有兴而来，败兴而归，这都是由于预先没有一定的计划。俗语所谓："平时不烧香，急时抱佛脚。"这事决不会办得好的。我们谈教育的，就是在这上面注意注意。无论是办大学也好，中学也好，国民小学也好，总要预先有个计划，然后依着计划去找实现。有时计划定得不好，应随时变更。比如：我们讲化学，今天就要计划明天化学堂上要些什么东西试验。我们预先就要预备好着，省得临时仓皇失措。诸如此类我也不必多举，我总觉得设计教授法是活的教育上最不可少的，依计划去找实现法，那更是一件要紧的事了。——这就是我所讲的 Education by life[③]。

我现在又要讲我们为什么要讲活的教育。因为活的教育，能使我们有种种活的能力。我们人生有高尚的，有低微的；有暂时的，有永久的；有完全的，有片面的。我们要使暂时的生活，能够叫他永久；片面的生活，要使他能完全；低微的要使他高尚。怎样叫做完全？我们在国家是公民，在社会上有朋友亲戚，在家庭里有父母兄弟姊妹，在学校里有同学，有师长。我们一身，对于自己，对于各方面都要顾到。如果一方面不能顾到，这还是片面的。怎么叫做高尚的？我觉得人们的身体和精神是两样的，各有各的生活。身体上的生活，固然要紧，精神上的生活也是要紧的。设使两者要去其一，那就是我们最不幸的一件。我们总要使得我们的身体、精神，都是很健全的、愉快的。这可就算是高尚的生活，反之就是低微的生活，都是有关系于教育上的。再，怎样谓之永久和暂时的生活？我们人的寿命有长短不一，有二三十岁就死的，有七八十岁才死的，有十几岁就死的，也有八九十多岁才死的。说者多谓生死有定，但这可不能为凭。我想人的生命的长短，大致是关系于人的操作和卫生上的。从来人的死，多是由病的。考病之由来，不外两种：（一）是由人的操动过度致伤身体而殒命。（二）是由人的卫生上没有讲求，以致生出了许多毛病，终至因而送命。决没有无病无灾而好好就会死的。纵有，也是很少很少的，但亦必定有其他原因。要说人的生死有定，何以人不好好的就死，而偏要生病才死咧？这种无稽之谈，我是不盲目崇拜的。我觉得人的生活，所以有暂时和永久的，都是根据于卫生和操作的关系。我们现在讲活的教育，就要明白这种关系，然后好去预防他，保护他，谋永久的生活。我在上海、南通参观各工厂，有许多六七岁的小孩子，都跟在他的母亲父亲身边下做工，我看他们那些小孩子，都是很瘦的，精神也很衰败的。这都是那些贫民没有钱给儿童受教育，国家亦没有钱能办这种义务教育。有些资本家倒是很有钱的，但他只知道营业获利，不肯拿钱来办这可怜的教育，所以那些小孩子就没有机会受教育，只得附随其阿父阿母做工以度日。五六岁的小孩子，尚有许多生理器官还没有长完全，现在竟居然要他工作，这种不适宜的使用，一定会使那小孩子身体不得强健，甚至还要早死的。譬如树上的果子，还没有成熟，你就把他摘下去吃，那是一定吃不得的。小孩子还没有成人，就要使用他，他的前途一定是很有限的，将来一定要发生危险的。像这样只顾眼前不顾后来，就可谓之暂时生活，不是永久的生活。现在讲活的教育，就不能不注意这一层。

活的教育，有属于抽象的，叫做精神上活的教育。比方一个人死了，他的机能死了，他的躯干倒了，他的精神是没有死，还存在空中，能使我们还受到他的影响。这也似乎是种渺茫之谈，我本不敢怎么样地贡献于大家，因为各个人的观念不同。但是，有时我觉得大家也可以公认这话有点的确。例如：孔子是死了，他的精神还没有死，其影响存在我们大家身上。我们大家的脑袋中都还印象了有个孔子。历来许多大英雄、大豪杰，他的身子虽已腐化了，但他的勇气、毅气，还是贯传着，在我们大家的脑海中。这也就是精神上还没有死。他的精神可以一代一代地向下传，可以传许多人，不只传一人。一个活泼学生的精神，可以传应到许多学生。比如，我的精神传应着在大家身上，也可以传应到社会上去。这种传应，并是很快的。我们讲活的教育，对于这精神上的传应，也要注意，也要求活的精神。精神也有死有活的，活的精神，就是能使人感受了他，可以得到许多的教训。社会一日不死，各方面的精神传应，也是不死的。我觉得社会上受了这种精神的教育，也不知道有多少。这精神上的教育，最易感动人的，能连络一切。我从前有许多朋友住在一块，后来别了好多年，没有见过面，形式上要算疏忽了，但是精神上还是没有分离。这就是一种活的精神的表现。我希望讲活的教育，也要把这活的精神当作活的教育里一件材料。——这就是我讲的 Education for life④。

原载《时事新报·学灯》，1922 年 1 月 18 日—19 日

【注释】

①本篇系陶行知在金陵大学暑期学校的讲演记录。记录者：汪忠一、马延乾。

②Education of life，意为“生活教育”。

③Education by life，意为“依据生活而教育”。

④Education for life，意为“为了生活而教育”。

【附录】

陶行知给《学灯》记者的一封信

《学灯》记者先生：

今天我看见《学灯》上登了一篇《活的教育》，记得是在金陵大学暑期学校讲演的话。现在汪、马二君发表出来，我很感谢。他们记得很详细，有好几处确能传达我的精神。但因各地言语不同，所以记得也不十分正确。如“我们办教育也就像推草一样”因为前后遗了几句，就和我原来的意见正相反了；“传财”与“传产”当是“单传帐簿”与“对着帐簿点明产业交待后人”之误，Education of life 应在教材之前，等等，都是要更正的。报章重在传达真相，知行提议以后对于投来的演讲稿，如能办到，最好先寄与演讲人看过再登，当可减少错误。出版虽要晚几天，但看报的人因此所得的益处确要大些。先生以为何如？请先生将这信登在报上，作为更正。

陶知行

十一、一、十九

原载《时事新报·学灯》，1922 年 1 月 23 日

赎还胶济铁路的决议

——在东大、南高赎还胶济铁路办法讨论会上的归纳①

（1）赎回鲁路，暂达自有、自办目的；

（2）赎路之款，以赎路公债及赎路捐充之；

（3）赎路公债及赎路捐，均由国民的银行团经募；

（4）赎路公债及赎路捐，应采普及主义，使一般人民皆有参与爱国运动之机会；

（5）赎路公债及赎路捐，本校教职员、学生、校工一体尽力担任；

（6）监督指用，由国民自组机关执行；

（7）宣传、劝募，均宜从速于旧历新年行之；

（8）本校组织委员会，司接洽、宣传及执行一切事宜。

原载《申报》，1922年1月21日

【注释】

①本篇系发言记录，记录者为《申报》记者。发言时间为1922年1月18日下午。原题为《南京学界之赎路运动》，今题系编者所拟。是日下午4时，东大、南高、附中、附小的教职员、学生、校工等，集会讨论赎还胶济铁路的办法。陶行知既为这次集会的发起人，又被推为这次会议的主席。在教师徐则陵、柳翼谋、谢云骧发言后，校工代表王任君也登台发表了意见，一致要求赎还路权。陶行知归纳了“各人意见，逐条表决”，通过了8项决议。决议通过后，随即推举陶行知、罗世真、张子高、柳翼谋、刘伯明、陈鹤唐等人组成委员会，负责“进行一切事宜”。

我们对于《新学制草案》应持之态度[①]

第七届全国省教育会联合会[②]，拟订《学制草案》，征求全国意见，以为将来修正实施之准备，立意甚好。《壬子学制》经十年之试验，弱点发见甚多。近一二年来，教育思潮猛进，该学制几有不可终日之势。故此次所提草案，确是适应时势之需求而来的。我们对于这应时而兴的制度，究竟要存何种态度？我以为建设教育，譬如造房屋；学制，譬如房屋之图案。想有适用的房屋，必先有适用的图样。这图样如何能画得适用？我以为画这图的人，第一必须精于工程。第二假使所造的是图书馆，他必定要请教图书馆专家；科学馆，必定要请教科学专家；纱厂，必定要请教明白纱厂管理的人；舞台，必定要请教明白管理舞台的人。有这两种人参议，才能斟酌损益，画出最适用之图样。制定学制，也可以应用这理。不过学制包括的范围更广，所应询问的方面更多了。此次全国省教育会联合会，征集各省教育界的意见，就是为了要顾到各方面的情形。所以我觉得凡对于学制有疑问、有反对、有主张的，都应提出充分讨论，研究，实验，使将来修正之后，各方面之教育，都有充分发展之机会。换句话说，虚心讨论，研究，实验，以构成面面顾到之学制，是我们对于《学制草案》应有之第一个态度。

建筑最忌抄袭：拿别人的图案来造房屋，断难满意。或与经费不符，或与风景不合，或竟不适用。以后虽悔，损失已多。我国兴学以来，最初仿效泰西，继而学日本，民国四年取法德国，近年特生美国热，都非健全的趋向。学来学去，总是三不像。这次《学制草案》，颇有独到之处。但是不适国情之抄袭，是否完全没有？要请大家注意。诸先进国，办学久的，几百年；短的，亦数十年。他们的经验，可以给我们参考的，却是不少；而不能采取得益的，亦复很多。今当改革之时，我们对于国外学制的经验，应该明辨择善，决不可舍己从人，轻于吸收。这是我们对于研究《新学制草案》应有的第二个态度。

为造新房绘图易，为改旧房绘图难。因为改旧房时，须利用旧房，以适合改造之需要。然旧房有可利用的；有断不可利用的；有将来要拆而改造时，不得不暂行存留的。这都是绘图的人，应加考虑的事。我们的旧学制，多半应当改革；但因国中特别情形，或亦有宜斟酌保存之处。大凡改制之时，非旧制遭过分之厌恶，即新制得过分之欢迎。这两种趋势，都能使旧制中之优点，处于不利之地位。所以我们欢迎新学制出现的时候，也得回过头来看看掉了东西没有。这是我们对于《新学制草案》应有的第三个态度。

图案是重要的，但只是建筑房屋的初步。学制是重要的，亦只是建设教育的初步。徒有学制，不能使人乐学；也如徒有图案，不能使人安居。如何使纸面上的图案，变成可以安居之房屋；与如何使纸面上之学制，变成最优良最有效率之教育，是一相仿的事业。不知要费几许金钱、脑力、时间去经营，才能成就我们所想成就的。我们切不可存学制一定即了事的观念。我们更要承认，学制以后之事业问题是无穷尽的。无穷尽的事业，要我们继续不已地去办理他。无穷尽的问题，要我们继续不已地去解决。所以学制虽是个重要问题，但只是前程万里的第一步。他原来是如此，就应如此看待他。这是我们对于《新学制草案》应有的第四个态度。

总之，当这学制将改未改之时，我们应当用科学的方法态度，考察社会个人之需要能力，和各种生活事业必不可少之基础准备，修正出一个适用的学制。至于外国的经验，如有适用的，采取他；如有不适用的，就回避他。本国以前的经验，如有适用的，就保存他；如不适用，就除掉他。去与取，只问适不适，不问新和旧。能如此，才能制成独创的学制——适合国情，适合个性，适合事业学问需求的学制。

原载《新教育》第 4 卷第 2 期，1922 年 1 月

【注释】

① 本篇于 1928 年收入作者自选教育论文集《中国教育改造》。

②全国省教育会联合会，即全国教育会联合会。该会由各省省教育会及特别行政区教育会组成。1921 年 10 月 26 日至 11 月 7 日，在广州召开了第七届会议，研究讨论新学制问题，通过了新学制系统草案。

③《壬子学制》，1912 年（壬子年）9 月，教育部公布了《学校系统方案》，称为《壬子学制》。其后，教育部还陆续颁布了各种学校法令，而有些学校法令同新学制又略有差异，遂于次年（即癸丑年），综合上述两方面内容，发布了《壬子癸丑学制》，仍可称《壬子学制》。

评《学制草案》标准

我们当改造一种制度之时，常受一种或数种原理信念的支配指导。这次《学制草案》[①]所采用之六种标准，也就是这种原理和信念的表现。论到所表现的是否合宜，我们必须先看学制的功用，才能加以判断。学制的功用何在？

学制是一种普遍的教育的组织。他的功用是要按着各种生活事业之需要，划分各种学问的途径，规定各种学问的分量，使社会与个人都能依据他们的能力，在各种学问上适应他们的需要。照这样看来，学制所应当包含的有三种要素：

（一）社会之需要与能力　各种社会对于学问上之需要，有同的，有不同的；他们设学的能力，有大有小。

（二）个人之需要与能力　各种学生对于学问上之需要有同的，有不同的；他们求学的能力，有大有小。

（三）生活事业本体之需要　各种生活事业在学问上所需之基础有同的，有不同的；他们所需的准备的最低限度有大有小；这种基础与准备之伸缩可能，也有大小之不同。

我们且依据这三种要素来观察这次《学制草案》之标准。第一条标准——根据共和国体，发挥平民教育精神——和第二条标准——适应社会进化的需要——都属于社会共同的需要方面。第五条标准——多留地方伸缩余地，并且顾到各地不同的需要。若第五条与第四条——注意国民经济能力——第六条——使教育易于普及——合起来看，我们可以说各地设学的能力的大小也顾到了。第三条——发展青年个性使得选择自由——对于个人的需要已有相当的重视。就这条与第四条合起来看，似乎学生求学能力大小之不同，亦已隐隐地含在里面。再看说明（四）与（五），可以晓得学制草案对于学生求学的能力，是很注意的。

故此次所拟的标准对于社会之需要能力和个人之需要能力两种要素已经顾得周到，但对于生活事业本体上之需要，却无显明之表示。虽有几处——如中等教育段——很能体贴这种意思，但因为未曾明白表示，所以顾此失彼，不能彻底地应用出去。

生活与事业本体之需要是规定学制很重要之标准，我们分段落定分量时，应当受他的制裁和指导。例如社会需要医生，也有力开办医学，某生需要学医也有力学医，但是社会应办几年之医科大学，某生应学几年之基本学问方可学医，应学几年之医道方可行医——这都是要由医道本体的要求定的。医学之分量基础宜如此定，准备别种生活事业之分量与基础亦宜如此定。故先依各种生活事业之需要，规定各种学问之分量，再就社会个人的能力所及，酌量变通，以应社会与个人的需要，或是建设学制可以参考之一法。

原载《新教育》第4卷第2期，1922年1月

【注释】

①《学制草案》，指全国教育会联合会1921年在广州议决通过的《学制草案》，亦称《新学制草案》。

中国建设新学制的历史

一切制度都是时势之产物，学校制度，亦不违反这原则。时势如此，学制不得不如此；时势如彼，学制不得不如彼。时势变迁，那应时势需求而来的学制亦不得不变迁；时势未到，招之不能来；时势已去，挽之不能留；时势继续地变，学制亦继续地变。

外国学校制度的影响 中国自道光、咸丰以来，与外人交接，总是失败。自己之弱点，逐渐揭破；外人之优点，逐渐发见。再进而推求己之所以弱，和人之所以强。见人以外交强，故设同文馆①；见人以海军强，故设水师、船政学堂②；见人以制造强，故设机器学堂③；见人以陆军强，故设武备学堂④；见人以科学强，故设实学馆。同治以后，甲午以前的学堂，几乎全是这一类的。这时各学堂，受泰西的影响最大，大都偏重西文西语，专务抄袭西国学堂的形式。甲午战败之后，大家以兴学为急务。此时热心兴学的人，对于从前之偏重西文，颇不满意，故"中学为体，西学为用"⑤成为当时最有势力的反动。那时虽为日本打败，但却不佩服日本。孙家鼐⑥说："中国五千年来，圣神相继，政教昌明，决不能如日本之舍己芸人。"故看二十四年的学堂章程⑦，日本教育的势力还未侵入。但日本之所以强，究竟不能不加以注意，渐渐地就有人到日本去考察。日本离中国近，仿效日本，也是一种自然的趋势。后来加以庚子失败的刺激，更觉得兴学为救国要图，不容稍缓。但拟订学制，自然要参考各国的成法。日本学制，因那时国情及文字关系，最易仿行，故光绪二十八年的学制⑧，特受日本学制的影响。张百熙⑨的奏章，虽说他曾参考各国的学制，但除日本的外，他对于那时各国的学制所说的话，简直是没有根据。二十九年的学制⑩，对于日本学制，更加抄得完备，虽修改七次，终少独立精神。民国颁布学制之前，曾开临时教育会议一次，对于日本的学制，也是仍旧随意抄袭。

德国教育在中国学制上曾有两次的影响：一是宣统元年的中学文实分科，二是民国四年的预备学校和中学文实分科。中学文实分科，确是中学分科的先导；但预备学校根本上与国体不合，故不久即消灭。

近年美国教育在中国很占势力。有好多教育的运动，都带了美国教育的色彩。这次《新学制草案》有好几处是表现美国教育的新趋势的。那最显见的是“六三三制”[11]和“纵横活动”[12]的办法。

平民主义的影响 中国办学之初，大家心目中只知有人才教育。“培植人才，以济时艰”是当时提倡学务的人的共同心理。李端棻[13]、孙家鼐、盛宣怀[14]、邓华熙一流的人所发的议论，及当时所采的制度，都可证明当时所注意的只是人才教育。光绪二十二年，李端棻首请推广学校。他主张“府、州、县学选民间俊秀子弟年十二至二十者入学……省学选诸生年二十五以下者入学，……京师大学选举贡生、监生年三十以下者入学”。照此看来，李端棻所要推广的学堂，只是培养人才的学堂。

此时不独所要选的是民间俊秀子弟，而且中小学堂是为大学堂开的。二十四年因怕大学堂没有学生可招，管学大臣请旨严饬各省督抚学政速开中小学堂，即是这种精神之表示。

光绪二十八年《奏定学堂章程》开始顾到一般人民之教育，《小学堂章程》第一章第六节说：“俟各处学堂一律办齐后，无论何色人等皆受此七年教育，然后听其任为各项事业。”第三章第十二节又说：“寻常小学堂学生卒业后，任本人志愿，或升入高等小学，或地方已办有简易农工商实业学堂，听其径往学习。”二十九年《改订章程学务纲要》中有一段说：“初等小学堂意在使全国之民，无论贫、富、贵、贱，皆能淑性知礼，化为良善。高等小学堂，普通中学堂，意在使入此学者，通晓四民皆应必知之要端。仕进者有进学之阶梯，改业者有谋生之智能。”就这二种学制看来，凡人都可受一时期之教育。学了之后，升学谋事，听人自决。故就条文看，似乎已经成了单轨的平等学制。但《壬寅癸卯学制》[15]有两个缘因够不上单轨制之资格：一、女子教育摈在系统之外；二、实际上皂隶一流的子弟，也被“身家清白”四字，摈在教育之外。光绪三十三年，虽有《女学堂章程》颁布，但年限不同，可算是两性的双轨制。至于“身家清白”的观念，直到宣统年间还没有淘汰干净（一九一〇年浙抚批李家桢禀皂隶子弟一律准入学堂）。到了民国成立。以平民主义为本，纯粹单轨的学制方才发生。

后来袁世凯预备做皇帝，先从教育入手，仿效德国办法，分小学为二种：一国民学校，即现在之初等小学，为纯受义务教育者而设，办理可从简便；一预备学校，与初小相似，为志在升学者而设，办理须求完备。

这是民国四年二月四日《教育纲要》中所说的话。到十一月七日居然下《预备学校令》，规定预备学校，附设于中学校，修业年限七年。

至此，民国立国根本的单轨制的教育一变而为双轨制的教育，但为时很短，没有实行出来，已跟随袁皇帝去了。自《预备学校令》取消以后，单轨的平等学制，得以保全。今次所订的《新学制草案》，是仍旧依据这种平民主义做的。

两性的影响与平民主义有密切关系的，即是两性的区别。光绪二十八年以前的学堂章程，无女子教育的规定。好像在拟订章程的人的心目中，教育只是男子所独享的。二十九年修正章程以“家庭教育包括女学”。那时拟订章程的人，对于女子教育的观念，可从下文得一个大概：

> 惟中国男女之辨甚谨，少年女子断不宜令其结队入学，游行街市，且不宜多读西书，误学外国习俗，致开自行择配之渐，长蔑视父母夫婿之风。故女子只可于家庭教之，或受母教，或受保姆之教，令其能识应用之文字，通解家庭应用之书算物理，及妇职应尽之道、女工应为之事，足以持家教子而已。

照上文看起来，二十九年的学制当中，还没有女子的位置，那时女子教育只是包括在家庭教育当中。迟至三十三年才有《女子学堂章程》发现，那年正月二十四日颁布《女子师范学堂章程》三十六条，《女子小学堂章程》二十六条。这是女子教育最可纪念的一天，因为女子教育在学制上占领位置实从此日起。这时之女子教育可注意之点如下：

（一）女子教育与男子教育是分开的。

（二）女子初等小学堂和师范学堂都比男子的少一年。

（三）女子中学尚未占领地位，女子教育到师范学堂为止。

民国成立之后，就学制方面看，小学里男女同学并未说明，修学年限男女却是一样的。五年颁布《国民学校令》施行细则第十九条说：“国民学校或其分校同学年之女生数足敷编制一学级时，应分别男女各编学级，但第一第二学年不在此限。”《高等小学校令》施行细则第十六条说：“高等小学校或其分校应分别男女各编学级。”换句话说，那时国民小学三年级以上可以同校，但最好不同级；高等小学可以同校，但不可同级。近几年来国民小学男女完全同级的，已是常事；高等小学中男女同级的也已渐渐发现。至于中等教育，民国初年，女子初级师范学校之外，《女子中学校章程》之上，立《女子高等师范章程》。实际上《女子中学校章程》颁后九年内，只有制裁私立女子中学之功用，公家设立的女子中学校很少。至于《女子高等师范学校章程》简直是虚设了八年多。到了八年四月二十三日，北京女子师范学校改为北京女子高等师范学校的时候，才是第一次的实现。自民国九年北京大学、南京高等师范学校相约招收女生，政府默认之后，高等教育对于男女同学的困难，已经打破。十年广东省立中等学校开始招收女生，北京高等师范学校附属中学校亦有试办男女同学之举。中等学校是否宜于男女同学，姑且不谈，但是中等学校的男女同学的难关，至此时确是已经打破了。

我们可以说："到了民国十年的时候，依理论方面看，女子与男子在教育上已享平等的地位；下至幼稚园，上至大学，女子皆可得教育的机会，女子皆可与男子同学。"《新学制草案》对于两性问题，不加区别，与二十八年的学制同一形式，但用意大不相同。二十八年的学制只承认男子能有教育，女子在教育上是没有位置的。所以凡教育只是男子教育的别名。但按《新学制草案》的用意，教育是男女共有的，并可以同得的。从男子独享的教育而变为男女共有的教育，时间只化了二十年，进步的敏捷，实可令人惊叹。以后我们的责任，只须在数目上去求扩充，性质上去求改良就是了。

教育行政与学制之分合　按光绪二十四年和二十八年的《学堂章程》所规定，学堂和教育行政机关是混合为一的。光绪二十四年五月《京师大学堂章程》论大学堂与各省学堂的关系说："今京师既设大学堂，则各省学堂皆当归大学堂统辖。"又说："各省、府、州、县学堂训章，应由大学堂总教习总办拟定，请旨颁示。"当时协办大学士孙家鼐甚至行使他的权势，禁止康有为的著作。他的《严禁悖书折》说："皇上既令臣节制各省学堂，臣以为康有为书中凡有关孔子改制称王等字样，宜明降谕旨亟令删除。"二十八年管学大臣张百熙《奏定学堂章程》亦有"京师大学堂[16]主持教育，宜合通国之精神脉络而统筹之"的规则，但学堂对于教育行政之责任，比前更加详明。上级学堂对于下级学堂有复试学生给予奖励之责，下级学堂对于上级学堂有报告之责。下级学堂教习如有不谙教法及讲授疏懈的，上级学堂有查察撤退之权。京师大学堂对于省立高等学堂及同等学堂，高等学堂对于官立中小学堂及同等学堂，官立小学堂对于蒙学堂，都发生这种关系。至官立小学堂对于蒙学堂，并且规定有“稽查课程之责”。照此看来，此时之学堂不但是培养学子的机关，而且是承上启下的行政机关。管学大臣，不独要管京城大学堂，又要管外省各学堂事务。后因学务加繁，势难兼顾。到了二十九年十一月会奏改订章程的时候，张之洞[17]等请在京师专设总理学务大臣，以统辖全国学务，别设大学总监督，奉旨颁行。大学及全国学堂，从此纯粹从事教学，不再带教育行政之彩色。

学制系统之变迁 中国开办学堂之初，范围很小，如同治元年一直到甲午年间所开之学堂，大都是“一段制”的学堂。在底下没有基础，在顶上没有研究。除开一二例外，我们可以说，这三十余年中几乎尽是“一段制”的学堂。由“一段制”进为“二段制”，虽发轫于沪广两同文馆与北京同文馆之关系，但是明定之办法是从光绪二十一年起的，那时津海关道盛宣怀创设北洋西学堂，由直隶总督王文韶奏准开办，分头等二等学堂各一所，均四年毕业，二等学堂即“外国所谓小学堂”，头等学堂即“外国所谓大学堂”。二等学堂毕业升入头等学堂。二十二年七月，孙家鼐《议复开办京师大学堂折》亦主张“两段制”。他说：“小学之学生数年后中西各学俱通，升入大学堂。”这可证“两段制”在当时是一种应时而出之制度和观念。

“三段制”的学堂由李端棻开始建议，他在二十二年的时候，奏请推广学校，主张府州县学、省学及京师大学各以三年为期。二十三年盛宣怀创办的南洋公学的计划，已是按着“三段制”做的。外院之上（附属小学）要陆续开办上中两院。二十四年奏定之《京师大学堂章程》亦分大学堂、中学堂、小学堂三段阶。

光绪二十八年的学制，连大学院共分七段阶，二十九年的学制亦分七段阶，民国元年的学制——蒙养院大学院未列入——共分五段阶，新学制草案分六段阶。兹将这些学制系统图列后，以资比较。（《新学制草案》和说明登在呈件栏内，可以参看。）

《壬寅学制》系统图

（光绪二十八年　1902）

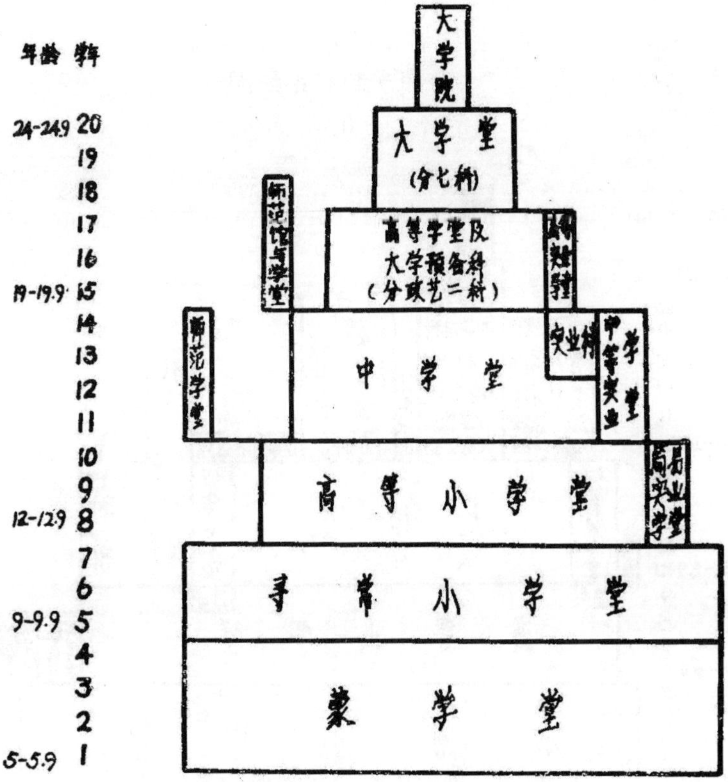

《壬寅学制》系统的要点

这系统图是依据光绪二十八年张百熙《奏定学堂章程》的条文做的，他的要点如下：

1. 学制系统同时是教育行政系统；
2. 女子没有位置；
3. 系统全体有二十学年；
4. 初等教育有十年；
5. 四年的中等教育；
6. 中学可分实业科；
7. 高等实业学堂和大学预备科都是平辈的；
8. 高等学堂和大学预备科都是分科的；
9. 大学是分科的，并是综合的；

10. 大学连预科共六年；

11. 补习教育是年规定；

12. 各段教育没有限一致的。

《癸卯学制》系统图

（光绪二十九年 1903）

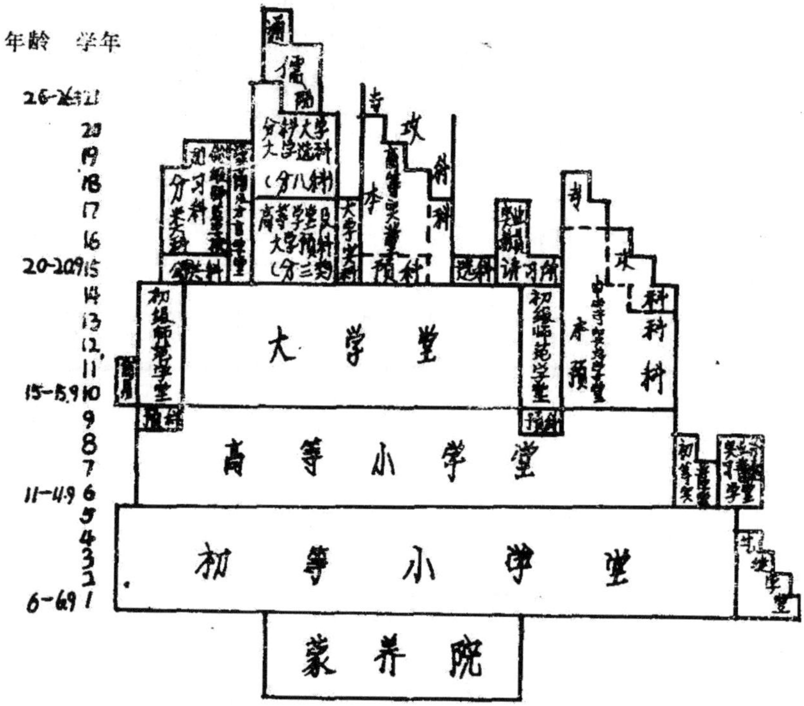

《癸卯学制》系统的要点

这系统图是依据光绪二十九年张百熙、荣庆、张之洞《奏定学堂章程》的条文改做的，他的要点如下：

1. 学制系统与行政系统从此分开了；
2. 女子教育只包括在家庭教育中；
3. 系统全体共计二十一学年；
4. 初等教育减一年，共九学年；
5. 初等小学堂有艺徒教育与他平行；
6. 中学与初级师范加一年为五年；

7. 中等实业学堂程度提高；
8. 高等实业学堂与优级师范程度提高，超过高等学堂；
9. 大学预科是分科的；
10. 大学是分科并是综合的；
11. 大学连预科年限为六年至七年；
12. 高等教育多有预科；
13. 师范教育加实业教员讲习所；
14. 补习教育与高等小学平行；
15. 各段教育比前多参差的机会。

《壬子学制》系统图

（民国元年　1912）

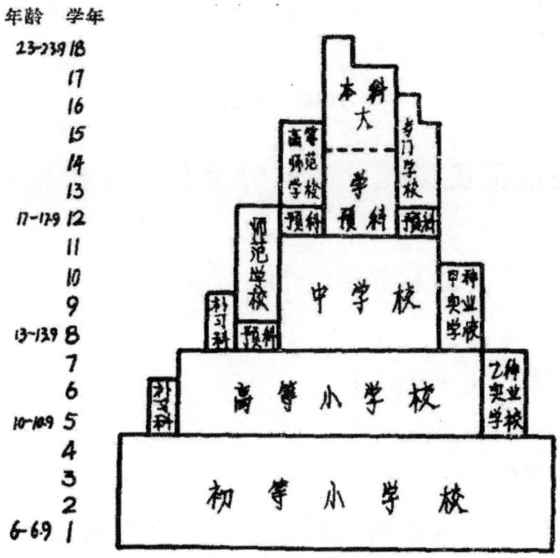

《壬子学制》系统的要点

这系统图是依据民国元年临时教育会议通过教育部公布之学校系统改编的，但这系统图公布在各规程之前。等到各种规程颁布之后，不无变更之处。所以实际上民国的学制不像这样简单，比较起来还是下表正确些。

《壬子癸丑》学制系统图

（民国元年至二年 1912—1913）

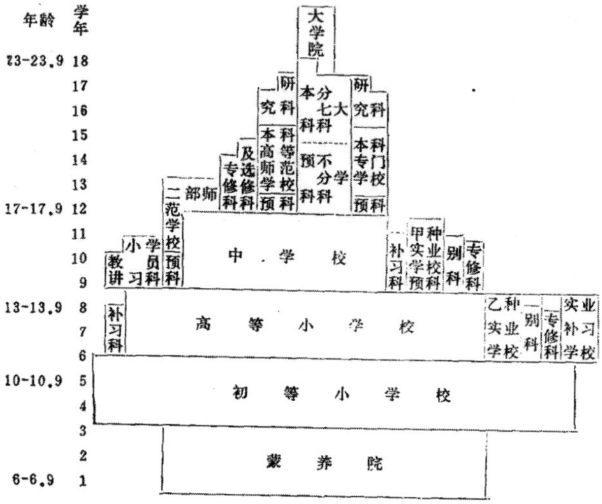

《壬子癸丑》学制系统要点

这系统图是依据民国元、二年所颁布之各种规程做的，他的要点如下：

1. 女子教育与男子教育是平等的；
2. 系统全体减去三年共十八年；
3. 初等教育减二年为七年；
4. 中学校减一年为四年；
5. 中等实业教育降低；
6. 高等专门教育又得提高的机会并可与大学齐；
7. 大学预科不分科；
8. 大学是分科的综合的；
9. 大学连预科年限仍为六年至七年；
10. 高等教育通行预科制；
11. 补习教育与高等小学及中学前二年平行；
12. 各段教育比较起来，师范与实业教育的年限增加参差的机会。

各段学制之变迁 上面所说的，是关于学制系统全部的变迁，现拟分段叙述找出各段教育变迁之线索。

（一）初等教育在学制上之变迁 光绪二十一年直督王文韶奏准开办

之北洋西学堂，规定二等学堂四年毕业。二十四年《京师大学堂章程》未载明小学堂修业年限。《壬寅学制》分初等教育为三段，即四年蒙学堂，三年寻常小学堂，三年高等小学堂，共计修业年限十年。或以为蒙学堂即幼稚园之误，但蒙学堂入学年龄为满五岁至满九岁，显是初等小学，故必须并入计算。吾国初等教育制度以此为最长，确是太长了。次年《癸卯学制》颁布，分高等、初等小学堂两种，将蒙学堂并入，减去一年，加到中学里面去。虽是进步，但初等小学五年，高等小学四年，共计九年的初等教育，仍是太长。各地办学的人，都感困难。不得已于宣统元年三月，颁布小学简易科办法，定毕业年限为四年、三年两种。但颁布后一年，当局以其易起纷歧，即折中定制，一律以四年为毕业期限，并取消简易科名目。故初等教育到了宣统二年末了的时候，已由"五四制"变成"四四制"了。《壬子学制》更减去高等小学校一年，这是现行的"四三制"。《辛酉学制草案》主张再减少一年，并为六年一段制的初等教育。草案说"各段大致以儿童身心发达时期为根据"，初等教育即是依据童年时期分的。我有几个问题提出来请大家考虑：

一、教育分段是否可以单依学生身心发达时期分的？

二、中国儿童之童年时期是不是六岁至十二岁？

三、"四三制"经过十年试验之后，有何不良之处？

四、如有不良之处，是否必须采用六年一段制才能矫正的？

五、采用六年一段制时所得之益，是否可以胜过取消"四三制"时所受的害？

六、采取六年一段制是否必须牺牲"四三制"？

七、六年一段制的第二期两年是否可以单独办的？

（二）中等教育制度之变迁　光绪二十四年，南洋公学[18]开办中院，定四年毕业。《壬寅学制》亦规定四年为中等学堂修业期限。《癸卯学制》增加一年为五年（中等实业学校甚至有加至七年的）。此举颇为得力。到壬子改制时除师范学校外又减到四年，可算退步。虽有继续办理五年中学的，然究属少数。《辛酉学制草案》[19]一面使职业教育的年限可以大加活动，一面将中学教育分为高初两级，总共加到六年，此举很可庆贺，因为职业教育最要留伸缩的余地，而专门事业的基础的中学教育四年，确是不够的。既有了六年来做专门事业的基础和较高职业的准备，又使难易不同的和程度较浅的职业教育可以伸缩他的年限，真是一举两得。不过有个问题发生，就是高初两级中学合起来办与分起来办的利弊与办法，不可不详加讨论。

论到组织方面，《壬寅学制》有一优点，就是中学第三年起可以设实业科，与中等实业学堂平行。换句话说，这就是同时采用分校制和分科制。《癸卯学制》取消实业科，完全采用分校制。但就社会需要与学生性情两方面着想，这种分科制都是应该扩充利用的。到了宣统元年，中学复实行文实分科，但过了两年多，民国开国的几位教育家又把他随便除掉了。民国四年文实分科的运动又发现。民国六年南京高等师范开办附属中学，更进一步设农工商科。吾国政府立的学校，由升学的文实分科，进而为职业的分科，或是从此时起的。以后虽遇阻力，但中学分科的趋势不可遏止。到了民国八年，教育部允许中学校得酌量地方情形增减科目及时间，中学校发展的自由因此增加。民国九、十两年，中学采取分科制或分组制的逐渐加多。民国初年一律的中学制度几乎无形打破了。《辛酉学制草案》主张分科制与分校制同时存在，是欢迎中学分科的趋势，是在学制上给分科中学一个位置。

（三）高等教育制度的变迁　甲午前的专门教育对于以后的高等教育制度的影响很少，暂且不谈。光绪二十二年，孙家鼐议复京师大学堂情形，拟分立天学、地学、道学、政学、文学、武学、农学、工学、商学、医学十科。他自己称赞说："虽草创规模未能开拓，而目张纲举已为万国所无。"这是第一次筹办大学的情形。但当局方面故意搁置，到二十四年才正式开办。功课分普通、专门两类，普通功课十种，与一种外国语文，必须于三年内读了，这明明是一种预科办法。专门功课亦分十种，每个学生于普通学科卒业后各选一种或二种学习，但是不像后来那样呆板。第一次有系统组织之高等教育，到二十八年方发现。壬寅年高等教育制度的特点如下：

一、第一段为高等学堂及大学预备科，设在大学堂里的，叫做预备科；设在各省的，叫做高等学堂。大学预备科和高等学堂的课程都是一样的，并都是三年毕业，都分政艺两科，都是预备学生升入大学堂的。所以高等学堂和预备科只是一个东西。与他们平行的有四年的师范馆、师范学堂、三年的仕学馆和三年的高等实业学堂。换句话说，专门学堂和大学预科是平辈的。

二、大学堂三年毕业分七科：政治、文学、商业三科由预备科之政科卒业生升入；农业、格致、工艺、医术四科由艺科卒业生升入，这是所谓之综合大学。

三、大学院为学问极则，主研究不立课程，不定年限。

癸卯改订学堂章程，大学预科与高等学堂的关系仍旧，但加分为三类，并设大学实科与之平行。此时这里最显明的变更有二：1. 专门学堂程度提高，几乎有与分科大学相等的；2. 专门学堂开始设预科。至于分科大学最重要的变更，就是加经学科，合为八科；并增加政法科及医科中之医学专门之修业年限为四年。大学院改为通儒院，以五年为限。

癸卯以后，民国以前，高等教育制度还经过一二变更。宣统元年大学预科改为京师高等，减为二类；分科大学裁去医术科，改为七科。二年四月，高等农业、商业之预科一并裁撤。

这种情形直到民国元年。照元、二两年所颁布之高等教育看来，有下列的重要改革：

一、大学预科取消分科制，并须附设在大学里，各省之高等学堂一律取消。那时高等学堂固亦有办理不善的，但一概取消，使各省忽然失掉一个文化中心，未免可惜。

二、恢复专门学校之预科再加一度的提高，连研究科计算在内，简直可与大学不相上下。专门学校与大学的分别愈足引人怀疑了。

三、分科大学制，除去经学科，恢复医科，共七科，或文、理二科并设，或文、理兼法、商二科，或理科兼医、农、工三科，或二科一科，都可称为大学。京师大学堂即以文、理、法、工四本科及预科组织而成。民国六年九月，大学制度复加修改，设二科以上的得称为大学，那只设一科的称为某科大学。单科大学之名从此起。并改大学修业年限为四年，预科为二年。后来北京大学废科分系和十年东南大学之设教育科与一年的预科，都很与《大学令》[20]有出入。至专门学校方面，九年十二月北京工业专门学校废除预科，改本科为四年。这是与宣统末年废除专门预科的情形相仿的。

《辛酉学制草案》对于高等教育有可注意之点如下：

一、设单科的亦得称为大学，这与民国六年的《修正大学令》相仿。

二、大学与专门学校废除预科为一当行之事，是可以拿本国办预科的历史来证明的。

三、大学毕业期限定为四年至六年，伸缩的机会加多，也可以欢迎的。

四、研究院不定年限，亦与现制同。

但我对于新学制的高等教育段，有一个疑问。这疑问就是：四年的高等专门学校与四年的单科的大学究竟有什么分别？

（四）师范教育制度之变迁　光绪二十三年，南洋公学先设师范院以培养上中两院教员为目的，分格五层依次递进。二十四年京师大学堂成立，设师范斋，选大学前三级高才学生入斋学习。这都是单级制的师范教育。《壬寅学制》规定两级师范教育制度：一是与大学预科高等学堂平行的，称为师范馆，或师范学堂；一是与中学堂平行的，称为师范学堂，均四年毕业。

癸卯颁布优级、初级师范两种章程，初级师范增加年限为五年，优级师范规定公共科一年毕业，分类科三年毕业。此外优级师范得设加习科，初级师范得设一年简易科，并在实业学校里设实业教员讲习所，分完全、简易两种。师范教育的规模比《壬寅学制》详备多了。

三十三年颁布《女子师范章程》四年毕业，与五年的男子师范不同。又因应济特别需要，于宣统二年在优级师范中设选科及补习科。初级师范虽有酌量停办简易科之举，但各地需要教员急不可待，于是单级教授练习所及临时小学教员养成所章程于宣统三年相继颁布，临时小学教员养成所肄业年限为一年以上二年以下。这是前清末年的情形。

民国成立后，改优级师范为高等师范，公共科为预科，分类科为本科，加习科为研究科，并限制设校，各省优级师范相继取消。高等师范，均由国立。同时，初级师范学校改为师范学校，临时小学教员养成所改为小学教员讲习所，实业教员养成所取消。此时重要的变更就是使女子师范与男子师范立在同等地位。

民国四年恢复实业教员养成所，改订毕业年限为四年，取消简易科，并改小学教员讲习所为师范讲习所。民国八年山西开办国民师范学校，以应义务教育之需要。这种办法是比师范讲习所要强得多。近年来师范学校因受中学选科的影响，亦纷纷采取分科或选科制。

以上是《辛酉学制草案》制定前之状况。

《辛酉学制草案》所定师范教育有六种：一是三年普通、三年师范的六年师范教育，二是初级中学毕业后之三年师范教育，三是四年的高等师范教育，四是大学的师范科（怕也是四年），五是相当年期的师范讲习所，六是高级中学职业科里附设的职业教员养成科。

《辛酉学制草案》关于师范教育的各种问题，当另作文讨论。在这里我只提出一点，希望大家注意，就是师范教育制度是应当符合全部学制的需求的。草案中之师范教育，是不是充分适应这个需求？

（五）补习教育制度之变迁　《壬寅学制》中尚无补习教育的位置。《癸卯学制》设实业补习普通学堂，“令已经从事各种实业及欲从事各种实业之儿童入焉，以简易教法授实业所必需之知识技能，并补习小学普通教育为宗旨……三年毕业”。这是为从事实业的人学习实业补习普通教育的学校。宣统元年所颁布的《简易识字学塾章程》，毕业年限定为三年以下；到宣统三年改修业年限为一年、二年两种。这是为年长失学贫寒无力就学的子弟设的学校。

民国成立后，初等、高等小学校均得设补习科，招收初等小学或高等小学毕业生和有同等以上的学力的学生进去学习，这是继续补习及增进学业的补习学校。光绪三十一年曾有半日学校的运动。到民国三年，为幼年失学便于半日或夜间补学起见，颁布《半日学校规程》。补习教育问题，现在还没有得到相当的重视。这次《辛酉学制草案》初等教育段内为年长失学的人设补习学校，又在初级中学段内为作工儿童设半日、半夜、日曜等补习学校。但补习教育之目的：一是使缺少普通学识的补足必不可少的普通学识，二是使缺少生利能力的补足必不可少的生利能力，三是使已有学问能力的都可得继续增进学识技能的机会。其中有受过学校教育的，有未受过学校教育的；所补习的教育及补习的方法，有与学制分年进程符合的，有全与学制系统不相符合的。例如，年长失学的人关于普通教育的补习，和未受过教育的工人关于职业教育的补习，几乎完全不能配入通常之学制。所以凡是这一类的补习教育，似乎有另立系统的必要。

原载《新教育》第4卷第2期，1922年1月

【注释】

①同文馆，全称京师同文馆，清末培养翻译人员的学校。1862年在北京成立，先后开设英文、法文、俄文、德文、日文等馆。1902年并入京师大学堂。

②船政学堂，清末海军学校。

③机器学堂，清末工业学校。

④武备学堂，清末陆军学校。

⑤“中学为体，西学为用”，清末洋务派教育主张的核心思想。所谓“中学”，主要是指维护“三纲五常”的经史之学，又称“旧学”；所谓“西学”，主要指“西政”与“西艺”，又称“新学”。“中学为体”就是以中国传统“旧学”为政治、文化教育的主体；“西学为用”就是在不触犯中国封建专制君主政体的前提下，运用西方的文化教育和科学技术以巩固封建统治。洋务派的后期代表张之洞，在《劝学篇》中指出：中学为旧学；西学为新学；旧学为体，新学为用。

⑥孙家鼐（1827—1909），字燮臣，安徽寿县人。戊戌变法时，任管学大臣，并主办京师大学堂。

⑦二十四年的学堂章程，指光绪二十四年（1898年）拟定的《京师大学堂章程》。

⑧光绪二十八年的学制，即1902年（光绪二十八年）由张百熙拟定呈奏清政府颁布的《钦定学堂章程》（《壬寅学制》）。

⑨张百熙（1847—1907），字埜秋，湖南长沙人。同治进士，曾任吏部、户部、邮传部尚书等职。

⑩二十九年的学制，指1903年（光绪二十九年）颁布的《奏定学堂章程》（《癸卯学制》）。由张百熙、荣庆和张之洞合拟。

⑪“六三三制”，即小学六年（初小四年，高小两年）初中和高中各三年的学制。详见《学校系统改革令》（《壬戌学制》）。

⑫“纵横活动”，指各级各类学校之间的联系。纵是指各级学校之间的纵向联系；横是指各类学校之间的横向联系。

⑬李端棻（1833—1907），清末维新派，历任学政、刑部侍郎等职。

⑭盛宣怀（1844—1916），江苏武进人，洋务派代表人物。曾任工部左侍郎、邮传部尚书等职。曾创办中西学堂和南洋公学。

⑮《壬寅癸卯学制》，即《钦定学堂章程》（《壬寅学制》）和《奏定学堂章程》（《癸卯学制》）的合称。

⑯京师大学堂，我国近代最早的大学。1898年于北京开办，为戊戌变法的新政措施之一。1912年5月改为北京大学。

⑰张之洞（1837—1909），字孝达，号香涛，清末洋务派后期首领。曾任翰林院侍讲学士、内阁学士等职。中日战争后，积极派遣留日学生，招聘外国教员，推行新教育。1898年发表《劝学篇》，提出“旧学为体，

新学为用”，维护封建统治。1907 年调任军机大臣，管学部。

⑱南洋公学，1896 年由盛宣怀创办于上海，辛亥革命后，改为交通部上海工业专门学校。1921 年，同唐山工业专门学校、北京邮电学校等合并，改名为交通大学。

⑲《辛酉学制草案》，即 1921 年（辛酉年）全国教育联合会第七届会议通过的《学制系统草案》。

⑳《大学令》，高等教育法令，由当时的中华民国教育部颁行。

新学制与师范教育[①]

《新学制草案》里所规定之师范教育有六种：一是三年普通科三年师范科的六年师范教育，二是招收初级中学毕业生学习之三年师范教育，三是四年的高等师范，四是大学的师范科，五是相当年期的师范讲习所，六是高级中学职业科里附设的职业教员养成科。高等师范和师范讲习所大概依照旧制。第一和第二两种是依据“三三制”的办法定的；中学校得兼办师范科是适应本年中学校设立师范组的趋势定的；大学师范科是适应近年大学设立教育科的趋势定的；职业教员养成科是适应近年职业教育的需要定的，这几点都可受我们的欢迎。但就全部看起来，《新学制草案》中之师范教育段很有几个缺点，可以商榷。我先提出几条普通原则和师范教育的现状来讨论，然后再看师范教育段的缺点究竟是哪几种，并应该如何去修正。

（一）教育界要什么人才，就该培养什么人才。教育界所需要的人才可分四种：一是教育行政人员，二是各种指导员，三是各种学校校长和职员，四是各种教员。吾国自办师范教育以来，无论高等师范、初等师范，只顾到第四项，只是以造就教员为目的，对于教育行政人员、指导员、校长和职员的训练都没有相当的注意。虽然师范学校里面有管理法、教育法令一类的功课，但是很不完备。那开通的省区有时也为办学人员开短期的讲习会，但无系统的研究，无相当的材料，无继续的机会，故不能使他们得充分的修养。大家都以为这种种职务可以不学而能，人人会干，无须特别的训练，更无须科学的研究。结果只好把他们交付给土绅士和小政客去办理。中国学务不发达的原因固多，但是教育行政办学指导人员之不得相当培养也是个很重要的原因。所以我主张，凡教育界需要的人才都应当受相当的培养。我们教育界需要什么人才，即须造就什么人才。我们应当有广义的师范教育——虽所培养的人以教员为大多数，但目的方法并不以培养教员为限。

再进一步，就培养师资而论，现在师范教育的功效也是迂就的，片面的。

试看国内的高等师范，他们对于培养中学校和师范学校的教员，毫无分别。难道师范学校里所要的各科教员，可以和中学校一样的吗？这是高等师范最迁就的一点。

初级师范大多数设在都市里面，毕业生所受的教育既不能应济乡村的特别需要，而他们饱尝都市幸福的滋味，熏染都市生活的习气，非到必不得已时，决不愿到乡下去服务，于是乡村学校的师资最感缺乏了。补救这种缺乏的方法就是所谓之师范讲习所。但是这种师范讲习所，我们既不以正式学校看待他，所以因陋就简，办理不能适当。总之就中国现在所办的师范教育而论，城里的人叨便宜，乡下的人吃大亏。我们要乡村教员，就应培养乡村教员以应济乡村的特别需要。

再进一步，就培养都市教员而论，现在的初级师范教育也有应该斟酌的地方。初级师范毕业生的心理是很愿意做高等小学的教员，他们在国民小学里做教员，似乎是不得已的。初级师范对于初等小学和高等小学教员的养成很少分别。目的不分明，所以办法也很笼统，高等小学和初等小学都不免有所迁就。近来师范学校内也有采分组制的，这是为高等小学应济需要的一种办法。山西于民国八年设立大规模的国民师范学校，专以培养国民小学教员为目的。由这两种趋势看来，高等小学教员与初等小学教员的养成似乎应该有些分别。

总之，教育界要什么人才，就该培养什么人才。教员之外，教育界还要什么人才，就该培养什么人才。教员的种类有因学校等级分的，有因市乡情形分的，也有因学科性质分的。我们要什么教员，就须培养什么教员。

（二）教育界各种人才要什么，就该教他什么；要多少时候教得了，就该教他多少时候。如果因为种种情形一时教不了，就该把那必不可少的先教他，以后再找机会继续地教他；到了困难渐渐地解除之后，就该渐渐地看那必不可少的学识技能之外还缺什么就教他什么，还缺多少就教他多少；时期的长短都依这种情形酌量伸缩。这条很明显，可无须举例。最难的是进一步的分析的工夫。究竟一位县教育局长、市教育局长、中学校长、初级师范国文指导员、高级中学理化指导员、小学校长、前四年的小学教员、幼稚园教员应当学的是什么？要多少时候学了？如果一时不能学了，究有什么可以缓学？可以缓学的究须多少时间才能补足？我以为这种分析的手续没有办到之先，若想定各种人员养成的时期总是勉强的。我们最需要这种分析的手续，但不能立刻办到，我姑且提出来作为继续共同研究的起点。

（三）谁在那里教就教谁。若想把教育办有成效，必须依据实际情形。我们试把眼睛打开一看，实际上究竟有哪几种人在那里从事教育？大学堂的毕业生、专门学校的毕业生、高等师范的毕业生、中学校的毕业生、初级师范的毕业生、实业学校的毕业生，甚至从高等小学出来的科举出身的先生，都是实际上在那里操教育权。除开高等和初级师范的学生外，其余的几乎是完全没有受过特别训练的。他们既在那里实施教育，自有受训练的必要。论到教师所能受的训练，学校出身与科举出身的教师，当然不能一致。

科举出身的教师现在还是很多，恐怕十年之内他们的数目不能大减。南京现有私塾五百六十余所，广州私塾千余所，塾师多由科举出身，在他们势力下的学生各以万计。我以为既有这许多科举出身之人实际上在那里操纵儿童的教育，我们决不能不设法使他们得些相当的训练。因为谁在那里教，就该教谁；塾师在那里教，就该教塾师，一天有塾师，即一天要训练塾师如何改良。

论到未受训练的学校出身的教师，我姑且把那些从专门和实业学校里出来的除开，专论从大学、中学、高等小学出来的教师。

大学校出来的毕业生或学生（包括国立、教会立、私立）除入政界、商界、实业界服务或留学外，多到中等学校里去充当教员。这些人当在大学肄业的时候，有好多已经发现充当教员的动机了。如果学校里乘他们未毕业之前，给他们些关于教育上的训练，必定是很有效力的。

中学校的毕业生除升学的和闲在家里的外，大多数是在那里做教员。我信中学毕业生充当教员的当不下三分之一。这两年来，我曾提议在中学里设师范科。现在已有几处在那里试办。有人说：中学里没有相当的环境、设备和附属小学，若设师范科，恐怕将来出来的毕业生一定没有师范学校里出来的好。这或者是不错的。但就事实论，我们不能拿师范学校的毕业生来和中学师范科的毕业生比；我们所应该比较的是未受训练的中学毕业生和中学师范科的毕业生。总之，中学毕业生是不是在那里教人？是。受过训练没有？没有。要不要训练？要。好，设师范科。

高等小学出来的学生，有好多在那里做国民小学教员。开通的地方少些，越到内地去越多。我不但主张在中学里设师范科，我并曾主张高等小学末年亦得设师范课程。也有人反对说：现在师范毕业生程度已嫌太低，我们何能教十三岁左右的高等小学毕业生去做教员？我也请大家只须在事实上着想。第一，实际上高等小学的毕业生要去做教员的并不止十三岁。第二，我们要看实际上有没有高等小学毕业生在那里做教员？如果没有，或是太少，当然无须。如果有的，当然要训练。相当的训练是有益无损的，是断断乎有胜于无的。我再举一例，假使一个人家有两个孩子，大的在高等小学里做学生，小的在家里没有人教，左近也没有国民学校可进。在这种情形之下，我们应当怎样？还是任小孩子失学呢？还是叫大的孩子每天放学回家时教他？当然叫大的孩子教他。大的孩子能不能教？能。如果高等小学里曾经教他怎样教人的法子，这大的孩于是不是更会教些？当然更加会教。这大的孩子受过训练后，有没有初级师范毕业生教得好？当然没有。那么怎样不请初级师范毕业生来教？请不起，这样经济得多。我并不是主张个个地方都是教高等小学程度的学生去做教员，也不是主张一个地方是永远应该如此的。大概教员的程度应当取渐进主义。本地各种情形进步到什么地位，师范教育的程度亦宜提高到什么地位。时候未到而不肯降低和时候到了而不知提高是一样的错误。

总之，实际上在那里从事教育的人的种类，是师范教育一个很重要的指南针。这些人一来要求办师范教育的人给他们补充学识的机会，二来暗示办师范教育的人说："像我们这一类的人后来陆续出来做教员的还不在少数，你们应该预先去培养他们。"

照上面所提的普通原则看起来，《新学制草案》之师范教育段，有下列应当注意之点：

一、师范教育段，是不敷学制的需要的。师范教育段只有高等师范学校（与大学师范科同）和师范学校（毕业期限与高级中学等）两等；学制上所规定之学校有小学，初级中学，高级中学等级，故师范教育段不敷学制上各学校对于人才之需要。

二、高等师范规定四年，师范学校规定六年毕业，觉得太呆板，并没有逐渐提高的机会。如果把教育界各种人才所需要的学识技能分析之后再来规定年限，我觉得那时规定的年限，决不像这样一致。

三、最低的师范教育令十二年毕业。依中国现在的情形看来，十省有九省够不上这个标准。就最开通的省分当也有好多区域是够不上这个标准的。若专靠师范讲习所来救济，那么既不以正式学校看待他，结果必不能圆满。所以我觉得现在的师范教育有低下一格的必要。

四、高等师范入学之资格、毕业之程度既与大学同，似宜以单科大学称呼他。因为这种机关不止培养师资，简直就可称他为教育科大学。那设在综合的大学里面的就叫他为大学教育科。

五、师范讲习所的目的应该订得清楚。既是辅助义务教育的临时办法，他的宗旨就宜以训练未受学校教育人员充当教员为限。那受过学校教育的人要做教员，就叫他们依据程度去进相当之师范学校。

六、职业教师之培养专在高级中学职业科里面规定，也觉得呆板。

七、学问是进化不已的，从事教育的人应当有继续研究的机会，故师范补习教育亦应占一位置。

依据上面所说的，我对于《学制草案》中之师范教育段要提出意见如下：

一、初级师范以培养小学前四年之教员为目的，招收六年的小学毕业同等学力的来校学习，修业年限一年以上[②]。初级中学能设师范科者听。

二、中级师范以培养六年的小学的后二年与高等小学（如高等小学不完全取消）教师为目的，但同时得培养小学办学人员，招收六年的小学毕业同等学力的来校学习；修业年限四年以上，前期为普通科，后期为师范科。

三、中级师范学校得办完全科或专招初级中学毕业同等学力的学子，教以相当时期之师范教育，高级中学得设中级师范科。

四、兼办初级中级师范的学校，称为初、中两级师范学校。

五、高级师范以培养地方教育行政人员、初级中学同等程度之办学人员、指导员、教员为目的；招收高级中学毕业同等学力的来校学习，修业年限三年以下。

六、教育科大学以培养教育学者、教育行政人员、学校行政人员及高级中学同等程度之指导员、教师为目的。修业年限四年以上。（现在高等师范学校最宜改良的是内容和方法，增加年限而不改良内容和方法是无益的。如能改良内容和方法，就不增加年限也无妨。先去改良内容和方法，有余力时，再图增加年限，似是解决这问题的顺序。）

七、大学得设教育科及高级师范。

八、教育研究院修业年限一年以上，招收大学毕业生研究。

九、幼稚师范学校可独立设置，或附设在其他师范学校内。

十、师范讲习所以训练非学校毕业人员充当教师，并继续补充他们的学识技能为目的，期限不定。

十一、各种师范学校得设师范补习学校，以继续补充学校出身之教师之学识技能为目的，期限不定。

十二、为推行职业教育计，大学实科及高级中学之职业科内得附设职业教员养成科。但教育科大学、高级师范和中级师范内能培养职业师资者听。

总之，学制是要依据社会个人的需要能力和生活事业本体的需要定的。师范教育一面是为学制上各种教育准备人才，故要顾到学制上的需要；一面是一种事业，自然又要顾到他自己本体上的需要。上面对于各种师范教育所拟的年限虽是很可活动的，但还是假定的办法。我很希望研究师范教育的同志，早些把教育界各种职务所需之学识、技能，详细分析，再会合起来，看他们究竟要几多时候可以学得会，学得好。如果社会的财力人力和个人的境遇一时不能使我们透达圆满的目的，我们也可依据所分析的结果，拣那可缓的，留到后来陆续补充，以后再随社会个人能力的增进，逐渐地去谋提高和改良。

原载《新教育》第 4 卷第 3 期，1922 年 3 月

【注释】

①本篇为陶行知于 1922 年 1 月的演讲记录。

②此句在《江苏新学制系统草案讨论会委员会会议记录》中为“修业年限二年以上”。

中华教育改进社十一年度至十三年度计画概要①

一、进行方针

十一年进行方针，依据第一次董事会所议决："以改进中等教育为主。他种教育，得视人才、经济及需要，酌量图谋改进。"以后二年之进行方针，俟董事会陆续规定。

二、入手办法

先将必须改进之事项妥为分析，作为分途并进之目标。然后，依据各种目标，分门孰请专家从事解决；使各人对于每一目标，担负研究、调查、指导、推广之责。务期事当其才，责有专属，则种种教育，皆有改进之希望矣。

现今事属开创，经费不充，人才尤为难得。暂时除必不可少之专任人员外，拟就各地已有之人才，请其兼任职务。以后视经费逐渐扩充、人才逐渐增加之度，为推广专任人员之标准。若事属必举，苦无相当人才，则从事培植或借用外才，皆可行之方法也。

三、聘员雇员

（一）聘员

（1）主任干事。

（2）副主任干事。

（3）文牍（中文）。

（4）文牍（英文）。

（5）会计。

（6）庶务。

(7) 编译科主任兼《新教育》杂志主干。

(8) 调查科主任。

(9) 研究科主任。

(10) 推广科主任。

(11) 各种教育专员：地方教育行政专员，中学教育专员，小学教育专员，师范教育专员，职业教育专员，农业教育专员，工业教育专员，商业教育专员，国语教学法专员英语教学法专员，理化教学法专员，数专教学法专员，生物教学法专员，体育教学法专员，公民教学法专员，女子教育专员，特殊教育专员，学校卫生专员，学校建筑专员，乡村教育专员，外人在华经营教育专员，华侨教育专员，高等教育专员，边疆教育专员，家庭教育专员，社会教育专员，历史教学法专员，地理教学法专员，测验专员，图书馆专员，德育专员，教育经费专员，学生社会服务专员。

(二) 雇员

(1) 统计员；

(2) 绘图员；

(3) 缩写打字员；

(4) 抄写员；

(5) 事务员；

(6) 庋藏员。

四、编译

本社编译事业六种，分别于下：

(1)《新教育》杂志；

(2)《研究刊》；

(3)《中国教育革新消息》(拟用英、法、德、日四国文字宣传)；

(4)《教育年鉴》；

(5)《教育书报目录》；

(6)《新教育丛书》。

五、调查

本社调查事业三种，分列如下：

(1) 全国教育之统计；

（2）一处地方各种教育之调查——选择都市数处、乡村数处之教育调查之；

（3）一门教育之调查：关于制定各种效率标准之事实之调查；关于制定学业成绩标准之事实之调查；关于规定课程之最少要素所需之调查；关于其他各种教育之调查。

六、研究

研究分个人研究、联合研究二种。各人俱依问题性质分类担任。

七、推广

推广分下列七种：

（1）举行巡回指导；

（2）举行各种讲习会；

（3）承受私人或公共机关关于筹备教育事业之委托；

（4）对于教育界之重要问题尽力提倡、鼓吹；

（5）流通教育书籍；

（6）组织各种教育展览；

（7）举行通讯讨论。

八、交际

交际分下列三种：

（1）联络国内与教育有关系之人员及机关；

（2）招待外宾；

（3）派员赴国外教育及学术会议。

九、大会

每年开大会一次，报告一年来经过情形，征集来年改良之意见，演讲、讨论教育问题。

十、会所与设备

（1）总事务所之建筑（附教育图书馆及教育陈列所）；

（2）分事务所之组建；

（3）通常设备之购置；

（4）教育书报之购置；

（5）统计仪器之购置。

十一、社员会

社员同在一地方，有五人以上，得设社员会，以襄助本社事业之进行。

原载《广东省教育会杂志》，1922 年第 2 卷第 2 号

【注释】

①本篇发表时间为 1922 年 2 月。原发表时，无署名。编者推定，系由陶行知拟订。1922 年 2 月 8 日，在中华教育改进社召开的第二次董事会上议决："第一年经费三万元。请陶先生拟具预算并三年全部计划书，再行提议。"（《中华教育改进社在上海开会议事录》，《广东省教育会杂志》第 2 卷第 2 号。）据此可知，此计划概要系由陶行知拟定无疑。

【附录】

中华教育改进社十一年之计划与预算

（一）聘请之人员与薪俸

（1）主任干事一人，月 240 元，三分二之时间，自 2 月起，2 640；

（2）副主任干事一人，月 360 元，自三月起，3 600；

（3）文牍员*一人，月 100 元，自 2 月起，1 100；

（4）会计员*一人，月 50 元，自 2 月起，600；

（5）庶务员*一人，月 100 元，自六月起，700；

（6）编译科主任一人，月 50 元，自二月起（兼职），550；

（7）调查科主任一人，月 50 元，自二月起（兼职），550；

（8）研究科主任一人，月 50 元，自六月起（兼职），300；

（9）推广科主任一人，由副主任兼，不支薪，0。

总计：10 040。

（二）雇员与薪俸

（1）统计员一人，月 50 元，自二月起，650；

（2）缩写打字员一人，月 80 元，自二月起，770；

（3）绘图员二人，月共 70 元，自二月起，770；

（4）缮写员三人，月共 60 元，660；

（5）庋藏员一人，月 40 元，自二月起，440；

（6）书报管理员，月 20 元，自三月起（兼职），220；

（7）斋夫一人，月 10 元，自二月起，110。

总计：2 630。

（三）编译费

（1）《新教育杂志》*，每期 400 编辑费，4 000；

（2）《中国教育年鉴》，编辑费 500，印刷不必出费，500；

（3）《中国教育革新纪实》，用英、德、法、日四国文字，印刷与编辑费，2 000；

（4）《研究刊》，算在研究费内，印刷不必出费。

总计：6 500。

（四）调查研究费，邀请专门家兼任，10 000。

（五）推广费，2 000。

（六）交际费*，3 000。

（七）邮电费

（1）海电费 300；

（2）国内电报 500；

（3）邮资 1 000。

总计：1 800。

（八）旅费

（1）董事开会旅费，每年以四次为度，每次 900，3 600；

（2）主任干事与副主任干事旅费，2 000；

（3）美国派来科学指导员及教育调查员来往旅费，6 000；

（4）专员调查研究旅费，列在调查及研究费项下，不再开支。

总计：11 600。

（九）设备费

（1）打字机一架，140；

（2）统计仪器*，5 000；
（3）书架、报架、皮藏柜及其他家具，500。
总计：5 600。
（十）书报费
（1）图书*，3 000；
（2）杂志报章，600。
总计：3 600。
（十一）用品费纸张文具等，1 000。
（十二）印刷费，各种零件印刷费，500。
（十三）租金
（1）美国来华二专家住宅租金，1 000；
（2）总事务所租金（自下半年起），600。
（十四）伙食费，美国派来二专家伙食费，1 000。
（十五）大会费，1 000。
（十六）预备费*，十分之一，6 000。
总计：67 870。
注：凡款项上有*者，可以减少。

可敬之袁希涛[1]

袁先生有可敬之两点焉：

（一）学问之无止境，犹之吾人终身之进步无限期。袁先生或参观，或考察，或读书，研求学问，继续不已，此可为学校中人之表率。

（二）人尝云："十八岁老太婆，八十岁是青年。"袁先生年纪不小，然至合青年精神，有不觉其有胡须者。返观吾辈，或觉满口胡须也。

此两点为教育科同人所宜仿效者。

原载《教育汇刊》第 4 集，1922 年 9 月

【注释】

①本篇系陶行知在 1922 年 2 月 28 日的讲话记录。记录者为葛承训、卫士生、程宗潮。摘自《义务教育问题》一文，今题为编者所拟。

1922 年 2 月 28 日，南京高师、东南大学教育科及该校教育研究会，邀请袁希涛先生来校演讲义务教育问题，并举行专题讨论会。陶行知以主持人身份，首先致词介绍袁先生。其后，袁先生演说，并回答了有关问题。前后历时 3 小时。

袁希涛（1866—1930），字观澜，江苏宝山县人。曾任北洋政府教育部次长、江苏省教育会会长、中华教育改进社董事等职，时任江苏义务教育期成会会长。

中国女子教育之既往与将来[①]

今天是中国女子教育很重要的一个纪念日。在前清光绪卅三年正月廿四日（合阳历一九〇七年的今天三月八日），中国女子在学制上，方始占得一个地位[②]，所以可算是很大的纪念。

中国有女子教育已经有七八十年。在西历一八四四年，第一个女校开在宁波，是英国人耶稣教徒创办的[③]。在西历一八九七年，中国私人方始倡办女子的学堂[④]。这都是很可纪念的。光绪廿八年（一九〇二年）所定的学制[⑤]，还没有女子教育。到廿九年张之洞定学制，是为《奏定学堂章程》[⑥]，提到女子不能入学校，有两个理由：一，说女子入了学堂，成群结队地满街走，很不好看的；二，女子不可以读外国书，恐怕传染了西洋自由婚姻一切的习惯。所以说，女子读书，可在家里。这是家庭包括女子教育时期。此时政府虽不承认有女子学校教育，但私立女子学校却已办了好几年。光绪卅三年，女子在学校制度上，才有地位。这年三月八日颁布“女子师范章程”卅六条、“小学章程”廿六条，允许女子入学。那时女子教育的特点可以说：（一）男女不能同校；（二）学年也不能平等，小学教育，男子有九年，女子只八年；以学年论，女子要低一个头；（三）男子有中学以上的教育，女子没有中学。这时统计学生，每百个男生，只有两个女生，所以男女生比较起来，男生多四十九倍。

从光绪卅三年到现在，是退步呢，还是进步呢？若是进步，进步到什么地位呢？这是我们应当知道的。从前外国人都说中国没有女子教育；照现在说，要叫不深晓中国国内情形的人听见了，都要很惊异。何以呢？因为中国的女子教育，很有大的进步。

没有最近的全国统计。到民国五年为止，女生占学生总数 4％，分省的统计要近些，江苏女生有 13％，山西女生 12.5％。我从南京来，南京的情形知道的比较详细一点，那就拿南京的女子教育的统计报告一下：南京的童蒙馆有女生 13％，幼稚园 51％，初小 32％，高小 19％，中学 15％，大学 9％。十五年的工夫能够这样地发达，可算进步了。在从前，男女都是分校的，到了现在，幼稚园、初小、高小都可男女同学了。大学是北大和南高先开女禁的。至于中学，现在北京和广东的中学，都在那里试办男女同学。

讲到中学男女同学，一般办学的人，有赞成的，有反对的，社会上又像唯唯诺诺，那意思似看你们办得什么样？就理论说，由幼稚园一直到大学，都可以男女同学了，这不是对于女子教育的观念上一个很大的进步？

男女同学，年限、课程都平等了，我们就可以为满足了么？不是的，因为距我们的希望，还远得很哩，我们还要不绝地向前进取。

今再说中国女子教育今后的事业，是我们应该知道的，应该负责的。

一、江苏女生13%，要和男子一样多，还欠卅〔30%〕多人。甘肃百人中，女生不到一二个，不过千分之八九的光景。新疆还没有一个女学生的报告。那么应该如何使个个女子有受教育的机会，是不是我们的责任？

二、现在，女子在两等小学里的尚多，在中学就少了，大学更少了，如何使各级学校女子与男子数目的比例得到平等，是不是我们的责任？

三、多数学校的课程，不适于女子与社会的需要，所以课程应该使女子适应社会的变动。如何改良课程，使女子所学的能在社会、国家、世界上占重要位置呢？这是不是我们的责任？

四、现在知道中国女子教育情形的人实在很少。我只看见一个美国同志露懿士女士，她对于中国女子教育，很有研究。她著了两部书，一是《中国女子教育论》，一是《四川女子教育调查报告》，都可为研究女子教育的指南针。无论哪一种学问、事业，都应当有几个研究的专家，在那里研究考察。我们中国女界，这样的人很少，我很希望像露懿士女士的中国女子快快出来担负研究调查女子教育的责任。

五、各国对于提倡普及义务教育，是结合女子团体来促进的，中国现在还没有这种举动。所以我希望有智识魄力的女子，组织一个有势力的团体，去促进一切教育，要求中央政府、省政府、地方政府，为教育尽力。凡是我们觉得地方上办的学校不好，我们就极力去改良它，对及学龄而未入学的儿童，设法教他入校。若照这样的做去，那必有些效验了！

中国受过教育的女子，不下五十万，如每年每人带一个小孩子读书，劝一个老太婆相信进学堂的好处，那么假使人人都能这样，只要几年之后，收效当无限量！

女子的责任很重大，所以必要给她受教育，因为受过了教育的女子，就知道尽自己的责任了。做母亲的人，自己受过教育的，没有不给子女受教育的。然而父亲自己做了博士或是主人，他的子女或者有不受教育。所以不普及女子教育，好比一个人缺了一只脚，那么哪里支撑得住呢？其实何尝是一只脚，不过藏了不用罢了。所以这个责任，是应男女同负的。提倡女子教育，就是提倡普及教育，并也是普及世世代代的教育咧！

女子的责任大，受过教育的女子责任更大；男子似乎太忙，所以这时候正是女子应该出来做事的时候。我看，要在这十五周纪念日以后，比前更有进步，须具有两种的精神：

（一）开辟的精神。我们要在没有教育、没有女子教育和反对女子教育的地方，去办教育。前途的障碍，好比荆棘，要阻止我们的进行，所以我们须用大刀阔斧，砍将进去，一年不成，二年；二年不成，三年；总有一年可以成功。

（二）试验的精神。试验的精神，是进步之母。遇见了一个难题，就要去设法解决这个难题，法子不行，就研究考虑修改，再实行，再改，必有进步。

开辟是要使得能够成功，试验就是要使得能进步。我很希望中国的教育和女子教育像飞机一样向前向上，一日千里，继续不已地进步。但要想继续不已地进步，就须继续不已地开辟，继续不已地试验，这是我的机会和责任，是你们的机会和责任，也是我们大家的机会和责任。

原件存安徽师范大学图书馆，出自《民国日报·妇女评论》第 32 期

【注释】

①本篇系陶行知 1922 年 3 月 8 日在神州女子学校的讲演记录。记录人署名：文科生。原稿为石印件，由晋启生提供。

②系指当时颁定的《女子小学堂章程》和《女子师范学堂章程》。从此，女子教育方才纳入法令化轨道。

③系指英国东方女子教育协进会会员、传教士爱尔德赛（Aldersey）在宁波所创设的女学，通称宁波女塾。

④系指经元善等人 1897 年筹划、1898 年创设的经正女学。

⑤系指《壬寅学制》，由张百熙拟订。

⑥《奏定学堂章程》，通称《癸卯学制》，除张之洞外，张百熙、荣庆也参加了学制的拟订工作。

对于参与国际教育运动的意见

今年五月比京[①]要开第五次家庭教育大会[②]，吾国已被请出席报告“吾国农业情形”和“农家社会现状”；明年要在美国举行万国教育会议[③]；万国成人教育会也要在日诺瓦[④]聚集。这三种会议，是我们已经晓得要举行的；以后诸如此类陆续发现的会议，必不在少数。

这种会议，如果办理得好，从小的方面看，可使到会各国交换知识；从大的方面看，或可解决些国际教育的问题，以谋世界文化的改造。我们若不想在世界文化上占一地位也就罢了，如果是想占地位的，那对于这种会议也免不了要参与的。

去年八月十一日檀香山开“联太平洋教育会议”，吾国也派代表与会，但因准备不足，虽有好的代表，不能得满意的效果。今年二月四日斐利滨[⑤]开远东教育会，政府直到一月二十日才开始找人代表，终因政府毫无准备，不能成行。我们以后若再懒惰，不早些从事准备，那世界真要以为中国没有教育了。世界以为中国没有教育犹事小，若中国真无教育可说，那就更可惭愧了。所以准备一层，决不可以单在对外或“广告”上做工夫。那最重要的准备，就是平日的成绩和随时的努力。发表固然要紧，但必先有成绩，然后才说得到发表。所以教育外交的根本的根本，是要全国从事教育的人，分工合作，好好地办教育，把教育好好地办。

近几年来，中国教育确有些不可埋没的地方；那可以告诉人而无愧的，也不在少数。可惜如同孟禄先生所说，这种种优点，都散在各处，没有人将他们会通起来，所以不但外人不得而知，即国内的人也是不相闻问的。所以我觉得一方面要有人办教育，一方面还要有人分门别类地观察、调查、研究各种教育之消长和真相，报告国人，使彼此有所参考。一旦有国际的联络发生，荷包里拿出来就是，岂不便当！

自己不办教育和办而没有成绩，当然对于国际教育运动无参与之必要，更无参与之资格。但办教育虽有成绩，而自己不明白，又不能使人明白，那就是参与，也等于不参与。前面说到国际教育的运动，有交换知识解决问题两种重要目的。若想达到这两种目的，都非自己先有准备不可。

即以交换知识论，必先双方有东西可以换来换去，才可算为交换。自己必先有好的东西，才能和人换到好的东西。因为“给的能力”常和“取的能力”大略相等。能给多少，即能取多少。吾国近几十年来从东西洋得来的文化，多属肤浅，大半是因为我们所出产的，够不上第一流的交易。我敢断定要想在国际的教育上得到第一流位置，我们必须在教育上有第一流的贡献。这种贡献是继续不已的研究，苦心孤诣的实行产出来的。他们要靠着平日的努力，不是凭着一时的铺张。

至于解决国际教育的问题，谈何容易，是必先把所要解决的问题，彻底地明了，然后才能谈到解决。若想彻底地明了，第一要自己晓得自己，第二要自己晓得别人，第三要别人晓得自己。自明，明他，他明，是解决二人以上的问题的根本方法；也是解决二国以上的问题的根本方法。若想解决国际的教育问题，也怕跑不出这个范围。

总起来说，国际的教育运动，是一天多似一天的；我们是一定要参与的；我们以前参与这种运动是无准备的；以后的准备，一是要靠着自有的成绩，二是要靠彻底的自明。自己有成绩，才能和人交换，自己明白自己，更是和人共同解决问题的初步。

原载《新教育》第4卷第3期，1922年3月

【注释】

①比京，比利时首都布鲁塞尔。

②家庭教育大会，即万国家庭教育大会（International Congress on Home Education）。该会以提倡家庭教育，利于儿童成长为宗旨。1905年有24个国家代表参加的第一次大会曾在比利时举行。

③万国教育会议，指世界教育联合会（The World Educational Conference）的成立大会。美国教育联合会为其发起者，1923年6月底至7月初，大会在美国旧金山召开。中国代表郭秉文被选举为该会副会长。

④日诺瓦，通译日内瓦（Geneve），瑞士城市名。

⑤斐利滨，通译菲律宾，国名。

【附录】

为万国教育会议事敬告全国教育界同人

万国教育会议由美国全国教育会发起，订于本年六月二十八日至七月六日在旧金山俄克兰地方举行。各国都被邀请派遣代表赴会。中国政府和具有全国性质的各种教育团体都为被请之列。这是世界上教育界第一次的大结合，以后这种会议，怕是免不了要陆续发见的。

（以下文字，皆与《对于参与国际教育运动的意见》同。——编者）

原载《中华教育界》第12卷第8期，1923年3月

女子教育在学制上占领地位之十五周年纪念[①]

中国自有新的女子教育，已将近八十年；英国教士在中国创设女学，实在一八四四年[②]；天主教士在中国开设女学，实在一八四八年；本国私人开设女学，实在一八九七年。这都是女子教育很可纪念之事。经这六十余年的酝酿，到了光绪三十三年正月二十四日，合阳历民国前五年，西历一九〇七年三月八日，始颁布《女子师范学堂章程》三十六条，《女子小学堂章程》二十六条。这是第一次女子教育在学制上占领地位，更是中国女子教育可以纪念的一天。这次女子学制的特点如下：

（一）女子教育与男子教育是分开的。

（二）女子初等小学和师范学堂都比男子的少一年。

（三）女子中学尚未占领地位，女子教育到师范学堂为止。

这时各种女学校，已经有了三九一所；共有学生一一九三六人，约占全体学生数百分之二。换句话说，当时一百个学生当中，有九十八个男学生，两个女学生；男学生数四十九倍于女学生数。

这是十五年前的情形。十五年以来的进步也可以约举如下：

（一）女子教育到现在已与男子教育立在平等的地位。小学、中学、大学里，女子都可以得到教育。

（二）女子与男子并且可以同学。小学、大学里的男女同学，几已视为常事。教育界对于中学男女同学问题，意见虽不一致，但有好几个地方，已经在那里实行；可见得社会至少已许他们试办了。

（三）现在中国女学生的确数我们是不能晓得清楚。就民国第四次教育统计看起来，在民国五年的时候，全国有女学生一八〇九四九人，占学生总数百分之四。分省的统计，比较近些。江苏最近调查有学生五一〇五〇六人；女学生六七二六六人，占总数百分之十三。山西近年推行义务教育最力，据民国九年八月调查表所列，全省国民学校学生总数为六四五一四八人；女学生数为八〇五八三，已占学生总数百分之十二·五了。

照上面所说的看来，中国女子教育的进步，不能算不快。这是很可以纪念的。但是女子教育急待解决的问题正还不少。现在择其紧要的，提出几个来和大家商榷。

（一）最好的省份如江苏、山西二省，女学生只占总数百分之十二或十三；那最不发达的地方如甘肃（民国五年统计）每一百学生中得不到一个女学生；甚至如新疆省（民国五年统计）连一个女学生还没有看见报告。如何使各省都有女学生，使个个女子都能得到教育的机会，是不是我们今后的责任？

（二）别的地方我不清楚，民国十年南京的教育情形我曾经调查过。私塾学生一二五五六人中有一六五一女生，约占总数百分之十三；幼稚园七七人中有三九女生，约占总数百分之五一；初等小学生七四一三人中有二三九八女生，约占总数百分之三二；高等小学生三七九六人中有七一〇女生，约占总数百分之一九；中学生四二六八人中有六五二女生，约占总数百分之一五；高等专门大学学生一一二一人中有九十七女生，约占总数百分之九，愈到高头，女生愈少。如何使各级教育女子所得教育之机会，都能平均，是不是我们今后之责任？

（三）现今社会变迁很快。女子教育与社会生活，很有许多隔阂的地方。如何改良女子教育的内容方法，使能适应进化社会之需要，是不是我们今后之责任？

（四）北京实际教育调查社[③]讨论教员兼课问题，多主张力革兼职制度。有人就说：如果北大、北高[④]不许教员兼课，北京女子高等师范就难请到第一流的教员；因为女高薪额比男学校低，所以不易维持。这不但北京女子高师是如此，别的女学校也有同样的困难。如何使服务女校的人和服务男校的人得同等的待遇，以促进女子教育的改良，是不是我们今后之责任？

（五）受过高等教育的女子，现在已不在少数。至少似宜有几个人担负研究女子教育责任。这几年来在中国女子教育上有研究的人，我只遇到一位。这一位就是美国露懿士女士。他的《中国女子教育论》和《四川女子教育报告》都是很有价值的。

这也是我们本国女子此后应当勉力担负的一种责任。

（六）各国对于普及教育运动最力的，无过于女子的会社。中国受过教育和现受教育的女子，总不下五十万人。此刻又当各处提倡普及教育的时候，如果每一受过教育女子发愿每年劝一幼女入学，引一老妇改良，并群策群力，组织团体，做全部的提倡事业，那女子教育必有不可限量的进步。女子教育，本是全国人民所应担负的责任，但受过教育的女子，更是当仁不能让的。

原载《新教育》第4卷第3期，1922年3月

【注释】

①本篇在《新教育》上发表的原题为《女子教育在学制上占领地位之十五周纪念》。

②1844年，传教士霭尔特色（Miss Aldersey）受英国“东方女子教育协进社”派遣，在宁波开设一所教会办的女子学校。这是外国人在华创办女子学校的起始。

③实际教育调查社，教育团体。1921年成立于北京，发起人为范源廉、严修、袁希涛、张伯苓等。1921年底，与新教育共进社，新教育杂志社组成中华教育改进社。

④北大、北高，即北京大学和北京高等师范学校。

为创办长途汽车者进一言

一国文化之盛衰，实业之兴败，民智之通塞，实系于交通之便利与否。西人谓入人之国，先睹其路政。诚以道路之于国家，犹血脉之于人身也。故今日道路之提倡，汽车事业之发展，非无因焉。盖汽车之运费较火车为廉，而其速率则较火车为快。至于筑路之费用，相去亦不啻天壤。况汽车之为用，上自工商实业繁盛之区，下至穷乡僻壤田舍之间，皆得借以转运。此欧美各国之所以力筑道路，用促工业之进步，而增文化之兴盛也。其视修筑长途汽车道路，尤为当今之要图。吾国人士近因潮流所趋，亦莫不以创办长途汽车，修筑道路为救国之大运动。风声所播，各地响应。惟是规划易而进行难，或已进行而以持久困难者，或已从事而有退让之意者，或正在规划而无进行之志者。如此而欲望汽车事业之发展，道路之推广，诚有所不能。推原其故，以未得要领而已。兹为陈述如下：

（1）道路之修筑。只图目前之小利，不顾日后之大谋者，虽为世人之通病，然以吾华人为最。常见各地修筑道路，仅以测绘路线，铺以泥沙砾石，用路机滚平而已。其于路基路床能否任重，以及全路维持之方法多不注意，故驶行未久路面损坏，以致停车修缮；其或资本不敷、推诿、修缮费巨而停止营业，此皆筑路不良之故。吾愿创办长途汽车者须先加注意于筑路。宁可不进行，万勿修筑变相的泥路以坏大局也。

（2）车辆之采购。欧美各国科学进步，制造精良，汽车之种类既多，质地之坚实各异。是以在吾国汽车事业发轫之秋，其于采购车辆一端，最宜留意，幸勿草率从事。吾闻各长途汽车公司选购车辆时，咸致意于车价之高低，而于车辆之结构、制造之坚固、施用之适合，反不讲求。故驰行未久，非机械不灵，即开驰有碍，乃弃而不用，另购新者，可谓不经济之甚矣。或且因而中止其营业，使精神财力两多亏耗。故欲创办长途汽车者，当以明确的眼光，选购经济的车辆可也。

（3）管理之方法。虽有坚实的道路，完备之车辆，苟管理不得其法，处置不能有方，仍属行百里半九十。在吾国创办之初，汽车事业幼稚之时，宜广搜博采，凡欧美各国已有之成规，不妨多所借镜，更视吾国实地情形加以研究，使管理上种种手续有条不紊。主其事者须富有学识深且具经验，而谓办理无效，吾不信也。

吾国际此修筑道路，创办长途汽车最力之秋，愿从事者能于道路之修筑、车辆之采购、管理之方法多所考虑，则吾国交通前途庶有豸乎！

原载《申报·汽车增刊》第16期，1922年3月11日

中华杏秀游泳社之公告与简章[①]

一、公告

全国教育会联合会代表诸公公鉴：

敬启者，前晚报告实际教育调查团过苏时毛杏秀女士遇险情形，荷蒙赞同发起中华杏秀游泳社以资纪念，并借以唤醒国人对于水技之注意，至为感纫。兹遵嘱草拟社章一纸，并请团员王君卓然草拟缘起一通，均乞修正，并请署名为荷。肃此敬请

公安。

陶知行

二、简章草案

定名 本社为纪念水死之教育家毛杏秀女士起见，定名为中华杏秀游泳社。

宗旨 本社以促进国人游泳技能之培养为宗旨。

社务 本社社务如下：

甲、提倡游泳技能之操练并普及游泳应用之知识；

乙、承受私人公共教育机关对于游泳组织计划之委托；

丙、分地创设模范游泳池。

组织 本社设评议员五人，由社员公推之，会商本社进行方针。理事、书记、会计各一人，由评议员公推之。任期均三年，但连举得连任。其余人员，由理事酌量敦请相当人员任之。

社员 凡赞成本社宗旨并照章缴纳社费者，均得为本社社员。

经费 本社经费分三种：

甲、入社费每人五元；

乙、常年社费每人每年二元；

丙、特别捐无定额，随时由评议员会商定之。

会期 本社每二年开大会一次，报告经过情形，取决将来计划。遇必要时开临时大会评议会，无定期。遇事发生时，由理事召集之。

附则 本简章如有未尽之处，得在大会修改之。

原载《新教育》第4卷第4期，1922年4月

【注释】

①本篇在《新教育》上发表时，原题为《中华杏秀游泳社之缘起与简章》。

【附录一】

组织中华杏秀游泳社缘起

我们为什么发起组织这个游泳社？为什么又把这社的名称上冠以“杏秀”二字？此次实际教育调查社，请美国哥仑比亚大学师范院主任孟禄博士来帮忙调查教育，期诊得我们教育症结之所在，以定医法方案。调查团从北京出发，十月二十一到苏州，将由苏赴广东全国教育会联合会讲演，二十二参观苏州第二女师范附属小学之后，往苏州陆军第二师看军人职业教育，第一师范、第二女师范与两附小之男女教职员有数人同往，过亚细亚公司傍之石桥，车夫不慎，致车翻落桥下水中，其中之人挣扎露出水面，假小船之力得救护出来，独毛杏秀女士不起。同行十数人能泅水者一人，已先往上海购买赴粤船票，余无能泅水者，束手无策。十分钟后，始用船将女士寻得，救护无效，竟把性命送掉了。按女士为江苏第二女子师范附属小学一年级主任，人极敏慧热心，今竟惨死于水。我们痛女士之死，因追求女士致死之因。女士之死，由于车覆落水固然，但落水之后，假使十数同行中有一能泅水的人入水救助，则女士可以不死；假使船夫能泅水，也可入水救助，女士也可以不死；又女士自己如能泅水，则女士更可以不死。乃同行十数人，平时都能够作文章演说，至此除搓手顿足之外，竟一无所措。

这可以说不是意外之变足以死人，是我们所学不切实用，不能应变足以死人了！我们觉悟出这一点，所以于痛惜毛女士之余，发起这个游泳社，提倡游泳运动。死者长已矣！我们希望生者能“惩前车之覆”去学此

紧要的技能，一方可以锻炼自己之身体，使之强健，一方于事变发生，可以救自己生命，又可以救他人生命。即他日再参与远东运动会，于游泳一项亦可多一夺得锦标之机会。冠以“杏秀”二字，即所以纪念毛杏秀之死，使大家知游泳一事关系人生至大，万不要轻视了，这就是发起中华杏秀游泳社的缘起。

原载《新教育》第4卷第4期，1922年4月

【附录二】

中华杏秀游泳社发起人签名

Paul Monroe（孟禄）　陶知行　方克刚　金昌汝　刘钟华　王卓然
齐真如　邵兰波　袁希涛　高望年　黄炎培　胡墨仙　沈恩孚　许倬云
王卓夫　郑贞文　徐汝梅　江　辛　林　炯　武　桓　龙钦海　张秀升
吴宾驹　冀贡泉　蔡漱芳　于效仁　吴树枏　赵瑞年　李　琛　奚国钧
雷沛鸿　郭葆珍　钟荣志　谷振东　汪兆铭　王继贤　凌　冰　刘维藩
杨桂山

原载《新教育》第4卷第4期，1922年4月

解决上海车务的我见

近年来，上海人口增多，车务问题，遂至复杂。夫车辆之往返，骤形拥挤。人力车也，马车也，汽车也，无不日增月多。即电车一项，虽辆数有加，而乘客仍感拥挤之困苦。长此以往，不独行旅艰难，实亦危险万分。有识之士，所以亟谋解决车务之方法也。

查欧美各国，前因战争之需要，求转运之便利，注全力于摩托载货车①（西人称甲克 Truck）之创造。今战事告终，摩托载货车之销路见滞，大城繁市乃装配车身，作为乘客之用。试用以来，结果优良，现美国各大城市，一致采用摩托乘客车（西人称白士 Bus）②。得有良好之经验焉。

当欧美各国采用之初，街车（与上海之电车相仿）公司群起反对；以为摩托白士，将侵夺其营业。讵知摩托白士与电车不独毫无竞争，且能相辅进行。凡电车线所不到之处，可以摩托白士替代之。上下办公时间乘客最形拥挤之时，即可以摩托白士辅救之。若然则拥挤可解，危险可免。诚谋交通便利之无上妙策也！

沪地交通，较之内地，固属进步；即比之欧美各国城市，亦无不及。所惜人口日增，交通日繁。人力车、马车之加增，徒占地位，仍无大补。电车公司虽增多车辆，而于行车之时刻反多不便。欲谋解决之方，非效法欧美各国城市之采用摩托白士不可。其于便利——稳妥——安适三方面论之，尤为当今解决车务问题之要点焉。

原载《申报·汽车增刊》第 21 期，1922 年 4 月 15 日

筑路之障碍[①]

筑路之声浪，至今日已愈传愈高，愈播愈远矣。实际上犹未能贯彻者，障碍未除耳。

（一）不干练之工人 西人谓中国工人众多，工资低廉，宜乎其国内道路之纵横错直，大有可观矣。实则中国工人多非干练之才，又不知利用省工器械，每遇建筑必大队工人日作十三四小时，奔走劳苦，汗流浃背，所成有限。较诸欧美各国工人之日作七八小时，应用省工器械者，则吾国工人虽众，工资虽低，比较的反觉昂贵矣。是以欲筑大段马路工程，亟宜改良旧式工制，庶可减低费用而致事半功倍之效焉。

（二）一般社会之成见 中国社会一种守旧之观念，牢不可破。对于新事业之发生，非竭力鼓吹，尽量宣传，万难收效于一时。近日所发起之中华道路建设协会，即本此旨而抱宣传之主义者也。其于唤起国民之提倡筑路精神，实有厚望焉！

（三）各处泥路之势力 中国所筑道路，均系松软之泥路，毫不适用于重车。加以多雨之秋，泥泞之状，不堪行人；其于行车，更何言哉。况习俗相沿，建筑已久，一旦改换，颇非易事。是以欲提倡筑路不可不打破泥路的影像，而修以石基的道路，则筑路之障碍可除，筑路之基础始植。

原载《申报·汽车增刊》第22期，1922年4月29日

筹划全国教育费委员会简章[①]

一、定名　本委员会定名为中华教育改进社[②]，附设筹划全国教育费委员会。

二、宗旨　本委员会以督促并计划全国教育费之扩充及支配为宗旨。

三、委员　本会委员除由中华教育改进社董事会推定外，各省区教育会会长、副会长皆为本会委员。

四、职员　本委员会公推主任、副主任各一人，主持本委员会一切事宜；公推总书记一人，司执行之责。本委员会得视事务之需要酌聘办事员。

五、分部组织　本委员会为便利进行起见，设下列各部：

（一）关税部；

（二）赔款部；

（三）公债部；

（四）计划部。

其他视进行之需要，得增设之。

各部设主任一人，部员若干人，均由委员会公推定之，但得由各部主任随时添请相当人员加入之。各部施行细则由各部主任定之。

六、分部职务

关税、赔款、公债三部之进行方法：

（一）调查；（二）鼓吹；（三）其他方法，依便宜施行之。

计划部之进行方法：

（一）调查各种教育原有成数；

（二）披露调查结果；

（三）征集支配意见；

（四）拟具支配方法，通信商榷；

（五）汇集商榷结果，编拟提案，以便大会讨论。

各部主任应随时将进行状况报告于本委员会。

七、经费 本委员会一切经费由中华教育改进社开支。

八、会期 中华教育改进社大会之前一日，开全体委员会，遇必要时由主任召集临时会。

分部会议由分部主任随时召集之。

九、附则 本简章如有未尽事宜，得由全体委员会公决修正之。

原载《新教育》第 4 卷第 5 期，1922 年 5 月

【注释】

①本简章为 1922 年 2 月 15 日起草，摘自《中华教育改进社社务报告》，由陶行知与黄炎培共同起草。

②中华教育改进社，教育团体。1921 年由实际教育调查社、新教育共进社、新教育编辑社合并组成，总社设在北京。下有教育行政、各级各类教育等专门委员会。蔡元培、范源廉等为董事，陶行知为主任干事。曾举行过四次年会，编辑出版了《新教育》（月刊）和《新教育评论》（周刊）。

【附录一】

筹划全国教育费委员会成立经过①

本社②于二月八日在沪开董事会时，曾由黄炎培提议组织“筹划全国教育费委员会”，当由董事会推定三十一人为委员会委员。昨日（十五日）下午五时，开第一次委员会，到会者有：张仲仁、史量才、范静生、汤尔和、郭秉文、穆藕初、余日章、谭仲逵、袁观澜、沈信卿、熊秉三、黄任之、陶知行，蔡孑民与汪精卫由谭仲逵代表，张季直由黄任之代表。公推熊秉三为主席，并加推二十三人及各省区教育会正副会长为委员。黄任之、余日章、袁观澜、谭仲逵、熊秉三、穆藕初、沈信卿、郭秉文依次发言后，即推黄任之、陶知行起草委员会简章，当晚通过。

原载《新教育》第 4 卷第 5 期，1922 年 5 月

【注释】

①附录题目为编者所拟。

②本社，指中华教育改进社。

【附录二】

张謇复中华教育改进社函

敬复者：

奉函并提案简章等敬悉。年来教育诚无统系，经费问题尤当注意。大会宗旨，良所钦佩。惟承推为关税部部员，走于关税素少研究，且年老力慵，维持乡里事尚虞不给，愧无余力及他事。幸乞原宥准辞。实所感幸。敬颂大安。

原载《张謇存稿》

芜湖第二女子师范校风潮处理意见

——致杨乃康

莘耜先生鉴：

芜湖第二女子师范校风潮险恶，骇人听闻。知行以桑梓关系，颇踌躇顾虑于善后方法，兹有三种意见，敬贡献台端。一因阮校长服务[3]皖省，历有年所，现年在七旬外，揆诸古时大夫七十致仕之例及国家敬老之义，应怜其衰老，予以休息，谅其真诚，准其辞职。一面援照皖省往岁优待解决公例，酌予退职后之养老金，以慰其历年服务之辛苦。一因阮君既辞职，处此风潮发生后，当选择学识渊深经验宏富之员，继充斯任。且二女师关于皖南女子教育，至为重要，非对女子教育夙有经验之人，尤难胜任愉快。一厨夫勾结流氓，殴打总教务主任谢君，此事为有学校以来所未有，其中黑幕，必须彻底查究。不然则办学者人人寒心，入校者人人裹足。以上三端，是否有当？务请卓裁。专肃布恳，即请

教安！

陶知行启

原载《申报》，1922年6月22日

中华教育改进社
第一届年会社务报告[①]

本社社务，可分四项报告：（一）调查的事业；（二）研究的事业；（三）编译的事业；（四）推广的事业。

办教育如医病然，一方面应该知道病人的体力，一方面尤应该知道疾病的来源。知道了这两层，然后可以下药。我们办教育，对于教育之宜改进，是早经知道的了，但我们不知道他的弱点究在何处。我们应该用显微镜察看中国教育不振兴的微生虫在什么地方，也应该用千里镜察看中国教育不发达的远因在什么地方，所以第一种手续就是调查。调查的手续，第一是调查一个地方的教育状况。此种调查之略已举行者，有江苏的无锡，即此地（济南）亦已有行之者。但此种调查事业，必须由本地方自动，然后我们可以介绍专门人才。若本地尚未觉得调查之需要，甚且讳病，则调查该地教育之时机决未成熟。第二是调查一个问题的事实。凡关于一个问题之事实，必充分调查后可得相当解决。调查后，将结果报告出来，还要进一步谋方为有用。因病有万千，药亦万千，什么药治什么病，必须研究，然后可以有解决。研究是我们第二种事业。本会中对于教育深有研究者有十几位，不足则益之以外国之学者。前已有孟禄博士，今则有科学家推士[②]先生，行将于明天到济，可以与诸君见面。我们的教育害病最厉害的是中学，中学中尤以科学教育为最不良，所以中学教育造成的人才，都不能控制环境，号令环境，管理环境。将来推士先生，对于中国中学中之科学教育，必有许多贡献。这是我们研究事业之一例。第三是编译事业。调查与研究所得，决不能秘而不宣，必须布告于国人，于是乎编译事业尚已。譬如普通小病，不必经专门医生之手术者，只消将病原病状及药宣布出来，病人看了自己就可以医治。本社之编辑物，有《新教育》[③]杂志，一年出十册，暑假停刊，以研究调查，无论为本国的或外国的，报告于国人。有时亦宣布之于外国人。外国人只知中国穷、弱、无能为，而不知道中国人亦有文化；只以为中国人都是洗衣服的，开饭馆的，吃老鼠的，不知中国人之文化，其可以告人者，亦不在少数。即有坏处，亦宜告诉他人，使他人可以指导我们，供我们的参考。第四是推广事业。调查了，研究了，宣布了，还须实行，同心协力地，不问党派地，抛弃地方主义去实行。

本社的四部分事业报告完了。简括一句话，本社是想做积极的，联络的，互助的事业，虽然能力不足，但有这个志愿。将来还请各界指教。这一回年会，在此地开会，对于济南的同志是非常感谢。而对于赴会诸君，在此炎热天令，不远数千里而来，本社办事人亦当致相当感谢。现在到会者共有二百十二人，尚有后到未注册的，大约共有三百人之谱。此三百人代表十四省，二特别区，凡有交通事业之处，无不到者，即此又可以见交通事业与教育事业之关系。我们在此开会，尚有一事可以为我们法，在我们眼前所挂的是武训④的遗像。这像是社员郑锦先生画的。世人以为无钱可以不办学，但武训不是这样想。他说就是穷到讨饭也要办教育。他是已经照这话实行的。武训死了，他的办学精神是永不死的。

原载《新教育》第5卷第3期，1922年10月

【注释】

①本篇为陶行知1922年7月在中华教育改进社第一届年会期间所讲的内容，摘自中华教育改进社第一届年会《开幕典礼纪事》。题目为编者所拟。

②推士，美国科学家。1922年下半年经孟禄博士介绍，来华讲学。

③《新教育》，教育月刊。1919年2月新教育共进社创办。1921年改归中华教育改进社主办。1925年10月停刊。共出版11卷，计53期。首任主干（主编）为蒋梦麟。自4卷1期起，即由陶行知担任主干。陶行知对该刊的内容和形式作了大力改进。

④武训（1830—1896），山东堂邑（今聊城）人。他通过乞讨等办法，筹款兴办“义学”，得到清政府的嘉奖。

《中华教育改进社第一届年会社务报告》的补充说明[①]

本社在去年十二月发起，本年二月八日成立董事会，四月十二日成立总事务所。社中事务，已印成《社务报告》，不必详说。但有二三点须说明的。第一，董事部的更动。范静生[②]先生因已赴美国考察农业教育与公民教育，董事长已推举蔡孑民[③]先生担任，董事已推举梁任公[④]先生担任。第二，孟禄博士代本社请了两位学者来讲演。一位是推士先生，昨日已到济南，下午将为诸君讲演《教育与科学》。一位是麦科尔[⑤]先生，大约九月八号可到中国，将来在南京与北京各讲半年。第三，本社已请张仲述先生赴欧洲，考察中等教育，大约十月间可以回国。上面三点，都是关于人才方面。还有关于经济方面，请诸君看本社所印之《收支一览》。收入总数为一万九千四百四十二元二角二分二厘，支出总数为五千八百八十五元五角五分三厘，余存为一万三千五百五十元六角六分九厘，但其中孟禄博士所助一款，与张仲述先生一款，将来均须在清算后销帐，故实存只六千余元。下期社费有二万元可以收入，而七月至十二月社中用费约在二万五千元之谱云。

原载《新教育》第5卷第3期，1922年10月

【注释】

①本篇系1922年7月在中华教育改进社第一届年会期间讲，原摘自中华教育改进社第一届年会《社务会议记录》。题目为编者所拟。

②范静生，即范源廉（1874—1934），字静生，湖南湘阴人。早年留学日本，民国成立后，历任教育总长、北京师范大学校长等职。曾任中华教育改进社董事长。

③蔡孑民，即蔡元培（1868—1940），字鹤卿，号孑民，浙江绍兴人。反清革命组织光复会的创始人之一，后加入孙中山领导的同盟会。民国成立后，曾任教育总长、北京大学校长等职。

④梁任公，即梁启超（1873—1929），字卓如，号任公，广东新会人，清末维新派的领导人之一。辛亥革命后，历任北洋政府司法总长、财政总长，清华学校研究院导师，曾任中华教育改进社董事。

⑤麦科尔，通译麦柯尔，美国哥伦比亚大学统计学及心理学教授。20世纪20年代初，曾来华推行心理和教育测验。

中华教育改进社第一届年会报告叙[①]

这册年会报告，是年会编辑组主任汪典存[②]先生和该组同人费了一个多月的工夫整理出来的。我们对于汪先生和编辑组诸位组员应该表示最恳切的谢意，因为他们辛辛苦苦地把年会中经过的种种情形，分门别类，编成一册，年会就能留下一个永久的记载。有了这本报告，本社就可以拿来作为进行和研究的底子。凡关心教育的人，从此也就可用最短的时间，明了本社第一次年会的真相，并可给本社一种相当的指导和赞助。我读了这本报告之后，回想到开会前，开会时，开会后种种情形，觉得有几种感触，很情愿提出来，和大家谈谈。

一、就政治方面看，全国分裂的现象，实在令人悲痛。但就这次到会的人着想，觉得全国教育界的精神还是一致的，并丝毫不受割据的障碍。查年会报统计，此次到会人员，除南洋外有十八省区，四十七都市之多。京兆、江苏、山东、直隶、湖北、河南、山西、湖南、安徽、四川、福建、奉天、吉林、江西、广东、察哈尔、绥远，都有人列席。凡现在参与政争的区域，都派有代表到会。全国人民对于教育，从前本是同心协力的，现在还是同心协力。这次会议之后，我们深信全国人民是愿意共同努力从事教育建国的事业的。

二、中国兴学二十多年，对于教育学术贡献太少，推究原因，就是因为教育界的人把教育问题，看得太普通、太浮泛了。大家都以为教育是一个囫囵的问题，是一件囫囵的事业。平日所办的是这种教育，所谈的也是这种教育。彼此的见解，不相上下，都犯了一个博而不精的毛病。这次济南大会最注意的一点，是分组会议。它把教育问题，分析出许多小问题，按着一个一个的小问题，使愿意专心研究的人组合起来，分别讨论。最后一次的学术会议，还把这种分组会议设为永久机关，俾能继续研究。从此以后，一种人一个时候从事一个问题的研究，久之，这一个问题，必有相当的解决。如此，二三十年后，中国对于教育学术，若无贡献，我是不能相信的。种子已经下了，如能继续地培植灌溉预防灾害，是可望收成的了。我深信这种分门别类的研究，是教育进步之母。

三、这次年会可以看见的重要结晶体，就是所通过的议决案。这些议决案，有的是请各机关采择施行的，有的是由本社执行的，有的是继续研究的。论到议决案的手续，有人以为六天之内，竟能议决一百多件议案，可算是最有效率；也有人以为时间匆促，难免草率。就内容论，有人觉得满意，也有人觉得不甚满意。但无论如何，这些议决案，确可以代表现代中国教育界的思潮信仰。在这些议案里头，我们可以看得出民国十一年七月三日至八日，这六天之内，中国教育界本身所可表现的希望是什么，并如何透达这种种希望的方法。我们可以说这些议决案，是现代中国教育界思潮信仰的缩影。我应当补一句话，济南大会的结果，并不限于这些议决案。凡同志或同行会面之后，其结果有时是不可思议的。但我们看不见这些不可思议的影响，只好拿这套议决案来代表到会人员一星期的主要生活，和今后因此发生各种运动之原动力。

四、这次会议，凡旱道火车可通，水路轮船可通的省区，大都有代表到会。那铁路轮船未通的省区，都没有代表到会。由此可见交通与教育的关系，何等密切。这次大会到会人数所以能如此普遍，得交通部免费辅助的力最大。政府既采用扶植教育之交通政策助成此会，我更希望政府继续这种政策，助成今后相类的全国会议。

以上所说的，是我个人对于此次年会几种较为重要的感想。但这次年会的范围很广，各人所遇见的不同，故所感觉的也不能尽同。到会诸公，必另有高见，还望指教。

原载《新教育》第5卷第3期，1922年10月

【注释】

①本篇系陶行知于1922年8月20日为《新教育》第一届年会报告号所作的序言。

②汪典存，即汪懋祖（1891—1949），字典存，江苏吴县（今苏州市区）人。曾任北京女子师范大学教员。

创办青岛大学案[①]

理由

山东为我国文化发源之地，在学术上占重要之位置。自“山东问题”[②]发生，青岛尤为全球视线所集。今值筹办鲁案善后之际，百端待理，需才孔亟。为发展我国固有文化计，为沟通东西文化计，尤不能不设立永久高等学术机关，以谋改进，而扬国光。应请本会设法造成筹办青岛大学之舆论，俾得早日成立，以为培植高等人材之地。是否有当，尚祈公决。

原载《新教育》第5卷第3期，1922年10月

【注释】

①本案由陶行知、王伯秋于1922年7月在中华教育改进社第一届年会期间共同提出，陈容附议于后。交大会讨论时，将题目加“提倡”二字(《提倡创办青岛大学案》)，获得通过。

②山东问题，第一次世界大战结束后，美、英、法、日等国家召开了分赃的巴黎和会。会议公然议决将战败的德国在我国山东攫取的各种特权，全部转让与日本。而被邀请赴会的中国北洋军阀政府代表，竟拟在和约上签字。消息传来，举国愤怒。北京学生率先集会游行，反对巴黎和会决议，成为伟大的五四运动的导火线。

在教育部学制会议上的发言[①]

凡事之成功，人才、财力、计划固然重要，然组织亦不可不注重。本席以为，对于地方教育，乡镇与都会应分别办理。盖因人口、面积种种之不同，其组织也应分别。本席主张，以县为一单位，而包含乡镇；又以都会为一单位。

部案虽分特别市与普通市，然对于二者之区别，实未明了。本席以为，一等市人口应在十万以上；二等市则人口应在五万以上；至五万以下者，则为乡镇；县专管乡镇，不及二等市以上。此外尚有数点，应请注意：

（一）县教育局之人员，大县恐不敷用，小县则又嫌太多，应以活动为宜；

（二）县视学应改为指导员，盖其责任不仅视察，尚须及于指导也；惟亦之列入科员之内，亦未尝不可；

（三）至于局长之资格，亦应地方大小相应；至于规定，则可加以分别，即大县须何项资格，而小县又须何项资格也。不然，可以规定最低资格，使其酌量办理；

（四）董事人数，亦应使之活动，惟过少与过多，均不相宜，故须规定一最少数与最多数。例如五人至九人是也；

（五）董事资格亦应活动。又，参事会乃选举之地，不可以为参事为资格之一；

（六）教育界与实业界联络，固较妥善；惟办其它事业之有成绩者，亦应一律待遇；

（七）董事会之职权，应加入推荐局长及其它重要之教育职员，如校长等。

本席此等主张，与现在所谓地方自治或不尽合；但自治法至今犹不能谓其已实现，故不如先行规定，使自治法迁就之也[②]。

概括与列举，既各有所长，无妨先拟一列举之规定，用作比较。以本席之意，应列举九项：

（一）拟定全县教育计划；

（二）编制全县教育经费之预算；

（三）任免教育行政人员；

（四）考核全县教育成绩；

（五）拟定各种学校课程标准；

（六）选定各科教授用书；

（七）编制全县教育统计；

（八）划分全县学区；

（九）办理其它教育行政事务。

现在社会上对于高等师范学生之需要，实甚急迫，不宜再加服务年限；惟高等师范中，立有所谓专修科者，故宜明白加入本科及专修科字样③。

经验之增加，有一极限。且第一年增加最速，第二年次之，第三年又次之。至三年以上，即有增加，亦甚少。故三年之与五年，所差有限，可以不改④。

限于高级中学之为三年，得分设。

大学院可改为研究院。

本案对于资格已详为规定，可以限制。且作事须使精神一致，如易进行，故宜采此法⑤。

原载《时事新报》，1922 年 9 月 23 日—10 月 3 日

【注释】

①本篇系为 1922 年 9 月 20—30 日期间的发言记录。摘自有关学制会议的连续报道。题目为编者所拟。1922 年 9 月 20 日至 30 日，教育部在北京召开学制会议，讨论《教育行政机关组织改革案》和《学校系统改革案》。陶行知作为中华教育改进社的代表，出席了这次会议。

②在讨论《县教育行政机关组织大纲》时，陶行知发表了以上意见。

③这是陶行知在讨论高师修业年限时的发言。

④在讨论教育行政人员资格时，李步青主张："任职三年限应改为五年以上。"陶行知针对此说发表了以上意见。

⑤这是陶行知在通过"新学制"时的发言片断。

在《县市乡教育行政机关组织大纲案》讨论会上的发言[①]

凡事之成功，人才、财力、计划固甚重要，然组织亦不可不注意。本席以为对于地方教育，乡镇与都会应分别办理。盖因人口面积种种之不同，其组织亦应分别。本席主张以县为一单位，而包含乡镇，又以都会为一单位，部案虽分特别市与普通市，然对于二者之区别，实未明了。本席认为，一等市则人口应在十万以上，二等市人口应在五万以上。至五万以下者，则为乡镇。县专管乡镇，不及二等市以上，此外尚有数点，应请注意：

（1）县教育局之人员，大县恐不敷用，小县则又嫌弃太多，应以活动为宜；

（2）县视学应改为辅导员，尽其责任。不仅视察，尚须及于指导也。惟以之列入科员之内，亦未尝不可；

（3）至于局长等之资格，亦因地方大小相应。至于规定，则可加以分别，即大县须何项资格，而小县又须何资格也。不然可以规定一最低资格，使其酌量办理；

（4）董事人数亦应使之活动。惟过少与过多，均不相宜。故须规定一最少数与最多数。例如五人至九人是也；

（5）董事资格，亦应活动。又参事会乃选举之地，不可以参事为资格之一；

（6）教育界与实业界联络，固较妥善，惟办其它事业之有成绩者，亦应一律待遇；

（7）董事会之职权，应加入推广局长及其他重要之教育职员，如校长等；

本席此等主张，与现在所谓地方自治或不尽合，但自治法至今犹不能谓其已实现，故不如先行规定，使自治法迁就之也。

概括与列举，既各有所长，以本席之意，应列举九项：

(1) 拟定全县教育计划；
(2) 编制全县教育经费之预算；
(3) 任免教育行政人员；
(4) 考核全县教育成绩；
(5) 拟定各种学校课程标准；
(6) 选定各科教授用书；
(7) 编制全县教育统计；
(8) 划分全县学区；
(9) 办理其它教育行政事务。

原载《河南教育公报》，1922年第2卷第1期

【注释】

①本篇摘自《县市乡教育行政机关组织大纲案》讨论会上的发言记录，题目系编者所拟。1922年9月20日至30日，北洋政府教育部连续召开十次学制会议。9月22日，第四次学制会议召开，陶行知出席，并在对《县市乡教育行政机关组织大纲案》的讨论中发言，此文为当时的发言记录。

办公原则

今日所讲者，谓之为原则可，谓之为目标亦可。以下八点，乃中华教育改进社之所欲实验，亦即今日之所欲言者。所谓八点，即：1. 唯事的，2. 科学的，3. 效率的，4. 教育的，5. 美术的，6. 卫生的，7. 兴趣的，8. 互助的，是已。请分别言之。

1. 唯事的 中国人办公，素为唯人主义。一机关所用之人，彼此各有关系，常因一人之迁更，而影响其他各人者。故推荐者与被推者，同其去就；而所推荐者，又皆因人之关系，胜任与否，所不计也。今则当以事为主。办公者，非一人为另一人做事，乃人人为一事或数种事尽力，系“非人治的”(Impersonal)。事宜分工者则分，宜合作者则合，一切以事为中心。常见旧时幕府中，每一文出，他人不能更一字，恐伤情也。夫文件乃代表一机关之精神内容者，觇乎一机关所发表之文件，该机关之优劣荣辱系焉。故每一文出，有关系之人皆有参加意见之必要。以人情所关，遂听一人之专断，牵强出之，损名败事，莫此为甚。且一机关之内，又每因人与人之意见而损及公事。主持之人待我厚则尽力，待我薄则不尽力。尽力之多少，机关之利害关之，事果何辜而因一厚一薄以增减其效力耶！事治则不然，善治其事者留，不善治其事者去，善事为尚，人情次之，既无素餐尸位之职，亦无人存事举、人亡事息之弊，人之去就不足损事，事之兴废不复因人，而事举矣。

2. 科学的 此盖重科学之方法与态度。昔之办公者，埋首不求改进，墨守陈规，自封故步，使学问与事业，判若鸿沟，一若无相联之必要者。若以科学精神注于事业上，则事业成为学问，日求改良以利公务，利用科学方法，比较、实验以求结果之善。科学方法，无处不可应用，上自机关之组织，下至文具购置（本社用信纸信封甚多，近以万计，若每昂一二文，则所失不赀，乃调查各店中关于信纸信封各种不同之货价，及各机关所买信纸信封之价而比较之，则知改进社所置之信纸信封较贵；于是改良之），无不适用之。人不能无过，过贵能知，知而不改，斯为过矣。作事亦然，人不能无失，既失败矣，则必究其致败之因，而求有以改良之。能如是而后能无第二次之失败。失败不足过，若听其长此终古，不思有以矫正之，则一日之失，即毕生之失。日计不足，月计有余。故有科学之态度，则于所作事能怀疑，反省，试验，分析，实证，而不有囿于陈法；有科学之方法，则于所作事有改良余地矣。

3. 效率的　效率视所费时间、精力、财力与结果价值之比而定。所费多而成功少，则效率小，反之则大。欲效率之大，有二事须注意：一、事当其时，二、人当其才。不当时之事，不当才之人，皆有损于效率。种稻于冬日，用文人于耕耘，未有不败事者。以上二事，总合之即：

（1）须先有计划　计划包时间、精力、经济等而言。临时用人，必难当才；临事买物，其价必贵。一日有一日之计划，一年有一年之计划；日以实现年，而有年之计划，日之计划始有所依。有年之计划而无日之计划，则所谓计划者，必等诸空名，不能实现；有日之计划而无年之计划，则所谓计划者，必如不系之舟，盲动而无所成功。是以必先有计划。

（2）工具须利　善事必利器，器不利而求效能之增者，未之有也。各机关最要者为文件，旧机关中，检查文件乃极难之事，盖编置无法，保存无方也。改进社制成皮藏文件夹数种，各文件无论其为何年何月者，一分钟内，皆可寻出。夹凡三种：（a）编号皮藏夹。又分二类：（甲）收入，（乙）发出。各夹皆编有号目及年月日，文件依来去之先后，编号依次入夹。（b）名称检查夹。（c）事由检查夹。（b）（c）二种，内皆有表，载人名事由摘要来去号数等，各夹以下图明之。

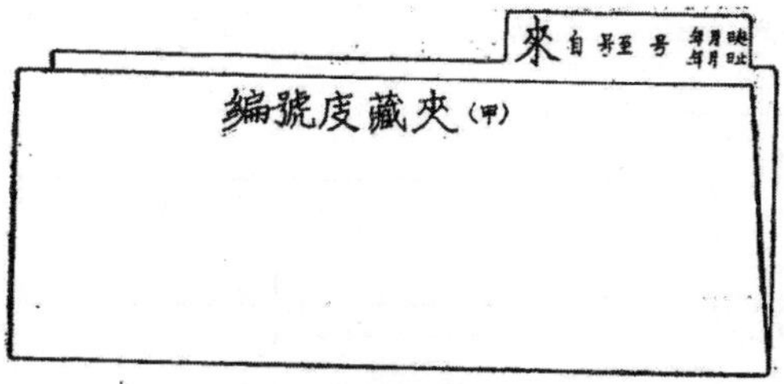

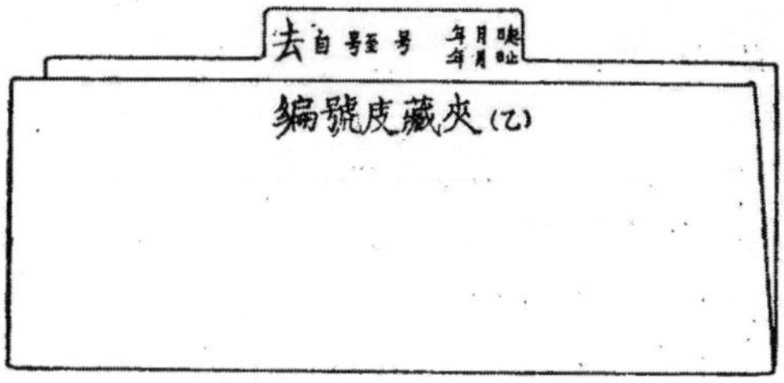

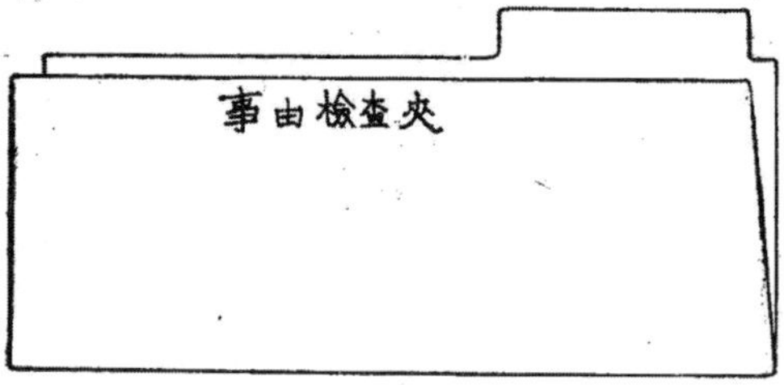

如郭秉文②先生，来函言东南大学预算已由国务院通过，则此函有四种分法：（一）郭秉文，（二）国务院，（三）东南大学预算，（四）预算东南大学。（一）（二）（三）可入名称检查夹内，（四）可入事由检查夹内。（其实分法不必有若是之精细，视信之重要及情形而定。）故欲检查此信，有四处可寻，能忆事者于事由检查夹内寻之，能忆名称者于各种名称检查夹内寻之。此二种检查夹内，各有一表，内载事由名称及号数，如下图：

在事由检查夹内者

事由

名称	摘要	皮藏号数	
		来	去

事由检查表

在名称检查夹内者

名称

事由	摘要	皮藏号数	
		来	去

名称检查表

检查夹不分来去，惟于表内载之。来去下记各信之号数。欲检一信，既已得之于事由或名称夹内矣，则记其号数，而向编号皮藏夹内寻之，无有或爽者。但各信之来往必须记入各表中，平时固觉烦琐，然检查利矣。再，信件来往不多者，可入事由夹，往来甚频者，入名称夹。盖名称夹每日一夹，事由夹则可多至十数人；年不过一二封信者，占一名称夹未免不经济。

报销之事，亦昔日所视最困难者，常专任一人任之。其实不复杂之机关，其帐目不必先入“流水”，后再誊清分类，尽可采用分类帐簿，一页中将门类分行帐目属于何项，即在何项下记其数目及其收条号数、年月日、事由等。如是则每页终了作一结束，即可完事，不必苦向“流水”中寻类别，致头绪繁多，而手慌脚乱也。

工具固宜改良，然亦不宜常改。变更过勤，于所作事之进行，颇有妨碍。改良之事最好于结束时行之，庶几进行无伤，而方法日善。

4. 教育的 办公者，因所办之事，日日无所变更，遂渐成习惯，而流为机械。治一事，固望事之进步，然亦望人有进步。若成为机械，则何长进之有？故为一机关之领袖者，不可不留意于此。人有向上之理智，故其作一事，决不愿终其身于此而无进步之望。为领袖者，则当利其向上之心理，使作事有进步者得依进步渐升较优之职，则人皆努力于所作之事，而求以改进之，昔之所谓机械者，今则活动矣。同时于一机关各部职务所需乃所参考之书籍，宜为之代置（如会计处置会计学、经济理财学等书是），则公务之暇，可得学问，因学问之进益，遂有升职之望，且间接于该机关之事，亦必多有所补益。犹有进者，即除各项专门知识之书籍外，人生普通必要之知识，亦当有以灌输之。盖公事房中之人，同时亦为世界之人，凡世界之大势，思想之潮流，皆宜知之。不然，日坐公事房中，兴趣索然，毫无人生乐趣，则又何优于监狱耶?

5. 美术的 中国办公处，最不讲美观。猪槛马厩，望而生厌。是以办公处不能不稍事讲究，以求适于美的观念。吾人在办公室八小时占全时约三分之一，若物质环境太劣，实至痛苦。所谓美者，固不应流于奢侈，金璧辉煌，玑珠满架，美则美矣，然失之奢。苟能布置适宜，错落有致，清雅幽静，几净窗明，亦能使人心怡目悦，恋恋而不肯去。次之，所办之事，亦宜有美术。表格，最贵整洁；信件，亦宜雅致。第三，办公室不仅为物质环境，同时仍有人的环境，若办公者囚首垢面，衣履乖张，虽玉堂椒房，亦使人不乐。第四，美术尚条理，重秩序，当作不作，不当作而作，皆不美。

6. 卫生的 办事有美术的意味，则精神上得无限安慰，若再能合卫生原则，则心身并受其益矣。中国办公者，多在湫隘卑湿之小屋中，既无日光，亦无空气，又复椅桌之高低，不合人体，办公者更则随地吐痰，随时吸烟，于是办公室内之空气，污浊而不堪问。故近视有之，驼背者有之，病肺者有之，患脑者有之。疾病时生，人无宁日，而公事遂亦因之而减其效率。是以办公室，必合卫生，椅桌之高低，光线之强弱，空气之通塞，墙壁之颜色，皆宜配合适宜，总以能使人舒畅而安为是。又，作事继续一二小时，休息数分钟以恢复疲劳，亦是好事。为办公人员稍置体育设备，亦促进体育之一端。

7. 兴趣的 各人所作之事，皆能合其兴趣，此乃最难之事。大机关中，事多人众，兴趣不合者，尚可调换位置，若小机关中，则难尽如人愿。但极不合兴趣而因经济关系不得不勉强为之者，亦只得权作此事，俟有合兴趣之事，再言迁更，同事者有机会亦当为之介绍一合兴趣之事。兴趣能减少疲劳，增加努力，于工作至有影响。人于不合兴趣之事，不但不愿有以改良之，且每因循敷衍，不利于己，有损于事，不幸莫大焉。

8. 互助的 此项与唯事项相辅助。办公固不当唯人，然人与人之互助，不因此而减少。人不能常健康，亦不能无其他意外重大事，于是有离职之一问题。一机关中，苟无人能代其职务者，则当其离职也，此项职务，必完全停顿。故一机关中，最好一人于其所办之事，必有第二人能十分明了其职务，则虽有缺席离职之时，而事无停顿阻碍之日。且公事中亦有须合作者，是更赖互助精神以成之。次，则为经济之互助。西国机关办事人员往往有互助保险之举。再，娱乐之互助，亦为不可少者。盖感情之联络，甚有得于此也。

以上八端，乃治事之标准，然须有一共同不悖之基础，即开诚布公是也。无标准不过使人头绪不清，进行迟缓；至无公开之基础，则一事莫举。所谓标准者，必有所附丽，而后始能互相提携，互促改良。不然则当见各标准散漫零乱，格格不相通。科学能改进社会，亦能损人福利。火药可开峻岭，通火车，然亦可为起战争侵略工具。是以理论之方法，仍须有伦理之目的，此开诚布公基础不可少也。改进社庶务，每周有分开之报告，报告物价单位，此有数益：（一）无滥费。各办公人员，明乎物价之轻重，则不滥用（西式信笺，每张价约五分，不知者每以之起草，迨知其价甚昂，乃惜之惟恐不及)。(二) 庶务不能舞弊。盖单位之价格既为同事所共知，势不能妄加增减，以谋中饱。（三）可得更便宜之货物。各办事人员，既知物价单位，则随时可发现较此货物贵贱之物，一遇便宜者，可告庶务购置之。(四) 可免感情之伤。不公开之机关中，同事每暗论长短，尤以论庶务者为多，因之感情日恶，嫌隙易生，小则损一时之事，大则败机关之名，不可不慎也。此为开诚布公之一常例，推而行之，其益无穷。

原载《教育汇刊》第4集，1922年9月

【注释】

①本篇系演讲记录。记录者：章松龄。文中表格用语与正文不尽相符，编者据正文予以订正。

②郭秉文，江苏江浦人，美国哥伦比亚大学师范科硕士、博士，曾任南京高等师范学校和东南大学校长，中华教育改进社董事，世界教育联合会副会长。

南京教育谈[①]

教育与市政有什么关系　教育是国家委托市政府办理的最重要的事业，也是改良市政之基本工具。新市政的基础是新教育。改造南京之教育，方能建设新南京。

改造南京之教育当从何处着手　改造教育和改造一切事情，有一条共同的道理，这条道理就是：凡改造一事必先对于这事情本身与这事情和别的事情的种种关系，都要了解，方能拟订计划进行。所以要改造南京之教育，必须明了南京教育之现状。南京教育的现状曾经调查了吗？南京最近的教育状况还没有精确的调查。十年春季，我们曾经调查一次，对于学校学生、教职员等等，稍微有些普通事实可以报告。但这种材料太普通了，拿来做改造计划的根据，是万万不敷用的。但这些普通事实，的确也是市民应当晓得的。

南京有几多学校呢　南京的学校，若按经费来源论，有国立的，数省合立的，省立的，县立的，市立的，警察厅立的，私立的，学生立的，天主教立的，回教立的，基督教立的；若按程度或性质论，南京有高等专门大学六所，中等学校二三所，国民小学和高等小学八五所，幼稚园四所，贫民学校二五所，义务学校五所，职业学校两所，为外国子弟设立的学校三所，私塾五四三所。

南京究竟有多少学生呢　据调查所得：南京有幼稚园学生七七人，国民学校学生六五六二人，高等小学学生三〇五五人，中等学校学生四二六六人，高等专门大学学生一一二一人，警察厅办贫民学校学生七四一人，义务学校学生一〇四人，私塾学生一二五五六人。合计二八四八二人。

南京教育普及到什么程度了　南京人口依民国九年十月的报告有三八五一四五人。根据都市学龄儿童比例，依义务教育四年估计，当有学龄儿童二七三八八人。南京有公私立国民学校学生五三三〇人，教会立国民小学学生一二三二人。合计六五六二人，占学龄儿童数百分之二四。此外还有警察厅立贫民学校学生七四一人，学生办之义务学校学生一〇四人，私塾学生一二五五六人。共一三四〇一人。若把这些学生也算在初等小学内，那就共有学生一九九六三人，占学龄儿童数百分之七三。但是这些学生，算为普及教育之一部分，有些人是要反对的。

南京人民的子女对于教育已享有平等机会吗 公私立国民学校有女生一七六一人，教会立国民学校有女生六三一人。共计二三九二人，等于国民学校学生总数百分之三六。但教会学校的国民学校女生比男生还要多三十人。他们注重男女教育平等，令人钦佩。此外，私塾女生一六五一人，占私塾生总数百分之十三。

南京有几多教职员呢 南京全城公私立国民小学有教职员一七〇人，公私立高等小学有一二七人，教会立国小、高小合并有八一人，公私立中学有二九八人，教会立中学有一二八人，高等专门大学二八〇人。共计有学校教职员一〇八四人，另外有塾师五四三人。

南京男女教职员之比例如何 一〇八四教职员中，有男教职员九三〇人，女教职员一五四人。一百个教职员当中，有一四人是女子。

南京教职员之学业如何 国民小学教职员从师范本科毕业的有百分之三三，从师范讲习科毕业的有百分之三二，受过高等教育的有百分之一六。高等小学教职员受过师范本科教育的有百分之五四，受过师范讲习科教育的有百分之九，受过高等教育的有百分之一七。中等学校教职员受过高等师范教育的有百分之二三，受过高等教育的有百分之七〇。教会学校高、初两等学校教职员受过师范学校本科和师范讲习科教育只有百分之一四。教会立中学教员受过高等师范教育的只有百分之二。私塾教师以科举出身为最多。占总数百分之七五。学校出身的亦要占百分之二〇。受过师范教育之塾师要占百分之六。塾师受过高等教育的也有百分之五。百分之四是受过法政教育的。

南京教职员所受的报酬如何 南京公、私立国民小学专任教职员每人年薪平均为二〇六元。高等小学专任教职员每人年薪平均为三〇四元。教会立高等小学国民小学专任教员合起来每人年俸平均只有一八五元。

南京的教育究竟办得怎样 办得好吗？办得经济吗？好到什么地步？经济到什么地步？这个问题不易答复。若想答复这个问题，非有更加详细的调查不可。这种调查须有三个重要条件：一是市民确有改造教育之决心；二是现在办教育的人自愿改良，不讳己病；三是调查事宜应付托于大公无私之专门家。

我这个简单的初步报告，是没有多大价值的，并且已经陈了一年了。我写这篇谈话的目的是要引起南京教育界同志两种兴趣：

一、从事更加精密的教育调查。

二、解决南京教育问题，须从了解真相入手。

原载《新南京》，1922年10月10日

【注释】

①本篇系吴树琴提供的抄件。

皖同乡电请改选省议员之一

安庆许省长鉴：

皖省选诉，经终审判决无效，亟应依法全部改选，维护司法独立，杜绝奸谋。民情难拂，祈主持，安皖局。

陶知行　孙洪芬　梅光迪　洪有丰　姚文采　程湘帆　佳

原载《申报》，1922年10月19日

【注释】

①“佳”代指9日，此电为1922年10月9日发。

皖同乡电请改选省议员之二

北京大总统、国务总理、内务总长鉴：

皖省选诉，既经终审，判决无效，亟应依法全部改选，维持司法独立，杜绝奸谋。民情难拂，祈令皖省长筹备改选，安皖局。

陶知行　孙洪芬　梅光迪
洪有丰　姚文采　程湘帆　佳

原载《申报》，1922 年 10 月 19 日

【注释】

①“佳”代指 9 日，此电为 1922 年 10 月 9 日发。

教育行政四要素[①]

教育行政，有四要素。一、人才。办理教育自当以人才为主，但有为之梗者，一即地方主义，为吾安徽之分皖南皖北等派是；一即学校主义，以某学校某学校毕业而分成党派者是，此二者皆急宜破除。二、经费。就吾安徽言，教育经费每年一百五十万，亦不为太少，然多用于不正当之途，使经济公开，则经费不加，而用自足。三、组织。中国人之组织，多为囫囵的，有四川某君，曾充县视学多年，自谓又须查理化，又须查国文，又须查学校行政，实在不能胜任。此后宜为分析的组织，使用志不分，业有专精，庶可得专门之人才。四、计划。计划宜顾及效果。同此效果，而用之人少，用钱少，即为好计划，同此人，同此钱，而效果大，亦为好计划。大学云："事有终始。"何以不言始终而言终始？此种偶然的配合，倒有意味。盖吾人未作事之先，即宜虑及其结果，前前后后，都想出来，然后开始实行也云云。

原载《河南教育公报》，1922年第2卷第1期

【注释】

①原文无标题，题目系编者所拟。此文为陶行知于1922年10月22日下午在河南省教育厅举办的茶话会上的发言。据河南省教育厅刊发的《河南教育公报》第2卷第1期（1922年11月1日出版）所载《教育新闻·教育厅之茶话会》："（十月）二十二日下午三时，凌厅长在厅约集一茶话会……首由厅长报告开会宗旨，继则邓（芝园）先生演说……邓先生演说毕，陶（知行）先生演说。"

教员之机会与责任[①]

凌厅长这一番话（于未讲之先，由凌厅长介绍），兄弟实在觉得惭愧。幸而此刻天气凉爽，不然戴这样高的帽子，恐怕早已发汗了！今天得和诸位教员，同室相聚，非常愉快。至于贡献，则不敢说。不过如小学生向老师作文章而已，要请大家批正！我们既然都是教员，就以教育上问题来谈。

教育是一桩大有可为的事。当教员的有很大的机会和责任，这样事情在社会上不容易再找得，请先以机会论之：

假若人都是生而知能，自然而然的社会可以进化，则我们当教员的，势必不能存在，但实际上不是这样，所以我们得有作事和研究之机会。试看变形虫之繁殖，细胞分裂一分为二，二分为四……分裂之后，子即能如其母之动作。再看牛之生殖，小牛生下以后，不数小时，即能行动自如，翻跟头，但还需吃乳，才能慢慢成长，就不像变形虫的生活那样简单。再看猴子的生殖情形，据瓦莱斯（Wallace）[②]的报告，小猴生下以后，须它的母亲抚养数月，始能自营生活，比牛的生活又复杂了。至于我们人类，从有生到会上学，须父母时常照顾，就更不必说了。我们看从变形虫渐进而牛，而猴，以至于人，愈进化的动物，其幼稚期亦愈长。童龄愈长，则受教育的机会愈多，所以教育在人类社会中是一件大有可为的事情，而我们当教员的也得着施教的机会。

（一）社会上有可教者——我国大约有四万万人口，若其中有十分之一受教育，则全国当有四千万人有普通知识，而据最近调查看来，只有四百八十余万上过学。每百人中只十二人受教育，其余的八十八个，不知在那里干什么呢！但或有同数的儿童受私塾教育，据调查所得，南京城里有五百多私塾，一万一千余的私塾生，广州有一千多私塾，有二万多私塾生，但即全数算来，每百人应受教育的儿童中，还有七十六人未受教育，这不是给我们最大的机会么？

（二）可教之人，未平均教之——男女教育应当平等。据最近的调查，我国学生，每百人中女生仅有五人，是男女教育尚未平等。再看城市教育概比乡村教育办的好，边江商埠地方较内地好，难道他们同是共和国民，受教育不应平等么？惟其如是，所以我们当教员的，得有机会平均教之。不然，教员之机会，就又少一部分了！

（三）现有教育未完全办好——因此当教员的有很大的改造机会。假若教育已经办得很好，那么我怕我们就无用武之地了。

但教育办得好与不好，以什么标准可以判断呢？我想有四点可以观察出来。

第一，教育如果办好，则人受教之后，必能驾驭、操作自然的环境。小学生进了学校，即受各种教训，得许多知识能力。即毕业之后，如能对于自然环境驾驭之，操纵之，那么这种教育可谓办好，怎么使驾驭天然环境呢？我们不愿让烈光射入屋来和暴风吹进室内，而房子里面，又不能不透光气，于是用玻璃窗使光来，而风去，这样制驭天然的能力，比什么督军的命令还要厉害的多。再看当夏天时候，窗子张着铁纱即可以使清风徐来，又可以阻止蚊蝇等害虫，此皆驾驭操纵天然环境的例子，亦可为科学能支配环境之证明。若教育不能收此效果，使人类为环境之主人翁，则这种教育一定是不好。现在我国教育不能养成驾驭天然环境之学生，所以我们当教员的有很大的机会，去设法改良。

第二，教育如果办好，则人受教之后，必能与社会生优美高尚的关系。人不仅是禽兽草木中间一个生物，并且是人中之人。如此刻有教员、学生、夫役各种人物在我旁边，我就是这个团体中一个份子。专制时候，同是人类，而分为许多阶级。人们的关系尚少，如今共和时代，人皆平等，彼此间的关系复杂的很。这个人与那个人，这个团体和那个团体，或者这个人与那个团体，那个人和这个团体，种种都有关系。既然人与人间免不掉彼此的关系，所以教育应注意这种关系，怎样才能成优美高尚的表现与学生以应付环境的方法、习惯。假若学生受了教育之后，到社会上去仍然不能适应环境，则此等教育，当然不好。我们看中国学生毕业以后的情形，究竟怎样？请大家仔细考察一下！我的学生能与社会生优美高尚之关系么？如果能之，则自己可以满意。假若不能如此，那么就要想，为什么不能？哪几点不好？然后根据自己考察的结果，努力改良。但这种缺点，并非与我们不幸，实在给我们当教员的一个很大的机会，且看我们能利用不能哩！

第三，教育如果办好，则人受教之后，必能在社会上继续作良好的有益于人的事业。人不但是天然间和社会中一个人，且须看他能做出什么样的事体。此刻职业教育，大家都知道注重。职业教育的精神，就在是学生充分发展其本能，作有益于社会之事业。社会惟其有各种能继续作有益的事情之人，才能存在。再看社会上分工互助的情形，如你会做衣，他会做饭，那么你俩就可交换享受，互相维持生活。人间有争端，就可向法庭起诉，法官即为其排解纷扰。诸如此类，不胜枚举。苟人人都能自食其力，则社会自可和平，那么我们试看现在中国学生毕业之后，能不能都是这样？固然不能说我国教育毫无成就，普通学校的成绩，尚勉强可到，而职业教育实在是没有什么效果。每一班学生毕业，一定有说多在家吃闲饭，这不是教育办的不好么？但假若此刻我国教育已经办的无可复加，那么我们当教员的机会，岂不是没有了么？

第四，教育如果办好，则人受教之后必有正当的娱乐方法。我们无论做什么事体都不能朝夕忙碌，毫无休息的时候。而当休息的时间，除了熟睡时候，人们的精神，没有一秒钟静止，或者不做正式的事业而另做他事。总之在闲暇的期间，人们常常不知不觉做出许多事情，而这些事情在各人都觉得可以消遣。但此等事体之好坏，是我们必须注意的。一个人最危险是在没有正式做的时候。“逸则淫，淫则忘善……”什么鄙卑恶劣的事情，都可乘隙而入。我国多数人，没有受过教育的，他们固然不知什么好歹，即一般学生，曾经从学校毕业的，能于闲暇时间做正当的娱乐么？诸位试平心静气，想想自己学校毕业的学生到社会上，怎样利用暇时？恐怕有许多都以吃烟、打牌……一类事情作消遣品。那么这样教育，当然不能算的好的。这不是又给我们当教员的一个很大的机会么？

由以上四层看来，现在我国教育，千疮百孔，亟须名医诊治。当教员的机会，随着教育潮流而增加，如汪洋大海，任凭你拿多少茶碗茶壶去汲饮，也享受不尽。而这样不已的机会，足证我们当教员的责任，非常之大。

又当教员者，有几种应注意的：

（一）当教员须相信教育是大有可为的事业而终身为之。我们做事，须有自信力。不然，则自己先轻视自己的职业，怎能望其成功呢？但教育大有可为是大有可为，而决非空嘴说空话的。一定要终身从事教育，自己做出“大有可为”的证据来，像福禄倍尔[③]、培斯特洛奇[④]的样子，才算不愧在教育界干事。若一面干教员，一面又有其他企图以教育事业为过度之事，则大有可为的事业，将变为最不可为之事，此等人在教育界好比客人驻旅馆一般。蚁蚤臭虫虽多，他不过暂且将就，哪顾着去清理扫除呢？我国教育不能办好，这实在是个很大的原因。但也不能厚怨当教员的不负责任，学校行政的罪恶是不可讳言的，兄弟不知道此地情形如何，就我们鄙省安徽看来，学校半年要换一次教员。为什么这样办呢？我想：第一，因为新聘的教员校长容易制服；第二，因为教员如果长久干去，他们对于校务情形，就知道清楚。校长因而不能自己包丁，甚至位置动摇，且教员薪水以钟点计算，上几小时课，给若干薪水。这不是和有钱的人雇短工一样么？因此教员每每争加钟点，以至互起意见。校长想给某教员薪水多些，那么就多给他凑几点钟，无论他能不能。我在上海的时候，遇着一位教员，听他说他一星期教二十八小时的功课，这位先生真能够赚钱了，可是他每当上课，不过是敷衍了事，毫没有趣味。由此看来，学校制度的组织于教员服务上有莫大关系，使举国都是这样，则教员虽有终身从事之心，恐怕要被此等恶劣制度辜负了！

（二）教员须有研究之态度。终身从事教育之心固为当教员先决之问题，不能随时随地研究改进，则呆板固滞、干燥无味，决虽不见异思迁。学问没有止境，愈研究问题想多，问题愈多则趣味亦愈浓厚，欲罢而不能，如爱迪生（Edison）发明电机，因研究而问题益多，有无限之趣味。当今教育潮流，愈趋愈新，如五花八门，不可端倪。我们若能时常有研究之态度，使教育问题之发现，好像多岛海的样子，那么我们就不限于为福禄贝尔、培斯特洛奇了……所以现在教育上大有作为，非有趣味不可。有人反对孔子，我以为无论如何，总不能驳斥他的“学而不厌悔，诲人不倦”两句话。此二语分开讲可以说是两种事情，我们要把他合拢起来，惟有学而不厌之人，才能有诲人不倦的精神。如教国文一科，以同样的文字，教了十年毫不改变，则绝不会有愉快之精神；而诲人不倦，必每次有新的东西，新的教法，去教学，方可不知厌倦。有人说当教员很乐，有的人说很苦，我以为苦乐之道无他，全看教员能不能有孔子的精神呢！美国某视学员，以教员参考书之多寡，定教员之分数，每当查学时候，他到教员预备功课室内，见教员有一本参考书，则给他一分。有几本，即给几分，零本则给零分。这种方法虽是粗略，也很有道理。盖由是可知教员知识之来源怎样。

（三）当教员的须相信教育事业是均等的。有人说教育是大有可为的事业，不过指大学教授而言，中学教员还勉强可以，若小学教员就难以说了。我有个浅近的解释，教员教学生，和教人造房子一样，有的做房基，有的做中间部分，有的盖房顶。难道盖房顶的匠人比造房基的高贵吗？当教员的也是这样，做小学教员不算小，做大学或中学教员不算大，大小乃对学生而言，并非其事业本身上有什么分别。福禄倍尔、培斯特洛奇和杜威都是由小学教员出生的。事无大小，全在自为之。但是社会上每以为大学教授和小学教员，二者有天渊之别，常常低看小学教员，实在误谬。而我们当教员的决不可和彼等计较，要确信自己事业之尊重，而以全力从事之。

总上所言，我们第一要拿定主义，终身从事于教育；第二要常常保持研究的态度；第三要相信教育是均等的。那么以全力去利用我们无限的机会使我国教育，由不好而好，由欠缺而圆满，庶不至辜负我们的机会而放弃责任了！此刻我的小文章，业已作成，请诸位老师批评！批评！

原载《河南教育公报》，1922 年第 2 卷第 3 期

【注释】

①此文系陶行知于 1922 年 10 月 24 日下午在开封河南省第一师范学校为省垣全体教职员所作的演讲，记录者为徐仲鸾、车远道。据河南省教育厅刊发的《河南教育公报》第 2 年第 1 期（1922 年 11 月 1 日出版）所载《教育新闻 · 教育名流联翩莅汴》中记述：在河南省教育厅长凌冰组织的教育界演讲会上，“（十月）二十一日下午东南大学教育科主任陶知行先生亦到……陶先生于二十四下午四时在第一师范为全城教职员讲演，晚上为第一师范学生之教育研究会演讲（演讲词俟收集齐备后于下期公报发表）”。

②瓦莱斯（1823—1913），通译为华莱士，英格兰博物学家，其物种起源学说与达尔文的相似。

③福禄倍尔，通译为福禄贝尔。

④培斯特洛奇，通译为裴斯泰洛齐。

大学教育的二大要素[①]

大学教育的要素约有二端：

一、使学生养成用科学方法解决问题的能力。

世界上的问题很多，有的活的东西在那里出问题，有的死的东西也在那里出问题，他们却全要我们的回答。但是我们个人所据的眼光不同，所以我们对于答复问题所持的态度也就不同了。不同的态度，大概可分以下数种：

（1）研究的态度。有的一般人他们解决问题专本着研究古人解决问题的方法；可是古时的问题有古时解决的方法，现在的问题有现在解决的方法；即使问题相同，而时间不同，环境不同，也不能拿古时的方法来解决现在的问题，所以，这种的态度不能认为可靠。

（2）迷信他国。有的一般人他们解决问题专仿效外国，外国对于这个问题怎么样解决，他们也就怎么样解决，如同我国办教育以先仿效日本，以后又仿效美国。但是，日本有日本的问题，他们有他们的解决方法。美国有美国的问题，他们也有他们的解决方法。我国有我国的问题，我们就应当有我们的解决方法。若是完全采取他们的方法，仿效他们的方法，恐怕有的问题就不能解决了。况且各国的科学尚有许多在秘密的时代。如同德国制染料，只有他们自己知道，别人是不得知道的。这样我们要迷信他国，也是不可靠的。

（3）玄想的态度。有的人他们不仿效古人，也不迷信他国，却在那里自己空想。这种态度也不能认为可靠，因为空想是多不能成为事实的。

（4）放任的态度。还有一般人不仿效古人，不迷信他国，也不空想，他们以为世界的问题这样多，真是解决之不胜，于是他们对于解决问题抱了一种以不了了之的态度。

以上的种种的态度，我们晓得是全不适用的，那么，大学的学生，对于解决问题究竟应当采用哪种的方法呢？抱哪种的态度呢？我以为是要用一种科学的方法。什么叫做科学的方法呢？就是用科学的原则设方法来解决问题。

科学的方法大概可分为五步：

（1）觉得问题。例如苹果落地，本来是一桩很平常的事，在平常的人看见，还有什么疑惑呢？牛顿看见了苹果落地，却起了一个怀疑，因为这个怀疑，就引出了一个苹果脱枝为什么不上升而却下落的问题，因为这个问题，就发明了地心吸力的原则。现在虽然有人反对他这个原则，可是他这种原则施行了数百年之久，已经成了科学上的一段故事。

（2）什么是问题。假如我们看见有个人在那里低着头坐着，我们就要设想到或者他是有了什么困难罢？还是生了什么疾病呢？这种设想就叫做问题。

（3）设法解决问题。例如我们以上假设那个人他生了疟疾，就得设法去疗治他的疟疾，这就叫设法解决。

（4）选择方法。解决问题的方法很多，我们必须选择最有效力的一个来施用他。

（5）印证。试验有效力的方法，必须一再试验之。如果屡试屡效，那始可认为可信。这就叫做 Reflex thought②。

科学方法的手续，大概如此。可是我们对于科学，应当据什么样的观念呢？以下三项，即科学根本的观念：

（1）客观。研究科学必得处在一个客观的地位，因为没有客观是不会有科学的。

（2）数量观。有一种质量，必有一种数量，打算晓得数量的多少，是一个很难的问题，要想考查数量，大概可分二步：

（一）量。我们要想知道一桩事的数量，头一步就得要量一量。

（二）量的正确。我们要想量，必得有一个适当的尺度，始可量的正确。

（3）不可过用科学。科学精神也有一种危险。怎么讲呢？我们知道日常的事体很多，要是事事全拿科学的精神来研究他，恐怕就不胜研究了。

话归本题，大学教育是要使学生用科学方法来解决问题。大学学生人人能用科学方法来解决他们个人的问题，那么久而久之，成绩自然是很大。这样看起来，大学学生应当培养的精神，头一样就是用科学方法解决问题的能力了。

大学教育的第一个要素，讨论完了。那么，第二个要素是什么呢？

二、先生与学生应当养成密切的关系。

现在我们国里的大学，虽然不敢一概而论，大约十之八九有一种同病。这种同病是什么呢？就是教师与学生的关系太疏远了。怎么讲呢？在教师一方面，他们到学校来先抱了一个维持饭碗的主义。他们的薪金是按着他们所担任教授的钟点多少来定的，所以他们拿书在讲室里讲书，好像是出卖他们的话。在学生方面，以为交了学费来上班，就是花几个钱来买教师的话。这样看来，学校简直成一个卖话买话的大市场，讲室简直是成了卖话头话的铺店。说什么关系，是提不到的。教师、学生既是全抱这样的宗旨，哪里还有什么补助、长进可说呢？所以我以为，大学的教师与学生彼此应当发生一种优美、高尚、亲密、有生气的关系，去做他们的学问。这不也是大学教育一桩最要紧的事吗？

总以上所说，大学教育的要素有二：一个是使学生养成用科学方法解决问题的能力；一个是教师与学生应当养成密切的关系。一个是关于思想，一个是关于情操。这两桩事体要是能做的到，那才不辜负说什么大学的教育呢。

原载《南开周刊》第55期，1922年12月30日

【注释】

①本篇系陶行知于1922年10月29日—11月1日期间的演讲记录。记录者：李丙炎。

1922年10月29日—11月1日，陶行知出席在天津南开大学主办的科学教授法讨论会。在此期间，他接受张伯苓之邀，对该校大学生修身班作了这次讲演。

②Reflex thought，反射性思维。

市乡教育分治与南京教育[①]

今年九月二十日至三十日之间，教育部开了一个学制会议。除学校系统改革等案外，还通过两个很重要的议案，对于南京教育的发展，都很有密切关系。这两个议案就是；

一、《县教育行政机关组织大纲》；

二、《特别市教育行政机关组织大纲》。

细看这两个议案最要紧的一点，在于市乡教育分治。就两者的职分而言，县教育局是主持全县的乡镇教育，特别市教育局是主持特别市内的教育。特别市教育局与县教育局为平行机关，彼此不相统属。一个是专门去发展都市教育，一个是专门去发展乡镇教育。因为县自治制及乡自治制里面，对于市乡的定义，都没有明文规定。所以学制会议里面，又通过了一条意见，请教育部和内务部会商，采择施行。《意见书》第三条条文如下：

> 三、推广特别市之认定。现制特别市由内务部认定，本有伸缩之余地，惟认定无确定标准，实无以巩固都市教育之进行。今折衷各国成例，拟定特别市为两级：十万人以上聚居一处者，为第一级特别市；五万人至十万人聚居一处者，为第二级特别市；五万人以下，一万人以上聚居一处者，为普通市；聚居一处之人，不及万人，为乡村。如此明白规定，既便于教育之筹划，尤便于自治之推行。

照上文看来，凡五万人以上聚居一处的地方，都可组织特别市教育局，办理市内一切教育事业。不足五万人聚居一处的地方，都统属于县。他的教育，纯由县教育局主持。这种分治的办法，比现在的合治制，要好得多。因为都市地狭人多，乡间地广人稀，人口密度既相悬殊，加以经济能力不同，环境性质不同，凡此种种，影响于课程编制、教学方法、行政组织等等都不能相同。合起来办，不是乡村教育受都市的阻碍，就是都市教育被乡村的牵制。如果分起来办，虽在开始的时候，不免有些困难，但分途发展之后，效果是可立而待的。

南京人口，据民国九年十月警厅报告，为三八五一四五人。依四年的义务教育，都市学龄儿童百分之七计算，当有学龄儿童二七三八八人。按南京教职员学生比例，约计每教职员平均担任三十个学生，应有教职员九一三人。又按南京每校学生数约计，要有二百多个国民学校。我们试问：开办二百多个学校，指导九百多个教员，造就二万七千多个学生，这是何等大的事业！岂能不组织一个独立的专管机关来办理一切吗？这不过就义务教育一方面说，事业已如此之大。此外，还有都市所应举办之各种教育，若一一提出来，更令人觉得南京有组织特别市教育局之必要了。再谈江宁全县的情形。江宁县的人口统计，不大靠得住。据民国九年邮政局报告册上所载，江宁全县有九〇二九四一人，减去南京的三八五一四五人，余下的五一七七九六人，都住在乡村或小的镇市上。乡下儿童对于人口的百分比，较都市为大。依四年的义务教育计算，乡间每百人中，应有九点三为学龄儿童。五一七七九六人中，就要有四八一七〇学龄儿童。每个教职员平均担任三〇学生的教育，就须一千六百多个教职员。乡下每个学校内的学生，势不能有都市那样多。假使每学校平均收学生一百人，已经要四百八十多个学校了。开办四百八十多个学校，指导一千六百多教员，适应农村的需要，造就四八一七〇个学生，这又是何等重大的责任！还不够一个县教育局去专心办理吗？将来教育发达之后，还有各种教育事业，要在各乡办理。一个机关的精力是有限的，断断乎不能兼顾南京教育的全体了。不能兼顾而勉强兼顾，其结果必至于使南京和四乡的教育，都不能发展，都不能进步。我们从江宁四乡那方面说，不想把乡间的教育办好则已，若要办好，非组织教育局专管乡间的教育不可。我们如果要想把南京教育办好，非设立南京教育局积极进行不可。这个家是不能不分的。这不是自私的分家，乃是两全的分家。我们市民对于这件事的责任：

第一，是请求把南京改为特别市。教育自然要组织在这种基础之上。教育以外还有别的事件，也应该组织在这种基础之上，要想新南京的种种事业都能进步发达，不可不把南点改为特别市。

第二，是预先研究如何分治的手续——机关如何组织、经费如何划分、学区如何规定及其他有关系的问题，都应该预为之备，使此种制度，得以早日见诸实行。

市乡教育分治，不过是改良教育行政之一种，并不能就说南京已经成了特别市。但是我们至少可以说，如果市乡教育分治的政策采取以后，教育是比从前更容易办得好的，是比从前更难办得坏的。不过我们理想上是如此，至于事实上究竟办得好办得坏，却难预言。

学制会议关于此事的议决案，我附在后面给大家参考。议决案的内容，很有可以讨论的地方。我以上所说的，只限于这一点——就是主张市乡教育分治。

附学制会议关于地方教育行政机关组织大纲案。

县教育行政机关组织大纲

一、县设教育局，以局长一人，指导员、科员若干人组织之（视事务之繁简酌定员额）。

二、县教育局长商承县知事主持全县教育事务，督促指导市乡教育事宜。

三、教育局长之资格如下：

甲、毕业于大学教育科或高等师范学校者；

乙、毕业于师范学校本科并任教育职务二年以上者；

丙、毕业于专门以上学校并任教育职务二年以上者；

丁、曾任中等学校及小学校教育职务三年以上者；

戊、曾任教育行政职务三年以上者。

丁、戊两项必须于二年之内，在曾经备案之教育讲习会或暑期学校研究教育行政得有成绩证明书者；或对于教育有著作者。

四、县教育局长，由县知事就规定资格推荐三人，呈请省区教育行政长官选任。

五、省教育局设董事会，董事定额分为五人、七人、九人三种，其资格如下：

甲、研究学术有成绩者；

乙、办理社会事业有成绩者；

丙、有筹划经济之能力者。

六、董事选任方法，由教育局长照定额加倍提出，请县知事选聘，呈请省区教育行政长官备案。

其施行自治地方，此项董事由教育局长加倍推选，经县知事照原额选定后，征求县参事会同意。

七、董事以三年为任期。五人者，每年改选一人或二人；七人者，每年改选二人或三人；九人者，每年改选三人。第一次董事任期，于开会时签定之。

八、董事均为名誉职，但开会时得酌给赴会旅费。

九、董事会之职权如下：

甲、审议县教育之方针及计划；

乙、筹划及保管县教育经费；

丙、提议关于教育事项。

十、董事会开会时，教育局长及有关系之职员，均得出席预议，但不加入表决之数。

十一、全县市乡应由教育局酌划学区，每区设教育委员一人，受教育局长之指挥，办理本学区教育事务。

十二、市乡学区教育委员，由教育局长就素有教育学识经验者选任之。

附条

一万人以下之县，得联络邻县合设教育局，但须经省区教育行政长官之核定。其联合手续，由省区教育行政长官定之。

特别市教育行政机关组织大纲

一、特别市设教育局，以局长一人，指导员、科员若干人组织之。

二、教育局长商承市长，主持市教育行政事宜。

三、教育局长由市长遴选三人，呈请省区教育行政长官选任。

京都市教育局长，由市长遴选三人，呈请教育部选任。

四、教育局长之资格，准用县教育局长之规定。

五、特别市教育局设董事，定额分为五人、七人、九人三种，其资格如下：

甲、研究学术有成绩者；

乙、办理社会事业有成绩者；

丙、有筹划经济之能力者。

六、董事选任方法，由教育局长加倍推选，经市长照原额选定，征求市参事会同意聘任之。呈请省区教育行政长官备案。

其京都市，呈请教育部备案。

七、董事会以三年为任期。五人者，每年改选一人或二人；七人者，每年改选二人或三人；九人者，每年改选三人。第一次董事任期，于开会时签定之。

八、董事均为名誉职，但开会时得酌给赴会旅费。

九、董事会之职权如下：

甲、审议市教育之方针及计划；

乙、筹划及保管市教育经费；

丙、议决市教育局长所提交事件。

十、董事会开会时，教育局长及有关系之职员出席预议，但不加入表决之数。

十一、特别市应由教育局酌划学区，每学区设教育委员一人，受教育局长之指挥，办理本学区教育事务。

十二、特别市教育委员，由教育局长就素有教育学识经验者选任之。

原载《新南京》，1922 年 11 月 5 日

【注释】

①本篇系吴树琴提供的抄件。

东南大学教育科、中华教育改进社合设测验之编造与应用学程办法[①]

本社为编造教育心理测验起见，决定与北京高师及南京东南大学教育科合设学程，训练助理人才，并从事编造。本学期在南京举行。此办法系与东南大学教育科合订者，先行发表；与北京高师合订之办法，俟订定后再行披露。

第一条　中华教育改进社与东南大学教育科为培植各种心理教育测验人才起见，特约合设一学程，名之曰《测验之编造与应用》。

第二条　选习本学程之学生，必须有三年级以上程度[②]。

第三条　本学程由中华教育改进社教育心理测验研究员及东南大学教育科教育心理测验教授共同担任合组，导师会共同或分任指导学生进行。

第四条　导师会导师为中华教育改进社研究员麦柯尔博士、东南大学教育科教授陆志韦博士、廖茂如博士、陈鹤琴硕士、徐则陵硕士、俞子夷教授、朱斌魁博士；主任公推麦柯尔博士担任。

第五条　本学程学分随各生所学之份量、性质而定，以二学分至五学分为度，时期暂定为一学期。

第六条　学程大纲为：

（一）各种测验方法，包含标准之订立、等级尺之编造；

（二）用统计方法整理材料；

（三）实习结果之应用。

第七条　在南京之各大学均得酌量选择三、四年级之优秀学生，或优秀之毕业生，由各该校校长负责，审查成绩来学。

第八条　各生所学学分及格者，应由保送学校承认，其已毕业之学生，如将本学程读毕及格，留美时本会得向哥仑比亚大学[③]教育院证明，由该校承认。

第九条　学费拾元，于入学前在东南大学、南京高师会计部缴纳；东南大学、南京高师学生免。城内车费由各生自理，城外施行测验旅费，由中华教育改进社与东南大学教育科支给。

第十条　本学程上课以共同讨论、分头指导为主，不取班级形式。

第十一条　城外施行测验日数，本学期内每人至多不逾二星期。导师会现正设法使城外施行测验所用时间，每人以一星期为度。

第十二条　本学程自九月二十五日起上课。

第十三条　本学程注册手续，在东南大学、南京高师教务部办理，二十三日截止。

原载《新教育》第 5 卷第 4 期，1922 年 11 月

【注释】

①本篇原发表时无署名。编者考定，系由附行知主持拟定。有关佐证材料：据章洪熙 1923 年 8 月所作《中华教育改进社社务报告》，可以考定系由陶行知主持拟定。章氏在其报告中说："本社与国内高等教育机关合设学程办法，议决由主任干事陶知行将麦柯尔拟设学程与北京高师及东南大学教育科酌量办理。……由陶知行君主席，商定测验地点以北京、南京为南北两大中心。"（《新教育》1922 年第 5 卷第 4 期，第 917 页。）此办法的最后确定，也系由陶行知于 1922 年 9 月 10 日上午，在南京邀请麦柯尔、陆志韦、廖茂如、陈鹤琴、朱斌魁、徐则陵和俞子夷讨论、通过。

②三年级以上程度，实指大学三年级以上程度者。

③哥仑比亚大学，通译"哥伦比亚大学"。

学生的责任①

窃慕贵校之声望久矣，无缘与诸君子相见，深以为憾。吾闻贵校系私资所创办，独能佼佼树沪江，此不得不令人钦仰。而诸君又皆能袭叶公之好义，而光大我中华之教育，此则窃所引以为荣者也。

今且论题义。予虽执教鞭十余载，然以前、今后，固犹一学生也。孔子云："学而不厌，诲人不倦。"盖即不离为学之意。今试问"学生"二字，果何解乎？其生也，固何所学乎？仆敢于此略一剖析焉。

学生，英语谓 Student，德、法取义均同，而意未能尽含学与生之意也。夫学者，求事物解决之方法也；而生者，尽己之能以求生活也。以学习为方法，以生活为目的，学生之义尽矣。孔子曰："吾年十五而志于学，七十而从心所欲。"一人之年日长，而所学亦日长，故曰教学相长，庶无愧于人之生。夫学生有大、小、中等之分，而学问实无穷，故学生生活非仅限于学校，即出校时，亦不即以学问还先生。袁观澜先生年将八十，读书不倦，有八十岁少年之称。反之，则年虽少而耻于学，故步自封之学生，乃十八岁之老翁也。金某之言曰："人过二十五儿，而身体发育始完。"然求学之年，初无定也，若人长至二十五岁，而即取消其求学之机，则大误矣。人之生也，必继长继学也。然试问何以学？当为诸君一阐明之。

学生求学，譬如饮食，耳入口出，必经一番细嚼，然后消化灵动；否则饮食不化，则强学问为死物矣。彼入于耳目，而不能宣诸于口者，盖不知学问之灵活也。昔予至各省参观学校时，见学生之具此习性者，所在多有，学生之对师问，其不知者，每不起立。师或强之，且因以激起风潮。此等人实不明学问之真义者。夫学问存乎上下、左右、前后、今古，必用思想、意志、感情、工作以启发之，然后有所获。如蚕之食桑而吐丝，始克臻于至善之域，亦有学理存乎其间。若教之以"诗云""子曰"，人云亦云，如鹦鹉之学语，所得甚少矣。盖今之所学，正欲得以他日为世用；不切合于社会世故，安能复见用耶？

昔予为学生时，尝自习于安逸，教员所讲，不肯笔记，且嫌其详，乃请译为讲义。为我师者，于是编讲义以饷吾辈，汗珠淋漓，不惜为学生尽瘁。而吾等则心旷体胖，泰然处之。若此，试问能得良好之结果乎？故学问非可诱致，且得之殊难。设有人焉，不知道途之方向，令以车至某处，未之苦也；脱令其步以趋之，至十字街口，迷而问于人，有素稔其处者，只一举指之劳，而人之疑难尽释；异日再至，虽问人亦将叹其多事矣。为学之理，犹行路也。为教员者，特十字街口之警巡耳！指引者甚逸，则车子偏苦矣，此则方法之不同，故夫为学之道，欲得南针，必自致之，则学问之来，始克有用，而不倚人之援助矣。故学问之存，初非仅蕴于书本，可以赖者则赖之，其不可者则置之。尝闻有习泅术者，深恨其术之不精，读潜水之书，数日不去口，迨尽书之能，以为泅术尽于是矣，入水试之，犹不能浮沉也。习居海滨者，未尝深求于泅术也，旦旦而习焉，久而视若常情矣。学圃者，农得之，徒习农科书籍，而不务实践者，仍未能务良农也。故欲学何事，必先求其专门知识，所谓进而求之，自无不得矣。是故学者，仅师事物之方法耳。师之诲生，亦如斯而已。所谓方法者，非仅教其然，而必教其所以然，是学生之求学，必有赖于师友也，明矣。譬如煮茶，沸水而为茶；水之沸，爇柴而得也。饮茶者必审茶之自来，推其沸、其爇，而研之求之，故煮茶之法，非饮茶者尽了解也。以之喻衣，则制衣之方，甚于衣衣。有乡人偶觏仙，见指动而石化为金，掇以予之，不受，仙以为小，取大者予之，复不受，奇而问之，则非嫌其金之小，实欲仙之赐其指也。点金之法，非较得金块之为愈乎？

今试言生。生者，谋生之道也。顾言其至显，其理殊奥。姑举下列四则以论列之，非能抉其精华也。

甲、主宰环境之能力

人生于无数无机物所构成之环境中，为生之道，即谋所以主宰无机之环境是也。主宰之道，譬如玻璃。空中有空气、光线，有玻璃出，乃能令光线射入，而空气不通，以光线能爇人，而空气能惹风，故人欲光线而隔空间，则玻璃为光线、空气，施放号令之主宰矣。吾人之得学问也，原欲得驾驭天下环境之能力者也。方炎夏之日，欲风入而蚊蚋不集，此则非玻窗所能奏效，必有待乎铁纱窗，而克成功。明乎是即可以称驾驭万物之主宰矣。主宰之能，吾人已得之否？无则速起求之，缺则赶完竣之！顾欲争此号令之主宰，必有健全之身体，然后能当之。人当十余岁，正情欲勃动之时，稍一不慎，即误歧途。此中有普遍之危险焉，而以吾青年之学子，为尤甚。如金钱富多，易流于奢侈，能持己者，能储之为后用。少年精力滋旺，元气富足，节之之道，贵能贮元气，则三十壮年，身体不致亏羸，中岁不致夭亡。诸君欲有以报国家、社会、家庭、父母之恩，储蓄元气，实中学生最要之道也！

乙、预筹应付社会之能力

人为社会之一分子，以种种关系，不能离社会而独存，则人与人之间，接触殊多，故谋生之道，亦必有以应付社会之能力。专制时代，人上有人，阶级不平，平民除候役、纳税外，可与国家相离。今则国家以共和名矣，人与人之间，阶级平等。然既为人矣，终不能逃人中之人。故种种关系之生，必随时有优美高尚之止以纠察之，始免挤于下流。亚里士多德Aristotle之言曰："人生要素，为政治之活动而已。"是则人民之选举，不可忽视，明矣。然以选举之不光明磊落，而人格于无形中堕矣。有人焉，一则曾受教育，而一则否。时同处理选举，人有以贿来者，后者得四百金而人权被买矣；学者则虽易以千金，终不肯为此无行。由此一举，而二人之道德高下判矣。若易以吾人，亦将于此二人中从谁而仿之乎？予知其必曰："吾之选举权，不肯易也。"故此等应付之策，吾人必于学校中养成之，盖亲善同学中，往来酬酢，举动之间，与世故无以别也。此次考察所得，教育界事，足令人抱悲观者犹多，甚望为学生者，能够纳师长之忠告，循序改进，庶有明亮之曙光也。

国之能苟安者，有号令之人，而有服从之人故也。为国民者，人人能自固、自守，国家之安无疑义也。然有人焉，不愿人之治已，而又不克自持，尝好居人上，而材不足以副望，于是而乱源伏，国家危矣！吾国之过去现状，诚若是也。夫自治、人治、治人三者，国家富强之根础问题也。为吾国计，取第一者为得。自治之养成，厥惟在学校之学生乎？故为学生者，必具自治之能力，使社会爱慕而敬悦之，他日任事，不愁其不容。学生既具斯应付之能力，则一旦任事，有持无恐，自不致误入歧途矣。

丙、互相供献之技能

学能致用，然后为有用之材，即能自活于世，亦即生利人也。农夫虽微，力足以自赡其衣食，八口之家，资用均出于畎亩栽培而不虞乏也。社会懋迁，工商之业以千计，而各不相属。然一人之力，尽于市贾，即不致兼致米粟，欲足衣足食足居，舍互助无以能之。教员亦职业也，择人子而教之，亦生利也。夫人无定业，则为分利之徒，寄生于世，徒耗衣食、日用，而家庭、社会未尝蒙毫末之福。故在学校学生，必志学一门，视能力之厚薄，分进退之阶。只具一艺之长，一生之衣食可以无忧矣。食饱衣足，心旷志泰，乃能从事高等之生活，非若犬马之徒求果腹，为人所驱策也。吾故曰："职业为人生不可缺之营求，而犹重在能互相调剂也。"

丁、正当娱乐之技能

人不能终日孜孜，为营生所累，故必须有相当之休息。然恶罪之来，发动于闲暇。方劳动时，未闻能肇祸也。夫既不能使人无闲暇，又不能任其倾陷于罪恶，则正当之娱乐不可少矣。学校有唱歌之课，学奏阳春之曲，高矣，尚矣。然能独力博人乐听者鲜有其人。可知其技虽善犹不能出学校之门也。他若金鼓、弦节，均不能常致，是不能常娱其乐也。故必习一手术单简，致用便捷之娱乐品，书画、管弦，各随所好，务使其人能常为消遣之恩物，则其心光明，恶念不生矣。济南开全国教育联合会时，曾有国民游艺分游戏、音乐二组之议，以使人人得正当娱乐之技。至于赌博、樗蒲之戏，积辛苦所得之代价，一掷即罄，故能构成罪恶，而非正当之娱乐也。

吾述为学之道、谋生之术竟。愧未能罄所知以告诸君。（记者按：先生之言，详明殊甚，惟记者此著，真有挂一漏万之憾。）人生之有高尚下流之分者，知识程度之高下耳。既具知识，复须以生活达之，夫生有久暂，而学问之启发无穷。是则吾人欲长生，必永久为一学生矣。

原载《澄衷》，1922 年 12 月第 3 期

【注释】

①本篇系演讲记录，记录者为韩祖德。1922 年 12 月 9 日，上海澄衷学校请陶知行到校演讲。

《教育统计学大纲》序二

自科学的精神和方法应用到教育的问题上来，统计法就成为研究教育的重要工具。有了这种工具，教育学者才能从复杂的事实中寻出个条理来；从偶然的景象中找出个原则来；从枝枝节节的现象中理出个因果或连带的关系来。研究教育的人，几乎一刻不能离开这个工具。要想在教育方面发古人所未发，明今人所未明，非直接或间接借重统计法不可。就是办教育行政或当教员的，要想知道自己所用方法的效力如何，也得晓得些统计法。统计法能使眼界小的变大些，眼界近的变远些，眼界偏的变完全些。它的功用，如同显微镜、千里镜，无非是要补足我们肉眼的缺点。它把教育界的种种现象缩起影来，使我们看得清楚。它帮助我们找真理，但只是一种工具。有时人把统计太看重了，做起文章来，满篇的数目字；做起书来，十分之九的篇幅都为数目字占去。他们拿工具当作目的看待，未免喧宾夺主了。这是我们研究统计的人应当注意的。教育统计法输入中国，到现在只有四年。在高等专门大学中曾经担任这门功课的人，有张耀翔、张见安、朱君毅和我四个人。社会上对于这门学问也渐渐地觉得它的需要了。我们为事务很忙，几年来还没有得到机会，做本适用的书来报答社会。今薛君远举用了二年的时候，采集 Rugg Yule，Thorndike，Brown，McCall，Whipple 诸家的著作的精华，辑成此书。他的毅力，真可令人佩服。薛君在校时最喜欢研究统计；毕业后，应中华教育改进社之聘，掌理统计事宜将近一年，此书是他的学问经验融合的出产品。读者当能得到好多的益处，这是我所深信的。

原载《教育统计学大纲》，高等师范编译部 1923 年 7 月版

【注释】

①本文系陶知行为薛志鸿《教育统计学大纲》一书所撰写的序言。

在中华教育改进社周年纪念会上报告本年社务[①]

本社[②]成立虽已一年，但实际办事，从四月到现在，只有七八月。本社办事有两种精神：（一）互助的精神；（二）分析的精神。互助的精神，定本社事业的范围。教育界有人做的事，本社即让旁人去做；教育界有人做而需本社帮助的事，本社即帮助他；教育界没有人做的事，本社即努力去做；等到有旁人做了，本社又去做旁的事。分析的精神，即将许多大的问题分析为小的问题。以前教育界对于教育问题总是笼统地、宽泛地去研究。本社力矫此弊，对于教育问题，用分析的客观的方法研究。将大问题分析为数十数百个小问题，每一小问题至少有一人继续研究办理，如是即大问题也不难解决了。

再谈到社务进行方面的事。每办一种事业，必有四种不可缺的要素：（1）组织；（2）计划；（3）人才；（4）经费。

关于组织方面，个人社员及机关社员定本社之进行方针，董事部主持社务。总事务所内的组织又分两部：（1）学术部；（2）事务部。学术部内又分研究、调查、编译、推广四科。事务部分会计、文牍、庶务三科。

本社进行计划。（一）研究方面：现有张仲述博士任中学课程改造之研究。初等教育委员会任小学课程改造之研究。推士博士任科学教学之研究。麦柯尔博士任心理测验之编造，现博士在南京正在编造的测验，有二十四种。此外尚有三十一个委员会，已组织成立的，有二十四个；正在组织而没有成立的委员会，有七个，分类的研究教育上各种问题。（二）调查方面：全国的教育调查，十一年度的明年春季结束，十二年度的明年秋季开始。地方的教育调查，如无锡、济南、南京、北京，现均已次第结束。《京师教育概况》现已出版。（三）编译方面：《新教育》月刊，从明年起，拟改十期为十二期。此外由中等教育委员会参加中等教育协会办《中等教育季刊》。由初等教育委员会担任编辑《初等教育季刊》。尚拟编《中华教育改进社丛书》及《中国教育革新纪实》，用英、日、法、德四国文字著述。（四）推广方面：本社研究员在各地考察时演讲教育上各种问题，以引起教育界之注意。明年暑假时尚拟开科学讲习会。明年七月间拟举行玩具展览会。此外济南年会[③]议决案，拟次第推行。本社还想承受学校的委托，通信讨论种种问题。教育图书馆与教育物品陈列所亦正在进行组织。教育物品陈列所分五种陈列：（1）历史的，如各教科书之进化等；（2）历程的，如设计教学法之步骤如何；（3）比较的，如小学教师薪水之比较；（4）特长的，如各省教育之特长，征集陈列；（5）模范的，如各省教育可为模范等。

本社既有机关社员一百一十九个，个人社员四百七十九人。以全国各省而论，尚有贵州、新疆、热河、川边、蒙古、西藏尚未有社员，这是我们应该注意，设法加入的。职员方面，现如推士、麦柯尔、张仲述三先生任研究方面的事。此外如各委员会的委员分类研究。本社的人才方面情形如此。

经费方面，本年社费，实收二万一千元，来年可收三万八千元。特别捐今年有黎总统[④]捐洋一千元，周子廙先生捐洋一千元，许世英先生及安徽省署同人捐洋一千二百元，熊朱其慧[⑤]先生捐洋五千元（专为发展女子教育之用），孟禄博士捐金洋四千元，洛氏基金会[⑥]捐金洋五千元，国际教育会[⑦]捐金洋三千元，司梯雷底[⑧]捐金洋一千元。这是本社今年经费的状况。明年拟捐洋二十一万元，为教育图书馆及教育陈列所的基金。

本社这一年来之成绩，多由于政府社会扶助。我们感谢交通部发各路火车免票，使济南大会的时候通火车之社员都可到会。感谢招商局[⑨]的轮船票折价，使通轮船区域的代表，都可到济南大会。感谢内务部借拨帝王庙，本社因社务扩充，非得宽大之处所不可。即由董事熊秉三先生商请内务部，借用帝王庙，蒙内务部慨允。感谢教育部允许每年津贴补助费一千元，使本社得以扩充社务。今天是本社的纪念日，我很欢喜地替改进社谢谢政府各机关及教育界大家的帮助。

原载《新教育》第 6 卷第 1 期，1923 年 1 月

【注释】

①本篇于 1922 年 12 月 23 日讲。题目为编者所拟。

②本社，即中华教育改进社。于 1922 年 12 月 23 日成立，1924 年 4 月在北京设立总事务所。

③济南年会，中华教育改进社第一届年会在济南举行，故称“济南年会”。

④黎总统，即黎元洪（1864—1928），字宋卿，湖北黄陂人。曾任北洋政府总统。

⑤熊朱其慧，即熊希龄（秉三）夫人朱其慧。曾协助创办香山慈幼院。与陶行知、晏阳初等发起组织“中华平民教育促进会”，并任董事长。

⑥洛氏基全会，全称为“洛克菲勒基金会”。美国垄断资本家约翰·洛克菲勒（1839—1937），于1913年5月成立。该会通过捐款、颁发奖金等方式，对各种学术研究提供资助。

⑦国际教育会，即世界教育联合会。

⑧司梯雷底（John Leighton Stuart），通译司徒雷登（1876—1962），美国基督教传教士、外交官。生于中国杭州，父母均为美国在华的传教士。他于1919年起任燕京大学校长、教务长。

⑨招商局，亦称轮船招商局，我国最早设立的轮船航运企业。1872年由李鸿章创办，1873年正式成立，1909年改为商办。

在中等教育委员会会议上的发言①

应推定数人办二事：

（1）修订章程；

（2）经费计划。

除已议决推定起草员修订章程外，望速定经费计划。此外各事望分别缓急先后，以定进行步骤。

原载《新教育》第 6 卷第 1 期，1923 年 1 月

【注释】

①本篇系陶行知 1922 年 12 月 23 日的发言记录，摘自章洪熙的《社务报告》。今题为编者所拟。

1922 年 12 月 23 日晚，中华教育改进社举行改进社下属中等教育委员会北京部委员会议。陶行知在参加讨论并议决事项之后，提出了自己的希望。

②题目为编者所拟。

【附录】

中等教育委员会开会议决事项②

一、修订中等教育委员会规程，俾组织完备，推定程时煃、汪懋祖两君起草。

二、请本社函知各委员，提出中等教育上亟待研究之问题若干则，再行支配研究。

三、陶知行先生报告，本社中等教育委员会加入中等教育协会，应请推定代表一人（公推陈时煃为代表）。

原载《新教育》第 6 卷第 1 期，1923 年 1 月

教育问题与自治之真义[①]

本会组织自治会，行将就绪，成立有日矣。适陶先生偕美国孟禄博士来杭，调查实际教育，乃请其讲演。题为“教育问题与自治之真义”，其有裨益于我校自治前途者颇大。用是不揣简陋，录其大意如下，裨我自治会诸君，得所考证焉，记者附议。

近日来杭，考察教育，参观学校，见贵校秩序整齐，规模宏大，甚为满意。又得与诸君子同叙一堂，共谈教育，并讨论自治问题，欣喜笑似！

1. 学校教育，应予学生以生利之知识及技能；
2. 学校教育，应予学生以适当之课外作业；
3. 学生应有克服环境之能力；
4. 学生应有适应社会之能性。

贵校于程度上虽有专门甲种、乙种之分，然就其宗旨而论，则在授以学理，传以技术，而教以生利之方，及将来为国家社会谋幸福之法。昔日我国技术，多凭遗传，父以传子，子以传孙，直系相传。虽亲生之女，亦不予为，他人无论矣。近年来，欧风东渐，科学日渐发达，物资文明，日益进步，以一人一家之知识、财力，断不能包罗万有，以与日新月异之世界，及瞬息千里之潮流相角逐。于是分工之制度，乘之而起，学校制度，于是与为。学校延聘专门人才，充当教师，于是知识上之授受，又设种种实验，予以学理之应用。数十年来，成效卓著。然从他方面之观察，普通中学毕业生，升学者，不过三分之一；赋闲者，又居三分之一；而所学非所用，充当小学教员，暂时糊口，以贻祸活泼之儿童者，又居三分之一。此为中等教育，不能予学生以生利之知识及技能之证明，深勘叹矣！故欲观学校办理之完善与否，可观其毕业生之入社会，能否为社会生利为顾！此学校教育，不能不教授学生以生利之知识及技能者也。

每日做事，宜有一定时期，不可有作无息，而空闲之时间，亦不能不予以相当之教育。下等之人，知识简陋，做事时虽勤劳可嘉，而息工之时，则喝酒、吃烟、赌博及种种不规则之举动，即缘之而生。以日间辛苦得来之金钱，置之于炉灶，贻害个人身心，关系虽小，而养成社会一种坏习惯，其害有非言语可以形容者。故学校中正当功课，是教育的设施，学生固须专心学习。即种种课外作业，但必须设有教育的意味，如运动之类，各校亦宜积极提倡。其他关于德育、智育、美育等种种作业，各随其性之所近，各有消遣良法，使精神愉快，脑筋灵敏，于生理上、心理上都有极大的利益。此学校教育应予学生以适当之课外作业者之二也。

四方万象，环绕吾身，吾人必须具有利用环境、改良环境及操纵环境，运用个人脑筋，开辟天然利益。譬诸非洲大沙漠，土人觉其十分不便，而今之欧人亦有利用之者，反害为益，战胜困难，良果自来矣！又如太古时代以前之牛、马、犬、豕，何一非野性难训，继为吾人征服，渐成家产，而为吾人之利用矣。工业问题最要是发展天然资源，凭借环境，加以改造，如但拾人牙慧，以外人之陈旧不堪者，为我之新奇寡闻，以外人之剩余者，为我之金科玉律，着着步人后尘，未有不失败者矣。故工业须具有独立之精神，坚强之毅力，以研求之，方克有成。否则，工厂秘密，各国皆然，如药物之组成，多有实验得来，不肯宣示外人，以防利权外溢，他国人将何由得其奇妙耶？是以学生在校当有克服环境之能力及改造环境之本领，而工科学生，尤为紧要者也。

我为人群之一分子，我之外更有大众。人与人之间，不能无交际。既有交际，即不能无交际之法。现在共和国家，“德谟克拉西（democracy）”[②]风行一时，仿佛反对“德谟克拉西”者，即无为共和国民之资格也者。或者以为中华民国，成立虽已十载，而有为共和国民之资格者，则尚无一人。由数千年之专制，一蹴而为共和，谈何容易，即现代最文明之美国人，尚不敢公然承认为有“德谟克拉西”之精神。故适应现代思潮及环境，不依赖，能独立，皆吾人求学时代所当养成者。物理、化学种种科学，多有实验，公民知识亦有实习地方，选举时不买票、不卖票者，能有几人？换言之，即不失其为公民资格者，能有几人？欲养成公民资格，须由学校养成之，不必好高骛远。纵须实地做去，不觉能言，贵能行也，足以学生应有自治之能力，尤须有“自治会”，以为其自治能力之表现地，有能自治之学生，始有能自治之公民，始共和国家之基础得以牢固。

近今国家，其政体之不同，大约可分三种：（1）主权独揽，令出政行。此制虽能苟安一时，然不足以持久；（2）主权分揽，各团体自治，分途并进，可以日臻于太平；（3）不能自治，互相捣乱，又不甘被治，互相分权。我们纷纷扰扰，无一日安宁，皆此之由也。上述三种之国家，欲由第一种进为第二种虽非容易，然亦非做不到的，学生自治，达成模范国体，亦人手之一好方法也。

学生既自治矣，而有时反现自乱之状态，故亦不可不研究：（1）学生自治，须得良好之“领袖”。领袖不得人，种种设施，多觉纷乱，故予以为在知识不平等之社会中，非领袖必不足以维持。共和国家，人人有做总统之资格，如欲人人而为数分或数秒之总统，无分高下，各凭本事而已。共和国亦须有领袖，惟共和国领袖与专制国领袖不同，引导群众，扶掖群众，同趋于至善，此领袖之责也。设领袖日久变坏，必须改选，学生自治团体，亦当如此；（2）学生自治会，为学校团体之一部分，如能与学校划分权限，互相扶助，而和衷共济，则结果必良，如恃自治会为对待教职员之地步。宗旨已差，万无完美之效果；（3）自治会须由小到大，逐渐推广，所辨之事不多，精力自专，而效果亦佳。否则，贪多必失也；（4）自治团体，不干涉他团体，最好做人中人。如好高骛远，妄思为人上人，恐有不良之结果；（5）自治会事情重大，不可视同儿戏，无论何事，随便做做，结果多劣。做事人少，说话人多，亦所大忌，故做事须有共同精神，大家负责，大家动手，方有进步；（6）自治一事，须就同学所问者尽心研究之，应做则做，不可如提议案件，说得畅快，不管通过与不通过，此之谓自寻烦恼，对于事实，毫无裨益；（7）自治一事，须视如美术，秩序整齐，令人爱慕，又如班马文章，李杜诗赋，百读不厌，愈看而愈佳，引人入胜，不亦善乎？如此，则自治会之成绩，应儿斐然可视，此亦应付环境之一种，故特提出讨论之。

原载《浙江公立工业专门学校学生自治会会刊》1922年第1期，19—22页

【注释】

① 本篇为陶行知的演讲记录，记录者为徐凤超，虞开仕。

②德谟克拉西，英文“democracy”的音译，意为民主。

教育与科学方法[①]

今天所要讲的不是教育研究法，是“教育与科学方法”，就是科学方法在教育上的应用。人生到处都遇见困难，到处都充满了问题。有的是天然界给我们出题目，有的是社会上给我们出题目，有的是空气、光线、花草给我们出题目。既然题目有这么多，我们应付这些问题的方法也分好几种。有的人见古人怎样解决，我们也怎样解决，这种解决是不对的，是没进步的。因为古时现象不是与今日现象一样。所以以古进今的办法往往是错的。有的人依外国的方法来解决问题：日本怎样办教育，我们也怎样办教育；德国怎样办，我们也怎样办；美国怎样办，我们也怎样办。这种解决也是不对。因为从人家发明之后，未必公开，或不愿公开。从不愿公开到公开，已经若干时间，再从公开到中国，我们刚以为新，不知人家早已为旧了。还有的人是闭门空想，自以为得意的了不得，其实仅自空想也是没用的。因四面八方的问题，不给他磨练也是不行。此外还有一种人也不依古，也不依外，是以不了了之。像以上种种方法，都不能解决我们的问题。能解决我们的问题的，惟有科学的方法。

什么是科学方法呢？科学方法是有步骤的，是有线索的。第一步要觉得有困难。如牛顿看见苹果落地，别人不知看了几千百次，都没觉得有困难，惟有牛顿觉着有困难，所以他发现地球的吸力。教育方面也是如此。有的人上课看不出有什么问题，学风之坏也不注意，所以就不会有问题。第二步得要晓得困难的所在，就是要找出困难之点来。如一个人坐在那里发脾汗[②]，是觉着有困难了。用什么方法来解决这个困难，这就跳到第三步，从此想出种种方法来解决。有的画符放在辫子里，有的请巫婆，有的到庙里烧香祷告，有的请医生，有的吃金鸡纳霜[③]。有了这些法子然后再去选择，这就到了第四步。如以为老太婆的法子好，就去试一试，不能解决之后，再用其他法子，最后惟有吃金鸡纳霜渐渐的好了。但此刻还不能骤下“金鸡纳霜能治脾汗”的断语，因为焉知不是吃饭时吃了别的东西吃好的呢？所以必须实验一番，这就到第五步了。如在同一情形之下，无论中外、男女、老幼吃了都是灵的，那么，金鸡纳霜能治脾汗就不会错的。

经过这五步工夫，然后才可解决一个问题。这五步方法是科学的方法。无论是化学，是物理，是生物学，都用这个方法以解决困难。但科学方法也有几个要素：

（一）客观的 凡事应用客观的考查。有诸内必形诸外，在教育上的观察，就是看你的学说于学生的反应怎样？教员与学生的关系怎样？要考查一校的行政，应看他的建筑、设备怎样？如以秤秤桌子，我虽不知此桌的重量，但我晓得所放的秤码是多少。

（二）数目的观念 凡有性质的东西都有些数量。如光（light）有性质，一般人都如此说，物理学家也说可以量的。又如灵魂是有质量的，将来也须用数量去量——如果不能，则灵魂是没有的。数量中又有两个观念：（a）量的观念。有数量就可去量，如布、米、油等。（b）要量的正确。量不正确也是无用。就是反对量的，他也在那里量，但他们用的法子很粗浅，专用一己的主观。如中国教员看卷子，有时喜怒哀乐都影响到他们定的分数。高下在心，毫不正确，这是中国人的毛病。我想不但学理化的人对于数目要正确，就是学教育的人也要正确。“差不多”三字是我国人的大毛病。与人约定时间总是迟到（但上火车总是早到）。所以孟禄调查教育时说：“中国人对于数目不正确。如要改良中国的教育，非从数目入手不可。”

以上说的是科学步骤与观念，要用这步骤观念，应用到教育上去。

现在教育问题很多。从前人对于教育问题都是囫囵吞枣，犯了一种浮泛的毛病。各个人都会办教育，各个人都可作教育总长，都是教育专家。究竟教育问题是不是如此简单？还是无人不会呢？我们要知道教育在先进国里是一种专门科学，非专门人才不能去办。中国就不是如此。不过这几年还算进的快就是了。五年前南高师[④]教育和心理都是一人担任。自我到了之后，才将教育与心理分开。一年之后，授教育学者是一人，教育行政者又是一人。这是近五六年来教育的趋势。如各人担任一个活的问题，或一人一个，或数人一个，延长研究下去，这问题总有解决的时候。若真多少年下去还不能解决，那恐非人力所能解决的了。

现时要研究的问题有教育行政、儿童、工具、课程种种。又如把科学应用到教育行政上去，课堂上教授是不是好的办法？教员、学生都太劳苦是不是有益的事情？

现在教育有两种：（一）如一个新学生坐在洋车上，叫车夫拉着拼命地跑几十里，结果自然是学生逸，车夫苦。但让学生自己再回来恐怕还是不能。（二）如一去不坐车，不识路就问警察，自然是辛苦一点，但走到回来时，包管包还能回来的。兹将教育重要部分略说一说。

（一）组织 此时课堂组织最好的有达尔顿实验室[5]的方法（Dalton Laboratory Plan）。室中有种种杂志、图画，还有导师，任学生自由翻阅，与导师共同讨论，还要每礼拜聚会一次。这种法子倒底好不好？可去试验试验。把各个学生试验了，测量了，假设其情形相同，是不是可得同一的结果？然后就知究为班级制好呢，还是达尔顿的方法好？又如研究习惯究为遗传的力量大呢，还是社会环境的力量大？把一对双生的儿童授以同样教育，看他们的差别究竟是哪个大。同时以同胞生的儿童授以不同的教育，再看他们的差异怎样？

（二）教材 以上法子也可应用教材上去。如我们所教的字是不是学生需要的，究竟何者为最需要？何者为次要？何者为不需要？我们应来解决。现在有些需要的未有放到教科书里，有些不需要的反倒放入了。我们可以拿几百万字的书来测验，看哪一个字发现次数最多？其最多者为需要，其次多数发现者乃是次要。将发现多的给学生，而次多的暂不授予。还有一点要注意的，就是学生有一年、二年离校的，我们就得将最需要的教他。可是其中有个困难，或者最需要的字比较着难读难写些，但我们可以想法给他避免。有人说中国字难认，所以不识字的人很多，外国人也说将来怕不能与各国的文化竞争。其实不然，试看长沙青年会[6]所编的《千字课》教授男女学生就知道了。他那里边有男生一千二百人，女生六百人，四个月将一千字授毕，每日仅费一点半钟。学生多半是商家学徒，而学生年龄以十二三四五六岁的居多。我觉着这一种办法，给我们一个好大的希望，今天拿来不过举个例罢了。

（三）工具 无斧不能砍木，无剪不能裁衣，无刀不能作厨子，无工具不能作教育的事业。教育工具可以从外国运的，可以从中国找的。从外国运来的第一是统计法。有了统计法我们可以比较，可以把偶然的找出个根本原理来，如同望远境可帮助我们眼睛看的清楚，在材料中可找出一定的线索。所以统计是不可看轻的。第二就是测验。近来教育改进社要作二十四种测验，因为此种工具是不能从外国运的（就是运来也不适用）。测验是看学生先天的聪明智慧怎样？使学校有个好的标准，由此可晓得某级学生有什么成绩，如治病的听肺器一样，可以看出病来。欲知病之所在，非测量不可。测验也是如此，得要细细地看结果怎样。如办学的成绩都可测验的。但没有统计，也测不出来；没有测验，也统计不出来；二者是互相为用。如甲校一个学生花四十九元，乙校学生仅花四元半，我们就可测量他谁是谁不是。如测验得花四元半的能达到平常的标准，那花四十九元就太费了。反转过来，如花四十九元的刚好，那花四元半的未免太省了。这就是统计与测量互相为用的地方。总之，每人都存用科学方法去办教育的决心，每人都去研究或解决一个小的问题，我敢说不出三十年，中国教育准有好的成效。

原载《北京大学日刊》，1922 年 12 月 30 日

【注释】

①本篇系陶行知在北京大学教育研究会上的演讲记录。记录者：黄继文。湘教版《陶行知全集》谓本篇原载 1923 年 1 月 15 日《民国日报》。经查实本篇原载 1922 年 12 月 30《北京大学日刊》。

②脾汗，即疟疾。

③金鸡纳霜，奎宁的俗称，治疟疾特效药。

④南高师，全称为南京高等师范学校。

⑤达尔顿实验室，通译道尔顿实验室。为美国教育家柏克赫司特所创。

⑥青年会，全称为中华基督教青年会，旧中国社会活动机构之一。20 世纪 20 年代前后，曾在国内推行平民教育。

附　录

别陶知行至美国[①]

士之为学也，固将求有用于世也，然今昔不同焉。昔之为学，易于专精，涵濡优游而竞用不必在一时。今之为学，难于博达，而又急起直追，合力经营亟于求用。于是耳目心思，职有所限，运会风气，错综迭变，循致敝精竭神，学焉未遑有获。而衣食之谋，身家之计也，及功名权利之榷算，又纷纷乘袭，恒足以轞。其求学之路，学人之志气，率中道阻溺，遂不得不自饰所学以涉世，而掠虚声然，则其去高尚至善已远矣。乃昂然入世，犹复唾弃一切，标异诩新，不肯自厕于侪辈，久而久之，且并父母之邦，亦有不屑道焉。

噫嘻！国家需才亟也。为之士者，固将厚积所学，蕲大用于世也，而孰知有大谬不然者，将使举国才士至斯极，尚何有于救亡转弱之望乎？知行今之年少者也，又年少而积学厚者也。吾之于知行，同学一庐，商量邃密，四五载于兹。吾之所欲言者，知行言之，知行所欲请业请益者，吾亦忻喜之。知行知士生今日为学之道，不可以门户自限，思欲出而求之世界一切之学术，归而饷馈之，以为世用，此知行夙昔之志，亦惟吾知之。吾亦以为必如知行者，乃可与之言学，乃可反于今世。才士所为之学，将见若知行者，出而求所学，于是所学可得乎真。积之厚者，其流必光。知行勉乎哉。吾不能尽见若知行者矣，得见一知行斯可矣。知行将至美国，吾故综所欲白者，为知行告，以言赠人，古之人有行之者矣。吾之于知行，亦犹行此志也。爰缀系所言，于后愿置之左右，知行勉乎哉。

今学术之最新者，多发轫于欧美。吾国向学者，率苦不速见知见知者矣。又苦外国文字不能尽读，于是不得不尽弃其所学而学焉。学术之不竞进积，坐此弊端，是亦出游求学者之责任也。知行往矣，朝有所知，夕可象译也。今日有译，明日可输归国门也。等身著述，吾愿知行造不朽之事业，而御文字之外侮已。

知行去国，告我曰："将三年，凡此三年，服食、起居、酬酢、闻见、感触，无不皆外国也。吾尝见去外国者矣，其厌弃己国，一若外国人之厌弃吾也。夫孰得而尊之曰爱国乎?”知行曾痛恶之，知行固不至蹈此覆辙也。然举世波靡趋向已邪。立定脚跟，乃望做人，言之惨澹，实从肺肝掬血而出之。

知行在国，学于外国所设之学校。知行卒所业，将进而恢扩之，至于外国，知行固不屑屑自尽也。将来归国，不特其人足自树立，而其所学亦必有表异于庸流。世有知者，用之则行，苟为不然，舍而可藏也。吾不愿知行有依附之行为，随人势为消长，与国人之咨嗟，惜其才之不克大用也。

知行读书有年，养气有年，无嗜好，无纷骛。所谓佳子弟，无以过也。特求学之志既专，而于养生保命之恉，若未遑及之，此又吾为出游者惴惴焉。美国与吾国土，一在地之上，一在地之下，地之相去虽数万里，而日月晦明若转广输，气候之寒燠，风土之厚薄，殆不悬殊。尤望时崇明德，努爱春华，一切能自珍重也。

寄沤[2]拜手谨赠

原载《金陵光》第 6 卷第 4 期，1914 年 9 月

【注释】

①此文原无标点。

②寄沤，王东培（1874—1947）的号，其字孝煃，江宁（今南京）人。曾在汇文书院、金陵大学、江苏省立第四师范、东南大学等校任教。

知行同学足下：红梅[①]

饮尽二冬雪与霜，瑶池昨夜醉霞殇。
陇头金粉迷春色，海底珊瑚助艳妆。
纸帐何人笼宝炬，罗敷有梦到华堂。
欲凭驿使传芳讯，一树重重傍夕阳。
冻云冷月踏荒陂，迹近仙源路转迤。
春睡休教惊蝶梦，浓妆应不借胭脂。
娇如桃李心偏洁，懔若冰霜开较迟。
标格会经宋相品，留将芳艳傲冬时。

正斋程振渊

原载《金陵光》第6卷第4期，1914年9月

【注释】

①此诗原无标点。